臺灣研究叢刊

台灣日治時期的法律改革

修訂版

王泰升　著

再版序

　　距 1999 年發行第一版已 15 年，其間我曾發表不少關於日
治時期法律史的論文，其他研究者亦迭有精采之作，故已有必
要為第一版自序中所預告的「修正」。因此乃針對先前論述上的
若干疏失，進行更正或增補。用語上亦稍做調整，例如將轉化
為採取近代西方所發展出的事物或價值，稱為「現代化」，其實
質等同於「近代西方化」。本書主要欲如實地描述以近代西方法
為內涵的現代意義法制，對於日治下台灣人的影響，但無意在
價值取向上認為凡繼受自西方，即是較適合台灣人民的法律。
在書末則指出，日本殖民統治者基於自利的動機，而主導法律
改革，對台灣法律現代化帶來兼具促成與阻礙的結果；並以現
今應依民主程序的價值觀，評斷過去這段歷史，以供台灣人民
面向未來之用。

　　在第二版，就全書論述架構、所持論點以及參考文獻，大
體上未做改變，仍與華文第一版以及 2000 年由 University of
Washington Press 出版的英文版相似。導論中的學說回顧，即
維持以第一版寫作時的 1990 年代學術環境為立論基礎，未再分
析 2000 年代如雨後春筍般出現的台灣史相關論著。在盡量保持
論述原貌的考量下，第二版也沒有參考經我整編而於 2008 年 9
月間公開的日治法院檔案，或近年來大量出版或公開的日治時
期報紙、日記等而為改寫。

　　在幾年前即有更新之舉，由後藤武秀、宮畑加奈子兩位教
授翻譯、東洋大学アジア文化研究所於 2010 年發行的本書日文
版，就是根據該次更新後版本而為翻譯。但就華文版，卻只以

第一版為第二刷爾。於今終於獲得再版機會,故在論述內容上擬做較大幅度的修訂,包括增列三個圖。同時增添第一版所無的「事項索引」(英文版則已附)。本書為了漸次展開論述,在第二章僅談「立法繼受」,至第四、五兩章再論「社會繼受」。不過在華文第一版刊行後,發現某些引用本書者,似乎僅參閱第二章,而忽略第四、五兩章內的進一步申論,或僅參閱第四、五兩章,忽略了在第二章乃至第三章已先行交代的資訊。按就同一事項或主題,雖因論點鋪陳上需要而分置於不同章節,但實宜以「事項索引」協助讀者搜尋出所有相關者,故藉再版之便予以補足。

　　第一版問世後,在美國及台灣各有兩篇書評。衷心期待在經過這次修訂後,能有更多機會再與各方讀者為意見的交流。

王泰升

2014 年 6 月於台北自宅

自序

　　這本書是由我的博士論文改寫而成的。

　　原於 1992 年以英文撰寫的博士論文，目前即將由華盛頓大學出版社印行而流傳於國際學術界，惟礙於英文非台灣的通用語言，國內學術界及一般人便少有機會得悉此論文的內容。雖然以往我也曾將部分內容，以中文的形式發表於國內的法學期刊，但總以未能呈現完整的論述為憾，而今這本「中文版」的博士論文終於能夠付梓問世。

　　本書在論述的內容中，可能在某種程度上，仍保留了某些原屬美國大學學位論文的特質，例如在研究史的回顧裡先談美國的研究，後談台灣。不過，在維持原有論點不變的前提下，筆者為了因應台灣讀者的知識背景及納入最新的研究成果，已作了適當的修改。尤其是在修撰的過程中，我經常一再地翻閱引用的參考文獻，發現之前以英文轉達日文或中文材料的地方，難免有語義不夠嚴謹之病，特別是涉及到以英美法的概念，來說明歐陸法或傳統中國法的內容，這種比較法學上的大難題時，尤不宜將已「失真」的英文再譯回中文；至於將英文文獻運用於中文寫作時，也不能不先複習其涵義。因此確切地來說，本書是「重寫」而非「中譯」，否則也不必等待六年始能問世。

　　這篇論文的孕育到成形，是我生命中一個極大的轉折。執業律師若干年後到美國念書，原本是我邁向「國際商務律師」之路的生涯規畫，卻偶然在西雅圖華盛頓大學東亞圖書館的書堆裡，發現了「台灣法律史」這個令我無法忘懷、不能自已的議

題。它喚起的是一個異鄉的遊子，自大學時代以來對台灣潛藏的那份感情。一探究竟的強烈求知慾，促使我在碩士課程的最後一個學期，撰寫一篇跟「商務」、跟「律師」都無關的報告：〈日本殖民統治下的台灣法制〉。在撰寫過程中，我確信已找到一條自己喜歡又可實踐年少時理想的道路，但也充分了解到要繼續走下去所必須付出的代價。還是為了那份感情吧!? 我選擇留下來，繼續以日治時代的台灣法律為題攻讀博士，這也意味著我將割捨多年來為律師生涯所灌注的一切努力，迎向一個從未想像、更遑論規畫的學術研究領域。我一直對這篇論文非常認真的投入，或許我想要的，就是藉以證明當年所做的選擇是對的、是值得的。而這篇論文也真的引領我進入了學術界。

當我生澀地拎著自己這僅有的關於法律史的論文，回台灣謀教職時，竟然很幸運的得到台大法律系師長們無比溫馨的擁抱，因而得以進入母系任教。尤其是李鴻禧老師與黃宗樂老師，在看過論文後，即經常帶領我參與各種法學研究活動。同時，由於論文題目本身新穎，頗能引起台灣史學界的興趣，故受邀參加不少史學界的學術饗宴，結識許多史學研究的同好。如果說我是台灣學術界的「灰姑娘」，這篇論文應該就是那隻被用來穿針引線尋人的「鞋子」吧！

當然，這篇論文仍有許多尚待改進之處。返國後一直忙於教學，研究的時間相對減少，以致再深入探討的工作做得並不夠。雖然已出版的《台灣法律史的建立》（台大法學叢書）一書中，有幾篇論文曾針對博士論文所延伸出來的問題作進一步的探討，但仍留下許多有待釐清的議題。因此，本書一如其他台灣法律史的作品，可能在未來被我自己或其他研究者所修正。然而，就像當初強忍潰瘍之痛堅持盡速念完博士時的心情

一樣，我也急於看到本書能夠在台灣刊行；即使它所觀察的是五十年前塵封已久的往事，但所欲表達的，卻是身為台灣人被壓抑近半世紀的心聲。「台灣人民」難道不能有挺身為自己辯護的「律師」嗎？

　　這部著作的完成與出版，要感謝很多人及機構。大學時代邱聯恭老師的人格典範、念碩士時賴英照老師在學術研究方法上的啟發，都是我之所以會在美國寫這篇論文的「前因」；而直接催生出「後果」的，就是華盛頓大學法學院的 John O. Haley 教授，他不時的鼓勵，以及他對各項議題的驚人洞察力，使我的論文得以在時間的壓力下兼顧品質。在參考資料的蒐集上，我特別要感謝王世慶、張有忠、洪壽南等諸位先生，以及華大圖書館、中央圖書館台灣分館、台灣省文獻委員會等機構的大力協助。同時也要感謝聯經出版事業公司促成本書的出版。

　　家人的扶持是我一切動力的來源。若無好牽手惠玲對我突然「換跑道」的包容與諒解，這篇論文根本就無法誕生。也苦了薏婷和柏強，必須忍受經常關在房間裡看書的「自閉症」老爸。在美國求學期間，更有賴父母親與兄長的經濟援助。最令我難過的是，父親再也沒機會看到這本為歷史傳承而努力的著述。父親，如同大多數台灣人那般，一生精明幹練，卻在整個大環境的限制下，於心中深埋著許多莫名的無奈與苦悶。那簡直像極了台灣歷史的縮影！但願我們這一代及下一代，能夠掙脫這歷史的枷鎖。在此，謹以本書紀念先嚴王公天賜（1931-1996）先生。

王泰升
1998 年 9 月於台北自宅

目次

附表及附圖目次

導　論

第一節　「台灣研究」的一個新興議題

　　台灣在日本殖民統治下的法律發展，一直未受到應有的重視。戰後美國學界對於台灣的研究，原大多出於研究中國之需要，即一般所謂將台灣視為「中國研究」的代用品。[1] 以往西方歷史學者經常視台灣史為「中國地方史」，故總將關心焦點置於清朝中國統治下的台灣（1683-1895），而忽略台灣曾是戰前日本帝國的一部分（1895-1945）。[2] 美國許多對台灣戰後經濟發展或社會變遷感興趣的社會科學家，似乎也認為二次大戰結束後，台灣的自日本手中轉由中國統治，已足以將其歷史發展截然二分為彼此不相干涉的兩個時期，以至於未能深刻地反省其社會本身戰前狀況與戰後發展所可能具有的延續關係。[3] 當時

1　參見費德廉（Douglas Fix），〈美國學術界的台灣史研究〉，《當代》，第 30 期（1988,10），頁 57-58。

2　參見 Leonard H.D. Gordon, ed., *Taiwan: Studies in Chinese Local History*（New York, 1970）. 一位英國學者甚至把所有日本人排除於其所謂「台灣的創建者」（the makers of Taiwan）之列，見 W.G. Goddard, *The Makers of Taiwan*（Taipei, 1963）, preface, p. 3.

3　參見費德廉，頁 56-58。

許多美國人類學者所進行的研究，更將這種把台灣等同於「中國」、輕忽台灣歷史發展上獨特性的學術傾向給強化了。按美國學者在 1950 及 60 年代，一方面因難以進入共產黨統治下的中國進行實地研究，另一方面有關台灣傳統漢人（華人，亦有逕稱「中國人」者）社會的參考文獻又十分豐富，故將台灣視為從事「中國研究」理想的田野調查對象。[4]

　　在台灣進行田野調查的美國人類學者，固然對台灣社會曾被一個高效率的「非中國」政權統治 50 年有所認知，但多半不太關注日本統治的這段時期，因為他們得先肯定「在台灣可以找到傳統中國（漢人）社會」這個必要的前提，以便將自己在台灣的田野調查活動合理化。這些學者認為他們在台灣所調查之特定地區的生活水準，儘管在物質方面已經隨著日本的統治而有所提升，但鄉村中傳統漢人社會的生活方式並未隨之改變。[5]

4　參見 Bernard Gallin, *Hsin Hsing, Taiwan: A Chinese Village in Change*（Berkeley, 1966）, p.1; Maurice Freedman, ed., *Family and Kinship in Chinese Society*（Stanford, Ca., 1970）, preface, pp.vi-vii; David C. Buxbaum, "Some Aspects of Substantive Family Law and Society Change in Rural China（1896-1967）: With a Case Study of a North Taiwan Village"（Ph.D. diss., University of Washington, 1968）, preface, pp. ix-xiii.

5　參見 Gallin, pp.1-2,16-18; Freedman, p.vii; Margery Wolf, *Women and the Family in Rural Taiwan*（Stanford, Ca., 1972）, pp. 5-6; Myron L. Cohen, House United, *House Divided: The Chinese Family in Taiwan*（New York, 1976）, p. 3. 但至少有一位研究者認為台灣自 1930 年代晚期開始推行皇民化之後，已或多或少將傳統中國習俗轉化成日本習俗，見 Burton Pasternak, *Kinship & Community in Two Chinese Villages*（Stanford, Ca., 1972）, pp.134-136.

在上述強勢學說的籠罩下，某些研究台灣漢人社會法律發展的美國學者，也不免認為日本的殖民地法律對台灣人民的影響相當有限。[6]

　　然而當研究的對象不再是「傳統中國（漢人）社會」，而是整個「台灣社會」時，前揭的研究取徑就不得不有所調整。正如部分原為「英國人」的盎格魯—撒克遜人在北美建立殖民地那樣，部分原為「中國人」的漢人在台灣所建立起來的移民社會，多少已異於在中國原鄉的傳統漢人社會。事實上，至少大約要到 1860 年代，台灣的漢人才逐漸發展出所謂的「傳統中國社會」（其特性將於本書第一章加以說明）。[7]

　　換句話說，清治晚期的台灣社會尚足以代表傳統中國社會，故有不少學者以此為前提，廣泛使用該時期台灣法律運作實況的資料，來探索傳統中國的法律。[8]但接踵而來的問題卻是：50 年的日本統治，對台灣社會的影響，除了物質建設（例

6　參見 Michael J. Moser, *Law and Social Change in a Chinese Community: A Case Study from Rural Taiwan*（Dobbs Ferry, N.Y., 1982）, pp. 24-33. *Cf.* Buxbaum, pp.183-186, 193-196, 200-203, 210-214.

7　中國學者陳孔立也認為台灣在 1860 年代之後，傳統中國社會結構才逐漸取代原有的移民社會結構。參見陳孔立，〈清代台灣社會發展的模式問題〉，《當代》，第 30 期（1988,10），頁 70-75。

8　例如收集清帝國在北台灣之地方衙門內各項文書的「淡新檔案」即常被用於研究傳統中國法。參見 Chang Bin Liu, "Chinese Commercial Law in the Late Ch'ing（1842-1911）: Jurisprudence and the Disputes Resolution Process in Taiwan"（Ph.D. diss., University of Washington, 1983）; Mark Anton Allee, *Law and Local Society in Late Imperial China: Northern Taiwan in the Nineteenth Century*（Stanford, Ca., 1994）.

如鐵路、電力等）以外，果真那麼有限 ？

　　前述人類學者之認為日本統治影響有限，多半是針對傳統的親屬繼承事項而發，其研究主題不外是婚姻、收養、宗教、祭祀等，且研究區域多屬台灣鄉村。[9] 雖然以往的學說認為：傳統的農村結構因為有利於日本帝國的殖民地經營，所以日本當局不願全盤改造台灣的鄉村社會。[10] 然而值得注意的是，日本設於台灣殖民地的法院，很可能已藉由司法判決之作成而改變台灣人某些有關親屬繼承的習慣。[11]

　　即使認為台灣傳統中國式的親屬繼承事項未受日本法院判例太大的影響，也不宜遽然斷言當時台灣其他的民事生活事項亦原封不動地保存了漢人原有的（傳統中國的）習慣。誠如本書第五章所述，許多原有的「民事財產法」習慣，於日治時期已被轉化成西方式法律。況且台灣自 1930、40 年代即逐漸有都市化現象，使得當時城市與鄉村之間已存在著若干差異。[12] 因此，若欲觀察的對象是整個台灣社會，則所蒐集的資料，即不應單單著眼於親屬繼承事項，或僅僅針對鄉村地區。

9　參見 Gallin, op. cit.; Wolf, op. cit.; Cohen, op. cit.; Emily Ahern, *The Cult of the Dead in a Chinese Village*（Stanford, Ca., 1973）.

10　George W. Barclay, *Colonial Development and Population in Taiwan*（Princeton, 1954）, p. 52. 另參見 Gallin, p. 2; Wolf, p. 5.

11　參見 Buxbaum, pp.184-185.

12　日治時期台灣的都市化，參見陳紹馨，《台灣的人口變遷與社會變遷》，頁 171-173。有關當時城鄉間文化差異，例如住在城市的台灣人較有機會接觸日本的殖民地教育。參見 E. Patricia Tsurumi, *Japanese Colonial Education in Taiwan 1895-1945*（Cambridge, Mass., 1977）, p.156.

最近美國學界對台灣的研究，已有逐漸自「中國研究」分離出來的趨勢，但台灣的法律發展，仍未被當成一個專門的議題來討論。事實上，早自 1960 年代晚期或 1970 年代初期，某些美國學者已注意到台灣社會發展的獨特性，亦即除了承認台灣與傳統中國在社會與文化上的傳承關係之外，也重新檢討台灣本身在歷史發展過程中所產生之相對的「獨特」現象。[13] 今日台灣社會之形成，是否皆可一概追本溯源至傳統中國？抑或其已被傳統中國以外的勢力所改造？目前仍頗受爭議。[14] 探討這些問題的一個恰當的取徑，即是從日治時期切入。因為「對於那些強調（中國）文化連續性的人，日治時期是一座通往過去的橋梁；對於那些認為日治時期已重大地改變台灣的人，亦有必要顯示台灣在這些歲月裡已產生了什麼樣重要的轉變。」[15] 美國學術界迄今已有不少研究日治時期台灣的專論，但大多是針對政治、社會、經濟及教育等所作的研究，法律方面僅僅是在該研究所需的必要範圍內附帶提及。[16]

---

13 費德廉，頁 58-59。

14 Hill Gates, "Introduction," in *The Anthropology of Taiwanese Society*, ed. Emily Martin Ahern and Hill Gates（Stanford, Ca., 1981）, p. 8. 亦參見 Thomas B. Gold, State and Society *in the Taiwan Miracle*（Armonk, N.Y., 1986）, p.16.

15 Gates, p. 9. 費德廉也認為：「不研究日據時代的歷史，不能了解台灣 20 世紀的社會經濟發展。既沒有看到台灣獨特的歷史發展意願，又不去了解此歷史發展的脈絡，怎麼可能分析戰後的社會經濟變遷？」費德廉，頁 58。

16 參見 Barclay, op. cit.; I-te Chen, "Japanese Colonialism in Korea and Formosa: A Comparison of Its Effects upon the Development of Nationalism"（Ph.D. diss., University of Pennsylvania, 1968）; Ch'ing-chin Chen,

　　當研究法律發展的眼界擴展至整個世界，而不再局限於較狹隘的中國時，則戰前日本帝國在台灣所實施的西方式法律，就顯現出極高的學術價值。在極端的中國國族主義者眼中，日本統治底下台灣的法律，只不過是「日本的」法律，且幾乎等於是「壞的」法律。但事實上，日本人引進台灣的，是一套已經日本化且殖民地化的西方式法律。回顧歷史，自19世紀後期，西方強權早已直接地強制其亞非殖民地人民接受西方的法律制度及觀念，或間接地誘使某些亞洲的獨立國家「繼受」西方法。[17] 1895年，日本獲得第一塊殖民地──台灣，且逐步在這個島嶼上，施行其甫自西方繼受而來的法律，台灣（及朝鮮）的經驗因此在眾多繼受近代西方法的案例中，顯現出某種獨特性，也就是說，西方式法律，竟然是由一個非西方的亞洲殖民主義強權

　　"Japanese Socio-political Control in Taiwan: 1895-1946"（Ph.D. diss., Harvard University, 1973）; Samuel P.S. Ho, "The Economic Development of Colonial Taiwan: Evidence and Interpretation," *Journal of Asian Studies*, 34:2（Feb. 1975）, pp. 417-439; Tsurumi, op. cit..

17　「繼受」一詞已成為法學界指稱此現象的專有名詞。自19世紀後期，西方列強與日本、泰國、中國（清帝國）分別簽訂關於「領事裁判權」的不平等條約，並以各該國法律制度獲得「改善」做為放棄該項特權的條件。在此壓力下。日本從1870年代起，泰國及中國從1900年代起，皆從事西方式法典的制定，以「繼受」西方法。關於日本，參見松井芳郎，〈條約改正〉，載於福島正夫編，《日本近代法體制の形成，下卷》（東京，1982），頁241-252、259。關於泰國，參見 M.B. Hooker, *Legal Pluralism: An Introduction to Colonial and Neo-colonial Laws*（Oxford, 1975）, pp. 377-379. 關於中國，參見 Joseph W. Rice, "Notes on International Law," *American Law Review*, vol. 42（1908）, p. 891；展恆舉，《中國近代法制史》（台北，1973），頁100。

所推行，藉以取代根深柢固於殖民地台灣的傳統中國式法律。遺憾的是，目前有關繼受西方法之研究，似乎無視於台灣（及朝鮮）案例中的這項獨特性。[18]

　　此外，令人疑惑的是，外國人可能因為文化與生活經驗的隔閡而無動於衷，但為什麼連台灣人本身也不關心「日治時期繼受西方法」這個與自身社會息息相關的問題？其中最關鍵的原因，恐怕在於國民黨政府過去長期地將台灣史研究視若蛇蠍，除非它依從官方觀點——即「台灣是中國的一部分，且須以『中國地方史』而非『台灣人本身的歷史』，來詮釋曾發生在這個島嶼上的所有社會現象」。[19] 結果，依官方的詮釋，台灣被日本統治 50 年的這段歷史，歸納起來只有兩句話：「遭到日本殖民統治的剝削」，以及「在台灣的中國人，始終強烈反抗日本

18 例如有學者曾將近代歐陸法（指法國法、德國法或瑞士法）所影響的國家分成三類：（一）同具有基督教文明的其他歐洲國家，（二）曾經受歐洲強權殖民統治的國家，（三）屬於非西方文明的獨立國家。見水田義雄，〈外國法の影響とはなにか〉，《比較法學》，6 卷 2 期（1971, 3），頁 25。但是曾經受日本（非西方之強權）殖民統治的台灣及朝鮮，雖亦深受近代歐陸法影響，但並不完全屬於上述任何一類。不過朝鮮在未受日本殖民統治之前，曾以獨立國家之姿繼受西方法，台灣則全然是伴隨著日本殖民統治，才開始進行西方法的繼受。

19 有學者認為，就台灣史的研究而言，自 1940 年代後期至 1970 年代為止，可稱為「中國地方史研究期」。見張隆志，〈族群關係與鄉村台灣：一個清代台灣平埔族群史的重建和理解〉（台北，1991），頁 5-11。但在中華民國統治領域外，仍不乏以「台灣人的歷史」做為歷史詮釋觀點的著作，例如，王育德，《台灣：苦悶的歷史》（東京，1979）。

政府」。[20] 那麼當時的法律，也只是壓迫者邪惡的工具而已，有什麼值得深入探討的？進入 1980 年代，情勢才稍見改變。由於國民黨威權政府對台灣社會的控制力已相對減弱，以台灣為主體（不再依附於中國），且從台灣人民的立場作為歷史詮釋之基點的台灣史研究，逐漸在台灣島內取得生存發展的空間。許多學者進而認為，研究台灣史應摒棄過去「漢人本位」或「中國本位」的態度，宜把眼光延伸至台灣原住民族，以及台灣在整個世界大環境裡的定位，而非僅是注意其在「中國」內的處境。[21] 倘若能夠走出「中國史觀」的窠臼，則台灣由日本統治的 50 年，絕對是值得仔細深究的關鍵年代。誠如某些論著所指出的，日本人的統治已為台灣社會帶來激烈的變革，且持續影響著戰後台灣的發展。[22]

　　類似的研究趨勢，也可在台灣的法學研究上窺見。長期以來，台灣法學界在討論「法制史」時，幾乎都排除了日治時期法律的存在。只有極少數的法學研究，曾於戰後之初及 1950 年代討論過殖民統治時代的法律，且總是將重點置於批判那些具有

20　早在 1946 年，即日本戰敗退出台灣後一年，中國國民政府即對台灣在日本統治下的 50 年，確立這樣的歷史論述。參見台灣省行政長官公署，《台灣民政，第一輯》（台北，1946），頁 6、465。

21　參見林美容，《人類學與台灣》（台北，1989），頁 7-9；張炎憲，〈對台灣史研究的期待〉，《台灣史田野研究通訊》，第 12 期（1989,9），頁 4-5。

22　參見吳文星，〈日據時期台灣的放足斷髮運動〉，載於瞿海源、章英華編，《台灣社會與文化變遷》（台北，1986），頁 69；蔡淑鈴，〈社會地位取得：山地、閩客及外省之比較〉，載於楊國樞、瞿海源編，《變遷中的台灣社會》（台北，1988），頁 2-3；周婉窈，《日據時代的台灣議會設置請願運動》（台北，1989），導言，頁 8。

壓迫人民性質的殖民地法制。[23] 降至 1980 年代，開始有異於往昔的聲音。1986 年，即台灣解除戒嚴的前 1 年，有兩位台灣法學者在公開的演講中表示：日本的殖民統治，對台灣的繼受西方式法典具有若干貢獻。[24] 雖然這並非該演講的主題，但願意公開肯定日治時期在法律史上應有的地位，實已蘊含相當的意義。特別是戰後台灣的法學界，向來一提及「繼受西方法」，馬上就聯想到中國政權——即清朝及嗣後的中華民國政府——自 20 世紀初開始推動的法制西方化。然而，問題的焦點若是「台灣的繼受西方法」，則台灣事實上在 1895 至 1945 年間，並未被這兩個中國政權所統治。[25] 那麼我們又該如何看待這個斷層呢？中國大陸法制的西方化，對於 1945 年以前的台灣社會而言，是另一個社會的經驗。我們固然無法否認：中國大陸在 1945 年以

---

23 參見戴炎輝，〈五十年來之台灣法制〉，《台灣文化》，5:1（1948），經修改後再發表於〈日本統治時期的台灣法制〉，《近代中國》，第 19 期（1980.10），頁 79-86；台灣省文獻委員會編，《台灣省通志稿卷三政事志司法篇》（台北，1955、1960，本書簡稱為《通志稿》），冊 1，頁 141-318，冊 2，頁 1-367，該書係分別由戴炎輝、蔡章麟、洪遜欣、陳世榮等在日治時期受法學教育的台灣學者撰寫；黃靜嘉，《日據時期之台灣殖民地法制與殖民統治》（台北，1960）。

24 參見蔡墩銘，〈貴賓致詞〉，載於中國比較法學會編，《戰後中日法學之變遷與展望》（台北，1987），頁 3-5；王澤鑑，〈民法五十年〉，載於同作者，《民法學說與判例研究，第五冊》（台北，1990），頁 8。這兩位法律學者，當時任教於台灣大學，分別講授刑法及民法。

25 在《通志稿》裡頭，戴炎輝教授寫道：「吾國（中國，筆者註）於清末……始變法自強，而台灣已淪陷於日本。日本變法（繼受西方法，筆者註），比吾國早三十年，其據台後，於台灣亦悉依新制，台灣的司法制度，雖有特例，但仍依據新制。」見《通志稿》，頁 6。

前的法制改革經驗，極可能影響到 1945 年（尤其是 1949 年）以
後始自中國大陸移居台灣，並構成今日台灣社會一部分的「外
省」族群。但更不應忘記：今日台灣的社會環境及多數人口，
都是 1945 年以前日本統治下之台灣社會的延續。[26] 而台灣社會
首次接觸近代西方式法律，正是 19 世紀末開始接受日本統治之
時。

　　日本人做為「當事者」的另一造，就其於台灣殖民地所施行
的法律，或許會有不同於台灣人的看法。[27] 二次大戰結束後，日
本學界對台灣似乎欠缺研究的興趣。[28] 不過，戰前殖民主義發展

26　以 1989 年為例，台灣人口中有 17,331,254 人（占總人口 86.2%）本身
　　或其上一代曾經歷日治時期台灣的法律西方化；相對的有 2,776,186
　　人（占總人口 13.8%）本身或其上一代曾經歷 1945 年以前在中國的法
　　律西方化。上述數據係引自行政院主計處，《中華民國統計年鑑》（台
　　北，1990），頁 68-69。

27　例如某日本學者認為，日本殖民統治當局，不接受西方法係體現人類
　　普遍的理性故可適用於任何人類社會的說法，於是乃針對台灣殖民地
　　人民的特殊性制定法律，此正實踐了所謂的「民族法學」。而且後來
　　又使台灣人於同化為日本人的過程中，達成相當程度的現代化（西方
　　化）。參見向山寬夫，〈日本統治下における台灣の法と政治──民族
　　法學の視點に立って〉，《國學院法學》，21 卷 2 期（1983,9），頁 75-
　　76、105-106。不過，所謂「使台灣人現代化」，並不是日本制定殖民地
　　法律時的目標，而只是其法律變更的附隨效果，可說是「日本化」政策
　　的副產品，就此可詳見本書第二章、第六章之論述。

28　原因之一是日本的中國研究者，大多視台灣為「中國固有的領土」，
　　甚至把台灣當作中華人民共和國的一部分，因此視「台灣研究」為搞
　　「二個中國」或「一個中國、一個台灣」。這些研究者顯然並不了解台
　　灣社會的實情。且就算台灣是中國的一部分，欲對 1949 年中華人民
　　共和國成立後的台灣與中國大陸為比較分析時，亦有先從事台灣研究

史畢竟是日本近代史的重心之一，台灣殖民地的經營又是當中
不可或缺的一環。[29]因此諸如台灣人民對殖民地政府的反抗、
日本對殖民地的經濟剝削等等，乃成為若干日本學者的研究主
題，其中更不乏曾親身在台經歷殖民統治的學者。[30]對於台灣殖
民地的法律，戰後的日本也僅有少數學者，站在研究日本近代
法史的立場，稍加討論。[31]或有少數的日本學術機構，擬利用台
灣總督府檔案等史料，研究日本殖民統治政策與台灣殖民地法
制間的關係。[32]期待未來有更多的日本人，對其過去的殖民地法
制進行研究。

之必要。參見石田浩，〈台灣研究と中國研究——台灣研究の現狀と課
題〉，《台灣史研究》，第 8 號（1990,3），頁 5。

29 Ramon H. Myers, "Post World War II Japanese Historiography of Japan's
Formal Colonial Empire," in *The Japanese Colonial Empire, 1895-1945*,
ed. Ramon H. Myers and Mark R. Peattie（Princeton, N.J., 1984）, pp.
455-477.

30 例如，許世楷，《日本統治下の台灣》（東京，1972）；向山寬夫，《日
本統治下における台灣民族運動史》（東京，1987）。另參見台灣近現
代史研究會編，〈戰後日本における台灣近現代史研究文獻目錄〉，
《台灣近現代史研究》，第 3 號（1981,1），頁 152-204。

31 參見中村哲，〈植民地法〉，載於鵜飼信成等編，《講座日本近代法發
達史》（東京，1958-1961），冊 5，頁 175-206（該文作者曾在台灣殖
民地擔任台北帝國大學憲法學教授，見同上，頁 302）；井ケ田良治、
山中永之佑、石川一三夫《日本近代法史》（京都，1982），頁 176-
180。

32 例如中京大學社會科學研究所台灣史料研究會。見宋錦秀，〈日本中京
大學社會科學研究所台灣史料研究會〉，《台灣史田野研究通訊》，第
13 期（1989,12），頁 30-31。

第二節　本書的研究方法

　　從「台灣研究」的觀點來看，日本殖民地法律在整個台灣法律發展過程中深具意義，它附隨的把近代西方（歐陸）法制導入這個島嶼，這是清朝中國治台時期（1683-1895）所無，但卻存續於國民黨統治時期（1945-2000）的一項法制特色。本書的討論焦點因而集中於：在這波由日本主導的法律改革下，台灣一般人民對於近代西方法的繼受，尤其是刑事法和民事法方面的繼受情形。這個研究結果可同時用來回答從事「中國研究」者可能感興趣的問題，亦即日本統治下的台灣漢人，究竟已接受多少西方式法律制度及觀念而放棄原有沿襲自傳統中國者？對致力於比較法學或比較殖民地統治史的研究者，本書也將描述一個非西方的強權，究竟如何且於什麼樣的範圍內，在它的殖民地實施西方式法律。

　　欲就法律的繼受，提出一項放諸四海皆準的理論非常困難，因為每個案例都不可避免地受其本身特有的條件及周遭大環境的影響。不過向來研究法律繼受者，所關心的課題總不外是繼受的背景與原因、繼受的過程及其效果，且經常以刑事或民事法律的演變做為例證。[33] 東亞社會自古以來長期受傳統中國法律制度及思想的影響，研究者在有關其如何繼受近代西方法的方面，關心的議題亦多半是法律現代化，亦即西方化的動機、西方式法典的採用與調整（尤其是刑法典及民法典），以及這些法典的實際施行情形等等。既然台灣是東亞社會的一員，

33　參見沢木敬郎，〈法の繼受〉，載於伊藤正己編，《外國法と日本法》（東京，1966），頁 124-142、152-158。

上述思考問題的方向，應可參酌使用，以供我們探討台灣人經
由日本在殖民地所施行的西方式法典，究竟已繼受了多少近代
西方法律制度及概念。[34]惟研究者亦不宜忽略台灣這個個案的獨
特性。例如：（1）西方式法律在台灣，不同於在日本或中國，
倒類似於朝鮮的狀況，係由一個外來的殖民政權所施行，法律
因而必須經常屈從於殖民主義的需要。（2）做為西方式法律施
行者的日本，非屬西方國家，其自身仍深受東方式封建主義、
集體主義的法文化所支配。（3）與日本殖民統治下的朝鮮人民
不同的是，台灣人民在 19 世紀末即將面臨西方式法律時，不
僅仍保留了許多移民社會所遺留下來的特性，且多少沉溺於傳
統的族群分類意識，根本欠缺現代的國族意識（nationalism），
既無日治以後所產生的「台灣人意識」，更無所謂「中國人意
識」。[35]

　　基於以上的認識，本書第一章將簡要地介紹參與這項法律
繼受活動的兩位「主角」的背景。其一是已歷經數個本質相異
之外來政權統治的台灣社會，其二是甫於殖民母國大致完成近
代西方式法典之制定的日本政權。有關日治之前台灣歷史的討
論，鑑於法學界研究者可能並不熟悉，且其內容與台灣史學界
傳統的論述也不盡相同，故仍措置不少篇幅。

　　第二章則首先擬澄清日治時期，究竟誰有權力制定台灣的
法律？其次檢討有多少西方式的法律，已被納入殖民地立法之
內？同時一併考察被殖民統治的台灣人，對於立法上採用近代

---

34 將來或許可參考本書就台灣所為的研究，歸結出整個東亞社會繼受近
　代西方法的一般性理論。

35 就欠缺現代的國族意識，參見 Wolf, p. 5。

西方法的看法。如同其他東亞國家一樣,「立法繼受」——由政治權威主動制定西方式的成文法律——總是導入近代西方法的第一步。

　　立法上已被繼受的西方式、一般且抽象化的法條,能否具體落實在社會生活中,並發揮規範力量,尚有賴於近代西方式司法的運作。舉凡法院的制度及軟硬體設施、法律專業人員的素質,以及人民使用法院的頻率等等,均將深切影響到對於西方法的「社會繼受」,使這些西方式國家法律得以滲透進一般人民的社會生活當中。因此第三章將討論殖民地台灣的現代意義,亦即近代西方式的司法體系。再於第四、五兩章,分別探索在刑事法及民事法方面,台灣社會之繼受西方法的經過與程度。這是本書最關切的問題。

　　最後一章,擬站在台灣人民的立場,對日本統治下的法律改革進行歷史評價,且基於歷史文化的連續性,說明其對戰後台灣法律發展的影響。

　　本書運用了某些相當重要的原始資料。首先是 1895 年至 1945 的台灣總督府檔案,特別是由台灣總督府收發,屬於「永久保存」或「十五年保存」的公文,當中第六門「司法」與本研究之關係最為密切。[36] 目前已有專書將 1895 年至 1905 年屬於

---

36 該檔案之原名稱為「台灣總督府公文類纂」,本書簡稱為《檔案》。關於其內容,見王世慶,〈介紹日據時期台灣總督府檔案〉,《台灣文獻》,17 卷 4 期(1966,12),頁 157-192。本檔案係保存於坐落南投中興新村的台灣省文獻委員會,筆者曾在 1992 年夏天,經申請獲准後,至該處閱讀檔案微捲,但只能手抄重要資料。目前該項檔案已公開供大眾閱覽,亦可影印其內容。且日治之初的檔案內容,業經翻譯成中文後出版。

「司法」類的檔案加以集結並中譯。[37] 故除了被納入此專書的檔案外，本文引用檔案時，均依檔案原有目錄之分類註明出處。[38] 其次是任何欲了解日治時期法律內容者，所不可或缺的已出版的法院判決輯錄，[39] 包括 1896 至 1940 年為止的部分重要判決例。但 1896 至 1919 年度的法院判決，多半只存「判決要旨」，而無判決全文。再者是當時日本法學者或司法人員，對台灣殖民地法律所作的眾多研究論著。這些論著大多發表於台灣總督府所出版的《台灣私法》，以及其他兩份期刊《台灣慣習記事》（1901 年 1 月至 1907 年 8 月）與《台法月報》（1907 年 6 月至

37　即台灣省文獻委員會編，《日據初期司法制度檔案》（台中，1982，本書簡稱為《司法檔案》）。

38　參見許雪姬等編，《現藏台灣總督府檔案總目錄》（台北，1988）。

39　即台灣總督府覆審法院編，《覆審法院判例全集》（台北，1920，本書簡稱為《覆院集》）；台灣總督府高等法院編，《高等法院判例全集》（名稱有時用《高等法院判例集》或《台灣總督府高等法院上告部判例集》，台北，1921-1941，本書簡稱為《高院集》）；中村泰忠編，《台灣總督府法院判決錄》（台北，1903-1904，本書簡稱為《法院錄》）。過去有些學者在研究日本時代的殖民地法律時，似乎未充分利用這些台灣總督府法院的判決例。David C. Buxbaum 於其博士論文中，雖曾引用數個法院判決例，但未說明這些判決例係引自何出版物。見 Buxbaum, pp.184-185, 220-221。蔡章麟先生在《通志稿》中也列出許多法院判決的案號，可惜未進一步敘述各個判決的內容。見《通志稿》，冊 1，頁 263-291。能廣泛且詳細引敘判決例內容以做為論證基礎的，首推前司法行政部所編之《台灣民事習慣調查報告》（台北，重印，1992），稍令人遺憾的是，其固然已載明被引用之判決例的案號及內容，但未註明出處，見該書，頁 245-303。宜特別註明的是，本書尚未使用 2000 年代始發現並整編完成的「日治法院檔案」。

1943 年 11 月，在 1911 年 1 月之前稱《法院月報》）上。[40] 此外，
日本政府所出版的有關台灣法律事務的各項統計，亦深具參考
價值。[41] 當然也不可忽略台灣人民的聲音。當時有不少台灣人
習法者，曾將他們對於殖民地法律的意見，發表於一份反總督
府的期刊——《台灣青年》（1920-1924，1922 年 4 月後改稱《台
灣》）。[42] 經歷過日本殖民統治的台灣作家，他們所寫的小說、
自傳等文學作品，通常也反映出當時民間對法律的一般觀感，
宜一併參考。

　　本書若干用語，也有加以界定的必要。論文中係以「台灣
人」一詞，取代當時的法律用語「本島人」。故此處「台灣人」
的範圍，即日治時期「本島人」的範圍，包括 1895 年以前自中

40　《台灣私法》是由臨時台灣舊慣調查會所完成，此機構係由日本政府
　　以勅令組成的。《台灣慣習記事》則是由台灣慣習研究會負責刊行，該
　　會雖非屬官府內之組織，但由總督任會長，且成員多屬總督府及法院
　　的官員。至於《台法月報》，則係由總督府法務部所經營之台法月報發
　　行所刊行，當《台灣慣習記事》於 1907 年停刊後，有關台灣慣習之文
　　章，多半改刊載於《台法月報》，日治時期各項法律爭議問題，亦經常
　　可在《台法月報》上看到各方的意見。

41　例如台灣總督府所印行《台灣總督府統計書》（台北，1899-1944），
　　《台灣總督府犯罪統計》（台北，1911-1944），及日本中央政府內閣統
　　計局的《日本帝國統計年鑑》（東京，1903-1940）。另外，中國國民政
　　府接收台灣後，亦曾整理以前總督府所為的統計資料，見台灣省行政
　　長官公署統計處，《台灣省五十一年來統計提要》（台北，1946，本書
　　簡稱為《五十一年統計》）。

42　《台灣青年》是由許多在 1920 年代從事政治反對運動的台灣知識分子
　　所刊行。其後續刊行的《台灣新民報》、《台灣民報》等，屬於新聞刊
　　物，較少見法學論著，故本書寫作時並未參考，惟將來進一步研究時
　　仍應納入參考資料之列。

國大陸移入台灣且嗣後取得日本國籍的漢人（包括福佬［閩南］
人、客家人）及其後裔，乃至原屬居住台灣的南島民族但被來
台漢人同化的平埔族人（即所謂「熟蕃人」），再加上原非「本
島人」，但進入「本島人」之家而成為其中一員者。[43] 另外，本
文也以「中國人」一詞，統稱當時在法律上所謂的「清國人」、
「中華民國人」（在社會上則稱為「華僑」）。故其指涉的範圍包
括：雖於 1895 年以前自中國大陸移入台灣，但於 1897 年 5 月
8 日之前選擇清國（中國）國籍的漢人，和日本治台後才移居台
灣的漢人，及其兩者的後裔。[44] 本文所稱「原住民」，除前述被
漢化的平埔族人外，尚包括仍保持固有的南島民族文化者，此
即日治時期所稱的「蕃人」或「高砂族」，故相對於平埔族人而

---

43 此係依民事法上對「本島人」的定義，參考姉齒松平，《本島人ノミニ
　　關スル親族法並相續法ノ大要》（台北，1938），頁 11。自 1933 年之
　　後，在法律上原非本島人者（例如日本人、中國人）可因婚姻、收養而
　　進入本島人之家，並成為本島人；但假如此人嗣後又離開該本島人之
　　家（例如離婚），則立刻喪失本島人之資格，見姉齒松平，頁 12，註
　　1。此外，在中華民國政府所編的《台灣民事習慣調查報告》，頁 311，
　　亦將「本島人」稱為「台灣人」。

44 依 1895 年《馬關條約》，日本允許台灣住民於 1897 年 5 月 8 日之前
　　選擇國籍。實務上，不想成為日本帝國臣民之人，必須在這兩年內向
　　日本政府報告其選擇了清國國籍，其餘未表示意見的台灣住民，則原
　　則上視為日本帝國臣民。選擇清國國籍的台灣住民總共約 4,500 人，
　　為當時台灣總人口的 0.16％，參見黃昭堂，《台灣總督府》（黃英哲
　　譯，台北，1989），頁 65-67。 關於在日治時期台灣的清國人或中華
　　民國人，參見山霞紫甫，〈台灣華僑（二）〉，《台法月報》，37 卷 6 號
　　（1943.6），頁 56-59、69-71。較詳細而精確的說明，參見王泰升，
　　〈日本統治下台灣人關於國籍的法律經驗：以台灣與中國之間跨界的
　　人口流動為中心〉，《台灣史研究》，20 卷 3 期（2013.9），頁 58-73。

稱之為「高山族原住民」。至於文中的「日本人」，係指稱日治
時期所謂的「內地人」，而非指「有日本國籍之人」，蓋因「本島
人」莫不具有日本國籍。當時的「內地人」，除居住於日本內地
者外，尚包括原本居住於日本內地，但嗣後至台灣短期或長期
居留者及其後裔，他們雖居住於台灣，但皆依日本戶籍法而在
內地設有本籍（即台灣非其本籍地）。[45] 此外尚有某些本文創設
的用語，例如在第六章論及戰後台灣時，將原本於日治時期稱
為「台灣人」者，改稱為「原台灣人」。按「台灣人」一詞，在今
天應有新的涵義，宜指稱所有現在居住於台灣的人民，故除了
原即稱為台灣人的福佬、客家、平埔等族群之外，還包括「高山
族」原住民族群，以及 1945 年以後自中國大陸移居台灣的「外
省」族群。[46]

---

45 姉齒松平，頁 7。就整個台灣史而言，單講「內地人」實有涵義不夠明
　　確之嫌。蓋不但有「日本內地人」，還有「中國內地人」。1945 年國民
　　政府接收台灣後，常以「內地」稱呼中國大陸。似乎自 1949 年中華民
　　國中央政府遷台後，國民黨政權及外省族群才逐漸不再使用「內地」一
　　詞。

46 將「台灣人」定義為：「所有現在居住於台灣（台澎金馬等）的人民」，
　　於撰寫本書的 1990 年代，似乎尚未成為台灣社會的共識。惟依筆者
　　之見，凡是台灣的現住民，無論其主觀上是否接受前述「台灣人」的意
　　涵，都是「台灣人民」的一分子，皆係台灣政治共同體的主人。在此定
　　義下，外省人乃是台灣人，而非台灣時下所稱的「大陸人」。外省人是
　　基於台灣特有歷史發展過程而形成為台灣社會的一個族群。「外省」
　　一詞，正反映台灣曾為中國大陸政權之一省的歷史事實（1885-1895,
　　1945-1949），就像「閩南」、「福佬」也反映其來自中國大陸的歷史事
　　實。而大陸人一詞應指「居住於中國大陸之人」。於今，大陸人所組成
　　的國家為中華人民共和國，若依絕大多數世人的認識，以「中國」稱呼

　　本文的論述對象限於有關台灣人（本島人）的法律制度及其法律生活。按日治時期對居住於「蕃地」或普通行政區域的高山族原住民，係適用一套異於「本島人」的法制。[47] 為使論述集中於單一的對象，不擬將有關高山族原住民的法律納入討論，其有待另文探討。由於日治時期在台中國人的人數很少，至多不過占台灣總人口的 1%（見表1），故本文就有關彼等之法制亦略而不談。而日本人雖在當時的台灣社會裡占有優勢地位，但其人口卻不多，於日治末期亦僅占台灣總人口的 6%（見表1），且今天已全部退出台灣社會，所以有關日本人的法律關係，也不予討論。

　　最後須交代個人的「史觀」。一如台灣的歷史，有文字記載的「歷史時期」的時間雖不長，但相當複雜；有關台灣的研究論著，數目不多，但充滿爭議。一位研究者曾慨嘆：「許多有關台灣的研究中所蘊含的情緒性、政治性的本質——支持國民黨、反對國民黨、支持統一、支持獨立（左派、右派或中立派）——使得讀者對於這些研究，好像被灑了過多的鹽巴一樣難以消化。」[48] 然而，最接近真實的歷史事實，往往就是這般經由不同立場研究者的「交互質詢」，始能探求得到。只不過，縱使面對相同的歷史事實，具有不同價值信仰的研究者，仍可能做出相異的評語。因此為了有效地進行學術討論，論者應該先表明個人主觀的價值選擇，一方面暴露其在史實認識上可能有的局限，另方面亦揭示其作成評價的根據。對筆者而言，各個時期

　　中華人民共和國，則大陸人亦即「中國人」。

47　參見姊齒松平，頁 8、12-14。

48　Gold, p.11.

居住於台灣之人民的利益，是用以評價所有歷史事實以及台灣
史上各個政權（不論掌權者的種族別）的準則。當然這又必須
面對一個亙古難解的問題：什麼是「人民的利益」？由誰來決
定？雖然台灣的統治者，如日本殖民統治當局，總自稱其施政
是為追求「台灣人民的福祉」，[49] 但我毋寧更相信統治階層與被
統治的一般人民之間，存在著本質上的利害衝突。所以，究竟
什麼是「人民的福祉」，應由人民依其意願自主決定，非可由統
治階層「代勞」。又，或有論者會以追求「中國」13 億人民利益
的立場，批判本文的「評價」，但就此很難進行學術性的辯論，
因為分歧的根本原因在於各為其「主」。將台灣（台澎金馬）當
成單獨的一個政治共同體，固然是一種主觀的政治立場，將台
灣當成「中國」這個政治共同體的一部分，何嘗不也是另一種主
觀的政治立場。這屬於個人的主觀認同，相異的政治認同，當
然可能衍生出不一樣的歷史評價。[50]

49　日本政府官員如是說，見 Alfred Stead, ed., *Japan by the Japanese: A
Survey by Its Highest Authorities*（New York, 1904），pp. 581, 586.

50　本文就「歷史評價」的部分，置於第一章第一節「三、外來統治史的反
省」，以及第六章第一節。有關法律史學方法論的問題，請參閱王泰
升，〈導論〉，載於《台灣法律史的建立》（台北，1997），頁 13-17。
在承認價值多元的民主國家，應尊重每一個人的主觀價值與認同，除
非其以行動破壞、否定這個賴以相互尊重的民主機制。

表 1：台灣日治時期人口數目

年度	總數	台灣人	日本人	原住民	中國人
1896	2,587,688	2,577,104	10,584	-	-
1900 (％)	2,846,108 100.0	2,707,322 95.1	37,954 1.3	95,597 3.4	5,160 0.2
1905 (％)	3,123,302 100.0	2,942,266 94.2	59,618 1.9	113,195 3.6	8,223 0.3
1910 (％)	3,299,493 100.0	3,064,499 92.9	98,048 3.0	122,106 3.7	14,840 0.4
1920 (％)	3,757,838 100.0	3,463,071 91.4	166,621 4.4	130,310 3.5	24,863 0.7
1930 (％)	4,679,066 100.0	4,259,523 91.0	232,299 5.0	140,553 3.0	46,691 1.0
1940 (％)	6,077,478 100.0	5,523,912 90.0	346,633 5.7	158,321 2.6	46,190 0.8
1942 (％)	6,427,932 100.0	5,827,857 90.7	384,847 6.0	162,031 2.5	50,429 0.8

資料來源：陳紹馨，《台灣的人口變遷與社會變遷》（台北：聯經，1979），頁 96-97。

第一章 ———————————————————

日治前的台灣與治台前的日本

　　日本君臨台灣之前，台灣社會於經歷各個不同外來政權的統治後，在 19 世紀末即將施行西方式法律之際，與法律相關的社會背景是什麼呢？釐清這個問題，不僅有助於了解嗣後日本政權在台灣所進行的法律現代化（即西方化）的過程，且將是評價日本在台的法律變革所必須一併考量者。

第一節　外來政權統治下的台灣社會

　　台灣，是由台灣本島及以澎湖群島為主的附屬島嶼所組成。台灣本島位於東亞大陸（中國大陸）東方約 100 哩（mile）、日本群島南方約 700 哩、菲律賓群島北方約 200 哩處。其四周為太平洋所圍繞，且原先孤立於鄰近的中原（中華）文明及東南亞印度—佛教文明之外。惟 16 世紀歐洲人在亞洲的海權擴張活動打破了它的孤立性，將台灣推向整個世界史的舞台。台灣原住民、漢人、日本人及歐洲人，共同形塑了台灣的歷史風貌。[1] 這幾群人於何時來到台灣，又為何而來呢？

一、多族群與多政權

　　3、5 萬年前的史前時代，雖然已有人類居住於台灣，但

1　參見 Chiao-min Hsieh, "The Physical Setting of Taiwan," in *Taiwan in Modern Times*, ed. by Paul K.T. Sih（New York, 1973）, p.1; U.S. Department of the Navy, Office of the Chief of Naval Operations, *Civil Affairs Handbook: Taiwan（Formosa）, OPNAV 50E-12*（Washington, D.C., 1944）, p.1.

在有文字記載可資了解的「歷史時期」裡，台灣最早的居民，
是今天所稱的原住民族。[2] 原住民族在種族上屬「波多—馬來」
（Proto-Malay）族，語言上屬於南島語系，故其文化與住在菲
律賓及其他東南亞的民族較接近。原住民族大多從事原始的農
作，輔以漁獵；由各部落自治，少有跨族群、跨部落的統治者。[3]

　　在這個可稱為「原住民自治」的時期，來到台灣的第二個
民族是漢族。依較可信的史實，於 12 世紀，約當中國南宋時期
（1127-1279），已有一些原住中國大陸福建沿岸（泉州）的漢人
移居澎湖群島。[4] 可視為「中國政權」（在漢族居住之中原地帶
所建立的政權）的元朝，曾在澎湖設立「巡檢司」。但當時只有
少數漁民或貿易商季節性的往來於台灣本島。接著明朝（1368-
1644）政府採「海禁」政策，撤除在澎湖的官署及百姓，直到 16
世紀末才新設「澎湖遊兵」。於明朝管轄之外的澎湖及台灣本
島，被漢人或日本人所組成的「海盜兼貿易商」集團，用來做為
攻擊中國沿海地區的根據地；明朝軍隊則曾為了剿滅海賊，而

2　原住民與史前台灣居民間有什麼關係，仍未確知。參見周婉窈，《台灣
　　歷史圖說》（台北，1997），頁 12-20。

3　參見 William Campbell, ed. *Formosa under the Dutch*（London, 1903），
　　pp.9-13；翁佳音，〈被遺忘的台灣原住民── Quata（大肚番王）初
　　考〉，《台灣風物》，42 卷 4 期（1992,12），頁 159。

4　關於漢人最早是在何時抵達台灣的學說上爭議，參閱周婉窈，頁 46-
　　47；史明，《台灣人四百年史》（加州聖荷西，1980），頁 20-28；曹
　　永和，〈明鄭時期以前之台灣〉，載於黃富三、曹永和編，《台灣史
　　論叢》（台北，1980），頁 41-44；Ting-yee Kuo, "Early stages of the
　　Sinicization of Taiwan,230-1683," in *Taiwan in Modern Times*, ed. Paul
　　K.T. Sih（New York,1973），pp. 21-22。

遠征至台灣島的沿岸。[5]

　　最早到台灣的日本人，就是那些海盜兼貿易商集團，時間約在 1560 年左右。1592 年曾有長崎商人，獲得日本官府許可，在基隆開設事務所。翌年豐臣秀吉曾寫信要求「高砂國」（即台灣）向日本朝貢，但根本找不到「收件人」。1615 年，德川大將軍曾遣船艦欲征服台灣，但遭遇颱風而失敗。惟日本的海盜兼貿易商，仍繼續以台灣為根據地，直到 1639 年德川幕府宣布日本「鎖國」為止。[6]

　　歐洲的探險家、傳教士及貿易商，已是來到台灣的第四群人。1550 年，葡萄牙人航經台灣島，「發現」此一「美麗島」（"Ilha Formosa"，"Formosa" 於是成為西方人對台灣的稱呼）。16 世紀末，為歐洲海上強權的西班牙人，有鑑於台灣係通往中國及日本航線必經之地，企圖自馬尼拉北上征服台灣島，但遭颱風，鎩羽而歸。1622 年，新興海上強權的荷蘭人，亦到台灣海峽附近尋找對中國貿易的基地，故攻占澎湖；惟明朝堅拒荷人占領澎湖，卻願意協助其搬遷至台灣本島。[7] 荷蘭因此於 1624 年，在台灣本島建立第一個全島性、跨族群的政治權威，

5　參見曹永和，頁 44-53; Kuo, pp. 22-24; Hung Chien-chao, "Taiwan under the Cheng Family 1662-1683: Sinicization after Dutch Rule"（Ph.D. diss., Georgetown University, 1981）, pp. 25-34.

6　參見向山寬夫，《日本統治下に於ける台灣民族運動史》（東京，1987），頁 6；Yosaburo Takekoshi, *Japanese Rule in Formosa*, trans. George Braithwaite（London, 1907）, pp. 49-53; Hung, pp. 34-35, 60.

7　參見曹永和，頁 51-52、56-57；Hung, pp. 49-50; George Beckmann, "Brief Episodes-Dutch and Spanish Rule," in *Taiwan in Modern Times*, ed. Paul K.T. Sih（New York, 1973）, pp. 34-36.

開啟外來統治集團依其統治目的宰制台灣社會的滄桑史。

　　荷蘭人為獲取貿易利益，依據源自歐洲的國際法上「無主地」先占理論，主張對台灣（今台南一帶）擁有「主權」，接著為擴展殖民地農業經濟利益，不斷征伐原住民部落以將其地納入主權範圍。在此同時，西班牙為防範荷蘭人威脅其在馬尼拉的貿易根據地，兼為傳教目的，再度於 1626、1628 年分別在今天的基隆、淡水築城，建立殖民地政權。惟由於貿易傳教等事業進行不順利，西班牙漸覺得不值得為這個島嶼而戰。1642 年，荷蘭統治當局遂趁機將西班牙人逐出島外，將其在台灣島上的領域，從原有的西南部，擴及北部、甚至達東海岸。然而十餘年後，荷蘭對中國的貿易卻因中國戰亂、貨源困難而日趨衰落，以致台灣做為貿易基地的價值不如往昔。1662 年，荷蘭終於被另一個海上強權──鄭氏集團──驅離台灣島外，不久即在台灣歷史上銷聲匿跡。[8]

　　獲取殖民地經濟利益的目標，決定了荷蘭在台的統治體制。荷蘭對台灣有關外交、行政、立法、司法等各方面的主權，係委託具有營利企業性質的荷蘭東印度公司來行使；該公司在巴達維亞城（今印尼爪哇）設有東印度總督及評議會，掌理

8　參見彭明敏、黃昭堂，《台灣の法的地位》（東京，1976），頁 6；張勝彥等，《台灣開發史》（台北，1997），頁 55-59、61，註 2。在巴達維亞城的荷蘭東印度公司總部，對於喪失台灣似乎並不是非常在意。參見 De Kat Angelino, *Colonial Policy, Volume II: The Dutch East Indies*, trans. G.J. Renier（Hague, 1931）,p. 5，但為表達報復之意，荷蘭東印度公司曾在 1663 年幫助清軍攻擊鄭氏軍隊，且派遣兩百人的軍隊登陸基隆，但由於缺乏貿易機會，在 1668 年荷軍自動撤離基隆。參見 Beckmann, p. 56.

殖民地統治事務，負責處理台灣各項政務的台灣長官及台灣評議會，則受其指揮和監督。為降低經營成本，東印度公司駐台人員的數目相當少，其中以軍隊占多數，因此不能不將原住民及漢人移民等被統治者的一般內部事務，交由彼等自己推舉，再經公司核准的頭目來管理，荷蘭統治當局僅充分掌控這些頭目，令其完成公司交付的任務。荷蘭法律主要適用於較重要的統治事務（例如土地制度），以及處理涉及荷蘭人的司法案件。[9] 原住民和漢人移民，原則上仍可依其固有的方式解決日常紛爭。

　　荷蘭的殖民統治當然自台灣本地人民的身上「剝削」到許多經濟利益，但也遺留給台灣社會一些影響。首先是中國福建南部漢人農民大量移至台灣本島定居，這與之前多半是季節性的短暫居留大相逕庭。漢人移民可說是台灣的「殖民民族」，但漢人移民並未組成自己的政府，而是與原住民同受荷蘭殖民政權的統治。1652 年因重稅而引發的郭懷一事件，反映出漢人移民與荷蘭統治者間的利益衝突。不過，台灣島上的漢人農民，也因荷蘭的統治而被引導從事商品經濟式的農業生產，不再侷限於傳統自給自足式的農作。[10] 至於當時在台灣社會居多數的原

9　參見 Angelino, pp. 2-3; Wen-hsiung Hsu, "Chinese Colonization of Taiwan"（Ph.D. diss., University of Chicago, 1975）, p. 61；台灣省文獻委員會編，《台灣省通志稿卷三政事志司法篇》（台北，1955，以下簡稱《通志稿》），冊 1，頁 2-5。

10　從 1630 年代開始，荷蘭東印度公司，如同其在印尼殖民地所採行的，自中國招募漢人農民至台灣本島從事農業生產。許多來自福建南部的漢人農民，因而第一次被吸引來台灣本島定居。由於當時的中國連年饑荒、戰亂，且根本人口過多，這股漢人移民潮一直持續到荷治晚期，才因郭懷一事件，以及清朝於 1656 年的「海禁」措施，而受阻礙。

住民族，有一部分為荷蘭當局所征服，受荷蘭基督教文明的影響，並接連地受後續統治台灣的諸政權所管轄。[11]

　　又如有關土地法律關係方面，荷蘭人引進「王田」制，規定耕地由公司擁有，農民僅為依附於土地而必須繳租的佃農。此一制度後來為鄭氏王國所承襲，荷蘭人計算台灣土地面積的單位：Kah（甲），甚至流傳到 300 多年後的今天。[12]

　　鄭氏王國是為了「逐鹿中原」的軍事目的領有台灣。由於在中國大陸的軍事行動失利，鄭成功於 1661 年率軍退守台灣。他攻占赤嵌（今台南），翌年再取熱蘭遮城（今安平），連同原已占有的澎湖，而以傳統漢族觀念，在台、澎建立了自己的王國，圖謀東山再起，奪取中國大陸的江山。[13] 對於原住民及荷

荷治時期在台灣本島的漢人移民，大約有 5 萬至 10 萬人。參見 Hsu, pp. 62-73；史明，頁 70-71；陳紹馨，《台灣的人口變遷與社會變遷》（台北，1979），頁 18，表 1。

11 另一部分原住或移住山區的原住民族，則從未受荷蘭人統治，嗣後仍排拒鄭氏、清帝國的統治，迄日本領台時始以武力將其征服，再由中華民國國民黨政權接續統治，此即所謂的「生番（蕃）」、「高山族原住民族」。平埔族人之受荷蘭文化影響，可由其於清治時期猶能使用由羅馬字母組成的拼音文字與漢人簽訂契約之例，窺見一二。

12 參見 Hung, p. 192; Hsu, p. 74. 荷治時期在「王田」之外，允許漢人就某些土地擁有西方法上的所有權，但接續治台的鄭氏王國本於傳統中國土地法制並不承認此。參見王泰升，《台灣法律史概論》（台北，2012），頁 26、30-31。

13 鄭氏王國的前身是一個活躍於台灣海峽的海盜兼貿易商集團。鄭成功係於 1655 年在廈門將鄭氏集團改組為「幕府」，名義上隸屬當時尚統治一部分中國的南明王朝。惟 4 年後，南明王朝已被席捲中國的滿清王朝所滅。當鄭成功於 1661 年率軍攻取台灣時，事實上已經不存在所謂南明王朝。因此自 1662 年荷蘭當局投降後，鄭成功及其繼承人已成

西統治時代已移居台灣的漢人來說，鄭氏王國仍是一個「外來政權」，只不過它是台灣第一個漢人政權。[14] 以台灣為暫居性基地的鄭經，果然於 1673 年趁清朝中國的三藩之亂，揮軍「反攻大陸」，但是傾盡了台澎資源，仍因缺乏後勤補給，而於 1680 年退回台灣。另一方面，清朝於鄭氏拒絕其所提之以承認台灣為獨立國換取鄭軍遠離中國的和平條件後，決定用武力攻打台灣。已因連年用兵國力極度耗損的鄭氏王國，於 1683 年即告投降。[15] 台灣社會因此又得再面臨一次統治權威的變動，短短的

為台灣事實上（de facto）的最高主權者，故本文稱其所建立的政權為「鄭氏王國」。且當時歐洲人已視台灣為一個獨立的主權國家，鄭氏王國的第二代君主鄭經，即被稱為「台灣國王」。參見 Hung, p.125；彭明敏、黃昭堂，頁 9-10、23。不僅鄭成功，連其子鄭經，都是在中國大陸嘗到敗仗之後，才想轉進台灣。由於畏懼台灣之不適宜人居住，許多鄭軍高層官員拒絕移駐台灣，甚至因此乾脆投降清軍。參見 Hung, pp. 89, 130-131, 166-168, 175, 279; Hsu, p. 84.

14　有學者認為鄭成功給予在台灣的漢人第一個他們自己的政府。見 Hung, p.123. 筆者在此所謂的「外來」，係指該政權是從台灣島外將其既有統治組織及人員移入台灣以遂行統治。雖然鄭氏集團跟荷治下台灣的漢人移民，在血統、文化上非常類似，但它原本不屬於台灣社會，其利益與原住民之利益不一定一致，例如外來住民可能較想以武力光復家鄉，而原來住民可能傾向於在台安居樂業，不喜征戰。對當時占台灣社會多數的原住民而言，鄭氏王國則絕對是外來政權。由於鄭氏王國只存續 22 年（1661-1683），其領導階層仍未替換為由台灣本地養成者，亦即尚未完成「政治本土化」。

15　於 1679 年的鄭清和談，清方曾表示既然台灣原不隸屬中國而係鄭氏所開闢，清朝願意視台灣如同朝鮮、日本一般，且朝貢與否悉聽尊便，惟鄭軍必須撤離且不再攻擊中國大陸。由於鄭方堅持要在中國大陸沿岸保有一個港口（海澄），和談終告破裂。參見 Hsu, p. 89; Hung, p.

60 年不到的時間，台灣政權已由荷、西、鄭氏而遞嬗至滿清。

　　鄭氏王國留給台灣社會的是，首度引進漢人的傳統中國式法政體制，[16] 並使台灣從歐洲人眼中可廣植作物及拓展國貿的經濟性殖民地，轉變為漢人眼中可遷徙人口以再造同質社會的移民性殖民地。不過，在傳統中國社會勢力龐大的儒教士紳階級，並不存在於鄭氏治下的台灣；與日本、英國間熱絡的貿易往來所展現的海島型經濟活動，也非漢族傳統的生活方式。[17] 且鄭氏治台時間甚短，其制尚不及深植斯土。故台灣社會的「漢化」（或謂「中國化」，sinicization），須待下一個時代始得完成。

二、清帝統治下的法社會

（一）統治政策與法律規定

　　1684 年，中國政權（定義同前）有史以來第一次將台灣本島納入版圖。清朝皇帝攻取台灣的原始動機是，消滅最後一股威脅其統治權的力量，故原擬採明朝成例棄台保澎，最終卻因顧慮台灣若為敵對者取得將威脅中國東南數省，始設官治理之。然而歷來的皇朝，不曾有治理台灣這類海外大島的經驗；

266；王育德，《台灣：苦悶的歷史》（東京，1979），頁 62-64。

16　參見 Hung, pp.123-127, 177-179, 229-238; Hsu, p. 80.

17　參見 Hsu, p. 92; Hung, pp. 208, 210, n127。鄭治時期在台漢人，已有約 10 萬至 20 萬人。見 Hsu, p. 97；陳紹馨，頁 18，表 1。這項增加較少是因為人口自然繁殖所致，而應歸因於鄭氏軍隊的移入，以及因清朝實施「劃界遷民」政策致流離失所的一部分中國沿海人民索性渡台，他們成為鄭治時期台灣社會的新移民。參見 Hsu, pp. 92, 97.

稱霸陸上的清廷，又難以師法鄭氏王國擅於海上活動的「貿易立國」政策，故只能根據其領台的最大理由，亦即防止台灣被用作威脅帝國的根據地，來設計治台政策。[18] 這個來自中國大陸的政權，不論是滿族的皇帝或漢族的官員，皆非自台灣社會產生，故對於台灣的原住民及漢人移民而言，仍是外來政權，而面對新政權不一樣的統治目的及策略，台灣住民也只能「逆來順受」。

受到鄭氏據台抗清之歷史情結所影響的「為防台而治台」的消極統治政策，支配了清朝中國統治台灣的前 190 年。直到 19 世紀，東亞海權爭霸戰再起，受海上強權侵擾的清朝中國，才因台灣之「另有所用」，而改變對台的統治政策。1874 年日本帝國以生番地不屬清朝版圖為由，發兵「征討」台灣的牡丹社。受此挑戰的清帝國，不得不改變以往的消極、閉鎖態度，而採行積極經營、拓展勢力的治台政策。緊接著在 1884 年的清（中）法戰爭中，法軍之封鎖台灣且攻陷基隆及澎湖，清楚地凸顯出台灣孤立海上卻身繫整個帝國海防安危的重要地位，使得清朝在隔年即宣布台灣建省（1887 年 9 月正式與福建分治），

---

18 有關清朝「棄台」與「保台」之爭議，參見 Hsu, p. 248-250。海南島是另一個鄰近中國大陸的大島，但其與台灣本島加以比較的話，海南島與中國大陸的距離近很多，故較易為中國（中原）政權所控制，事實上早在西元前 111 年，此島已為漢朝中國所統治。相對的，直到 1661 年才有漢人政權鄭氏王國統治台灣本島，但鄭氏非中原王朝，幾乎未領有中國大陸，並不屬中國政權。參見張世賢，〈清代治台政策的發展〉，載於黃富三、曹永和編，《台灣史論叢》（台北，1980），頁 221-223、227。

企圖建設台灣成為屏障中國東南各省的「海防基地」。[19] 然而台灣建省還不到 10 年，由於日本與中國開戰，日軍於朝鮮及遼東半島重挫清軍，甚至可能進逼北京，在「保全京師」這個相對地更為重要的考量下，台灣遂依《馬關條約》從中國手中割讓給日本，使得台灣社會於 1895 年後，再嘗因政權交替而須重新適應的苦楚。

　　清朝的對台統治政策，反映在當時官府的法律規定上。首先清朝將原施行於內地之以大清律例為主的官府律典，施行於台灣。這種「內地法延長」的措施，一方面是因為鄭氏統治時期原有的官府法令與明朝律典相差無幾，而清律乃仿效自明律，兩者內容相似；另一方面，清廷也不認為有必要為台灣這個蕞爾小島另外特別制定一套法律制度，頂多因應特別的統治目的，增設足以相配合的法律規定即可。於是，除了與內地相同的一般性規定外，台灣在官府法令中尚有下述四類特別的規定：①禁止或嚴格管制漢人移居台灣，以控制台灣漢人移民社會的質與量，尤其避免造成人口眾多；[20] ②禁止漢人進入「番

19　台灣建省與成立總理海軍事務衙門同時頒布，可見清廷是視台灣建省為海防新政的一部分。劉銘傳在台灣的「新政」，除進行清賦等工作以求台省自給自足外，主要仍偏重於國防軍事，即令是建鐵路亦著眼於此。參見張世賢，同上，頁 223、225-235；許雪姬，《滿大人最後的二十年──洋務運動與建省》（台北，1993），頁 32、36、64。

20　清朝治台之初，即已規定在台灣的漢人移民，凡無妻室、產業者應逐令過水，交原籍收管；而有妻室、產業者，犯徒罪以上，亦押回原籍。在台移民若有眷屬仍住中國內地，不准其搬眷至台。已婚男子欲渡台販賣貨物者，須取得官府印單載有人員及貨物，且不准攜眷。換言之，一方面不希望在台灣有任何「危險分子」，另方面不願讓已在台灣或新入台灣者久居斯島。搬眷入台之禁令雖屢經地方官陳請解

地」或與「番人」結婚，以避免漢人移民激怒原住民而生亂事，或與原住民結成一股大勢力；[21] ③禁止台灣人民擁有槍械，以免有武裝抗清的情事發生；[22] ④嚴密監視在台官兵，以防止第二個「鄭氏王國」的出現。[23] 直到 1875 年，上述的規定才因清廷治

除，但清帝之顧忌猶在，故解除後又禁止、禁止後又解除，至 1760 年始改例准許眷屬渡台，但隻身無業並無親屬相依者，仍在禁止之列。1790 年再放寬為單身之良民，於取得官府許可後亦可渡台。參見戴炎輝，《清代台灣之鄉治》（台北，1979），頁 274-276；Chang Bin Liu, "Chinese Commercial Law in the Late Ch'ing（1842-1911）: Jurisprudence and the Dispute Resolution Process in Taiwan"（Ph.D. diss., University of Washington, 1984）, p. 93; Hsu, pp. 291-292, 297-299.

21 清朝治台後大致上只把台灣本島西部及東北部平原丘陵地區納入版圖，其餘則屬於「番人」居住地區，在形式上設有碑或溝做為分界。漢人越界入「番境」者，以偷渡（「私出外境」）論罪。但在版圖內亦住有「熟番」，亦即平埔族原住民。屬於平埔族之土地，起初亦禁止漢人開墾，後來才逐步放寬為允許出租給漢人開墾。漢移民亦不准與「番人」通婚。參見姚雨薌、胡仰山編，《大清律例會通新纂》（台北文海出版社重刊）卷 19，「兵律關津」，頁 1713、1749；卷 9，「戶律婚姻」，頁 1095；臨時台灣舊慣調查會，《台灣私法》（台北，1910），卷 1 上，頁 343-350；戴炎輝，頁 276-280。

22 在中國內地居住於有猛獸出入或與「番人」或回族毗鄰地區的漢人，可報官後製造鳥鎗，但在台灣的漢人則一概不准製造鳥鎗。同時台灣人民亦不准私煎可用以製造火藥的硝黃。甚至在台灣擬鑄造農具者，都須先經官府許可，且自中國內地購入鐵。參見姚雨薌、胡仰山編，《大清律例會通新纂》卷 18，「兵律軍政」，頁 1635-1636；卷 19，「兵律關津」，頁 1750；張世賢，頁 226-227。

23 清帝為壓制「好叛亂」的台民而賦予台灣鎮以重權厚兵，但又怕其宰制一方、尾大不掉，於是令台灣道監視、牽制之。且曾頒例要求台灣

台政策的改變而廢除。

（二）普遍不被遵守的官府法律

　　清廷定下的渡台禁制，一開始就僅是虛有其表的官樣文章。福建、廣東難以計數的窮苦居民，源源不絕地渡海來到這個當時被稱為「台灣錢淹腳目」的島上。之後又千方百計的將留在內地的眷屬接引來台。1680 年，在台的漢人大約在 10 萬到 20 萬人之間，但 130 年後的 1810 年，台灣漢人已激增至 200 萬人之譜。這段時期渡台的漢人，事實上構成了清治時期（甚至延續至其後各時期）台灣漢人社會的主力，他們多數是靠著搭乘走私船、賄賂官員等方式來台，就當時的法律而言，即屬「非法移民」。[24]

　　面對險惡的「黑水溝」（台灣海峽），移民們都敢非法渡台，如何期待他們遵守法律規範，不越界進入「番地」，不干擾原住民的土地？漢人移民不斷潛入「番地」，或以「和平」（包括通婚、欺騙）的方式，或以暴力脅迫的手段，向平埔族取得土

的文武官員互相糾核。派至台灣的文武官員，原則上不許攜眷來台，以使留在中國內地的眷屬充當「人質」。此外，1875 年之前，清帝國在台灣採取「班兵」制度，即分營調派福建為主的士兵來台戍防，武官亦輪年調派來台，其手下則非福建原營的士兵，以防止在台武官據台坐大。「班兵」制的另一用意在於不願由台灣人民擔任戍防的工作，以防變生肘腋，有官員曾直言：「若以台人守台，是以台予台人」。參見許雪姬，《北京的辮子──清代台灣的官僚體系》（台北，1993），頁 3-4、54、62、69；丁日健編，《治台必告錄》（1867，重印；台北，1959），頁 150、159-160；戴炎輝，頁 280-281；張世賢，頁 228。

24 參見 Hsu, pp.108-125, 129-131, p.148, table 8；陳紹馨，頁 18，表 1；Liu, p. 94.

地加以開墾。[25] 這無異是一個「非法」充斥的世界。

　　按當時漢人社會女性很少，單身的男性漢人很自然會找原住民婦女結婚，少有人在乎官府法律的禁婚規定。何況與平埔族原住民婦女結婚，通常意味著可取得女方的土地。同樣地，由於漢人移民經常需要武器與原住民戰鬥，或為了防禦盜賊，或用於械鬥或民變，故視官府禁令如無物，坐擁劍、矛、盾、竹槍、甚至大砲。[26]

　　其實，以脫法取巧來因應不合理的官府法律，原是傳統中國文化的一部分，並非在台漢人所獨有。當時台灣耕地的稅率比中國內地高出數倍，且縱令遭遇天災亦不能減稅。於是一如傳統中國社會的農民，台灣漢人移民藉由短報耕地面積來降低納賦的負擔。清廷的在台官員，明知有「隱田」，卻不願徹底清查，惟恐因此惹起民變，觸發治台之大忌。[27]

　　在台官員的腐敗無能，是造成人民普遍輕視官府法律的另一個重大原因。清廷在台官吏僅有少數是既有能力又廉潔者，大多數官員或但求無過而不圖興利，或恣意填滿官囊而後遁走內地。且由於任官有迴避本籍的制度，在台地方官既非本地人，大多不解本地風土人情，故不得不將許多統治事務，委由

---

25 黃富三，〈清代台灣漢人之耕地取得問題〉，載於黃富三、曹永和編，《台灣史論叢》（台北，1980），頁 198-201。

26 參見 Hsu, pp. 312-314, 479-480.

27 參見陳秋坤，〈台灣土地的開發〉，載於黃富三、曹永和編，《台灣史論叢》（台北，1980），頁 164-165、167-168。中國歷朝都有人民報稅不切實的問題，其對各朝代影響的一般性敘描，參見 John K. Fairbank, Edwin O. Reischauer, and Albert M. Craig, *East Asia: Tradition and Transformation*（rev. ed., Boston: 1989），pp.100-102, 118-122, 127-129.

衙門裡的本地書吏、差役執行。這些衙役經常倚恃官府的法律
權威，魚肉鄉民；但一有擒凶抓賊之必要時，他們的「法律」
卻走了樣，或藉口被告凶惡無法逮捕，或接受賄賂故意縱放嫌
犯。[28] 於是在人民的眼中，官府「法律」成了用錢就可買得到的
東西，有什麼值得尊敬的呢！

（三）混亂的社會治安

　　隨著官府法律的威信掃地，台灣的社會秩序亦陷入混亂之
境，尤其受困於盜賊、分類械鬥、民變等三項禍害。

　　羅漢腳問題是當時社會秩序動亂的一個基本原因。被稱為
「羅漢腳」的無業游民，經常結盟為兄弟以求互保，其中有些
只是四處流浪當乞丐，有些則白天在街上惹是生非、晚上當夜
盜，有些進而以結夥搶劫為業。當分類械鬥或民變發生時，他
們也經常受雇或被慫恿投入戰鬥，使動亂更加持續和擴大。雖
然清廷的在台官員亦知彼等騷動起因於無業，但並未積極的為
其安排工作，僅於攸關統治的民變發生時，趕緊僱用他們，以
免其流向反政府的一方。[29]

28　參見戴炎輝，頁 283、301-302；Hsu, pp. 265,267. 有關清朝之知縣、
　　書吏、差役等，參見 Tung-tsu Ch'u, *Local Government in China under
　　the Ch'ing*（Cambridge, Mass., 1988）. Chaps. 2, 3, 4, 就其在台灣的情
　　形，參見戴炎輝，頁 281-287。對於台灣的吏治，曾任台灣道的徐宗幹
　　曾說過一句相當具代表性的話：「各省吏治之壞，至閩而極；閩中吏治
　　之壞，至台灣而極。」引自丁曰健，頁 349。
29　18 世紀末以後，新渡台的移民已不易在台灣西部海岸找到可耕地了，
　　政府又無力管制陸續到來的移民人潮，於是無業游民逐漸增多。他們
　　大多沒結婚、無家室，打赤腳在街上遊蕩，故被稱為「羅漢腳」。參見
　　Hsu, pp. 464, 472-478；戴炎輝，頁 323-326。

　　清治時期台灣的盜賊有漸趨猖獗之勢。清律上的規定當然是嚴厲地處罰盜賊，但執法者種種貪瀆無能的劣跡，使盜賊問題更加嚴重。清廷治台末期，一幫盜賊已動輒上百人。這些盜賊中亦有標榜「劫富濟貧」的所謂「義賊」，以踐踏官府法律尊嚴的方式，追求他們心目中的「社會公平」。[30]

　　分類械鬥之為害台灣漢人移民社會既深且廣。清治下台灣漢人社會經常爆發分類械鬥，有時甚至蔓延全台，其中尤以不同祖籍間的分類械鬥占多數。械鬥總伴隨著殺人、放火、搶掠錢財、蹂躪婦女等行為，社會秩序因之蕩然無存。[31] 而且激化了移民社會原已存在的祖籍分類意識，使各族群相互猜忌與敵視。直到 19 世紀末，日本甫至台灣統治時，這種祖籍分類意識依舊相當強烈。[32]

　　關於分類械鬥的起因，一般認為主要源自爭地、搶水、爭租等經濟利益的攘奪。[33] 但各種經濟資源之爭奪，古今皆然，何以今日並未盛行分類械鬥？這實在是因為清朝官府既不能提供一個有效率且公正的解決紛爭機制，又不能壓制私人間以武力

30　參見 Hsu, pp. 478-482.

31　此所謂分類械鬥，係指以祖籍（例如福佬或客家、泉州人或漳州人等）、姓氏、族內支派，甚至隸屬的職業團體等做為識別標準，形成敵對的兩個群體，彼此相互持械打鬥。參見林偉盛，《羅漢腳──清代台灣社會與分類械鬥》（台北，1993），頁 46、58、103、118-119；Hsu, pp. 484-517.

32　參見 Stevan Harrell, "From Xiedou to Yijun, the Decline of Ethnicity in Northern Taiwan,1885-1895," *Late Imperial China*, 11:1（June1990），pp.122；翁佳音，《台灣漢人武裝抗日史研究（1895-1902）》（台北，1986），頁 42-43。

33　參見林偉盛，頁 90；戴炎輝，頁 298。

尋求救濟所致。[34]換言之，原因即出在官府的法律既無公信力又缺乏公權力。

　　頻繁的民變，並未能推翻清朝的對台統治，徒令生民塗炭而已。以「三年一小亂，五年一大亂」形容台灣民變之多，絕不為過；且民變的領導者來自台灣各個族群，以及士紳以外的各個社會階層。[35]但是清朝對台灣的統治，仍不絕如縷地延續

---

34 按移墾之初，同祖籍者，因語言及文化相通而同聚一處互相協助，實屬自然。形成同祖籍團體之後，團體內成員若有人身或財產上紛爭，尚可能透過團體領導人的仲裁而解決。惟一旦紛爭當事人分屬不同的祖籍團體，則並無共同信服的仲裁者存在，只能求諸官府介入。然而台灣官府的腐敗無能，使人民不能信賴官府的裁決，涉案者很可能就向鄰人申訴委屈以博取同情與支持，甚至以祖籍意識「動員」所屬團體的成員，將一個人的問題擴大為一個祖籍團體的問題，達成同仇敵愾的效果，此時地方有力的豪強、墾戶等，為彰顯且確立其為領導者之地位，經常出面整合團體的力量，帶領其屬下（例如佃農）為族人「打抱不平」。涉案的另一方也同樣自認受委屈，發動自己所屬團體「討回公道」。這些移民團體原各自擁有武器，稍不自制，一場械鬥即不可避免。而且清朝政府對台灣的控制力相當弱，官員對於異類團體間的武裝衝突，或許心存分化各籍之念頭，但事實上也是無力阻止，只好袖手旁觀，以免造成械鬥的一方懷恨掀起民變。當彼此仇恨已深，有時候不需要實際的利益衝突，也可能引發不同籍民的分類械鬥。參見 Harrell, pp.111-114；林偉盛，頁 66-75。

35 在清治 212 年中，台灣發生民變的次數，有學者估計為 68 次，見 Hsu, p. 526；有學者估計為 85 次，見翁佳音，頁 43。似乎每三年就有一次民變。一般而言，客家人比起泉州人或漳州人，較少發動民變，可能因為其在台灣屬於相對較少數的族群，希望拉攏清朝政府以與泉、漳相抗衡。就民變領導人的社會階層，則以出身地主者居多，可能是因為其較易於動員所屬佃農一起加入反抗行動。參見 Hsu, pp. 555, 557-58, 569, 574.

了 212 年，才被「外來的」日本政權終結。主要原因是民變發生時，清帝一方面自中國內地派兵來台鎮壓，一方面將某些與民變發動者有所嫌隙的族群視為「義民」，利用台灣社會的內部族群的矛盾，來協助清軍鎮壓民變。這些「義民」與其說是效忠清朝，不如說是效忠本身的族群。於是，械鬥與民變常相伴而生。其所造成的社會動盪、人民流離失所，實無庸贅言。事實上，這些民變的性質，多半只是反對貪官苛政而已，並非挑戰專制皇朝的體制。[36]

（四）傳統中國式的台灣漢人移民社會

由於漢人成功的殖民，清治時期的台灣感染了濃厚的傳統中國文化色彩，但也由於歷史及地理因素，台灣漢人移民社會擁有不少異於中國內地的特質。多數漢人移民是在 18 世紀或更早以前自閩粵渡海來台。到了清末，歷經 100 或 200 餘年，移民的後代已把台灣當作自己的家鄉，願終老於斯地。漢人移民們很自然的將在唐山原鄉的生活方式，移植到這塊新開闢的殖民地上，建立一個傳統中國式的社會。[37]不過到底移居台灣的時間尚短，台灣的漢人社會仍存在著不易磨滅的「移民者」特質，例如冒險犯難、粗野不文等。加上所居住的台灣一地，曾經歷荷、西、鄭氏等非中原政權的統治，又是一個背對世界最大洋面太平洋，而隔著廣闊的海峽與中國大陸隔離的島嶼。這些因

36　參見 Hsu, pp. 564-573；戴炎輝，頁 291-293；翁佳音，頁 22。但有認為參與民變者具有所謂「農民階級意識」，或所謂「漢人民族意識」。參見史明，頁 200；郭廷以，《台灣史事概說》（台北，1954），頁 115-137。

37　參見陳其南，〈台灣本土意識的形成及其涵義〉，載於《近代台灣的社會發展與民族意義》（香港，1987），頁 94-95。

素對台灣漢人在各方面的發展走向，當然有著深刻的影響。

　　台灣漢人移民社會對法律紛爭的解決，即相當受傳統中國法律文化的影響。台灣所發生的刑事案件，與中國內地同樣適用大清律例。雖然就清律的執行而言，在台的官府或許質素較差，但就一般人民的刑法觀念來說，兩地的漢人應無太大差異。至於涉及戶婚田土錢債等「民事」事項的訟案，在台灣的地方官，跟在中國內地的地方官一樣，大多將其交由鄉村或街莊上的地方領導人或族長（大家族在台灣移民社會裡仍不多見）等進行調處。[38] 前揭調處者所依據的裁判規範不外是民間慣行的規範，這些民間習慣的規範內容，主要又源自移民們在閩粵的原鄉，其次才兼顧及台灣的特殊狀況，例如某些關於高利率的商事習慣，即反映載貨橫渡台灣海峽時須面臨的高風險。[39]

　　不過當時台灣漢人移民社會的領導階層，並不全然如中國內地般由受儒家教育的士紳們所壟斷。在台灣，實際掌握土地資源的「農民地主」才是地方領導人，他們不像中國內地士紳階級需要通過官方科舉以取得權力。直到清末，才有一些地方豪族，靠著科舉及其他管道，進入清政府的官僚體制，同時在城市地區亦有商人階級的崛起，這兩類社會領導人物的主要權力來源，已不再單純是其所控制的土地及佃農，而比較是依賴朝廷及官府的權威。[40] 雖然如此，傳統地主階級的力量，仍舊相當強大。上述發展過程，也使得台灣的移民社會較少儒家守舊的包袱。

38　參見《通志稿》，冊 1，頁 94-95。

39　Liu, p. 99.

40　參見 Harrell, pp.112-119.

　　台灣漢人社會與中國內地漢人社會最大的差異，可能在於經濟生活方面。由於台灣對外貿易，自荷治時期即已存在，縱在清朝統治下，仍與中國大陸維持貿易往來，台灣漢人農民可依經濟上的「比較利益」來決定作物種植以出口。這導致台灣人民比較精於商業計算，習於「利益取向」。尤其是 1860 年代以後，台灣與西方恢復了自鄭氏末期以來中斷約 180 年的國際貿易。英美商人，透過閩粵的中國商人，支配了台灣的對外貿易，且將其商業資本伸入台灣的農業生產中。在這個時期中，台灣的國際貿易較中國內地任何一省都較為興盛。在台漢人的眼光不再局限於中國，而已擴及整個世界。[41]

　　清朝政府對於台灣，少有主動積極的建設。台灣在清朝長期消極的帝國統治下，舉凡造橋、鋪路、建圳、築溝、蓋廟等，大多由私人出資興建，繁榮的對外貿易亦非官方領導所致。台灣固然於清末劉銘傳主政時，進行了不少堪稱「現代化」的建設，但這仍須歸因於劉氏個人在中央政府的影響力及台灣的特殊環境。[42] 而且就算有「現代化」，也未包括法律的現代化在內。[43]

41　參見林滿紅，〈貿易與清末台灣的經濟社會變遷〉，載於黃富三、曹永和編，《台灣史論叢》（台北，1980），頁 240-242、260-261；東嘉生，《台灣經濟史研究》（台北，1944），頁 318-369。

42　Samuet C. Chu, "Liu Ming-Ch'uan and Modernization of Taiwan," *Journal of Asian Studies*, 23:1（Nov.1963），p. 52.

43　劉氏雖是當時清朝難得的具進步思想的官僚，但其仍不認為在法律制度上有向西方學習的必要。清朝中國的法律改革最早須等到 1897 年的康梁變法，但這時台灣已不受其統治矣。劉銘傳在台灣設省後，曾為改善因台灣孤懸海外致訴訟延滯之弊，將巡撫的審判權交由設在巡撫

　　台灣社會最後究竟是由誰來帶領，走向法律的現代化（西方化）呢？從 19 世紀末整個世界的局勢來看，台灣社會接受近代西方式法律已是遲早之事。當時整個亞洲社會淪為西方強權殖民地者，固然必須接受統治者的法律，即令是獨立的國家，如日本、泰國和中國，也於 19 世紀末或稍後的 20 世紀初，在西方強權壓境之下繼受西方式法律，台灣有何能耐倖免於此呢？此勢既不可避免，那麼究竟由誰來施行近代西方式法律呢？清朝中國乎？清帝國在台灣的地方政府，連固有的舊法律都無法順利運作，實在很難期待它能有效地推動新的、外來的西方式法律。西方殖民強權乎？也不是，而是那個剛剛繼受西方法的東方殖民強權──日本帝國。

三、外來統治史的反省

　　由以上有關台灣的歷史觀察可以發現，由漢人組成的統治

衙門內的「法審局」行使，法審局係由巡撫、布政使司、兼按察使的台灣道會同審案，每年僅秋季開庭，無專任審判官亦無專任雜吏。同時這些案件也不必再經閩浙總督審核，可直接送至京師刑部。參見小林平里，〈清國統治時代に於ける台灣司法制度〉《台灣慣習記事》，3 卷 2 號（1903,3），頁 21-23。但這只是在傳統中國司法組織架構底下，將原來由巡撫一人決定的司法審判事項，交由巡撫與其兩個屬下一起決定，以合理化這些案件之不必再經總督這個層級，俾減少案件公文旅行的時間，並沒有改變既存審案制度的本質，例如審案仍是由強調上下隸屬的行政官員負責。故不宜遽稱為司法制度已做重大變革，至少不能稱為是司法制度的現代化。假如為防止案件遲延而在審理層級上做調整就屬司法改革，則 1786 年使台灣道兼按察使，以減少台灣案件審理上的一個層級（參見許雪姬，頁 140），就可稱為司法改革了。

當局，不論是鄭氏治台時期那般，屬於一個獨立的島國，或是清廷治台時期，屬於中華帝國下的一個地方政府（其在台官員絕大多數是漢人），都不必然以在台漢人的利益為前提進行施政，更遑論顧及原住民的利益。對於中華帝國的統治者而言，必須關照的是整個中國的利益，當台灣的利益與之衝突時，只好予以犧牲。清廷因此不追求台灣的繁華，最後更在兩害相權取其輕的考量下放棄台灣。僅僅擁有台灣的鄭氏王國，當然沒有思考整個中國利益的必要，但是為了開發台灣，也犧牲了原住民的利益，以換取更多的土地讓漢人移民來耕種。然而鄭氏統治集團欠缺對台灣本地社會的責任感（commitment），為達到本身的政治野心，進一步犧牲漢人移民的利益，遠赴中國大陸爭奪地盤。在台漢人由於必須支撐鄭軍的軍事行動，而得負擔跟荷治時期同樣繁重的賦稅，這豈是當初為逃避中國的饑荒與戰爭始冒險渡台的移民，所樂見的結果？

相對的，非漢人所組成的殖民統治當局，也不必然只為台灣帶來負面的影響。台灣歷來的統治者，幾乎都是外來政權，他們總是以追求自己的利益為目標，而非以被統治人民的利益為導向。只不過統治者所採取的措施，有時恰巧在當初、或在後世給人民帶來好處，但這項結果可能不是統治者原始預期的、或主要的目標。其實，「本土政權」即使應運而生，雖然可能對本土社會有較高的關懷，但或許仍難以跳脫統治者自利的宿命，除非人民有足夠的力量制衡，並要求其為本土社會的發展貢獻全部的心力。

過去在「漢人」或「中國」本位的觀點下，日本統治者之所以經常被責難，只因為其非漢人政權，而其對後世的正面影響也經常全然被抹殺，只因乃是所謂的「殖民統治」。但這顯然過

於感情用事，以致歷史現象的解釋被窄化與簡單化。唯有先突
破這層心理迷障，才能更冷靜、理性且多角度地觀察日本統治
者所實施之種種有關台灣法律變革的措施，以及被支配的台灣
社會所產生的反應。至於應該如何看待日本外來統治者的歷史
角色與地位，如何評估其在戰後的遺緒，則留待第六章再談。

第二節　日本統治者的法律改革經驗

　　本節將討論的對象，轉向領台 20 餘年前即已開始推動法律
近代西方化的日本明治政府。欲探究的主要問題是：為何明治
政府想改革日本的法律制度？他們如何進行此一法律改革？
而日本統治階層與一般日本人，特別是 1895 年領台之前，究竟
已「繼受」了多少西方的法律制度或觀念？

一、法律近代西方化的動機

　　明治維新並非一開始即採用近代西方式的法律制度。19 世
紀中葉，不少日本有識之士，深感日本有淪為殖民地的危機，
故熱切希望建立一個強大的中央集權式現代型國家，使日本能
與歐美強權並駕齊驅，立於平等地位。[44]他們認為首要之務，即
是打倒地方分權的封建式幕藩制度，代之以統一的中央政府，
因而倡言「王政復古」，以擁護德川幕府時代原本徒具虛名而未

44　參見 Ryosuke Ishii, ed., *Japanese Legislation in the Meiji Era*, trans. William
　　J. Chambliss（Tokyo, 1958）, pp.15-16.

擁有實權的天皇，做為中央集權政府的首長。[45] 緣此而於 1868
年建立的明治天皇政府，首先恢復了日本古代的律令制。這並
不令人驚訝，因為律令制原是 7 世紀時日本天皇為追求同樣的
目標——建立中央集權政府——而自中國唐朝引進的。[46] 明治政
府因此以屬於傳統中國法的明律、清律做為藍本，制定 1870 年
的「新律綱領」。1873 年所頒行的「改定律例」，也沒有更改原
有的傳統中國法基調。[47]

　　然而明治政府很快地就領悟：法律的西方化是為了達成國
家目標所不可避免且必須進行的事。一心一意「富國強兵」的
明治政府，決定效法西方制度以將日本「現代化」，為推動各種
資本主義活動，西方資本主義式的法律制度乃成為不可或缺之
物。[48] 此外，日本當時與歐美列強所簽訂的不平等條約，其中規
定的領事裁判權及放棄關稅自主權，也對日本的政府與經濟造
成重大影響。[49] 歐美列強將其擁有的領事裁判權加以合理化，
所持的理由即是保障其國民及其在日本的投資，使其免受日本

45　有關明治維新時的政權交替，參見井ケ田良治、山中永之佑、石川
　　一三夫，《日本近代法史》（京都，1982），頁 8-10。

46　福島正夫，〈法の繼受と社會＝經濟の近代化（一）〉，《比較法學》，4
　　卷 1 期（1967, 2），頁 11-12。

47　參見 Ishii，頁 17。但「改定律例」已斟酌採用若干西方刑法，例如廢
　　傳統中國法的五刑，採近代歐陸法的刑罰方式。

48　參見 Ken Mukai and Nobuyoshi Toshitani, "The Progress and Problems
　　of Compiling the Civil Code in the Early Meiji Era," trans. Dan Fenno
　　Henderson, *Law in Japan*, vol.1（1967），pp.34-35; Yosiyuki Noda,
　　Introduction to Japanese Law, trans. Anthony H. Angelo（Tokyo, 1976），
　　p. 8.

49　參見 Mukai and Toshitani, p. 32.

「不文明」法律的約束和管轄。因此，至遲到 1872 年，明治政
府已充分了解，欲廢除領事裁判權、取得與諸國平等地位的最
好方法，就是仿效西方國家的法律，制定出現代化的法典。[50] 簡
言之，明治政府之所以進行以西方化為內涵的法律現代化，實
際上是為了促成資本主義的發展與廢除領事裁判權。

二、日本繼受西方法的特色

（一）漸進式的改革

改正條約的政治需求，催促著日本法律的西方化。當時日
本直接繼受歐陸法系的成文法典，既不採取英美以判例法為
主的普通法系，也不以日本固有的習慣發展出自身的普通法
（common law），原因之一，就是為了因應燃眉之急的外交需
求及法規體系化的問題。[51] 日本人草擬及施行近代西方式法典
的速度，總是與其外交上改正條約的談判進度密不可分、亦步
亦趨。[52]

但明治政府並非草率地制定及施行西方歐陸式法典，而是
漸進且小心地從事這項工作。首先是培養熟悉近代西方法的
日本法學者，俾其能吸收西方的法律概念，進而執行西方式法
典，這當然是因為近代西方法與向來受傳統中國法影響的日本

---

50 同上，p. 33.

51 參見 Dan Fenno Henderson, "Law and Political Modernization in Japan," in
　Political Development in Modern Japan, ed. Robert E. Ward（Princeton,
　N.J., 1968），pp. 432-433.

52 詳見松井芳郎，〈條約改正〉，載於福島正夫編，《日本近代法體制の
　形成，下卷》（東京，1982），頁 232、241-245。

封建法制，有相當大差異的緣故。明治政府自 1869 年即已開始著手翻譯法國法典。同時，外國法學者也被延聘至日本擔任教職及協助草擬日本法典。司法省（相當於司法行政部），於 1871 年為培養司法官，設立了講授法國法的「明法寮」，其後設立的東京大學法學部亦兼授英國、法國法律，而為日本造就一批又一批熟悉西方法的司法官員及法學者。當時一些私立的法律學校，亦訓練出許多法律專業人員，特別是辯護士（即我國法上的律師）。另一方面，派遣學生至外國學習法律制度，也日益興盛。故明治維新 20 餘年後，日本已經可以不假外人之手，而由本國法學專家，制定出日本的歐陸式民法典。[53]

　　繼受西方法的另一項基礎工程，是司法機構的整備。在日本，現代型司法機關的設立與運作，實賴於日本之迅速確立現代化的政治體系，以及政府之提供充分的財務支援。[54]按日本明治政府在度過初期的不安定之後，其統治已趨於穩固，有足夠的實力推展現代型國家體制。廢除領事裁判權的動機，又使得行政機關願意投資於司法建設。加上明治初期在「殖產興業」的政策下，努力推動日本資本主義的發展；雖仍屬幼稚階段，但已產生不少屬於資本主義經濟的法律問題，使得剛設立不久的西方式法院有了用武之地，不致乏人問津。[55]

　　日本人花費近 20 年的時間，才接納近代西方的「司法獨立」制度。1871 年，明治政府將刑部省及彈正台合併為司法省，且將民事裁判權從大藏省移屬司法省，讓中央政府的裁判

53　參見 Mukai and Toshitani, pp. 37-39; Noda, pp. 43-47.

54　參見 Henderson, pp. 407-408.

55　參見 Mukai and Toshitani, p. 40.

權統歸於司法省，但是地方的裁判權仍委諸各府縣，由地方官
行使。1872 年的「司法職務定制」，設置中央及地方的裁判所、
檢事局（檢事即我國法上的檢察官），並統由司法省管轄，其關
心點似乎在司法性事務之從一般行政機關分離，而不在於司法
裁判權的獨立行使。由於所需經費龐大、司法人才不足，全國
事實上只有約四分之一不到的縣按此一「定制」設立裁判所，且
職員中有許多是由一般行政官轉任。[56]1875 年的司法改革，司
法省被定位為「司法行政」機關，故對於具體個案的裁判權，改
由大審院及各級裁判所行使之，初具司法權獨立的輪廓。但尚
未設立裁判所的地區，仍允許由地方官兼任判事（即我國法上
的推事、法官），直到 1877 年才原則上廢除此項兼任的規定。
且當時的裁判所首長可干涉個案的裁判，司法官（含判事及檢
事）並無不得任意被免職等身分保障，故被批評為司法權從屬
於行政權。[57]再經 10 餘年，1889 年的明治憲法以國家根本大法
之尊，宣示司法權獨立於行政權之外。[58]1890 年「裁判所構成
法」進一步將司法獨立原則具體化。[59]通常裁判所採歐陸式四級
三審、各審獨立的制度，且明定判事的各項身分保障；檢事局
雖附置於各裁判所，但檢事係在檢察總長指揮下，獨立於裁判
所之外，行使檢察職務且被賦予某程度（較判事為少）的身分保
障。[60]在 1891 年的大津事件中，大審院長兒島惟謙拒絕內閣的

---

56 參見橫山晃一郎，〈刑罰・治安機構の整備〉，載於福島正夫編，《日
　　本近代法制の形成，上卷》（東京，1981），頁 309-311。

57 參見同上，頁 325-326。

58 大日本帝國憲法第 57 條：「司法權由裁判所依天皇之名行使之」。

59 明治 23 年（1890）法律第 6 號。

60 參見細川龜市，《日本近代法制史》（東京，1961），頁 101-102。

干涉，指示承辦判事依法裁判，使得前述有關司法權獨立的規定，被認為非僅是紙上改革而已。[61]

　　改行近代西方式訴訟程序，亦非一蹴可幾。先就刑事訴訟而言，明治初期沿襲德川時代的傳統中國式訴訟程序，由職司裁判者自己發現犯罪、逮捕犯人、制裁犯罪。直到 1872 年「司法職務定制」才改變舊有刑事訴訟程序的基本架構，設置「雖有請求裁判之權、卻無權自為裁判」的檢事，由其負責偵查、追訴犯行，而由判事單純擔當裁判者的角色。這無疑是導向近代西方式刑事訴訟程序的第一步。[62] 雖然如前所述這項「定制」因人力、物力兩缺而未能貫徹於全國，但刑事訴訟程序朝西方法發展的基本方向，卻已告確定。分別在 1876 年及 1879 年，明治政府宣布兩項與傳統中國法迴異的法律措施，亦即被告的自白不再是斷罪時的必要證據，以及廢除拷問制度、絕對禁止刑求。[63] 終於一套仿效法國法的近代歐陸式刑事訴訟法典——治罪法，公布於 1880 年而預定於 1882 年實施。[64] 但它仍面臨司法人員及設備短缺的問題，在 1883 年即出現廢除治罪法、恢復舊法的呼聲，因此治罪法不得不作若干修改，或某些部分暫不施行，使得治罪法原始架構遭到極大的破壞。[65] 而且也不能保證保留施行的部分被忠實地執行，例如治罪法再度重申不准拷問，但 1880 年代鎮壓自由民權運動時，拷問制度卻公然復活。雖然如此，日本在 1890 年仍參考德國法，制定新的「刑事訴訟法」，

61　參見同上。

62　橫山晃一郎，頁 312-313。

63　同上，頁 333。

64　明治 13 年（1880）第 37 號布告。其內容見細川龜市，頁 155-158。

65　橫山晃一郎，頁 335-336。

且於同年生效，其內容與治罪法大同小異。[66]

　　日本的第一部民事訴訟法典，須待 1890 年始制定完成。明治初期的「民事」訴訟，亦是延續德川時代的傳統中國法模式，即在程序上「民事」紛爭，並未與刑事案件分開處理，所以嚴格來講，根本沒有民事訴訟法可言。與刑事訴訟不同的是，1872 年那項不頂成功的司法改革，並無隻字片語提及民事訴訟程序。由於民刑不分，實務上「民事」紛爭當事人，竟不免於遭受刑事制裁。另一個德川時代的遺物——鼓勵和解，普遍存在於那些新設立的西方式法院裡。1884 年在做為第一審法院的「治安裁判所」內，設有專職「勸解」的判事。[67] 且在 1877 年之前，判事可任意拒絕審理「民事」爭端。當時對舊有程序的修改，雖有但並不多，例如 1874 年以後，一反往例地允許「民事」案件的上訴。在另一方面，對於西方式民事訴訟程序的引介，亦非毫無進展。1876 年曾出現以法國法為範本的民事訴訟法草案，惜未被採納。嗣後再改以最新的 1877 年德國民事訴訟法做為仿效的對象，終於在 1890 年公布日本第一部歐陸式民事訴訟法典，隔年生效。[68] 但「人事訴訟手續法」、「非訟事手續法」[69] 等民事特別訴訟程序的法規，至 1898 年始公布施行。[70]

　　如前所述，明治初期的刑事法仍受傳統中國法的影響。但 1873 年「改定律例」已首度採行少數來自西方的歐陸式刑法規

66　參見同上，頁 345-347；明治 23 年（1890）法律第 96 號，見細川龜市，頁 158-159。

67　依「勸解略則」，其內容見細川龜市，頁 327。

68　明治 23 年（1890）法律第 29 號。其內容見細川龜市，頁 332-338。

69　明治 31 年（1898）法律第 13 號；同年法律第 14 號。

70　本段參見 Ishii，頁 295-320、490-511。

範。[71]1872 年至 1880 年之間，明治政府積極地以歐陸法為藍本草擬日本的刑法典，最後果然在 1880 年公布由法國法學者協助起草的第一部歐陸式刑法典，並自 1882 年生效。[72] 其規定許多近代西方刑法上基本原則，諸如法無明文即不受處罰、刑法之前人人平等、處罰只及個人不及家族等。在官方的立法理由裡，曾明白表示此法之制定是為了廢除領事裁判權，故雖有主張將其與新刑事訴訟法一併廢除，但仍被維持來充當門面，以利外交談判。明治政府事實上是以制定眾多各式各樣刑事特別法的方式，因應對內統治上的需要。[73]

　　日本向來跟傳統中國一樣，沒有專門的一部「民法典」，故明治政府對源自西方的歐陸式民法典相當陌生。就像其他近代歐陸式法典的草擬一樣，外國學者自 1871 年就被延聘來協助草擬日本的民法典。而且在尚未施行西方式民法之前，日本已立法廢除不少封建遺制，以承認單一的土地所有權、掃除自由交易的障礙。經歷數個版本之後，明治政府於 1890 年公布民法典草案，但是 1892 年日本帝國議會決定將其絕大多數條文擱置。接著，一個新的起草委員會，被賦予重新制定日本民法典的任務。終於日本民法典中的總則、物權及債權等編（1896）、親屬與繼承兩編（1898），先後制定完成後公布。[74]1898 年 7 月 16

71　參見橫山晃一郎，頁 308；細川龜市，頁 140-141。

72　明治 13 年（1880）第 36 號布告。其內容見細川龜市，頁 143-145。

73　參見橫山晃一郎，頁 314-317、329-332、335、343；Kenzo Takayanagi, "A Century of Innovation: The Development of Japanese Law, 1868-1961," in *Law in Japan*, ed. Arthur Taylor von Mehren（Cambridge, Mass., 1963）, pp.15-17.

74　明治 29 年（1896）法律第 89 號；明治 31 年（1898）法律第 9 號。

日起，全編一併施行。[75] 這部民法典參酌德國民法草案，接納 19 世紀歐洲個人主義法制的三大民法原則：所有權絕對、契約自由、過失責任。[76]

總之，藉由不斷從事新法典的編纂，以及新法實施之基礎性工程的奠定，明治政府花費了將近 30 年，才將其國家法律，從原先的傳統中國法系，轉向近代歐陸法系。

（二）以穩固政權為依歸的選擇性繼受

何種法律制度適於繼受，毋寧是基於「力」而非「理」的考量。有鑑於西方在軍事、經濟方面的壯盛，日本自然「見賢思齊」地繼受西方法律。但究竟哪一部分的西方法制應該被引進？哪一部分的固有舊制實質上應該被保存？則是由明治政府的統治階層決定。[77]

期待那些出身下級士族及豪農商的明治政府統治集團，無私地建立一個自由平等的民主國家，似乎過於天真。[78] 明治維新時代的日本，雖然西方化的觀念已蔚為風尚，但究竟哪些西方思想得以成為日本人的主流觀念，仍相當程度出於政府的操作。例如當權者總喜歡訴諸西方「自然法」理論中，所謂「代表人類理性的自然法可普遍適用於人類社會」的論點，以將其繼

75　參見 Mukai and Toshitani, pp.49-58；細川龜市，頁 293。

76　Ishii, p. 591.

77　明治政府必須折衷於保守傳統派與激進革新派之間，故新制定的西方式法律制度中，仍保存若干日本舊制。參見 Robert Charles Epp, "Threat to Tradition: The Reaction to Japan's 1890 Civil Code"（Ph.D. diss., Harvard University, 1964）, pp. 211-216.

78　Noda, p. 49. 明治維新雖然看起來是一種革命性的改革，但其本質仍在確立反人民的權力支配。參見井ケ田良治等，頁 6。

受自那些宣稱是「被書寫下來的理性」的歐陸法典加以合理化，俾能實際上達成廢除某些封建時代的限制、促進國家統一、培育資本主義發展等政府企求的目標。但是官方對於自然法理論中，本質上危害統治者利益的「天賦人權」觀念，從不願多加著墨。[79] 且隨著明治政權日趨穩固，其絕對主義的本質也愈為顯露。1880 年代，由一些在改革中喪失權力的士族所主導的「自由民權運動」，要求設置國會。政府當局一方面很輕易的就收編了其中許多領導分子，另一方面則以嚴厲的鎮壓手段對付仍不妥協的領導人。[80] 可見明治政府統治階層，少有誠意推動西方式的民主制度。

　　明治憲法，正是統治者選擇性地採用西方法之產物。[81]1881年，明治政府的權力核心就私下決定以普魯士帝國為典範，建立日本的憲政體制，因為他們心目中的日本憲法是一部欽定憲法，是由天皇恩賜給臣民的，故普魯士著重君權、深具絕對主義色彩的憲法，才符合日本天皇制國家的需要，而不是像英、法那種強調民主自由的憲法。[82] 這項政治上的選擇，進而影響了爾後日本各種法典及法學研究的發展方向。自 1880 年代以降，

79　Mukai and Toshitani, pp. 36-37.

80　Noda, p. 50.

81　福島正夫，〈法の繼受と社會＝經濟近代化（三）〉，《比較法學》，6卷 1 期（1970,3），頁 26。

82　Noda, p. 50. 另有一說主張由於當時普法戰爭的結果普魯士獲勝，使日本認為普魯士的法律制度較可取。筆者認為此事件或許使日本陸軍堅定地向普魯士學習，但是否其影響力擴及整個法律體制，不無可疑。或許那只是法制改從普魯士的表面上理由之一，而非最深層的原因。

被選來做為繼受典範的歐陸法，已由法國法轉為德國法。[83]

　　明治憲政體制之行政權優位，使得司法機關可發揮的空間受到限制。依明治憲法第 61 條及行政裁判法，人民主張行政機關之違法處分侵害其權利而提起訴訟時，非由通常裁判所審理，而是由身分保障較遜於判事的評定官（即我國法之評事）所組成的行政裁判所審理。且人民必須先向上級行政機關訴願而不服其裁決時，始可提起行政訴訟（即「訴願前置主義」）。不過，並不是對行政機關所作的任何處分都可提起行政訴訟，而只限於法律或勅令已明文列舉之可提起行政訴訟的特定事項始可。[84] 又因為係以該處分「違法」為要件，若行政機關之處分是在其裁量權限範圍內作成者，則只有當或不當的爭議，而無違法與否的問題，故可免於行政裁判所的審查。如此東扣西扣，人民事實上少有機會透過行政訴訟，挑戰行政機關所作之處分的效力。近代西方「三權分立」下司法權制衡行政權的功能，因此被嚴重削弱。[85] 這種設計無非是為了加強行政機關的權威，以維持「官尊民卑」的傳統。

　　1880 年代，明治政府雖然為裝飾門面，而在立法上繼受西方個人主義、自由主義的刑法，但仍保存許多以東方傳統專制文化為基調的刑事法規，俾能維護其高壓威權統治。例如日本刑法典中的「兇徒聚眾」罪，即是以壓制農民運動、民權運動為

───────────

83　參見向井健，〈民法典の編纂〉，載於福島正夫編，《日本近代法體制の形成，下卷》（東京，1982），頁 387-393。不過德國法學有助於日本新法典的體系化及從事法律解釋，也是不容忽視的因素之一，見 Henderson, p. 437。

84　參見細川龜市，頁 82-83。

85　參見 Henderson, pp. 426-428.

制定目的。構成要件曖昧的「不敬」罪，更是做為對付自由民權運動的最後王牌。[86]刑法典之外，尚有眾多以特別法形式存在的「治安立法」，可一併供政府藉「法律」之名，鎮壓民間由下而上的立憲主義運動。例如當時在「集會條例」、「新聞紙條例」、「出版條例」等的規制下，合法地嚴詞批判政府，以及合法地進行民權運動，殆已成為不可能的事。[87]此外，在刑事處罰程序方面也做了若干調整，以方便政府對人民進行鎮壓行動。例如憲兵可兼任司法警察事務，以及警察可根據「違警罪即決例」，對違警罪行使司法裁判權。[88]

更耐人尋味的是，明治政府在民事立法方面，雖大部分繼受近代西方法，唯獨身分法（家族法）因「國情不同」而形成例外。早在 1871 年開始草擬日本近代民法典時，明治政府領導人就堅持日本傳統的父權式家族制度必須維持下來。1890 年的民法典草案，雖然已經大幅地修改西方法的原則，以容納日本固有的封建式家族制度，但仍被批評為悖於日本傳統價值，甚至有謂「民法出，忠孝亡」者。[89]日本政府之所以對西方的身分法如此敏感，就是因為其所包含的個人主義平等精神，可能威脅到賴以維繫「天皇制家族國家」體制的社會基礎。按日本傳統封建式家族裡，個人在家中的地位，往往由出生時的性別、輩分等來決定，且家中所有成員不得有自我主張，必須絕對恭順地服從家父長的統率。明治政府以「家族國家論」建構其統治

---

86 參見橫山晃一郎，頁 331-332。
87 參見同上，頁 343-345。
88 同上，頁 336、343。
89 參見 Mukai and Toshitani, pp. 51, 56-58.

的正當性，亦即將國擬制為家，做為國家元首的天皇，是萬世一系、所有日本人的大家長，臣民必須像人子之侍奉家父長那般，恪守其本分，絕對服從天皇，為國奉獻。假如「家」因西方家族法的引進而導致封建秩序式微，那麼「國」的封建秩序，也可能因此開始動搖，這當然是明治政權所不樂見的。[90]

　　總之，日本現代化法典雖然原則上仿效歐陸法，但是仍然保留了不少日本傳統的習慣與制度。這樣有選擇性地「自主」繼受外國法，固然在文化上有助於維持日本人民對法律的認同感。[91] 但是繼受哪些？保存哪些？既然是出自統治階層的選擇，則其決策的最終考量點，仍在於維持及強化政權，而非以一般人民的利益為依歸。[92]

（三）藉人民重服從的傳統推行新法

　　日本之建立近代西方式法律體制，是為了因應國家對外及對內的需要，而非基於社會大眾的需求。明治政府認為不能等待社會逐漸轉型為資本主義社會進而對資本主義法律產生需求時，再來制定近代西方式的法典。這使得日本當時實際的社會條件，與繼受的西方法在理論上所應具備的社會基礎，存在著

90　參見 Saburo Kuroki, "Modernization on the Law," Hikaku Hogaku, 6:2（March 1971）, English version, p. 4; 井ケ田良治等，頁 227-230。

91　參見野田良之等，〈日本における外國法の攝取〉，載於伊藤正己編，《外國法と日本法》（東京，1966），頁 166-167；水田義雄，〈外國法の影響とはなにか〉，《比較法學》，6 卷 2 期（1971, 3），頁 34-35，註14；Masaji Chiba, Legal Pluralism: Toward a General Theory through Japanese Legal Culture（Tokyo, 1989）, pp.154-156.

92　參見福島正夫，〈法の繼受と社會＝經濟の近代化（一）〉，頁 21；Ishii, p. 23.

相當大的落差。[93] 既然「土壤」的成分不同，自西方移植而來的
歐陸式法律又如何在日本生根發展呢？

　　藉著日本固有的服從上位者傳統，明治政府順利地推展這
套外來的法律制度。由於日本原來的社會結構，或者刻意，或
者出於事實上需要，在改革過程中並未加以變動，以致封建式
上下服從的社會秩序，仍在許多生活層面上存續著。[94] 傳統裡
最高上位者——天皇的權威，在明治維新中不但被延續，且被
有意識地強化，以使一般人民本於尊敬且服從上位者的傳統，
服從代表天皇權威的政府及其官員所頒布法令，而不問法令的
內涵是否已經採取迥異於傳統的西方式法制及價值觀。換言
之，人民遵行新的西方式法律，是因為服從天皇及政府官員的
權威，而不是因為相信這些法律規範所蘊含之源自西方文明的
正當性理論。故縱使日本人遵守西方式法律制度，也並不意味
著他們已接受近代西方諸如個人自由平等一類的基本精神。
根據一項有趣的調查，縱令於戰後威權統治業已結束之時，日
本人同意「法律不論公平或不公平都應該被遵守」者，仍高達
73.4％，遠遠超過美國人的51％。[95] 戰前的日本，這個比例應該
更高。這種基於對上位者服從而衍生出的日本式遵法精神，正
是日本明治維新當時能順利推行近代西方式法律的一大原因。

93　Noda, pp. 42, 62.

94　同上，pp.13,15; Ishii, p. 23.

95　Lawrence M. Friedman, *Law and Society: An Introduction*（New Jersey, 1977）, p.141.

三、日本帝國主義者的法律觀

　　明治維新的領導者，雖然在表面上強調學習西方法，但沿襲自中華帝國傳統的法律觀念，仍牢固地深植在心中。繼受外來法律制度，對於明治時代的日本人而言，並不陌生。早在 7 世紀時，日本人即首次自唐朝繼受中華帝國法，在這項法律體制裡，「法」是政府用以控制人民的工具，是為帝王利益而服務的。[96] 若與近代西方法強調以法律制衡政府的自由民主法律觀相對照，傳統中國的法律觀毋寧較符合明治領導人的心意。所以明治政府高層官員，一方面積極推動日本法律的西方化，但另一方面仍沉浸在與近代西方法鑿枘不合的傳統中國法律觀當中。例如 1872 年第一位將西方司法制度引進日本的江藤新平，事實上是一位中國法家思想的崇拜者。[97]明治維新時的許多政治口號，如「富國強兵」、「殖產興業」等，亦與法家重要人物商鞅於秦國變法時所揭示者相近，個中不無仿效之嫌。事實上依據中國法家思想，君主可全然依一己之意制定法律，所有的官員及人民皆應毫無懷疑地服從。[98]無怪乎，明治政府先擷取有利於己的西方式法制，再透過天皇的絕對權威及人民的服從性，推行新法，使其普遍地被執行。惟領導階層的心裡，似乎尚未接受近代西方法中較不利於統治者的觀念與制度。其結果是，日本一般人民不知近代西方法之理念，但因為服從的觀念根深

96　John Owen Haley, *Authority without Power*（New York, 1991）, p.19.

97　青柳綱太郎，《總督政治史論》（京城〔漢城〕，1928），頁 198-199。

98　參見 Derk Bodde and Clarence Morris, *Law in Imperial China*（Philadelphia, 1973）, pp. 23-25.

柢固，因而接受已被「設計」妥當的西方式法律制度，明治政府
領導人則相當了解近代西方法對一己之利弊得失，故而刻意迴
避其不利之處。此可謂日本式的「繼受」。

　　近代日本帝國主義的形成，甚至也與受傳統中華帝國之思
想薰陶難脫關係。自古以來，中華（中原）帝國即自認為文化優
越、位居世界中心的「中國」（中央之國），而四周文化低落的
蠻夷之邦僅是「屬國」。熟知這種「中國」思想的明治政府領導
人認為：19世紀末，特別是在日本擊敗清帝國之後，近代日本
已經由於成功吸收最先進的西方文明，而成為東方世界的權力
中心，因此周遭的其他亞洲國家也都應該接受日本的領導。[99]事
實上早在1887年，日本當時的外相井上馨，就曾主張在亞洲大
陸邊緣建立一個新的、歐洲式的日本帝國。[100]換言之，日本做
為亞洲新興的帝國，將本於東方式「中華—蠻夷」的優越感，運
用其甫從西方習得的統治技術，統御其鄰邦。成為日本帝國第
一個試金石的，就是台灣。

99　參見 George H. Kerr, *Formosa, Licensed Revolution and the Home Rule Movement,*
　　1895-1945（Honolulu, 1974）, pp.18-19: Yosaburo Takekoshi, "Japan's
　　Colonial Policy," in *Japan to America*, ed. Naoichi Masaoka（New York,
　　1914）, p. 96. 後來日本倡言以其為中心建立「大東亞共榮圈」，亦是這
　　「東方盟主」心態的延伸。

100　Marius B. Jansen, "Japanese Imperialism: Late Meiji Perspectives,"
　　in *The Japanese Colonial Empire, 1895-1945*, ed. Ramon H. Myers and
　　Mark R. Peattie（Princeton, N.J., 1984）, p. 64.

第三節　小結

　　1895 年日本統治者所必須面對的台灣社會，是一個歷經數個外來政權統治，以深受傳統中國文化薰陶、兼具邊疆地方豪放不馴特色之漢人移民為主的社會。在當時法律西方化的全球性浪潮底下，台灣漢人社會亦將被新的外來統治者——日本帝國——導向繼受西方法律之途。究竟日本政權能帶給台灣什麼樣的法律改革呢？

　　在回答上述問題之前，要先探究的是日本人如何在他們的本土實施法律西方化。為了建立一個對外獨立、對內統一、威權統治的國家，明治政府領導人以將近 30 年的光陰，參酌西方法來建構日本的現代化法律體制。不過只有那些符合明治政權統治需要的西方式法律，才能被納入新制定的法典中，且進一步透過日本人民固有的服從上位者傳統，相當順利的將其付諸實行。但日本統治階層，其實大多數人仍保有視法律為統治工具的傳統中國法律觀。自認已藉著向西方學習而達成「富國強兵」的明治政府，接著為實現其成為亞洲新「中原霸主」之夢想而展開帝國的擴張，也因此以先進者的姿態君臨台灣，進行包括法律在內的「改造」。

第二章

殖民地立法上對西方法的繼受

　　本章所欲探究的是「立法繼受」的問題，亦即日本政府為改造台灣的法律體制，在殖民地立法上究竟已經採取多少近代西方式法律規範？因此，首先將討論有關台灣的殖民地立法制度。接著將日本時代區分為前後兩期，分別敘述當時刑事及民事立法的實際內容，及其與近代西方法之間的關係。最後再觀察被殖民統治的台灣人，特別是知識分子，對於日本統治者在立法上所進行的西方法繼受，到底有什麼看法。接受？抗拒？程度如何？

第一節　台灣殖民地的立法制度

一、治台政策的摸索

　　在對殖民地統治尚未有充分準備的情況下，日本帝國已經在台灣展開統治。1895 年以前，台灣已經是日本人眼中可加以征服的對象，因為他們認為台灣是不屬於中國本部（內地）的孤立島嶼，而且日本人在德川幕府鎖國之前曾經經營過該島，不過，日本在明治初期，似乎還沒有擬定一套併吞台灣的長期性計畫。[1] 由於日本在那場與清朝中國為爭奪朝鮮控制權而爆發的戰爭（1894-1895）中，意外地獲得壓倒性勝利，日本政府乃決定趁機向清朝提出割讓領土的要求，藉以宣示日本已強盛到

1　參見吳密察，《台灣近代史研究》（台北，1990），頁 270-272；向山寬夫，《日本統治下に於ける台灣民族運動史》（東京，1987），頁 15-18。

像西方強權一樣地足以壓迫其他國家，故應該跟西方列強平起
平坐、享受同等待遇，這可是當時日本外交方面的最高目標。
然而日本亦自知其在「強權俱樂部」內仍屬「小老弟」，向中國
取得太「肥」的土地可能會引起其他「老大哥」的眼紅而橫加
干涉。於是，台灣終被選定且成為日本自清帝國所取得的戰利
品，相較於中國本土的土地，日本之收編台灣，應該較不至於
惹起其他西方強權的不滿。[2] 由於事出突然，日本於 1895 年取
得台灣島時，事實上仍欠缺有關這塊土地的人文地理等各方面
的詳細資料，所以也沒有清楚地確立新領土的統治策略，日本
人更不曾有過西方式殖民地的統治經驗。[3]

　　日本對台灣統治方式最根本的問題在於：台灣應否像 1879
年以後的琉球一樣設立府縣，使當地各項事務皆依從中央的體
制，聽命於中央的指揮；或者應該在台灣另創一個「殖民地政
府」，使其具有足夠的自主權力來決定當地事務。在當時一片
師法西方的氣氛之下，日本政府委託兩位外國法律顧問對這些
問題進行研究。這兩位顧問分別來自法國與英國，亦即來自那
個時代世界上最強的兩個殖民主義國家。1895 年 4 月 22 日，
法國籍顧問（Michel Joseph Revon）建議：對台灣統治之初，不
妨參考英國的殖民地統治經驗，賦予台灣總督較廣泛的權限以

2　Edward I-te Chen, "Japan's Decison to Annex Taiwan: A Study of Ito-Mutsu Diplomacy, 1894-95," *Journal of Asian Studies*, 37:1（Nov. 1977）, pp. 61-72.

3　Mark R. Peattie, "Japanese Attitudes Toward Colonialism, 1895-1945," in *The Japanese Colonial Empire, 1895-1945*, ed. Ramon H. Myers and Mark R. Peattie（Princeton, N.J., 1984）, p. 80（以下簡稱 'Japanese colonialism'）.

因時因地制宜，但是基本方向上仍應仿效法國統治阿爾及利亞的成例，漸次地使台灣近似於日本內地，最終施行縣制。[4] 英國籍顧問（William Montague Hammett Kirkwood）在同年 4 月 30 日的法律意見書中，則持不同的意見。他主張日本應以英國的殖民地統治制度為典範，根據英國「君主直轄殖民地」的模式，直接以天皇大權統治台灣，再由天皇將其對台灣的立法權力，委託給總督、高層官員及當地人所組成的殖民地立法機關來行使。[5]

　　起初日本政府似乎比較喜好法國模式。將台灣主權讓渡於日本的《馬關條約》，於 1895 年 5 月 8 日由中國與日本兩國換約後生效。日本為防止日久生變，趕緊接管台灣。同年 5 月 10 日，日本總理大臣伊藤博文發出一道訓令給準備前往接收的新任台灣總督樺山資紀，在訓令中並未確立統治台灣的制度，而是賦予總督「臨機專行」的權力，以應付台灣瞬息萬變的情勢。[6] 同年 6 月，日軍進入台北城後舉行始政式的前 3 天，甫成立的「台灣事務局」才開會討論上述外國顧問所提出的兩個互相衝突的台灣統治方案，會中成員之一的原敬（嗣後成為首相〔1918-1921〕）強調：基於日本與台灣在血緣、文化上的近似性，應採取法國統治阿爾及利亞的模式，故日本現行法律可適用於台灣者應即漸次施行，為因應台灣特殊情況而暫時採取異於日本內地之制度時，則以勅令規定之。為了避免英國式殖民

4　參見伊藤博文編，《台灣資料》（東京，1936），頁 407-409。

5　參見同上，頁 108-148。

6　該訓令的最後一段明白的表示，總督應先依訓令列舉的要點施行庶政，待總督提出詳細的調查報告之後，日本政府再依據這些報告，確定適合於台灣的永久性制度。見伊藤博文，頁 434-439。

地統治所意涵的白人剝削亞非有色人種的負面形象，大多數的
成員皆傾向支持原敬的意見。[7] 就思想層面來看，明治政府領導
人之喜好法國模式，並不令人驚訝。按法國「同化主義」殖民政
策的理論基礎，認為法國的法律是本於人類共通的理性所制定
的，故文化較「落後」的被殖民民族，經「教化」後終將了解且
接受法國的法律。[8] 這跟日本人受東方傳統「中原沙文主義」之
影響，認為日本既已開化成為東亞文化中心，就應「教化」四方
「蠻夷」民族的心理，實在有著異曲同工之妙。

　　然而始料未及的是台灣人民的激烈反抗，打亂了日本人一
開始對台灣立法制度的構想。清朝中國之割讓台灣，並不足以
讓日本帝國真正的成為這個島嶼的主人。[9] 日本必須派遣軍隊以
武力征服台灣。而台灣人民為了保衛自己的土地產業，也拚死
命地抵抗入侵者。甚至在 1895 年 11 月 18 日日本當局宣布全島
底定之後，台灣人民的游擊反抗仍持續不斷。[10] 原先設計來治理
台灣的民政機構，除了在台北地區外皆無法運作，故自 1895 年
8 月 6 日，台灣被納入台灣事務局（隸屬內閣）及大本營（日本
戰時最高軍令組織）的共同管轄，以強化軍事統治，並使得軍

7　Edward I-te Chen, "The Attempt to Integrate the Empire: Legal Perspective," in *The Japanese Colonial Empire, 1895-1945*, ed. Ramon H. Myers and Mark R. Peattie（Princeton, N.J., 1984）, pp. 250-251（以下簡稱 'Attempt to integrate'）；伊藤博文，頁 32-34。

8　參見 Raymond F. Betts, *Assimilation and Association in French Colonial Theory, 1890-1914*（New York, 1961）, pp.10-32.

9　A.J. Grajdanzev, "Formosa（Taiwan）under Japanese Rule," *Pacific Affairs*（1942）, p. 311.

10　參見向山寬夫，頁 59-119。

事命令（「日令」）成為台灣最初的法律來源。[11]

二、有關台灣立法制度的法律

　　日本政府由於一開始就遭遇武力反抗而難堪，故一直對台灣人心存戒心甚至敵意，這深深影響了日治時期台灣的立法制度。在台灣「應以法律規定之事項」（即「立法事項」），究竟該由哪個國家機關、透過什麼樣的程序作成決定？這是有關台灣立法制度在設計之初就必須考慮、解決的問題。按台灣事務局原本贊同原敬的意見，擬原則上施行日本帝國議會所制定之「法律」（類似台灣現行憲法所稱經立法院通過之「法律」，不同於包括一切法令之廣義的法律），必要時才以中央政府所頒布的「勅令」為特別的規定。簡言之，係由在東京的中央當局決定施行於台灣之法律的內容。但是遍及台灣全島的武裝抗日行動，迫使日本中央政府及帝國議會，不得不同意台灣總督府的說辭，亦即在台灣（而非在東京）的官員應該有廣泛的權力，制定施行於台灣的法律，俾能有效統治近 300 萬、與日人習俗不同，且對日本帝國忠誠度可疑的台灣住民。[12]於是，1896 年 3 月底，在各方妥協下，由帝國議會通過法律第 63 號「有關應施行於台灣之法令之件」（以下簡稱「六三法」）。

　　六三法的主要特色就是「委任立法」，帝國議會將其對台灣

11　參見外務省條約局法規課，《日本統治下五十年の台灣（「外地法制誌」第三部の三）》（東京，1964），頁 141-147（以下簡稱《五十年の台灣》）；黃靜嘉，《日據時期之台灣殖民地法制與殖民統治》（台北，1960），頁 65-67；伊藤博文，頁 237-239。

12　Chen, Attempt to integrate, p. 247.

的立法權力委託給台灣總督來行使。統率台灣「殖民地」政府的
是，由母國中央政府所特任（日本稱「親任」）的台灣總督。[13]根
據六三法，台灣總督在其所管轄的台灣地域內，得制定具有與
帝國議會之「法律」同等效力的「命令」，此項命令特別稱呼為
「律令」。[14]透過六三法，帝國議會將其對台灣的立法權力委由
台灣總督行使，故謂之「委任立法」；不過，帝國議會仍可行使
其固有的對台灣的立法權力。其實日本對台灣的立法權力應否
依明治憲法的規定，必須經由帝國議會的「協贊」，並不是毫無
疑義的事。[15]六三法的解決方式是把「面子」做給帝國議會，承
認其「原本」對台灣事務擁有立法權，但把它「委任」給台灣總
督，總督因此事實上得到了「裡子」。不過，依六三法，中央行

---

13 台灣總督府條例（明治29年〔1896〕3月31日勅令第88號），第1、
　 2條。雖然台灣事實上被視同西方所謂的「殖民地」（colony），但是
　 日本中央政府不太願意用「殖民地」一詞稱呼台灣，而代之以「新附領
　 土」或「外地」等。參見中村哲，《植民地統治法の基本問題》（東京，
　 1943），頁105-109（以下簡稱《基本問題》）。

14 依六三法第1條。並非台灣總督所發布的所有命令皆為律令，只限於
　 具有與法律同等效力者才為律令。例如依台灣總督府條例第4條，總
　 督就其主管事務，依職權或特別委任可發布「府令」，且得附加罰則。
　 欲發布律令須依循六三法所規定的程序，欲發布府令則不必。另參見
　 昭和8年（1933）1月12日台灣總督府府令「台灣總督命令公布式」之
　 規定。

15 例如英國顧問Kirkwood就曾表示有關台灣的制度，依天皇大權由勅
　 令制定即可，不必經過帝國議會的「協贊」。參見伊藤博文，頁104-
　 107。這也涉及明治憲法是否適用於台灣的問題，詳見後述。若不適用
　 明治憲法，則帝國議會協贊之權力即無所附麗（明治憲法第5條），既
　 無「立法權」，何「委任」之有？

政機關亦參與決定台灣的殖民地法律。該法第 5 條規定，日本現行或未來由帝國議會所制定之法律，其全部或一部分有施行於台灣之必要者，以勅令定之（學說上稱此為「施行勅令」）。按所謂「勅令」是天皇所發布的命令，而中央政府的國務大臣負有輔弼天皇之責，勅令由其研擬及副署（明治憲法第 55 條），故勅令的內容事實上幾乎可說就是由中央行政機關決定的。除了六三法的律令制定權之外，依台灣總督府條例（勅令）的規定，台灣總督還掌有在台行政權（包括對司法機關的行政監督權），乃至在台駐軍指揮權。[16] 結果，台灣地域成為日本帝國領域內的一個特別法域。台灣總督府於日本中央政府及其殖民地統治政策的監控下，[17] 可在台灣地域制定法律並加以執行，不受任何設置在台灣之議會的牽制。[18]

16　參見 1896 年的台灣總督府條例，第 3、5、6、8 條，《五十年の台灣》，頁 148。就總督職權，可參見 Edward I-te Chen, "Japanese Colonialism in Korea and Formosa: A Comparison of the Systems of Political Control," *Harvard Journal of Asiatic Studies*, vol. 30（1970）, pp.132-140（以下簡稱 'Political control'）。

17　台灣總督府絕非一個獨立自主的政府，台灣總督是由日本中央政府任免，且執行政務時須受中央行政機關的監督（參照台灣總督府條例第 3 條）。其擬直接施行某項日本法律於台灣時，須呈請中央發布「施行勅令」。縱令其依六三法制定律令，依該法第 2 條規定，仍須經中央的「勅裁」。

18　在六三法正式通過之前，日本中央政府曾就總督的立法權提出一份「台灣條例案」，其中規定在台灣有法律效力之命令須經「立法會議」的議定，且該立法會議的構成員包含台灣本地人士。但考慮到台灣人民紛起抗日的情勢，認為此方案並不適當，故「經立法會議之議定」的提案最後未被接納。六三法中雖然有律令須經台灣總督府評議會議決

三、憲法上的爭議

　　上述關於殖民地立法權的法律（即六三法），在明治憲政體制下是否構成違憲，引發了熱烈的論爭，通常被稱為「六三法爭議」。由於 1889 年制定的明治憲法，並沒有關於殖民地統治的明文規定，故幾乎所有當時日本專攻憲法的學者，都針對這項法律爭議提出各種「法律解釋」。[19] 又因為六三法的有效期限只有 3 年，當政府每 3 年一次提案要求延長該法期限時，六三法在憲法上的問題必定在帝國議會上被提起，以致政客們也加入這場論戰。[20] 六三法所創設的「委任立法」制度，一直存在於日本殖民地法制當中（制定要件上的改變則詳見後述），所以這項爭議也延續到日本殖民統治結束為止。為求討論之方便，以下將不區分各項見解被提出的年代，而綜合性地做整體觀察。

　　討論六三法在憲法上的效力時，必須先澄清的前提性問題是：「明治憲法是否適用於台灣？」若其不適用於台灣，則六三法無「憲」可違。當時有許多學者主張台灣仍在明治憲法適用範

之規定，但依相關勅令的規劃，此評議會是純由總督府高官組成的諮詢機關，且其決議不拘束總督。參見外務省條約局法規課，《台灣　委任立法制度（「外地法制誌」第三部の一）》（東京，1959），頁 31-32（以下簡稱《委任立法》）。有關評議會之組成及職權，見《五十年の台灣》，頁 184-185。

19 中村哲，〈殖民地法〉，載於鵜飼信成等編，《講座日本近代法發達史》，冊 5（東京，1958），頁 177；春山明哲，〈近代日本の殖民地統治と原敬〉，載於同作者與若林正丈編，《日本殖民地主義の政治的展開》（東京，1980），頁 12。

20 參見內閣記錄課編，《台灣ニ施行スヘキ法令ニ關スル法律其ノ沿革竝現行律令》（東京，1915），頁 3-291。

圍之內。簡單綜述其理由如下：①獲得新附領土是可以預見之事，憲法中對帝國之領域及憲法之適用範圍未作明文規定是有意的省略，以使領域不僅包括制憲時之領土，更及於制憲後獲得的領土，且任何帝國的領域當然都應適用帝國的憲法；②假如憲法之適用與否繫於新附領土的社會條件，則對社會發展程度在認定上所產生的歧異性，必使憲法之適用與否不明確，且倘若憲法適用與否的問題竟不由憲法本身來決定，憲法將失去做為國家最高指導性法律的地位；③假如真有特殊需要，對於該適用明治憲法的新附領土來說，由帝國議會制定特別的「限地法」即足以因應。[21]

　　但亦有不少具影響力的學者持相反的見解。他們認為：①帝國的領域與法律的施行地域不見得一致，憲法也是法律的一種，自不例外；②在憲法前言中的「八洲」指固有的日本領土，「祖宗忠良臣民的子孫」亦指固有的日本人，故明治憲法跟其他日本法律一樣，都是為固有的日本人社會而制定的，並不包括風俗習慣相異之新附社會的人民；③雖然六三法是依照帝國議會「協贊」的程序所制定，但台灣本應直接依天皇大權統治，天皇當然得在各種可能的方式中擇一行使其立法權力，經帝國議會之程序只是其中的一種選擇項，不可就此即謂已依憲法之規定統治台灣。[22]

---

21 參見清水澄，《逐條帝國憲法講義》（東京，1940），頁 62-64；佐佐木惣一，《日本憲法要論》（東京，1932），頁 156-157；上杉慎吉，《帝國憲法述義》（東京，1923），頁 404-406；穗積八束，《憲法提要，上卷》（東京，1911），頁 328-329。

22 參見市村光惠，《帝國憲法論》（東京，1927），頁 235-243；美濃部達吉早期見解亦採否定說，參見春山明哲，頁 15。

　　依日本官方見解，明治憲法是適用於台灣的。起初在討論
1896年的六三法時，政府代表曾在答覆帝國議會之質詢時謂憲
法之效力不及於台灣，但隨即表示其真意是憲法尚未全部施行
於台灣。不過於1898年時，政府代表又曾說：「在台灣，憲法
是被適用的」。到了1906年，同樣的問題在帝國議會重燃戰火
時，政府代表已宣稱：打從一開始，台灣的立法制度就是依憲
法之規定經帝國議會協贊，可見憲法早已施行於台灣。日本政
府至此明確地採「全部施行說」矣。[23] 日本當局向西方國家表示
的，即是上述「全部施行說」的見解。[24] 另有一位日本學者在他
於美國出版的論著中，似乎也有意為此項官方見解辯護。他主
張明治憲法的確施行於殖民地，雖然某些憲法條文，如有關臣
民權利義務之規定，因性質特殊，而不得不在殖民地做特別的
處置。[25] 至於台灣總督府當局，則不斷的以各種理由強調：從法

23　參見《五十年の台灣》，頁37-39；台灣總督府警務局，《台灣總督府警
　　察沿革誌第二編：領台以後の治安狀況（下卷）》（東京，1942），頁
　　14。相對於台灣之適用明治憲法，關東州及南洋廳則不在該憲法施行
　　範圍內，故有關這兩個地方的立法事項，不必以帝國議會所制定的法
　　律加以規範，僅依勅令即可。參見山崎丹照，《外地統治機構の研究》
　　（東京，1943），頁5。

24　Alfred Stead, ed., *Japan by the Japanese: A Survey by its Highest
　　Authorities*（New York, 1904），p. 599.

25　Tomio Nakano, *The Ordinance Power of the Japanese Emperor*
　　（Baltimore, 1923），pp.135-136. 其實西方憲政主義憲法的特色，即在
　　於確立人民的基本權利與義務，由政府與人民共守之。故倘若此部分
　　不適用於殖民地，則明治憲法是否施行於台灣，對台灣人民而言已不
　　太具有意義。

律上來說，明治憲法一體施行於台灣。[26]

　　值得注意的是，1905 年總督府於內部討論有關訴訟法的草案時，即曾以草案中某條文違反憲法第 59 條公開審判的原則而予以刪除。[27] 又，台灣人在 1921 至 1934 年間，曾為設置「台灣議會」而向帝國議會先後提出多達 15 次的請願案，其所依恃者即是依明治憲法第 30 條臣民有請願權。故在實踐上，或許可謂明治憲法已「一部施行」於台灣，但這「一部」在「全部」憲法中所占的比例，恐怕相當的有限。

　　日本政府既然堅持憲法已施行於台灣的見解，則不可避免地必須面對六三法之委任立法是否違憲的問題。依據多數日本學者的看法，帝國議會僅能就特定的事項將其立法權委由行政機關行使，否則它等於是未履行在憲法中被賦予的職務。六三法中的「委任立法」竟就一般事項廣泛的將立法權交由台灣總督行使，應屬違憲。[28] 當然也有一些學者站在支持政府的立場，辯稱明治憲法並未限制帝國議會行使其立法權的方式，故議會可自由地採取廣泛委任立法之方式，行使其立法權。[29] 至於政府當

26　詳見《五十年の台灣》，頁 34、40-41；長尾景德、大田修吉，《台灣行政法大意》（新稿版，台北，1934），頁 3-5；谷野格，《台灣新民事法》（台北，1923），頁 46-47。依谷野格所著書之介紹，其於 1923 年係台灣高等法院（最終審法院）之院長。長尾景德於 1918 年至 1923 年擔任總督府法務部長，而其所著上揭書第一版即出版於 1923 年。見興南新聞社編，《台灣人士鑑》（台北，1943），頁 303。故這兩人書中的見解應足以顯示台灣總督府的立場。

27　台灣省文獻委員會，《日據初期司法制度檔案》（台中，1982），頁 983（以下簡稱《司法檔案》）。

28　參見中村哲，《基本問題》，頁 98-100；《五十年の台灣》，頁 43。

29　參見佐佐木忠藏、高橋武一郎，《台灣行政法論》（台灣，1915），

局，可能有意閃避六三法中委任立法之法理基礎問題，故僅強調六三法早在 1896 年就由帝國議會議決，長期施行的結果已形成「憲政慣例」，且在實際上有維持之必要。[30]

　　日本政府這個「務實」的態度，正好點出六三法爭議的真正本質，也就是說，這是一個有關新附領土統治政策之選擇的政治性問題，而不是一般的法律問題。[31] 當時已有一些學者清楚地指出，在新領土上應施行什麼樣的法律，是依統治政策而非憲法的法律解釋來決定。[32] 多數西方殖民主義國家亦認為其憲法是否施行於殖民地，乃是有關殖民政策的問題，並非僅憑法律解釋就可以論斷的。[33] 但日本政府既然不願意承認台灣就是西方所謂的「殖民地」，所以似乎也不願援引上述有關在殖民地施行憲法的理論，為其在台灣之部分施行憲法辯護，故只好運用「法律解釋」來解決這個本質上就是政治性決定的問題。何況「合憲」或「違憲」的法律解釋，在戰前的日本法律體制下，不太具有實質意義，按當時的法院無權針對某項法律認定其為違憲並宣告無效，因此被批評為違憲的法律仍然有效，除非帝國議會已制定新法以推翻其效力。

　　頁 8。其他認為合憲之學者及其見解，參見中村哲，《基本問題》，頁 102，註 7。

30 《五十年の台灣》，頁 44-45。

31 從今日法律學的觀點，假如這個論點成立，則解釋憲法的司法機關可能以「政治問題」為由，拒絕進行違憲審查。

32 見美濃部達吉，《逐條憲法精義》（東京，1927），頁 35-41；中村哲，《基本問題》，頁 13。另參見春山明哲，頁 15-16。

33 大多數西方殖民主義強權，在法律上係將殖民地排除於母國憲法施行範圍之外。參見中村哲，《基本問題》，頁 7-21。

　　帝國議會則真的把六三法爭議當作一個政治性的問題來
談。議會裡的討論依舊針鋒相對。一派認為賦予總督廣泛的立
法權只是一時的應急措施，既然台灣的統治情勢已告穩定，該
項措施自應告終止；另一派主張台灣總督之擁有這般權力，乃
統治「好叛亂」的台灣人及迅速應付台灣多變情勢所必須。[34]無
論如何，他們共同的關心點仍在於如何有效的統治台灣，而非
何種措施對台灣人民較有益。尤有甚者，六三法爭議竟然成為
日本政治界中政府與議會、藩閥勢力與政黨之間權力鬥爭的工
具。[35]例如日本的政黨就曾以六三法的爭議作為與政府談判的
籌碼，藉著支持六三法之延長期限，以換得政府承諾在其選區
設立東北大學。[36]假憲法爭議做為政治鬥爭的工具，似乎是繼受
西方憲政制度的東方社會所揮之不去的夢魘。

　　六三法爭議的真正核心問題，是誰有權制定台灣的法律，
而在整個爭議過程中，台灣人民幾乎完全沒有發言的地位。很
顯然地，台灣人民只是「統治客體」，即一群被帝國統治且無政
治權利的人民。[37]

34　參見林呈祿（慈舟），〈六三問題之運命〉，《台灣青年》，1 卷 5 號
　　（1920,12），漢文部，頁 23-25。

35　參見春山明哲，頁 29-30、49；中村哲，《基本問題》，頁 75-80。

36　參見吳密察，頁 144。其實台灣並非任何帝國議會議員的選區，議員們
　　當然不會透過六三法爭議來爭取台灣人民利益。

37　參見市村光惠，頁 204-241。另參見中村哲，〈殖民地法〉，頁 178；
　　戴炎輝，〈日本統治時期的台灣法制〉，《近代中國》，第 19 期
　　（1980,10），頁 79；黃靜嘉，頁 60。

四、台灣立法制度的修改

　　六三法本身只存在 10 年，但其基本架構延續了 20 餘年，
由於六三法本身爭議不斷，3 年的期限一延再延，1906 年終於
以法律第 31 號修改「有關應施行於台灣之法令之件」，而成為
世稱的「三一法」。[38] 三一法對於六三法中有關總督享有律令制
定權之規定並未變更，只就律令的效力做補充性的規定，即律
令不得違背根據「施行勅令」而施行於台灣的日本法律（指由
帝國議會所制定者），及特別以施行於台灣為目的而制定的日
本法律（同上）及勅令。理論上這項「日本法律勅令優位」之規
定的增訂，有可能產生限制總督律令制定權的效果，但事實上
在三一法發布後，日本的法律或勅令施行於台灣者依舊不多，
故三一法前述修改的實際影響面很小。總之，三一法其實只是
六三法的延續，其內容後來被運用於朝鮮殖民地的統治。[39] 三一
法亦附有 5 年的有效限期，不過仍然一再延長，直到另一個新
的替代性法律出現於 1921 年為止。[40] 因此由六三法所建構的殖
民地立法制度，事實上在台灣延續了 25 年（1896-1921）。

　　台灣殖民地法律的基本法，須待日本調整其殖民地統治政
策之後，才見實質的修改。1919 年之後，日本帝國的殖民地統

38　依六三法之三年期限，本應於 1905 年 3 月底屆期，但因兒玉總督參與
　　日俄戰爭，出任總參謀長，故將其效力延至和平克復的翌年年底。且
　　政府為履行先前為該項延期所做的改革承諾，於 1906 年向帝國議會提
　　出代替六三法的新法律案，擬廢止總督律令制定權，引發一連串的議
　　案討論，終於有三一法的出現。參見《委任立法》，頁 13-15、19-24。
39　參見中村哲，〈植民地法〉，頁 192-193。另參見註 59 及其正文。
40　參見《委任立法》，頁 58-64。

治政策改採「內地延長主義」，為了因應這項新的政策，遂於
1921 年以法律第三號修改「有關應施行於台灣之法令之件」，
此即一般所稱的「法三號」。為了盡可能將帝國議會所制定的日
本法律施行地域延長至台灣，法三號將有關「施行勅令」的規
定，從第 5 條（六三法）或第 4 條（三一法）移至第 1 條第 1 項，
以凸顯其為原則性的規定，且在第 1 條第 2 項創設了重要的「特
例勅令」制度。所謂特例勅令係指：當日本帝國議會原本為日
本內地社會所制定的法律，因施行勅令的規定而將其施行地域
擴及台灣時，得依中央行政機關所發布的勅令為特別的規定，
以取代其中若干不符合台灣情事的法律條文（亦即該不合宜之
條文，不能在台灣生效）。

　　特例勅令的存在，使日本內地的法律易於將其施行地域延
長至台灣。透過特別勅令，即可技術性地調整兩地因官署職
權、法律上期間等之差異所滋生的法律適用的問題，例如大審
院對台灣之案件並無管轄權，故法律中凡規定大審院者，當施
行於台灣時，須轉換為與其職權相當之台灣總督府高等法院
上告部；此外，亦可實質性地因應不同社會文化而變更法規內
容，例如規定日本民法中親屬繼承編不適用於僅涉及台灣人的
親屬繼承事項。[41] 這類由於在台灣直接施行日本內地法律而需
要的特別規定，大多數是依「特例勅令」的方式完成，只有少數
情形是日本內地法律本身專就台灣地域所為的特別規定。[42] 日
本在朝鮮殖民地一直維持著相當於三一法的立法制度，並沒有
關於特例勅令之規定，以致每當日本政府擬將某項日本內地法

41　參見中村哲，〈植民地法〉，頁 137；山崎丹照，頁 310-313。
42　參見《委任立法》，附錄，頁 27-61。

律的施行地域延長至朝鮮時，都必須請求帝國議會，針對朝鮮
地域，就該法律本身做必要的特別規定，非常地不方便。這是
為什麼有較多的日本內地法律延長至台灣，而較少延長至朝鮮
的一個法律層面的原因。[43]

　　同時，法三號也增設了總督律令制定權在行使上的限制
性要件，以削減總督的殖民地立法權。除了原有的「日本法律
勅令優先」的規定外，法三號新增了限制總督律令制定權的規
定，即總督只限於符合下述兩個要件的情況下，始可發布律
令：①在台灣應以法律規範的事項，並沒有帝國議會所制定的
法律可加以規範時，或雖有此項法律，但難以依「施行勅令」配
合「特例勅令」的方式施行於台灣；②且因台灣之特殊情事而有
設置特例之必要時。[44]

　　然而台灣仍是帝國內的一個特別法域。在法三號所架構的
台灣殖民地立法制度下，日本內地的法律，原則上並不在台灣
生效，除非業經施行勅令之指定。且成為「六三法爭議」重心的
「委任立法」問題仍未解決，行政機關可以制定具有與帝國議
會之法律同一效力的命令，甚至以前只有台灣總督府的律令擁
有這項特權，法三號制定後增加了中央政府所頒行的特例勅令
亦有此特權。法三號的制定，可以說只是擴大中央行政機關對

43　參見 Chen, Political control, p.138. 這項法律面的差異可能是朝鮮總
　　督希望擁有較大的殖民地立法權所致。按朝鮮總督，跟台灣總督不一
　　樣，總是由日本政治界大老或實力派人物擔任，有些是擔任過內閣總
　　理，有些是之後轉任內閣總理，故可能會認為其應有廣泛權力決定殖
　　民地立法，不喜歡受到中央政府干預。參見同上，pp.131,156-157.
44　法三號第 2 條；參見長尾景德、大田修吉，頁 34-35。換言之，法三號
　　已不再如六三法那樣無限制地授予台灣總督律令制定權。

台灣殖民地的立法權，帝國議會對於殖民地立法內容依舊很少過問。但是當帝國議會的法律因施行勅令的指定而將其施行地域延長至台灣時，就此項法律所涉及的事項，台灣與日本內地便屬於同一法域。[45] 因此，假若日本內地法律如法三號所暗示般，大量延長至台灣，則台灣與日本屬於同一法域的部分必然增多，致使台灣特別法域的範圍相對地縮減。

　　法三號另一個特色是不再附有 3 年或 5 年的施行期限。這表示它是一個永久法，也代表著日本帝國對台灣殖民地立法制度最後確定的設計。

五、實際的立法程序

　　令人感興趣的是，台灣殖民地法律的實際制定過程，是否因為法三號的出現而改變呢？首先須觀察自 1896 年至 1921 年，依六三法及三一法之規定，台灣的法律是如何被制訂出來。六三法體制的重心，當然是具有與帝國議會所制定之法律同一效力的律令。律令的制訂，依六三法規定，須先經台灣總督府評議會之議決（三一法廢除了此項要件），再由總督呈送中央政府，經負責監督台灣事務的大臣奏請天皇「勅裁」，獲得勅裁後才可發布律令；但在突發的緊急狀況下，總督可逕行發布「緊急律令」，惟緊急律令制定後，應即向中央奏請勅裁，並

45　《五十年の台灣》，頁 68。屬於同一法域的其中一個法律效果是，不再適用為解決內地與殖民地之間法律衝突而制定的《共通法》（類似「國際私法」）。就共通法之內容，見台灣省文獻委員會編，《台灣省通志稿卷三政事志司法篇》（台北，1955），冊 1，頁 203-205（以下簡稱《通志稿》）。

向台灣總督府評議會報告，未獲得勅裁之緊急律令即於將來失效（非自始即無效）（參照六三法第 2-4 條）。然而實際上的運作，似乎不如法律規定那般嚴謹。前揭評議會是由總督及其屬下高階官員所組成，且總督只要附加理由就可拒絕評議會的決議，[46] 以致評議會頂多只是幕僚會議。按總督府內部司法檔案（1895-1905）來看，評議會根本不是一個決策機構，而僅是為了符合六三法上法定要件所設之橡皮圖章式的機關。[47] 但是從該檔案亦可獲知，在向中央請求勅裁的過程中，有時候中央的法務單位會修改台灣總督府草案中的文字，不過最後總是給予勅裁，中央只有在極少數的案例中，擱置台灣總督府所呈送的律令案而不予勅裁。[48] 可見台灣總督就律令之制定，並非完全可

46　參見《委任立法》，頁 10-11。

47　經審閱《司法檔案》，筆者發現於日治初期，在極少的案例中，台灣總督府評議會曾否決由總督府法務單位提出的法案內容。參見《司法檔案》，頁 127-128。但在兒玉政府（1898-1906）時期，就未再看到類似的案例。事實上民政長官後藤新平，時常就業經評議會議決但中央政府對之有意見的法案內容，直接跟中央協商後做成修正案，再形式上召開評議會通過該修正案以呈報中央。例如參見《司法檔案》，頁 288-299。按六三法中評議會此項功能，可能是日本當初擬訂治台制度時，受到外國殖民地法制學者（如 Kirkwood）之影響所致。在三一法中已不再以評議會之議決作為制訂律令的必要程序，後來的法三號亦然（參見三一法第 2 條，法三號第 3 條）。

48　例如台灣總督府曾在 1914 年向中央提出律令案，擬參照台灣習慣制定各項台灣民事法典，但中央始終未予勅裁。參見台灣省文獻委員會收藏，《台灣總督府檔案》（尚未出版，以下簡稱《檔案》），大正 3 年（1914），永久保存第 36 卷，第 6 門：司法，第一類，二、「台灣民事令」，三、「舊慣調查會法案審查會」。

以為所欲為，但台灣總督的確擁有相當大的決策權力。

　　在上述意義及局限下，台灣總督可以自由地決定是否要把日本內地法律的規定，採用作為律令的內容。對於同一事項，律令固然可能採取完全不同於日本內地法律的規範內容，例如台灣總督府的律令即經常採用屬於台灣舊有（清治時已有）但已不存在於當時日本內地之制度。惟日本內地法律的規定，也有可能經過必要的調整後，成為律令的內容。在這種情況下，這個律令將規定某某法律事項「依用」某項日本內地的法律（指經帝國議會制定者）。[49] 在律令中被沿用的日本內地法規，將因其已成為律令的一部分，而在台灣間接地被施行，並非直接因為它是日本的法律而在台灣發生效力。[50] 職是之故，採用台灣特有的律令方式立法，不盡然就一定導引出台灣具有不同於日本內地的法律規定。強調依六三法、三一法或法三號為準據而以律令規範台灣的法律事項，是從「立法程序」著眼，至於律令的「立法內容」，雖然可能與日本內地法律不同，但也有可能與之相同，兩者宜分辨清楚。

　　且依六三法及三一法，中央政府皆可發布施行勅令，指定

---

49 「依用」一詞指某個法律借用他法律的內容當作自己的內容，大致相當於現行法所稱之「準用」。參見中村哲，〈植民地法〉，頁200，註3。

50 被律令依用的日本法律本身後來經修改，這修改部分不當然成為律令的一部分。正因如此，才會有明治32年（1899）第21號律令規定：「依律令之規定而施行於台灣之法律如有改正者，應依其改正之法律。」若被依用的日本法律不止被改正而是被廢止，則依法理不但規定該項依用的律令，在台灣仍有效，且在內地被廢止之法律的規定仍為此律令的內容。惟實務上，若有上述情形，通常會再以律令規定依用新制定的日本法律。參見山崎丹照，頁252-254。

某項日本內地法律施行於台灣，使其不須透過律令的媒介，就可直接在台灣生效。不過由於日本中央政府不熟悉台灣情況，故通常只有當台灣總督府認為有必要而呈請發布施行勅令時，中央政府才會相應配合地發布此項勅令。[51]

因此，在六三法體制下，台灣總督通常於實際運作上，可決定有多少「日本內地法」得以直接施行於台灣，或間接的因成為律令的一部分而施行於台灣，以及決定有多少專為台灣情事而設、異於內地法律之內容的「殖民地特別法」。宜補充說明的是，以上是針對六三法所涉及之殖民地立法權的行使問題而發，係以根據立法權所制定（經帝國議會協贊）的「法律」作為討論的對象，基於行政權的作用所發布且在台灣殖民地生效的各種「命令」，在此不擬詳論。[52] 不過，法律的位階高於命令，

---

51 例如參見《司法檔案》，頁 121-123。在日本帝國法制上，勅令係依天皇大權或依法律的委任，經勅裁所發布的命令，故僅中央政府有權發布；是以當台灣總督府需要某種內容之勅令時，其須請求中央政府發布之。

52 在台灣殖民地法體制中有許多這類命令，例如①日本中央政府的勅令：除上文已述及的施行勅令及特例勅令外，尚有緊急勅令（明治憲法第 8 條）、與已施行於台灣之法律相關的執行命令或委任命令、與官制有關的勅令等。②日本中央行政官廳的閣令省令，限於內閣總理大臣或各省大臣的權限可延伸至台灣的範圍內生效。③台灣中央行政官廳的府令、訓令：台灣總督依職權或特別委任可發布附有一定罰則的府令，其大體上用以規定與日本內地的勅令、閣令及省令相當的事項，例如律令中若云：「關於……由台灣總督定之」，即可以府令規定之；訓令係總督對於下級官署為指揮其行政權限而發布之職務上命令，或稱「通牒」、「通達」，有關人事或其他機密事項時則稱為「內訓」。④台灣地方行政官廳的州令、廳令：州知事、廳長依職權或特別

是整個殖民地法制中最重要、最根本的法源，且作為本文主題的西方法繼受，主要也是透過法律及具有同等效力的律令，來加以推動的。

　接著就可觀察在新的法三號底下，台灣總督在殖民地立法制度裡所扮演的實際角色。由於法三號嚴格限制律令制定權且另外創設「特例勅令」制度，過去那種在律令中沿用日本法律並同時作必要的調整性規定的做法，隨之改變為先以施行勅令使某日本法律直接施行於台灣，再以特例勅令發布具有「特別法」性質的規定，以適應台灣的需要。[53] 從理論上看，殖民地立法爾後將大幅度的由中央政府的勅令來決定。但是依中央政府閣議的決定：「關於法三號第一條的施行勅令及特例勅令，一般而言，依台灣總督的上申，或經徵詢台灣總督的意見而後可決。」[54] 故實務運作上，台灣總督府的法務部門首先擬定施行勅令及特例勅令之內容，於經總督批准後，將勅令草案呈送中央政府，經負責監督台灣事務的大臣提交內閣議決。這個程序跟律令之制定並無兩樣（依法三號之規定，律令案不必經評議會），只有在形式上，勅令案是請求日本中央依其職權發布勅

委任可發布附有一定罰則的州令、廳令。以上詳情請參見山崎丹照，頁 323-328；長尾景德、大田修吉，頁 56-58、84-85；Chen, Attempt to integrate, pp. 257-259.

53　《五十年の台灣》，頁 65。

54　台灣總督府官房審議室，《律令制度ノ沿革》（台灣，1940），頁 332-333（以下簡稱《律令沿革》）。在法三號的草案裡，日本內地法律是否延長至台灣是由總督的律令決定，最後田健治郎總督才同意改為由勅令決定。見春山明哲，頁 68。上述閣議內容有可能是做為取得田總督讓步的交換條件。

令,而律令案則請求中央對台灣總督的律令給予勅裁。[55]

　　由於特例勅令的濫用,法三號中「日本法律勅令優位」的規定並未發揮其限制律令內容的功效。三一法即已確立律令內容不可違反已於台灣施行的日本法律及勅令,且法三號制定後,在「內地法延長主義」的原則下,多數內地法律已紛紛施行於台灣,這將使得律令本身可制定的內容相對地受到限縮。但是當總督府發現其擬定的律令內容和已經施行於台灣的日本法律相牴觸時,竟然先請求中央發布特例勅令,以避免與律令案內容相牴觸的該部分法律施行於台灣,而後台灣總督府即可稱心如意制定想要的律令內容,並規避法三號「日本法律勅令優先」的規定。[56]這種「為制定律令而設特例」的做法,實與法三號創設特例勅令以儘量延長日本內地法律於台灣的立法本旨不合。[57]

　　總之,法三號的制定,只是讓台灣法律體制在技術上較易於推行內地法延長政策,台灣總督事實上對殖民地立法的影響力,並沒有因此產生實質上太大的改變。日治50年裡,台灣總督一直擁有雖非絕對但仍屬相當大的權力來決定台灣法律的內容,包括是否採用近代西方式的法律規範。

55　參見《檔案》,大正11年(1922),永久保存第140卷,第6門:司法,第4、5、6件。制定法三號後,有關中央政府對台灣總督府監督機關之演變,見《五十年の台灣》,頁167、171。關於勅令案與律令案的做成及其在中央政府的審議流程,參見王泰升,〈從日本公文書館史料探究日治台灣立法權運作實況〉,載於同作者,《台灣法的斷裂與連續》(台北,2002),頁275-285。

56　實例見《委任立法》,頁72-74。

57　中村哲,《基本問題》,頁150-151。

六、台灣殖民地法律的分期問題

　　向來學者參酌六三法（三一法）及法三號在殖民地立法制度上的差異，以法三號開始施行之日期做為分界點，將日治 50 年法制區分為「以律令立法為原則之時期」（自 1896 年 4 月 1 日至 1921 年 12 月 31 日）與「以勅令立法為原則之時期」（自 1922 年 1 月 1 日至 1945 年 10 月 25 日）。[58] 從立法程序而言，這項分期尚稱合理。根據統計，在法三號施行前，曾制定的律令共計 203 件，曾以勅令施行於台灣的日本內地法律 84 件；在法三號施行後，曾以勅令施行於台灣的日本內地法律已達 195 件，相反的，曾制定的律令只有 67 件。[59]

　　但是下文所關切的是：透過這些立法程序所形成的殖民地法律的內容，是台灣殖民地特有的，還是跟日本內地相同？由此一問題出發，進一步觀察日本的近代西方式法律是否已實施於台灣。前面曾提過一個很重要的觀念，即制定律令的程序亦可透過「依用」方式將日本內地法律的內容納入律令中，故不能單單靠「以律令立法」即得出台灣殖民地法律內容與日本內地法律不同的結論，而必須進一步檢討該律令之實際內容方可。其實，如後所述，真正使日本內地法律大量實施於台灣的關鍵，是 1919 年確立的「內地延長主義」統治政策，繼而於 1921 年制定法三號（但 1922 年 1 月 1 日開始施行），再於 1922 年發布幾

58　姉齒松平，《祭祀公業與台灣特殊法律之研究》（中譯本，台灣，1991），頁 129、135；《通志稿》，冊 1，頁 144、146；黃靜嘉，頁 76、84、89、90。

59　《五十年の台灣》，頁 70-73。

個重要的施行勅令，其中指定眾多日本內地民商法、訴訟法、行政法等，自 1923 年 1 月 1 日起施行於台灣。[60] 這正是下述以 1923 年 1 月 1 日為準，區分為「殖民地特別法為主」及「內地法為主」兩個時期的原因。

第二節　以殖民地特別法為主的時期（1895-1922）

一、最初的摸索期（前三任總督任職期間）

（一）軍政時期

宣布「始政」之後，台灣總督立即以軍事命令制定一連串刑事制裁法規，以鎮壓台灣人的武力反抗。首先「台灣人民軍事犯處分令」即列舉出當時普遍有的游擊反抗的行為類型，規定有該類行為者處以死刑。[61] 由於台灣南部戰事持續升高，1895

60　例如大正 11 年（1922）勅令第 406 號「有關施行於台灣之民事法律之勅令」，同年勅令第 522 號之對於第 406 號的改正；大正 11 年（1922）勅令第 521 號「行政諸法台灣施行令」。《五十年の台灣》，頁 89。若以法三號施行日（1922 年 1 月 1 日）為台灣殖民地民事法的分期點，則很難說明為什麼僅涉及台灣人的財產法事項，在 1922 年這一年間仍是依從台灣人習慣，在 1923 年則依從日本民法典。就此顯然宜以 1923 年 1 月 1 日為分期點。此外，有關日本內地行政法之施行於台灣，非本文討論範圍，故省略之。

61　明治 28 年（1895）7 月 6 日諭示。見《通志稿》，冊 1，頁 156。其第 1 條所列之犯罪構成要件行為可簡述為①企圖敵抗日軍，②毀壞鐵道、橋梁等交通設備或彈藥、船舶等軍事設施，③包庇或藏匿抗日軍、使俘虜脫逃或劫奪俘虜，④向敵密報軍隊或軍艦之所在軍用物件之數

年 8 月 6 日由陸軍省公布「台灣總督府條例」，採「軍事官衙」的組織，在台施行軍政。[62] 故同年 10 月依「台灣總督府法院職制」建立一個軍事法院，審理台灣住民之犯罪及民事訴訟。[63] 但徒有法院卻幾乎未規定審判者應適用的法律，故同年 11 月 17 日以日令公布「台灣住民刑罰令」。

「台灣住民刑罰令」最大的特色在於處罰嚴厲。例如「總則」中規定；教唆犯、從犯、未遂犯科以正犯、既遂犯之刑；在「犯罪及刑罰」（即「分則」）的這一部分，計有 30 個條文，其中竟有 8 個處罰條文是唯一死刑。分則中所列出的犯罪類型，應該就是當時最常見或總督府最關切的犯罪。其首先把「軍事犯處分令」所列舉之犯罪行為移植至本刑罰令，且處罰範圍擴及預備或陰謀犯（第 13、24 條），接著規定有關妨害公務、脫逃、藏匿人犯、傳喚不到、偽造貨幣或文書、誣告、掘墳、賄賂、殺人、傷害、略誘、強姦、竊盜、強盜、侵占遺失物、恐嚇、贓物、縱火、毀損等等罪行及其刑度。同時在總則裡有概括性的規定，凡本令未有處罰之明文，但日本陸海軍刑法及普

量所在，⑤為日軍之嚮導時有詐欺行為，⑥造謠或喧噪叱號而妨害突擊隊、軍艦之肅靜，⑦投放毒物於井泉河流或污穢之使不能使用，⑧對日軍之軍人軍屬及其他從軍者交付鴉片及吸食器或提供館舍吸食鴉片。上述八款行為，除第八款之外，皆是當時台灣人民常採用為對抗日本當局的行為。參見翁佳音，《台灣漢人武裝抗日史研究》，（台北，1986），頁 76。

62　《五十年の台灣》，頁 143-147。

63　明治 28 年（1895）10 月 7 日，日令第 11 號。見《通志稿》，頁 155。這個法院對於涉及日本人的民事訴訟案件並無審判權。參見《司法檔案》，頁 55。

通刑法有明文規定者，亦處罰之（第 3 條）。不過，此刑罰令所
規定之「刑」，已非傳統中國的「五刑」，而係西方式的刑罰種
類（第 4 條），惟諸如死刑為斬首（第 5 條）、誣告者反坐其所
誣告之罪（第 22 條），仍屬傳統中國式的法律。又雖然日本制
定於 1880 年的西方式刑法典，在此令當中具有「補充法」的性
質，但實際上很少被援用，僅聊備一格而已。[64] 因此，嚴格來
講，1895 年年底的這項日令，尚未將近代西方式刑法移植到台
灣。

　　在前揭日令中亦公布「台灣住民治罪令」，同樣的也只採行
一小部分近代西方式刑事訴訟的程序，甚至未規定日本 1890 年
的刑事訴訟法可補充地適用。雖在治罪令裡，已初步的引進近
代西方刑事訴追主義，由檢察官與審判官分別負責偵查起訴及
審理判決，但是由於「戰地」之需要，憲兵將校、守備隊長、地
方行政首長、警官等等非法律專業人員，竟然可以擔當檢察官
的工作（第 3 條），違警罪及輕罪得由憲兵隊長、警察署長、分
署長逕為審判（第 2 條），且法院之審理原則上僅一審終結（第
10、12 條）。[65]

　　相較於一般刑事案件，總督府對台灣人的民事事件更不
關心。與前述刑事法規在同一日令公布的「台灣住民民事訴訟

64 明治 28 年（1895）11 月 17 日，日令第 21 號之 1。見《通志稿》，頁
　　156-159；伊藤博文，頁 352-358。按台灣住民刑罰令施行後之刑案統
　　計表，僅記載觸犯該刑罰令上已列明之罪名，並不記載於該刑罰令未
　　列明但依普通刑法等加以處罰之罪名，可見此類犯罪縱使存在亦數量
　　很少可以省略。參見《司法檔案》，頁 75-77。
65 明治 28 年（1895）11 月 17 日，日令第 21 號之 2，見《通志稿》，冊 1，
　　頁 160。立法理由，見《司法檔案》，頁 50-51。

令」，全文僅 12 條，其中涉及民事實體法者只有第 2 條：「審判官準任地方之慣例及法理（日本法稱「條理」）審斷訴訟。」[66] 條文之所以如此簡要，是因為在戰地難以辦理繁複的訴訟程序，且台灣人民不習慣西方式的訴訟程序，若貫徹當事人進行、當事人處分主義，反而對人民不利，不如「是非曲直一任審判官之智能斷定」。[67] 依後來覆審法院之見解，由於此令並無上訴之規定，故一經法院判決，即告確定。[68]

　　台灣總督府就像多數西方的殖民政權一般，在統治之初由於武力征服而引發殖民地政治、社會之動亂，故從「始政」起至軍政時期（1895 年 6 月 17 日至 1896 年 3 月 31 日）的立法，多偏重於鎮壓反抗力量，[69] 法律改革在這種情況下是不太可能進行的。

（二）民政初期

　　雖然自 1896 年 4 月 1 日起，台灣已脫離軍事統治而進入所謂「民政時期」，[70] 但前 3 位台灣總督依舊忙於鎮壓台灣人的武裝反抗，而且仍以摸索的心情經營這塊殖民地。為維持公共秩

---

66 明治 28 年（1895）11 月 17 日，日令第 21 號之 3，見《通志稿》，頁 162-163；伊藤博文，頁 358-361。

67 參見《司法檔案》，頁 51。

68 明治 31 年（1898）6 月 3 日控 16 號。引自覆審法院，《覆審法院判例全集》（台北，1920），頁 124（以下簡稱《覆院集》）。

69 參見 Mark R. Peattie, "Introduction," in *The Japanese Colonial Empire, 1895-1945*, ed. Ramon H. Myers and Mark R. Peattie（Princeton, N.J., 1984），p.18.

70 自是日開始，台灣總督府不再是戰時的軍衙組織，而是依中央政府勒令所組成的國務機關，受中央拓殖務大臣之監督。見《五十年の台灣》，頁 148。

序，同年 5 月 1 日台灣總督府以律令第 1 號發布「台灣總督府法院條例」，7 月 11 日再以（緊急）律令第 2 號發布「台灣總督府臨時法院條例」。但由於軍政時期所發布的刑罰令等日令，於民政時期已失其效力，[71] 故又出現有法院卻無應適用之法律的窘況。直到同年 8 月 14 日才以律令第 4 號規定：「在台灣之犯罪依帝國刑法處斷之，但其條項中對於台灣住民難以適用者，依據特別之規定」，亦即原則上台灣刑事實體法依用日本內地的刑法。不過一直到 1898 年 7 月中（兒玉政府時期）為止，法律上並無有關台灣人之民事實體法的規定，實務上則是延續軍政時期之依從習慣及法理。[72] 同樣的，民政初期也沒有關於民刑事訴訟程序的法律，法院實務上的處理方式並不一致，可能是以判官（即「法官」，詳見下一章）、檢察官自己所熟悉的日本訴訟程序為基礎，便宜行事。[73]

在這段摸索期，日本統治當局在台所採取的各項法律措施，似乎參考自明治初期法律改革的經驗。就像明治改革一樣，[74] 台灣總督府首先建立一個強有力的中央集權政府，以刑法（罰）做為施政之工具，並透過官僚式的法院體系來確保其執行。在具體措施上，總督府設立「臨時法院」，以「一審終結」

---

71 參見鷲巢敦哉，《台灣警察四十年史話》（台北，1938），頁 258。

72 姉齒松平，頁 131。

73 參見鷲巢敦哉，頁 267。實務上亦有類推適用日本刑事訴訟法辦理保釋及責付之事例，見《司法檔案》，頁 230。一直到 1899 年才有關於台灣人民刑事訴訟法律的制定。

74 參見 Dan Fenno Henderson, "Law and Political Modernization in Japan," in *Political Development in Modern Japan*, ed, Robert E. Ward（Princeton, N.J., 1968），p. 416.

的方式審判「政治犯」，[75] 所有在台灣的判官及檢察官皆由總督任命，且沒有身分保障，不具司法官資格者，亦可在地方法院擔任判官，同時，高階警官（「警部長或警部」）也可擔當檢察官之職務。[76] 在台之警察署長及憲兵隊長，有權對該當拘役或「科料」（罰以未滿 20 元之金錢）之犯罪逕為審判，[77] 未具辯護士資格者經檢定合格後可擔任「訴訟代人」，以擔任民事訴訟代理人或刑事訴訟辯護人。[78] 這些都可以在明治初期找到類似的制度。[79] 但這些制度在日本內地，截至 1890 年時，除了警察機關的輕罪即決權之外，皆已被廢除。

　　為什麼日本統治者在台灣採用以前的舊制度，而非最新的近代西方式法律制度呢？可能是因為其較習慣於用固有的方法維持公共秩序及鎮壓反抗分子，且台灣人民事實上對西方式法

75　明治 29 年（1896）律令第 2 號台灣總督府臨時法院條例第 1 條規定，該法院管轄之事項為①意圖顛覆政府、竊據國土及其他紊亂朝憲而犯罪者，②意圖反抗施政以暴動犯罪者，③意圖對具有重要官職者加以危害而犯罪者，患有關外患罪者。參見《通志稿》，冊 1，頁 298-299。

76　明治 29 年（1896）律令第 1 號台灣總督法院條例，第 4 條第 2、4 項，第 7 條第 2、5 項。見外務省條約局法規課編，《律令總覽》（「外地法制誌」第 3 部　2）（東京，1960），頁 130-31（以下簡稱《律令總覽》）。

77　明治 29 年（1896）律令第 7 號。《通志稿》，冊 1，頁 167。

78　明治 31 年（1898）府令第 2 號第 2、5 條。《司法檔案》，頁 248-249。本府令之制定理由言明「比照日本內地訴訟代人之沿革」。同上，頁 241。

79　參見染野義信，〈司法制度〉，載於鵜飼信成等編，《講座日本近代法發達史》（東京，1958），冊 2，頁 115-117、127-128；橫山晃一郎，〈刑罰‧治安機構　整備〉，載於福島正夫，《日本近代法體制の形成，上卷》（東京，1981），頁 314、320，註 43。

律毫無所知。另一個或許更實際的理由是，日本在西方強權的
壓力下，必須在內地施行那些西方式法律，但西方並未要求在
台灣也如此做（西方強權在其殖民地未必實施西方式法律），故
日本不需要在台灣立即施行自己也不太熟悉的近代西方法。[80]
雖然日本人在 1896 年即正式將日本的西方式刑法典引進台灣，
但引進的原因是基於它是「統治者的法律」，而不是因為它屬於
近代西方法，且不久之後就如明治經驗所示，以各種「特別刑
法」修改其原有的近代西方法之性格（見後述）。

二、殖民地特別法的內容

　　直到 1898 年 2 月底兒玉源太郎就任第四任台灣總督，才在
他充分信任的民政長官後藤新平的擘畫下，結束早期的摸索，
奠定台灣殖民地法律的基本內容。[81] 後藤認為，不管用什麼名
詞稱呼台灣（新附領土？殖民地？外地？），它跟西方所謂的
殖民地屬性相同，因此必須參考西方殖民地法制來統治這塊島
嶼。[82] 且後藤主張日本政府應詳細的調查台灣舊慣，保存當中
有利於日本統治者的部分，[83] 並將其改造為近代國家體制中之一
環。[84] 總之，後藤除了本於既有的日本經驗外，還想參酌西方

---

80 西方國家在台灣原享有的領事裁判權，於 1899 年與日本內地同時廢
　　除。黃昭堂，《台灣總督府》（黃英哲譯，台北，1989），頁 63-64。

81 參見向山寬夫，頁 221。

82 後藤新平，《台灣經營上舊慣制度の調查を必要とする意見》（1901；
　　重刊，東京，1940），頁 14-18。

83 參見同上，頁 21、25-27。

84 參見 Chang Han-yu and Ramon H. Myers, "Japanese Colonial Development

帝國主義者的殖民地法及東方的傳統中華帝國法，在台灣塑造一個新的殖民地法律制度，使台灣成為日本帝國的「模範殖民地」。[85] 這項台灣法律之基本指導原則，為兒玉及其後數位總督所採行，直到 1920 年代初日本帝國殖民地法律政策改弦易轍為止。

　　自最初的摸索期結束後到 1922 年年底，台灣的法律充分顯露這種「殖民地法」的性格。其通常依循著西方強權在殖民地統治過程所發展出來的法律原則，若日本固有的法律制度有助於殖民地統治，即毫不猶疑的將其施行於台灣，不管其在日本內地是否業已廢除。同時台灣被中華帝國統治所留下的制度，在有利於或至少不妨礙日本統治的範圍內，亦加以維持。這可從下述 1898 年中期以後有關台灣刑事法及民事法的發展，得到例證。

（一）刑事法

　　由於事涉殖民地秩序之維持，西方殖民主義國家大多強力干涉當地人的刑法事項。[86] 兒玉政府在 1898 年的「有關民事

Policy in Taiwan, 1895-1996: A Case of Bureaucratic Entrepreneurship," *Journal of Asian Studies*, 22:4（Aug. 1963），p. 448.

85　參見 Yosaburo Takekoshi, "Japan's colonial policy," in *Japan to America*, ed. Naoichi Masaoka（New York, 1914），p. 96; Levis H. Gann, "Western and Japanese Colonialism: Some Preliminary Comparisons," in *The Japanese Colonial Empire, 1895-1945*, ed. Ramon H. Myers and Mark R. Peattie（Princeton, N.J., 1984），p. 502; Yosaburo Takekoshi, *Japanese Rule in Formosa*, trans. George Braithwaite（New York, 1907），preface, p. v.

86　Arthur Girault，《殖民及殖民法制原論》（若林榮次郎日譯，台北，1918），頁 521。

商事及刑事之律令」中亦規定，台灣人的刑事事項依「現行之例」，即延續 1896 年律令第 4 號之規定，原則上依日本帝國刑法處斷。[87] 為配合日本 1907 年新訂刑法典的制定，台灣總督府將民刑法分別立法，於 1908 年以律令發布「台灣刑事令」，重申台灣人及在台日本人的刑事事項應「依用」日本內地的刑法典，且承認既存的特別刑法繼續有效。[88] 其結果，已被日本法接納的近代西方式刑法典，自 1896 年以後，即因成為律令刑法的內容而實際上施行於台灣。

　　在西方人的殖民地，特別刑法的制定屢見不鮮，日本人在台灣殖民地亦不例外。[89] 有一些特別刑法是針對整個台灣地域而制定的（具屬地法性質）。其中最著名的就是「匪徒刑罰令」。[90]本令不但延續軍政時期「台灣住民刑罰令」之嚴懲各類武裝反抗行為的規定，且完全忽視近代西方法上刑事處罰的原則，表現出傳統東亞帝國法的威嚇報復主義。[91] 雖然匪徒刑罰令在法律

87　明治 31 年（1898）7 月 16 日律令第 8 號，第 1 條。《通志稿》，冊 1，頁 169-170。有關台灣人刑事事項應依「現行之例」，此「現行之例」指 1896 年律令第 4 號原則上依用帝國刑法之規定。見台灣總督府法務部，《台灣司法制度沿革誌》（台北，1917），頁 12（以下簡稱《司法誌》）。

88　明治 41 年（1908）律令第 9 號，第 1、7 條。其立法理由，見《檔案》永久保存第 16 卷，第 6 門：司法，第 14 件。

89　Girault, pp. 538-539.

90　明治 31 年（1898）緊急律令第 24 號。《通志稿》，冊 1，頁 179-180。

91　本令內容的特色如下：①絕大多數犯罪行為皆科以死刑；②構成要件概括籠統，其規定「不問目的為何，凡以暴行或脅迫，為達其目的而為多眾結合，即屬匪徒之罪」；③未遂犯仍科以既遂犯之刑；④處罰規定溯及適用於施行前的行為。參見向山寬夫，頁 233。

上的適用對象，是所有在台灣地域的人民，包括在台日本人，
但事實上可能只適用於台灣人。另外，1897 年的「台灣鴉片
令」，適用範圍亦涵蓋所有在台人民，但主要是用來規範有吸鴉
片習慣的台灣人。[92] 有趣的是，嚴格控制新聞自由的「台灣新聞
紙條例」（1900 年），在法律上雖適用於全部台灣地域人民，但
在日治初期，它事實上是以在台日本人為目標而制訂的。[93]

　　第二類特別刑法係：只適用於日本人（具屬人法性質）。例
如 1900 年的「台灣保安規則」，規定住在台灣的日本人或外國
人，若無一定住居及生業、四處流浪或為不當言論、文書者，
地方長官可對其發出予戒命令，若有妨害治安、擾亂風俗之行
為，或連續受兩次以上予戒命令而不改正者，可禁止其居住於
台灣 1 至 3 年，並要求其離開本島。[94] 這項律令就發布予戒命令
部分，可能是參考日本 1892 年的「予戒令」（1914 年廢止），
而要求離去之處分，則是仿效日本 1887 年的「保安條例」（雖

---

92 明治 30 年（1897）律令第 24 號。台灣鴉片令曾適用於在台日本人，例
　　如明治 32 年（1899）7 月 15 日控刑 204 號，《覆院集》，頁 371。有學
　　者從實際運作的觀點，認為匪徒刑罰令及台灣鴉片令是屬人性質的規
　　定，見黃靜嘉，頁 118、127-129，註 3、註 5。本文著眼於這些律令在
　　當時法律上依有權解釋「是什麼」，而不在於批判該項解釋，故採取其
　　為「屬地法」之見解。

93 明治 33 年（1900）律令第 3 號。例如參見台灣總督府控告林行藏與木
　　下龍，覆審法院明治 36 年（1903）3 月 31 日控刑 67 號，引自中村泰
　　忠編，《台灣總督府法院判決錄》（台北，1903），刑事第 1 輯第 4 卷，
　　頁 75；水野金之助控告台灣總督府，覆審法院明治 36 年（1903）2 月
　　26 日控刑 34 號，引自同上，刑事第 1 輯第 5 卷，頁 83。同說，見向
　　山寬夫，頁 155。

94 明治 33 年（1900）律令第 21 號。《律令總覽》，頁 80-81。

然此條例於 1898 年已在日本內地被廢止）。[95]

　　第三類特別刑法則是：只適用於台灣人（具屬人法性質）。包括：① 1898 年的「保甲條例」，規定保（10 甲）及甲（10 戶）的人民，須為保甲內他人之犯罪行為負連坐責任而被科以罰金或科料（第 2 條）；依「保甲條例施行細則標準」，若一甲之內有被判處重罪者，甲內各家長應處以 10 元以下的罰金，除非事先已發覺犯罪人且已向官府申告（第 27 條）。此項保甲制度只實施於台灣人家庭，而不及於在台日本人。[96]② 1904 年的「罰金及笞刑處分例」，條文中已清楚的規定僅僅適用於台灣人及中國人的犯罪行為。[97]③ 1906 年的「台灣浮浪者取締規則」，在第 1 條亦明確表示其取締對象是台灣人的「浮浪者」。[98] 按有類似行為的日本人，應依前揭「保安規則」加以取締。以上 3 種專為台灣人設計的制度當中，①及②固然是沿襲自傳統中華帝國法，但對日本人而言並不陌生。日本德川時代的「五人組」制度，即與「保甲制度」相當類似。[99] 日本在明治維新後 1870 年的「新律綱領」中亦仍採用笞刑。[100]至於③，按其內容判斷，有可能是仿效前揭日本 1892 年的「予戒令」而來。

95　將三者條文內容相對照即可知。關於「保安條例」及「予戒令」，參見井ケ田良治、山中永之佑、石川一三夫，《日本近代法史》（京都，1982），頁 122-124。

96　明治 31 年（1898）律令第 21 號。另參見向山寬夫，頁 233-239；中村哲《基本問題》，頁 178。

97　明治 37 年（1904）律令第 1 號。《通志稿》，冊 1，頁 181-182。

98　明治 39 年（1906）律令第 2 號。《律令總覽》，頁 81。

99　穗積陳重，《五人組制度論》（東京，1921），頁 401、445。

100 細川龜市，《日本近代法制史》（東京，1961），頁 139。

　　西方殖民統治經驗也告訴日本人，殖民地的刑事訴訟程序應該著重簡單、迅速的原則。[101] 因此，1898 年的「有關民事商事及刑事之律令」，並沒有讓日本內地的刑事訴訟法適用於台灣人的案件。[102] 翌年才為了改善因台灣各地法院訴訟程序欠缺統一所導致的不便，而規定「依用」日本刑事訴訟法來處理台灣人刑事案件。[103] 這項「依用」亦為 1908 年的「台灣刑事令」所延續。[104] 因此大體上，近代西方刑事訴訟程序，自 1899 年起已正式因為「依用日本法」而在台灣實施。

　　不過，總督府很快就發現日本刑事訴訟法的許多規定妨礙了殖民地該有的「簡單、快速」原則，故再以律令針對台灣人案件排除這些干擾。例如在規定依用日本刑訴法的這號律令的下一號，立即表示：對於台灣人觸犯重罪之案件，檢察官得（在內地為「應」）移送預審法官進行預審，或逕移法院審判（在內地不准），俾使「罪跡顯著，毋需蒐集證據」之案件，可以不必拘泥於預審的「形式」。[105] 2 年後的 1901 年，為了使檢察官能及時的保全證據及人犯，將原來在日本只屬於預審程序中預審法官的扣押權及羈押人犯權，授予檢察官；甚至判官在法院所

101　參見伊藤博文，頁 147；Girault, p. 545.
102　明治 31 年（1898）律令第 8 號第 1 條規定，關於台灣人及中國人之刑事事項不適用日本刑事訴訟法，而依「現行之例」。此處之現行之例指各地法院基於日本刑事訴訟程序之成例，任意變通使用。參見註 73 及其正文。
103　明治 32 年（1899）律令第 8 號。參見《司法誌》，頁 20。
104　明治 41 年（1908）律令第 9 號，第 1 條。《律令總覽》，頁 168。
105　明治 32 年（1899）律令第 9 號。其立法理由參見《司法檔案》，頁 327-328。

在地以外進行蒐集證據時,可以囑託司法警察官搜索、扣押物品、訊問證人關係人或鑑定。這不但賦予台灣的檢察官在偵查階段具有「強制處分權」,而且竟允許不具有司法官資格的警察人員,行使羈押權以外的強制處分權。這些不同於日本內地的規定,其目的就是要使台灣的刑事訴訟程序能「敏捷迅速」,且經由檢察官之行使預審判官的職權,使更多的案件得以不經預審逕行公判。[106] 在「簡化程序」的一貫要求下,總督府於1905年制定較完備的「刑事訴訟特別手續」,取代前述兩項律令,其內容除了重申既有的特別規定外,更進一步擴張判官、檢察官、警察官之處分權,盡量發揮職權進行主義的精神。[107] 造成近代西方法刑事訴訟程序中有關人權保障的部分漸次被削弱,而東亞傳統的官府糾問主義卻逐步被強化。

　　總督府事實上從未忘記傳統中華帝國訴訟程序的「好處」。按1904年的「犯罪即決例」,擔任地方行政首長的廳長,像清治時期的知縣一樣,有權立即審決「較輕微之犯罪」。在日本內地,雖然屬於行政體系的警察官,亦可不經司法機關而即決違警罪,但其即決權的範圍遠比不上在台灣可得行使的即決權。[108] 又1905年的「刑事訴訟特別手續」,竟然在某種程度上

106　明治34年(1901)律令第4號,第1-3條。見《律令總覽》,頁169。其立法理由,參見《司法檔案》,頁500-501。

107　明治38年(1905)律令第10號,條文見《律令總覽》,頁170-171。立法理由,參見《司法檔案》,頁1019-1074。亦參見黃靜嘉,頁125。

108　明治37年(1904)律令第4號「犯罪即決例」第1條所列,得即受廳長即決之犯罪包括:①該當拘留或科料之刑的犯罪,②應處主刑三個月以下徒刑的賭博罪,③應處主刑三個月以下徒刑或一百元以下罰金之刑的違反行政規則罪。依第13條規定,警部可代理行使此權。於

恢復傳統中國法上有關被告自白的效力。其第 12 條規定，應處以主刑 1 年以下徒刑或 200 元以下罰金之案件，於檢察官及民事原告無異議時，法院得不再為其他證據之調查。[109] 在傳統中國法裡，被告的親口招承，幾乎已成為定罪科刑之絕對必要證據，其結果導致各種殘酷的刑訊方法，被運用來取得被告的招供（自白）。日本內地原本也有上述情事，但到了 1870 年代末期，才規定被告自白不再為斷罪之必要證據，並且廢止刑訊制度。1890 年的日本刑事訴訟法更規定：「於裁判所，雖被告已自白其犯罪，仍非調查其他證據不可。」（第 239 條）這項規定實有意貶抑自白的證據力，以阻斷執法人員藉刑求取得自白之動機。但台灣總督府認為：「若依被告之自白，事實已甚明瞭，則再調查其他證據並無必要。」[110]換言之，總督府正是看中了傳統中國自白制度在程序上「簡便」之價值，至於會不會引發濫行刑求的弊端，則非關心重點。1908 年的「台灣刑事令」第 7 條，再度申明該「刑事訴訟特別手續」仍為有效。

（二）民事法

西方殖民地統治實務顯示，殖民地政府宜適度放任被統治民族的民事法律生活。[111] 因此，1898 年的「有關民事商事及刑事之律令」規定：涉及日本人的民商事項，依用日本民商法，

明治 42 年（1909）又將可即決的範圍擴大。詳見《律令總覽》，頁 175-177。而日本在內地的「違警罪即決例」，則僅對處以拘留或科料的違警罪才有其適用，其內容見細川龜市，頁 158。另參照向山寬夫，頁 136-137。

109《律令總覽》，頁 170。

110《司法檔案》，頁 1024、1038、1054、1073。

111 伊藤博文，頁 147、407；Girault, p. 524.

但僅涉及台灣人及中國人者,則依台灣人的習慣及法理,除非
對台灣地域或台灣人有特別規定。[112] 整合既存民事律令的 1908
年「台灣民事令」,亦蕭規曹隨地遵從這項立法原則,故僅涉及
台灣人及中國人的民事事項,仍依台灣人「舊慣」,日本的民商
法除了極少數例外者,並不適用於台灣人。[113] 上述情況一直到
1920 年代初才隨著殖民統治政策之調整而改觀。

　　然而一如西方強權積極規範殖民地的土地制度那般,日本
統治當局也針對台灣的土地關係,制定許多民事特別法。[114] 這
些有關土地的特別法係適用於台灣地域,與其牴觸的日本民商
法或台灣習慣,皆被排除而不適用。[115] 參照日本明治土地改革
的經驗,日本政府於 1898 年在台灣著手進行土地調查工作,
接著在 1904 年藉由大租權之收買及廢除,達成土地所有權單一

112　在條文上係規定「依現行之例」,其指自軍政時期以來的做法,亦即
　　「依習慣及法理」。另參見黃靜嘉,頁 95。此處所謂的「中國人」,依
　　當時的條文係稱「清國人」或「中華民國人」。
113　明治 41 年(1908)律令第 11 號,第 3 條。《律令總覽》,頁 149-150。
　　日本民法僅 240 條及 241 條有關遺失物、埋藏物之規定,494-498 條
　　有關債務清償之規定,依用於台灣人民事事項。參見黃靜嘉,頁 97。
114　參見矢內原忠雄,《植民及植民政策》(東京,1933),頁 443-478。
115　明治 31 年(1898)律令第 8 號第 2 條已明示,原則上日本人依日本
　　民商法、台灣人依台灣民事習慣,但在台灣如有特別規定者,依其規
　　定。例如明治 31 年(1898)(緊急)律令第 9 號第 1 條規定:「關於土
　　地之權利,暫時不依民法第二編物權之規定,而依舊慣」,即就台灣
　　土地之法律關係,日本人不可依用日本民法物權編之規定。《律令總
　　覽》,頁 146。

化的目標,[116]1910 年再進而整理林野地的土地關係。[117] 此外,為推動土地登記制度,1905 年「台灣土地登記規則」規定,某些土地權利(例如業主權)之得喪變更,非經登記不生法律上效力。[118]

至於民事訴訟程序,西方殖民地法制專家亦建議以簡化為要。[119] 跟刑事訴訟法同樣的發展過程,有關台灣人的民事訴訟程序,自 1899 年起,才為了統一法院程序而依用日本民事訴訟法。這項近代西方式民訴程序實施後不久,台灣總督府亦擬簡化其程序,以提高法院審理案件之速度。1905 年所發布「民事訴訟特別手續」,即強化法官在民事訴訟程序上的職權,削弱當事人等在程序上的權益。1908 年的「台灣民事令」,繼續延續上述有關民事訴訟程序的規定。[120]

同時,傳統中國素來由地方父母官於一番訓戒後,飭令雙方和解的民事紛爭解決方式,日本政府亦大張旗鼓的加以法制化。雖然總督府於 1897 年即承認地方官可為民事爭訟調停,但欠缺相關的程序性規定。自 1904 年以律令公布「廳長處理民事

---

116 明治 31 年(1898)律令第 14 號「台灣土地調查規則」,明治 37 年(1904)律令第 6 號「有關大租權整理之件」。《律令總覽》,頁 102-103、105。關於日本在明治初期就土地制度之改革,參見井ケ田良治等,頁 17-22。

117 明治 43 年(1910)律令第 7 號「台灣林野調查規則」。《律令總覽》,頁 108-109。另參見黃靜嘉,頁 209-211。

118 明治 38 年(1905)律令第 3 號「台灣土地登記規則」。《律令總覽》,頁 163-164。

119 伊藤博文,頁 147、407。

120 明治 38 年(1905)律令第 9 號,明治 41 年(1908)律令第 11 號。《律令總覽》,頁 149-150、159-161。另參見黃靜嘉,頁 101。

爭訟調停之件」後，地方行政官員即可據以運用官府權威，強力介入一般人民的民事紛爭的解決。[121]

三、政府利益取向的改革

在台灣的日本統治當局，就像日本明治法律改革的領導人那樣，選擇了有利於殖民地統治的部分，作為法律改革的內容。過去或現在的日本法律、西方殖民地法律及中華帝國法，都只是為達成這個目的而被考量的「立法例」而已。有時候甚至創設一些未有先例的「適當」法律措施，以因應殖民地統治的需要。

各項為「土匪」問題所制定的法律，即是一個明顯的例子。1898 至 1902 年，日本對台統治的最大威脅來自持續的武裝抗日活動，台灣總督府為此設計一系列用以鎮壓「土匪」的刑事實體與程序法規。這些法律措施包括：

①在 1898 年恢復中華帝國的保甲制度，使一般「良民」基於自保而與「土匪」劃清界線，甚至舉發、討伐「土匪」。[122]

121　明治 30 年（1897）府令第 31 號，見《通志稿》，冊 2，頁 206。依明治 37 年（1904）律令第 3 號原本規定在未設法院的澎湖、恆春、台東三廳實施此制，至明治 45 年（1912）律令第 2 號則正式的將此制擴及全台灣所有的廳。《律令總覽》，頁 161-162。另參見黃靜嘉，頁 102。

122　明治 31 年（1898）律令第 21 號「保甲條例」。《律令總覽》，頁 79。另參見向山寬大，頁 233。新的統治者經常利用如保甲制度中的「連坐處罰」，迫使甫被征服的人民互相監視彼此有無反抗新統治者的行為。蓋團體中若存在有反抗分子，則其他成員倘未舉發，即須連帶被

②基於嚴刑峻罰以止奸的傳統中國式觀念，制定處罰極為嚴厲的刑事特別法，即 1898 年的「匪徒刑罰令」。[123]

③ 1898 年增訂由臨時法院審理匪徒罪，且廢除原有之上訴及再審程序。[124]

④在 1899 年為了速審匪徒罪，竟一律規定台灣人及中國人所犯之重罪案件，可不必經預審程序逕付公判；[125]

⑤ 1901 年規定匪徒罪案件，不同於其他重罪案件，審判長不必依職權為被告選任辯護人（即不適用日本刑事訴訟法第 237 條之規定），俾能速審速決。[126]

上述④及⑤事實上是台灣總督府，以修改日本相關法律的方式為殖民地「創設」自己的法律。

台灣總督府對民法所持的態度也一樣。台灣的律令不同於日本民法對土地權利（物權）得喪變更之採取意思生效、登記對抗主義（係法國立法例），而是改採登記生效主義（係德國立法例）。在登記生效主義下，土地登記被賦予絕對性的效力，不問土地真正權利人為誰，凡依土地登記簿之記載而為權利之

處罰。例如於 11 世紀當威廉一世征服英格蘭之時，於 17 世紀當德川幕府一統日本之時，皆曾實施與反抗者連坐受罰的制度。基於同樣的意旨，日本在台灣施行保甲制。參見穗積陳重，頁 51、411-412、508-509、543。

123 參見《司法檔案》，頁 321。

124 明治 31 年（1898）律令第 23 號，見《律令總覽》，頁 138。另參見《司法檔案》，頁 402-403、407-408。

125 參見《司法檔案》，頁 327。

126 明治 34 年（1901）律令第 4 號「有關刑事訴訟手續之律令」，第 4 條。《律令總覽》，頁 169。其立法理由，見《司法檔案》，頁 501。

變動，法律皆承認其效力，以使「交易安全」獲得完全的確保。
而在登記對抗主義底下，土地登記只是對抗第三人的要件，於
權利之變動因意思合致而生效但尚未為登記時，新的真正權利
人，雖不得對抗不知權利已變動的第三人，但仍可對其他人主
張其才有權處分土地，以至於與「非真正權利人」進行土地交易
的人，究竟能否取得權利，常陷於爭議不定的狀況而有損交易
的安全，但相對地對真正的權利人較有保障。

　　為何台灣總督府在立法上改採與日本內地不同的登記生效
主義呢？論者以為，總督府為達到全面監控台灣土地資源的目
標，自然傾向於強調土地登記之效力，以促使人民將真實的土
地法律關係呈現在官方登記簿上；另有論者指出，由於日本當
局欲在台灣積極發展殖民地資本主義，而通常的情形是由日本
人資本家向台灣人地主收買或借用土地，故寧願犧牲台灣人地
主階級利益，以維護發展資本主義所必須之交易安全的登記生
效制。[127] 同樣是為了推動資本主義經濟，總督府以有礙於投資
意願為由，限制台灣自清治時期即已存在的高利率。[128] 而且在

127　參見魏家弘，〈台灣土地所有權概念的形成經過——從業到所有權〉
　　（台大法研所碩士論文，1996），頁 184-185。惟該文亦指出當時台灣
　　總督府法院在實務上卻採取不承認土地登記具絕對效力的「登記不具
　　公信力」的見解。見同上，頁 188、195-196。另參見向山寬夫，頁
　　327-328。1901 年以律令發布的「台灣土地收用規則」，亦較日本內地
　　的土地收用法賦予政府更大的土地收用權限，相對的使台灣地主階級
　　蒙受不利，例如在台灣關於可否為土地收用，聽任行政機關決定，並
　　無司法救濟管道。見同上，頁 329-330。

128　明治 37 年（1904）律令第 2 號「利息限制規則」。《律令總覽》，頁
　　156。其立法理由，見東鄉實，《台灣植民發達史》（台北，1916），頁
　　79；《司法檔案》頁 769-770。

此所謂資本主義，其實是日本人的資本主義。為了保護在台灣
的日本資本家，至 1922 年年底為止，不許僅由台灣人設立的企
業體依用日本商法組成有利於資本累積的近代西方式公司。[129]

　　台灣原有舊慣之所以被日本政府保存下來，並非純然出於
對台灣人的尊重，舊慣的維持或廢除，端視何者對日本統治者
較有利。日本當局正是為了做這項評估，才會先詳盡且客觀地
調查台灣舊慣的內容。[130] 傳統中國原有笞刑以及由地方行政首
長裁決輕罪與民事紛爭的制度，其之所以被採用，即著眼於可
以大量節省殖民地司法經費的支出。[131] 此外，允許台灣人的民
事事項根據舊慣處理，可以減輕他們對日本征服者的怨恨。然
而不統一且未成文的台灣舊慣，則會妨礙商事交易之進行。因
此之故，雖然承認舊慣的效力，但需要法院等執法機關畫一其
內容，甚至擬以立法制訂為法典，使其內容更為明確。[132] 如傳
統的保甲制度，可藉以肅清「土匪」及協助推動地方政務，當然
對統治者有正面的貢獻，但人民集結成團體亦有威脅殖民地統
治的潛在危險，所以必須將保甲置於地方警察機關的嚴密監督

129　參見矢內原忠雄，《日本帝國主義下之台灣》（周憲文中譯，台北，
　　1956），頁 21、49，註 9；向山寬夫，頁 329。只要設立人中有一位日
　　本人即不再依舊慣，而改依日本商法，故台灣人不乏藉此突破法規的
　　局限，實際上組成了近代西方式公司，可參見第五章第三節之討論。

130　參見後藤新平，頁 16-17。

131　在日本內地，西方強權要求廢除笞刑等傳統中國式制度，當「節省司
　　法經費」之利益與「廢除領事裁判權」之利益相比，前者之利益顯然
　　較小，故在內地願意放棄這些傳統措施；但在台灣則不然，故不必為
　　廢除領事裁判權而犧牲節省司法經費之利益。

132　參見後藤新平，頁 9、13-14、22。

下。至於吸食鴉片及賭博,雖然也被認為是不好的舊慣,但是
為革除此弊,政府須付出龐大的人力、物力資源,而殖民統治
效益卻有限,所以總督府一方面限制這類活動,另方面卻也網
開一面,讓台灣人有管道可以持續其「嗜好」。[133]

　　值得注意的是,「有利於政府」雖經常等於是「有利於日本
人民」,卻不必然如此。從專為在台日本人而制定「台灣保安
規則」(1900 年)一事,就可明白「政府利益」才是殖民地立法
追求的最高目標。雖然有人為此項保安規則辯護,認為其有助
於處理日治初期許多自日本內地湧入台灣的浪人,[134] 但如前所
述,與此規則相當的日本內地法律,已於 19 世紀末被廢止,這
些浪人在台觸犯刑法,亦有法院施以制裁。[135] 故令人懷疑真正
的制定動機,是為了驅逐那些在總督府眼中可能干擾施政的在
台日本人。依此規則被逐出台灣的日本人,有不少係傳播媒體

133　日本刑法上有關鴉片罪之規定不依用於台灣。台灣總督府將鴉片之
　　製造及販賣列為特許專賣事業,凡有吸食習慣且持有許可證者即可購
　　買鴉片。參照明治 30 年(1897)(緊急)律令第 2 號「台灣阿片令」。
　　《律令總覽》,頁 55。賭博當然是違法行為,但日本領台之初並不積
　　極取締。《司法檔案》,頁 17。且總督府曾以籌集慈善公益事業資金
　　為由,設彩票局發行彩券,以滿足台灣人「賭性」,但因為發現流入
　　禁止發行彩票的日本,故不及 1 年即中止之。參照明治 39 年(1906)
　　律令第 7 號「有關台灣彩票之件」。《律令總覽》,頁 81-82。亦參見向
　　山寬夫,頁 138、142。

134　參見鷲巢敦哉,頁 194。

135　在 1897 年,即日本一般人民開始移居台灣的第二年,在台灣監獄中
　　計有 128 名日本人。參見台灣行政長官公署統計室,《台灣省五十一
　　年來統計提要》(台北,1946),頁 490。

的記者以及辯護士，甚至有曾任檢察官者。[136] 況且日治時期的確有一些在台的日本辯護士，對於總督府所主導的殖民地法律內容，相當不滿。[137] 該保安規則可說是整個日治 50 年，台灣總督府用來對付「反總督府」之在台日本人的最後一張王牌。除此之外，總督府也常以「出版規則」壓制在台日本人的言論。

第三節　以日本內地法為主的時期（1923-1945）

一、同化政策下的殖民地法律

（一）日本殖民主義的發展

　　1920 年代，受西方民主思潮洗禮的日本帝國主義者，重塑日本的殖民地政策。1919 年朝鮮三一獨立運動中，朝鮮人深沉的抗議，及朝鮮總督府殘暴的鎮壓，在當時正處於大正民主期的日本，激起大眾對日本專橫的殖民地統治強烈的批判。大多數受西方思想影響的日本自由主義者，強烈主張應該基於「同化」的殖民政策，改革殖民地政府，使其與日本內地同步革新。[138] 然而這種同化政策的本質，是把被殖民民族及其社會文化視為「劣等」。這些具有自由主義思想的日本帝國主義者，並沒有把他們觀念中對其他「個人」的尊重，延伸為對其他「民

136　參見鷲巢敦哉，頁 195-200。

137　例如參見《檔案》，大正 4 年（1915），永久保存第 28 卷，第 6 門：司法，四、「裁判所構成法及辯護士法施行之件」。

138　參見 Peattie, Japanese colonialism, pp. 104-107.

族」的尊重。當時日本只有少數專攻殖民政策的學者，支持「殖民地自治」的想法，甚或承認「殖民地獨立」的可能性。[139]

　　但是 1931 年之後，日本面臨逐漸升高的國家危機感及軍國主義思想，「自由主義的同化政策」已漸趨消退。由於國際地位日益孤立，日本亟欲建立以整個帝國為範圍的自主經濟圈。包括台灣在內的殖民地，因此被強制納入這個「自給自足的軍事化國家」。為了強化軍事帝國的內聚力，殖民地的特殊性成為被改造的對象，故自 1936 年起，日本即在殖民地實施「皇民化」政策。這種「軍國主義的同化政策」，完全不考慮被殖民民族能否適應，或者殖民民族與被殖民民族之間是否機會平等的問題，只知強力動員殖民地的人力、物力，以供日本從事戰爭之用。[140]

（二）內地法律延長主義

　　1919 年，日本第一位平民出身的總理原敬，任命第一位台灣文官總督田健治郎，以做為實施新殖民地政策的先聲。以原敬為代表的政黨領導人，認為欲同化被殖民民族，必須先在殖民地實施與內地相同的制度，因此主張內地法律的效力應延長至殖民地。但是顧及殖民地的社會條件非旦夕之間所能改變，他們同意以漸進的方式實現內地法律的延長。事實上，這是一項經過深思熟慮的政治工程，鑑於第一次世界大戰後民族自決（Self-determination）觀念蔓延全球，風潮所至，各殖民地「民

139　參見同上，pp.114-118；若林正丈，《台灣抗日運動史研究》（東京，1983），頁 75-102。做為「少數中的少數」的矢內原忠雄曾說：「強制的同化是對集團的人格之侵害。」矢內原忠雄，《植民及植民政策》，頁 385。

140　Peattie, Japanese colonialism, pp.119-121.

族主義」（Nationalism，或譯為「國民主義」、「國族主義」）
皆呈現方興未艾之勢，故日本領導人擬透過這種「制度先行」的
方式，將被殖民的民族加以同化，使其根本喪失自我的國族認
同，斷絕「自決」的念頭，以徹底融入日本帝國。1921 年所制
定的法三號，即是這個新政策下的產物。[141]

　　但法三號並未大幅改變原來台灣的立法制度，台灣總督府
實際上仍舊擁有相當大的權力決定台灣法律的具體內容，以落
實新的帝國殖民地統治政策。按日本中央政府雖然在帝國議會
中承諾逐漸將內地法律施行於台灣，但法三號本身並未就此事
設定時間表，亦未明確列舉出那些內地法律應延長，依官方的
說法，這必須依「（台灣）人民的文化程度」而定。[142]

　　無論如何，法三號於 1922 年 1 月 1 日生效後，日本政府確
實以施行勅令的方式，將眾多帝國議會所制定之內地法律的效
力延長至台灣。1922 年勅令第 406 號「有關民事法律施行於台
灣之件」指定日本民法、商法、民事訴訟法、人事訴訟手續法、
非訟事件手續法、不動產登記法等日本法律，自 1923 年 1 月 1
日起施行於台灣，同時以勅令第 407 號發布「有關施行於台灣
之法律的特例」，針對已施行的日本內地法律，制定若干適用
於台灣的「特別法」。[143] 此後，擬進一步指定日本民事法律施行
於台灣及設置特例時，經常是透過修改上述兩項勅令的方式進
行。[144] 為配合這些日本法律之施行於台灣，總督府也發布新的

141　參見若林正丈，頁 56-59。

142　參見《律令沿革》，頁 62、68-69、74、130-131。

143　參見《通志稿》，冊 1，頁 218-222。

144　例如大正 11 年（1922）勅令 522 號即言明改正大正 11 年勅令第 406
　　號，以增列若干法律施行於台灣。同年勅令 523 號亦表示改正大正 11

律令以廢除許多已無存在必要的律令。[145] 此外，尚有很多日本
有關行政法事項的法律，經由施行勅令的指定，亦自 1923 年 1
月 1 日起施行於台灣。整體而言，上述這些於 1922 年公布、隔
年正式施行的法律改革，已使得「西方殖民地法」及「傳統中華
帝國法」，在台灣法律制度裡所占的比重銳減。屬於近代西方
歐陸法系的「日本內地法」，實際上已經支配了整個台灣法律的
內容。

　　尤其在所謂「以勅令立法為原則之時期（1922-1945）」裡，
律令不但仍然繼續存在，且只要其內容依用日本內地的法律，
則一樣可以達到將內地法律制度施行於台灣的目的。早在法三
號尚未制定之前，台灣總督府即曾經在台灣使用律令制定權，
實施與內地相似的法律制度。[146] 於日治末期，台灣總督仍經常
制定律令。[147] 但如後所述，在「皇民化」、「一視同仁」的口號
下，其內容大多與日本內地法相似，而較少屬於台灣特有的規
定。以下將不拘係出自「律令」或「施行勅令」之形式，而專就
法的規範內容，進行觀察。

　　年勅令第 407 號，以增設特例規定。

145　詳見大正 11 年（1922）律令第 6 號。《律令總覽》，頁 1。這亦顯示在
　　　法三號生效後，律令體系乃繼續存在，故必須以律令來廢除不再有需
　　　要的各個律令。

146　例如 1919 年台灣總督以律令改革台灣的法院制度，使近似於日本內
　　　地制度。

147　日治初期兒玉源太郎總督在其 8 年任期（1898-1906）內計發布
　　　155 件律令，日治末期小林躋造及長谷川清兩位總督共計 8 年的任期
　　　（1936-1944）內，亦發布 141 件律令，其中屬制定者 50 件，屬改廢者 91
　　　件。參見《委任立法》，附錄，頁 3-4。

二、朝西方式法律前進

　　一般而言，台灣的法律歷經 1920 年代初期的改革，已伴隨著日本內地法的施行，而引進更多的西方式法律。台灣既然是在日本的統治之下，其法律當然不可避免地受到日本法律的發展所左右。1920 年代初期（時值大正民主），大多數在明治時期為繼受西方法而制定的日本現代化法典，業已施行至台灣。但好景不常，1931 年之後，日本軍國主義不斷滋長而終於導致二次世界大戰的戰敗。在這個過程中，特別是 1937 年末、1938 年之後，台灣毫無選擇餘地的被一步步納入日本戰時法體制。[148] 使得近代西方法中保障個人自由權利的基本精神，遭到極大的抑制。

（一）刑事法

　　刑事法是在台灣殖民地法律中，屬於較早卻較少受近代西方法影響的一個法律領域。台灣自 1919 年以後，不少原受傳統中國影響的刑事法律措施已被修正：① 1921 年廢止笞刑；② 1929 年規定禁止吸食鴉片，除非禁令施行前已取得吸食特許者；③ 1945 年廢除保甲制度。[149] 但是，日本刑法典從未將其

148　有關日本法西斯法體制的時期劃分，參見渡邊洋三，〈日本ファシズ
　　ム法體制總論〉，載於東京大學社會科學研究所編，《戰時日本的法體
　　制》（東京，1979），頁 16-17。

149　參見向山寬夫，頁 593、723-724、1264。但總督府在施行鴉片禁令之
　　前，曾開放讓原本祕密吸食者經申請取得特許證，使禁令效果大打折
　　扣。另外有關保甲之廢除，總督府在 1941 年即以一甲為單位組成「奉
　　公班」，再集結成「皇民奉公會」，藉以動員及控制人民，其已足以取
　　代保甲制度原本在這方面的功能，故保甲的廢除，較具有意義的恐怕

施行地域延長至台灣，亦即在台灣不能直接適用該刑法典之規定，而必須透過律令的「依用」，始可間接地被付諸實行。這使得日治前期已制定的刑事相關律令，例如「匪徒刑罰令」，不至於因為「法律（如刑法典）優先於律令」而發生效力是否存續的爭議。雖然一旦施行刑法典仍可用特例勅令制定「特別法」，但要再將諸如「匪徒刑罰令」的殘酷規定列入特例勅令中，恐怕過於敏感而產生相當大的阻力。也因為如此，日本於1930年所制定的「有關盜犯之防止及處分之法律」，不能直接施行於台灣。因為其第1條有「依刑法的解釋」之規定，而「刑法」本身並未施行於台灣，故在法律形式上，只好透過改正有關「台灣刑事令」的律令，達到將日本內地的這項法律內容實施於台灣的目的。[150] 至於沒有上述法律技術面問題的許多日本內地刑事特別法，則經常大搖大擺的直接施行於台灣，例如1920年代在日本內地為了規範政治團體及其活動、鎮壓共產主義運動、防止勞工爭議及佃農爭議中的群眾暴力等，分別制定「治安警察法」、「治安維持法」、「有關處罰暴力行為等之法律」，皆以施行勅令將其效力延長至台灣。[151] 當日本內地逐漸出現各項法西斯主義刑事法律時，在台灣亦然。1936年，已有律令仿效日本內地法律之內容，在台灣管制所謂的「不穩文書」。[152]1937年中日戰

是刑事犯罪責任連坐之免除。參見同上，頁724、1253-1254。

150 《檔案》，昭和5年（1930），永久保存第6卷，第6門：司法，第2類；刑事，第1件。

151 參見《五十年の台灣》，頁96、98；向山寬夫，頁604-608。

152 昭和11年（1936）律令第1號「台灣不穩文書臨時取締令」，係仿效同年法律第45號「不穩文書臨時取締法」。參見《委任立法》，附錄，頁76。

爭爆發後，台灣總督府制定眾多附有刑罰之有關經濟管制的律令，其內容大體上係依循日本內地相關的法律。[153] 同時，許多日本內地關於戰時管制的刑事法律，例如 1938 年的國家總動員法，亦為勅令指定施行於台灣。[154] 最後幾乎所有嚴格限制人民自由權利的日本戰時刑事法規，都以法律（經由施行勅令）或者律令的形式，實施於台灣。

　　刑事訴訟法方面的發展，則跟刑法不完全一樣。日本 1922 年新制定的刑事訴訟法典，於 1924 年 1 月 1 日與日本內地同步施行於台灣。[155] 先前有關台灣刑事訴訟的律令，則大多已廢除，只保留有關犯罪即決制度者。但是被廢除的 1905 年「刑事訴訟特別手續」的主要內容，竟然在 1923 年以特例勅令，納入修正後的「有關施行於台灣之法律的特例」。[156] 此誠「換湯不換藥」也。犯罪即決制度的延續及上述「特例」之存在，使得台灣在刑事訴訟程序上，比日本內地較少受近代西方法的影響。而且當戰爭降臨，較不重視個人自由權利的日本時刑事訴訟法，最後也全部施行於台灣。[157]

（二）民事法

　　相對的，台灣人在這個時期擁有與日本人西方化程度相當的民法。1923 年 1 月 1 日起，已繼受西方歐陸法的日本商法施

153　參見同上，附錄，頁 20-22。

154　參見《五十年の台灣》，頁 101-105。

155　大正 11 年（1922）法律第 75 號「刑事訴訟法」，依大正 12 年（1923）勅令第 526 號之規定，自隔年 1 月 1 日起施行於台灣。

156　大正 12 年（1923）勅令第 514 號。

157　昭和 17 年（1942）法律第 64 號「戰時刑事特別法」，依昭和 17 年（1942）勅令第 177 號及昭和 18 年（1943）勅令第 89 號施行於台灣。

行於台灣，西方式民法不再僅是在台日本人的專利。雖然依特例勅令之規定，僅涉及台灣人（不再並列「中國人」）的親屬繼承事項，不適用日本民法而適用台灣人習慣法，[158] 但日本民法親屬繼承兩編原來就較少採取西方法，比較起來，台灣人習慣法有時甚至還更接近西方法的原則，例如台灣人習慣法之諸男子繼承家產，至少比日本民法之長子單獨繼承較符合近代西方法的平等精神。不過，跟刑事法的發展一樣，1938 年之後，台灣實施了不少限制私權的戰時經濟管制法規。[159]

　　民事訴訟法方面，亦比刑事訴訟法的西方化程度要來得深。自 1923 年 1 月 1 日起，日本民事訴訟法隨著民法一同施行於台灣，而且與刑事訴訟程序不同的是，民事訴訟法不再以特例勅令複製已被廢除的「民事訴訟特別手續」。但於日治前期所制定之關於民事訴訟的律令，仍尚未完全廢除，依然留下傳統中國式的民事爭訟調停制度，這多少可能因為當時日本內地也正在推廣調停的觀念。最後，非常時期的「戰時民事特別法」中，關於訴訟法的部分，除了有關調停者外，亦被施行於台灣。[160]

---

158 「有關施行於台灣之法律的特例」，第 5 條。

159 參見《委任立法》，附錄，頁 20-22；《五十年の台灣》，頁 101-105；《通志稿》，冊 1，頁 229-260。

160 昭和 18 年（1943）法律第 63 號「戰時民事特別法」，依同年勅令第 88 號施行於台灣。

三、殖民地統治下的法律改革

　　由總督府在台灣所施行的法律改革，並未全然依照日本內地的明治法律改革模式。從台灣法律改革的結果來看，它好像是效法明治法律改革的西方化漸進主義，亦即立法內容由日治前期之有限度的西方化，發展至日治後期之大規模西方化。但是在台灣，日本政府事實上並無明治法律改革時以西方法為師的動機，一來在台灣的法制並未構成日本廢除領事裁判權的阻礙，二來日本在台灣島上最初也沒有建立一個西方式資本主義體制的企圖，頂多只是促進日本資本在台灣的發達。[161] 日本當局在前期是根據西方殖民統治者「法律複數主義」的模式，建構台灣殖民地法制的，以致許多傳統中國法仍存在於許多與台灣人有關的法律中。只因為 1919 年殖民政策轉變為積極的同化主義，才使得更多的近代西方法以「日本內地法」之名施行於台灣。簡言之，台灣立法上繼受這些近代西方式法律，並不是因為它是「西方法」，而是由於它是「日本法」。惟有基於這樣的認識，才能了解，為何台灣總督府於 1914 年還打算參照台灣人的習慣法制定一系列的「台灣民法典」，到了 1922 年政策卻急轉直下，以勒令規定日本民商法施行於台灣，除身分法之外，完全排斥了台灣人的民事習慣法。這 8 年當中台灣本身有什麼太大的轉變嗎？沒有！改變的只是日本帝國的殖民統

---

161 於日治前期，在台灣只有涉及日本人之民商事項才可依用日本的西方式資本主義民商法，藉此發達日本人資本，相對地抑制台灣人資本。換言之，總督府只促進「日本人」（殖民民族）之資本主義，而非「台灣」（殖民地）一地之資本主義。

治政策。可見日治時期台灣在立法上繼受西方法，是屬於外塑的（非由內在因素決定的）、突然的，與明治法律改革自主性的、穩定漸進式的特色不同。或許這項差異的根源，是由於台灣之繼受西方法，係由一個殖民政權領導所致。

　　日本殖民主義的需求，才是日治後期台灣法律內容的決定性因素。明治法律改革那種以統治階層利益為最高指針的特色，倒是很一貫地存在於整個日治時期的台灣法律改革中，只不過在台灣的情形亦可稱為「殖民者利益」。在不同的階段，這種利益會展現出不同的面貌。日本政府在自由主義的同化政策時期裡，打算改善其殖民地統治的外觀，台灣總督府因此同意如多數台灣人所期盼的，不讓日本民法親屬繼承編適用於台灣人，[162]而企圖以少數「民主」範例，掩飾其專制威權統治的本質。[163]迨進入軍國主義的同化政策時期，「民主」的面具已可拋棄，雖然打著「一視同仁」的口號，但究其實質，台灣人與日本人相同的只有「義務」與「限制」，那些有助於政府控制人民的法令，或依施行敕令的指定，或被採納為律令的內容，最後總是一體施行於台灣。[164]除非台灣法律體系中原已存在更有利於政府的措施，如台灣行政機關的刑事犯罪即決權，與民事爭訟調停權（內地行政機關並無此權），否則當時日本內地的各項「治

162　在 1921 年，台灣首任文官總督在帝國議會表示，將日本商法施行於台灣人，對其並無負面影響；但若施行日本民法親屬繼承編，則會嚴重損害台灣人的利益。《律令沿革》，頁 66-67。總督府決定照顧台灣人的利益，暫不對台灣人施行這兩編。倘若如此即可稱為實施「民主」，充其量只是「施捨式的民主」，要靠開明專制者的恩賜。

163　參見向山寬夫，頁 603。

164　亦參見泉哲，《植民地統治論》（東京，1924），頁 247。

安維持立法」或「緊急立法」皆實施於台灣。

　　很遺憾的，日本統治者 50 年來始終不信任「好叛亂」的台灣人，[165] 故時時以法律提防之，不敢徹底改革。例如日治初期為嚴厲處罰「土匪」而制定的「匪徒刑罰令」，並未隨著 1920 年代初期台灣法律的大翻修而加以廢止，雖然 1920 年代已有許多法律足以取代其鎮壓台灣政治異議分子的功能，且事實上該令自 1916 年以後，已不曾被援用於具體的個案。其之所以「備而不用」，不外乎是為了留作威嚇台灣人的最後殺手鐧。[166]

第四節　為自主的繼受而奮鬥

一、爭取設立殖民地立法機關

　　受近代西方思潮影響的台灣知識分子，試圖為自己所屬的社會爭取法律改革的決定權。面對這種以追求日本政府之利益為鵠的的法律改革，日治初期台灣人所能做的，只是消極地敵視統治者，但在日本領台 20 餘年之後，亦即 1920 年代，台灣史上首度出現一批擁有現代性知識的「台灣新興知識分子」，

165　在 1944 年，日本統治台灣近 50 年之後，日本在台灣最高軍事長官安藤利吉（後來擔任最後一任台灣總督），仍表示惟恐台灣人與敵軍合作從背後攻擊日軍。同年日本在台陸軍當局甚至曾計畫軟禁約二千名有影響力的台灣人，以防止其與準備登陸的美軍合作，但最後並未實施。由上述兩例可知日本統治階層仍相當不信任台灣人。參見黃昭堂，頁 191-192；向山寬夫，頁 1267。

166　黃靜嘉，頁 134。

他們開始批判殖民地制度中對台灣人的種種歧視。[167] 他們透過在日本受教育的機會接觸近代西方思想，進而認同自己是「被殖民的民族」——台灣人，而不僅僅是泉州人、漳州人或客家人而已。到了日本，念了書本，他們才知道「台灣人」這個「民族」，在法律上是如何受到不公平的待遇，於是他們運用流利的日語，表達出台灣人的不滿。原本他們攻擊六三法，認為這是台灣一切惡法的根源，但是誠如當時一位深具影響力的台灣法律人林呈祿所指出的，[168] 六三法爭議的關鍵，其實只是在於爭執究竟是帝國議會（以其法律）或台灣總督（以其律令）才應該擁有對台灣的立法權，台灣人則一直被排除在考慮的範圍之外。因此，為維護台灣人的權益，應該致力於推動由台灣殖民地人民選舉代議士，組成殖民地立法機關，由台灣人自己來制定台灣的法律。[169]

　　從1921年到1934年，許多台灣新興知識分子不斷地鼓吹，向日本帝國議會提出多達 15 次有關設置台灣議會的請願。請願的主旨，係要求設立一個由住在台灣的台灣人與日本人（但不含高山族原住民）選出的代議士所組成的「台灣議會」，以議決依法三號在台灣得以律令為特別規範之立法事項，並協贊台灣

167　參見 E. Patricia Tsurumi, *Japanese Colonial Education in Taiwan,1895-1945*（Cambridge, Mass., 1977）, pp.177-182.

168　林呈祿曾在法院任職書記官，嗣後畢業於私立明治大學法科。他是當時台灣政治異議分子重要領導人之一，本於近代法律學的訓練，及對殖民地統治政策理論的了解，其為台灣議會設置請願運動建構有力的理論基礎。參見周婉窈，《日據時代的台灣議會設置請願運動》（台北，1989），頁 40、50。

169　林呈祿，〈六三問題之運命〉，頁 26、29。

預算；不過性質上台灣與日本內地得以共通之立法事項，仍由帝國議會依法律規範之。[170] 由於法三號已經嚴格限制得以律令為台灣地域特別立法的範圍，故此項要求僅是希望台灣人在日本帝國的主權下，享有一點點的殖民地自治。[171]

　　雖然多數台灣人知識分子期望台灣殖民地走向自治，但也不完全排斥官方的內地延長政策。台灣議會設置請願運動的領導人認為，台灣做為一個「特別法域」的地位應該加以維持，以免台灣人文化、台灣人的自我認同，被日本同化主義所侵蝕殆盡。而且從現實的策略來考量，就維持「特別法域」這一點而言，並不必然與台灣總督府的利益相對立（設置台灣議會一事，則另當別論），蓋總督府需要此一理論將其在台灣的特殊權力合理化，以避免中央政府削權。台灣人民所爭取的只是：台灣的特殊性法律，不應僅僅由總督府決定，而應經過台灣人民的同意。從這個觀點來看，其所進行的是「政治民主化運動」，但是議會運動另一個更深層的面向，係在追求整個的台灣人全體的自由權利，這不能不說是屬於「台灣人民族主義」（Taiwanese Nationalism）的範疇。其所揭示的口號：「台灣是台灣人的台灣」，不正清楚地表現出這項特質嗎？可以說，由於「外來統治」的因素，使得當時台灣的「民主化」與「本土

170　參見周婉窈，頁 51-56、144-145、188-203。

171　在 1920 年代後期，曾有一部分台灣知識分子倡議，本於行政、立法、司法三權分立制定「台灣憲法」，並使台灣人民就台灣的立法事項擁有立法協贊權。這已是追求完整的殖民地自治（也還不是追求獨立），但是正式向帝國議會提出請願案時並未納入如此「激進」的主張。參見同上，頁 126-127。

化」糾結不清。[172] 不過，彼等雖認為台灣殖民地的自治是台灣
人的「第一志願」，但並不全然反對日本官方的內地延長主義。
假如日本內地的法律能完全施行於台灣，則至少單獨個別的台
灣人，能基於日本一分子的身分，取得更多自由權利的保障，
惟如此一來，原有「台灣人」的認同感，將消失於「大日本」之
中，故只宜列為「第二志願」。[173]

二、對西方法的態度

　　日本統治下新一代台灣知識分子，相當歡迎近代自由主義
的法律思想。1920 年代，台灣許多知識分子雖然反對日本的殖
民統治，但並不反對日本法中繼受自近代西方法的部分。或許
正是因為日本法中仍存在著這些制度，才能吸引他們接受內地
法律延長主義做為「第二志願」。這些政治異議分子，除了從事
政治活動外，亦致力於宣揚「新」文化，所謂「新」者，事實上
就是有別於傳統漢文化的近代西方自由、平等觀念。他們一方
面珍惜固有的漢文化及社會，但另一方面卻強烈地批評所謂傳
統漢文化的封建遺跡。在其眼中，台灣應該是一個「與歐美並
駕齊驅」且應擁有自己「獨立文化」的島嶼。[174] 同樣的，受到當

172　例如台灣議會設置請願運動，要求以台灣做為一個政治單元體，全面
　　民選議員，即曾被批評為追求台灣獨立。參見周婉窈，頁 146-148、
　　164-170。

173　參見林呈祿，〈改正台灣統治基本法與殖民地統治方針〉、《台灣青
　　年》，3 卷 1 號（1921,7），漢文部，頁 1、12。另參見若林正丈，頁
　　69；Tsurumi, pp.183-184.

174　參見若林正丈，頁 45。

時日本盛行的近代西方法學的薰陶，第一代台灣法律人相當欣賞西方個人自由主義的法律制度。

　　當時台灣法律人雖然對近代西方法普遍具有好感，但應否立即在立法上繼受非台灣社會所固有的西方式法律，意見仍不一致。針對日本西方式民商法應否適用於台灣的議題，1921年，一位台灣人律師——鄭松筠提出了看法，他認為：以習慣法的法典化進行法律改革，最符合人民的利益。因為不同的社會經常有相異的價值及對人對事的態度，這些都反映在他們自己的習慣法中。明治法律改革之所以未採取將日本習慣法法典化的方式，乃是因為日本迫切需要廢除領事裁判權，即使如此，日本仍堅持親屬繼承事項必須依循日本的習慣法。鄭松筠因此主張：與日本民商法不同的台灣民事習慣法應該加以保存，除非有「違反公序良俗」者，台灣人習慣法縱使不全然良善，也絕非毫不可取。[175] 相對於鄭松筠之認為原則上應以舊有習慣法作為民事成文法的內容基礎，林呈祿則主張民事財產法應全依日本已現代化的民商法典，原則上只有民事身分法才依循台灣人的習慣法。首先，林呈祿對於繼受外來法律採取一個較開放的態度，他認為在某些法律領域中，「超前立法」有其必要，可在與某項法律相配合的經濟社會條件尚未完熟但足堪造就之時，即應立法施行之。例如商法具有世界共通性，允宜先於實情一步而立法律。假如台灣人只能適用於傳統的商事習慣法，則勢必難以發展資本主義商業，故日本商法不但應立即施行於台灣，且應對日本政府不及早將此法之效力延長至台

---

175 參見鄭松筠（雪嶺），〈就民商法施行而言〉，《台灣青年》，3 卷 4 號（1921,10），漢文部，頁 17-21。

灣加以譴責。依同理也應將日本民法的總則、物權、債權三編
施行於台灣。不過他認為民法中的親屬及繼承事項,原本就屬
於應著重地方固有性的法律領域,何況台灣在這方面的民事習
慣法,有時比日本民法更符合西方法中的原則,故不宜適用日
本民法之規定,而應依循舊制,適用台灣習慣法;但他同時也
強調台灣身分法上的某些舊慣應加以廢除,例如蓄妾、童養媳
等。[176]

　　究竟那些台灣舊慣應該被廢除,已受西方思潮影響的台灣
知識分子之間也存有歧見。曾受西方法學訓練的台灣人知識分
子,大概都會同意舊慣若違反公序良俗,則不應承認其效力,
但究竟那一種舊慣才算違反公序良俗?則又不免言人人殊,因
為它涉及相當主觀的價值判斷。我們可以在 1920 年代看到許
多受過現代教育的台灣人知識分子,熱烈地討論傳統的婚姻制
度、養女、婦女權益、女婢等等問題。[177] 雖然大家似乎都傾向
於接受近代西方法上的一些抽象概念,例如平等原則,但一落
實到具體情事的評價時,卻意見紛歧。例如林呈祿以強烈的語
氣,主張毫無例外的廢止妾制度,但鄭松筠卻帶著同情的心理

176　參見記者(即林呈祿),〈施行民法商法宜置除外例〉,《台灣青年》,
　　　3 卷 4 號(1921,10),漢文部,頁 21-26;林呈祿,〈民法の親族規定
　　　を台灣人に適用する法案の疑義〉,《台灣青年》,3 卷 6 號(1922,9),
　　　日文部,頁 21-35。

177　例如參見《台灣青年》,1 卷 5 號(1920,12),日文部,頁 60-64;2 卷
　　　1 號(1921,1),漢文部,頁 34-36;2 卷 4 號(1921,4),日文部,頁 23-
　　　32;5 卷 1 號(1924,4),日文部,頁 66-68;5 卷 2 號(1924,5),日文部,
　　　頁 59-61。

表示，妾制度對於家族而言，也不乏傳宗接代的功能。[178] 另一方面，林呈祿雖明知傳統的親屬分類有重男輕女的不合理性，但仍認為慮及社會的安定性，不宜遽廢之。[179] 誰又知道當時台灣新一代女性主義者不會駁斥林呈祿的這種想法：「為什麼要犧牲女性的權益，來成全既存不合理的社會秩序呢？」

　　台灣人知識分子彼此間另一個可能影響法律改革內容的爭議，就是政治路線之爭──究竟是依循西方自由主義好，還是走向社會主義好？前述推動台灣議會設置請願運動（甚至可容忍內地法律延長主義）以及接受近代西方法的台灣人知識分子，嚴格來說只是屬於自由主義一派的知識分子，雖然他們大致上是台灣島內的主流，但另有一支傾向社會主義，這是不容忽視的事實。早在 1923 年就有一位信仰社會主義的台灣人知識分子，明白地反對向統治者叩頭式的台灣議會設置請願運動，而強調唯有無產階級革命運動才能解放全體台灣人。[180] 他顯然也認同台灣人民族主義，但在爭取台灣人利益的方法上卻與信仰自由主義者不同。傾向社會主義的這一派，在 1920 年代後半期發展得相當迅速，但自 1930 年代初期起，其在台灣島內的活動，已遭總督府強力壓制，例如 1931 年的大規模檢舉台灣共產黨黨員。無論如何，這兩派的存在說明了台灣人對法律改革內容的方向，有著不同的主張。1927 年崛起的台灣民眾黨，是歷史上第一個台灣人政黨，他們採取西方的自由主義，主張透過

178　參見林呈祿，〈施行民法商法宜置除外例〉，頁 26；鄭松筠，頁 20。

179　參見林呈祿，〈民法の親族規定を台灣人に適用する法案の疑義〉頁 27-28、31。

180　參見秀湖生，〈台灣議會と無產階級解放〉，《台灣青年》，4 卷 7 號（1923,7），日文部，頁 43-48。

普選建立地方自治政府，實施司法獨立、陪審制度、行政法院制度，以及仿效盛行自由主義的歐美國家所採取的各種法律制度。[181] 另一方面，1928 年創立於中國上海的台灣共產黨，則偏好蘇聯的社會主義法制，強調建立無產階級政府，且主張未來應廢除土地私有財產權制度。[182] 因此，假如當時的台灣人民果真能自主的決定台灣法律改革的內容，則不可避免地必須面對西方自由主義法制或社會主義法制的抉擇。

三、一個未實現的夢想

　　日本統治下的台灣人有如「快樂的奴隸」那般，沒有機會傷腦筋決定自己要的是什麼樣的法律內容。假若沒有足夠的外在壓力，少有統治者會主動地放棄本身所擁有的專制權力，日治時期的台灣人，並沒有對日本殖民統治者施加這種壓力。就像朝鮮民族主義者，由於意識型態及戰略上的差異，以致未能集結足夠的人民力量一樣，[183] 台灣民族主義者也面臨無法統合派系的困境。例如台灣議會設置請願運動，雖然受到當時多數具影響力的台灣人異議團體所支持，但自始至終，主動積極的參與者都只限於自由主義一派的知識分子。而且，殖民地政府威權統治下的多數台灣人，對這項關係自身基本權利的運動，似乎抱持著一個「我家不可有、我族不可無」的自私心態，他們在

181　參見吳三連等，《台灣民族運動史》（台北，1971），頁 367-368。
182　參見盧修一，《日據時代台灣共產黨史》（台北，1989），頁 61-63。
183　參見 Michael E. Robinson, "Nationalism and Human-Rights Thought in Korea under Colonial Rule," in *Human Rights in Korea* (Cambridge, Mass., 1991), pp.114,118.

心裡頭可能熱切的希望這項運動能夠成功，但是在行動上卻是個侏儒，十足的「政治冷漠」分子。更遑論還有一群對總督府效勞的台灣人，想藉著反對台灣議會的設置，向其「主人」——台灣總督表態和邀功。[184]

對設立殖民地立法機關的主要打擊力量，無疑還是來自於權力受到挑戰的台灣總督府。總督府首先運用各種壓力迫使台灣人怯於簽署請願書，接著在 1923 年祭出「治安警察法」，以懲罰請願運動的領導人，但這項「司法制裁」並不算成功。總督府因此改採其他壓制策略：①廣泛運用警察力量，限制其政治活動；②將其領導階層分化為激進派與保守派；③誘導保守派在內地延長主義容許的範圍內追求政治權力。[185]

如此惡劣的環境下，企圖在既存的法律體制內爭取殖民地的立法權力，實難逃失敗的厄運。當自由主義的同化政策成為帝國議會的主調時，像設置台灣議會這種強調台灣特殊地位的提案，已不太可能被接受。1931 年以後，專橫的軍國主義思想逐漸凌駕於自由主義之上，台灣人的這項政治要求更是完全無望。1921 年開始在台灣島上推動台灣議會設置運動的主要領導人，已在 1931 年組成「台灣地方自治聯盟」，這裡所謂的「地方自治」，其實是指與日本內地相同的地方自治制度，並不違反官方「內地延長」的旨意。故自由主義派的台灣人知識分子，至此已準備退縮至原本的「第二志願」，追求「個人」的自由，而非「民族」的自由。雖然如此，該聯盟仍於 1937 年宣布解散，因為這時候連合法的政治異議團體都難以生存了。

---

184 參見周婉窈，頁 76、119、175-176、182。
185 參見若林正丈，頁 151-153。

　　台灣人知識分子爭取殖民地的立法權，最終雖然歸於失敗，但他們把握了日治時期唯一允許台灣人異議分子公開表達意見的機會（1920 年代及 1930 年代初），努力地向台灣人社會傳播許多近代西方法的理念。

第五節　小結

　　日本政府經歷統治初期的混亂之後，決定視台灣為一個特別法域，根據六三法，總督在台灣地域內事實上擁有相當自主的立法權力。雖然當時許多日本法學者認為，這項確立台灣立法制度的法律有違憲之嫌，但日本政府仍認為六三法係殖民地統治所必要者。只有當整個帝國殖民地統治政策有所改變時，法三號才有限地調整台灣的立法制度，然究其實，台灣總督仍維持著相當廣泛的權力，足以釐訂台灣法律改革的具體內容。

　　日治的前半期，除了最初的摸索階段之外，殖民地法律的內容，大體上是依循日本法律經驗、西方殖民地法，以及傳統中華帝國法的規定。因此，台灣的刑法基本上沿用日本刑法，再加上專為殖民地所制定之嚴屬的刑事特別法。跟其他西方殖民統治者一樣，日本當局依照舊慣處理台灣人的民事事項，但特別加強規制土地的法律關係。為了法院運作之便利，日本的民刑事訴訟法亦實施於台灣殖民地，且盡量簡化程序。故某種西方法之所以為台灣法律所繼受，乃是因為該項法律領域，基於殖民統治之需要，依從於「內地法」而非「在地法」，而此項日本內地法又剛好是仿效西方法所制定的。這種做法並不令人訝異，蓋此時台灣的法律改革，原本就是以殖民地政府之利益

為考量的前提。

　　到了日治的後半期，基於內地法延長主義，大多數日本近代西方式民商法及訴訟法以「內地法」的身分，被納入台灣法律的內容。但台灣法律不同於明治改革之朝西方法穩健地發展，它其實是由於日本殖民地政策的轉變，才開始突然大步邁向西方法的。惟從結果上觀察，這個時期的台灣法律，無疑已在立法上繼受眾多近代西方式法律。

　　面對日本統治者自利取向的法律改革，許多日治時期新興的台灣人知識分子，希望建立一個可以讓台灣人民決定法律內容的立法制度。他們也多數傾向於近代西方的法律制度，但他們彼此之間，對於從事法律改革的途徑乃至具體的法律內容，仍有相異的看法。不過，底層的人民卻始終沒有機會表達他們對任何一派意見的喜好，由於欠缺足以抗衡施政者的集體力量，立法權仍牢牢的掌握於外來殖民統治者的手中。

第三章

近代西方式司法的運作

　　本章首先簡要的說明，構成整個西方式司法運作核心的法院制度，在台灣殖民地的發展經過。接著則探討「司法權獨立」，即探討台灣的法院獨立行使司法裁判權，而不受行政權干預的落實程度。且西方式司法制度的操作，尚有賴充足的設備與人員，故有必要觀察當時西式法院的設置情形，及受西方法學訓練的法律專業人員的能力與品性。最後將討論台灣一般人民是否易於接觸或使用日人引進的這套近代西方式司法體制，這攸關前章已經提過的，在立法上已被繼受的近代西方式法律規範，能否真正滲透、融入一般人民的社會生活當中。[1]

第一節　台灣的法院制度

一、制度草創期

　　「台灣總督府法院」原誕生於戰火當中。台灣總督府於 1895 年 6 月 17 日在台北城宣布始政後，擬將司法事務劃歸三縣（台北、台中、台南）一廳（澎湖）的地方官處理，亦即由警察部掌刑事裁判、內務部掌民事裁判。惟抗日軍事活動日熾，除台北縣外其餘地方政府皆未開設。為便於武力鎮壓，同年 8 月 6 日台灣總督發布全島施行軍政，中止地方官制之施行。[2]

　　隨著日本軍事占領區域的擴大，總督府決定以軍事命令創

1　關於「法律繼受」的理論，請參見本書「導論」第二節。

2　參見台灣總督府法務部，《台灣司法制度沿革誌》（台北，1917），頁 3（以下簡稱《司法誌》）。

設適用於台灣住民的司法制度，乃於同年 10 月 7 日以日令發布
「台灣總督府法院職制」，但事實上 11 月 20 日才開始營運。
在軍政底下，此一機關本質上為「軍法會議」（即軍事法庭），
但日本統治當局認為戰事終止後，既不宜立刻改為日本法上的
「裁判所」，若繼續使用帶有軍法會議色彩之名稱亦有不妥，
不如一開始就使用創新的「法院」一詞，以免設立後不久即須改
名。[3] 果然這項名稱一直沿用至日治結束，甚至跟戰後中華民國
政府之用語，恰巧相同。

　　軍政時期的台灣總督府法院，似仍不宜視為近代西方式的
司法機關。軍政時期（1895 年 8 月 6 日至 1896 年 3 月 31 日），
司法裁判權屬於軍事官衙性質的台灣總督府。總督府內陸軍局
設置法官部，掌管軍法會議事務，民政局內的民刑部，亦掌管
有關民事及刑事事務。[4] 依上揭「法院職制」之規定，院長及「審
判官」須由「總督府高等官」擔任，故實際上，其院長是由法官
部內某位「理事」（即軍法官）出任，審判官則由法官部及民刑
部之人員兼任。該法院尚在全台設有 11 個支部，各支部之審
判官亦由地方民政單位職員兼任。[5] 換言之，職司審判之官員與
一般行政人員幾無兩樣。這跟近代西方式法院主要由非屬行政
官員之法律專業人員所組成，實有不同。尤其在軍政時期，總
督可隨時就個案，不經法院審判，逕以命令赦免降卒或斬殺匪
徒。[6] 且依「台灣住民治罪令」第 10 條之規定，法院擬判處死刑

3　台灣省文獻委員會，《日據初期司法制度檔案》（台中，1982），頁
　　48、52（以下簡稱《司法檔案》）。
4　見伊藤博文編，《台灣資料》（東京，1936），頁 207、209、219-220。
5　參見《司法檔案》，頁 46、52；《司法誌》，頁 3，附錄，頁 11-13。
6　參見《司法檔案》，頁 54。

時，須先獲總督批准。雖然當時的法院於刑事訴訟的外形上採
取西方式裁判與訴追分離之模式，亦即係由軍警官員或地方官
在法院擔任訴追犯罪的「檢察官」，再由「審判官」負責審理與
判決；但民事及刑事案件，皆僅一審終結。[7]這樣一個附屬於軍
事權底下的「一級一審」裁判機關，與西方式擁有司法裁判權之
三（四）級三審制法院，實大相逕庭。

　　1896年，專職行使國家司法裁判權的西方式法院機構，首
度出現於台灣社會。終止軍政，進入民政時期（1896年4月1
日至1945年10月25日）後，國家的司法裁判權，已不再歸軍
事機關掌理。由於日本的「裁判所構成法」並未施行於台灣，
依律令制度下首號律令所制定的「台灣總督府法院條例」（以下
簡稱「法院條例」），成為規範台灣司法制度的基本法律。故刑
事案件經法院之「檢察官」（日本內地法稱「檢事」）偵查起訴
後，由法院之「判官」（即今日所稱「法官」，日本內地法稱「判
事」）審判之，再由檢察官指揮裁判之執行，民事事件則須由人
民起訴後，判官審判之。理論上，總督及其他行政官員，對繫
屬於法院之具體案件的裁判，不得指揮。該法院條例雖同時有
法院直屬總督管理之規定，但僅指法院行政上的監督，包括法
院的設置，及判官、檢察官等司法官員的任免、升遷等，即一
般所謂「司法行政」事務。總督府內的「法務部（課）」，即職司
這類司法行政監督事務，但並非司法裁判機關。依法院條例設
置之擁有司法裁判權的台灣總督府法院，於1896年7月15日
開始運作。[8]

7　參見第二章第二節，一、最初的摸索期。

8　明治29年（1896）5月1日律令第1號「台灣總督府法院條例」之全

　　歐陸式三級三審制為當時的總督府法院所採用。1896 年的
法院條例採三級法院之制度，設置①地方法院、②覆審法院，
及③高等法院，分別管轄①第一審民刑事裁判與刑事預審、②
不服地方法院裁判而提起之「控訴」（含事實審及法律審），及
③不服覆審法院裁判而提起之「上告」（僅法律審）。按日本內
地於明治初期固然曾採三級三審制，但到了 1890 年代，普通法
院已採四級三審制，設有大審院、控訴院、地方裁判所、區裁
判所。[9]何以在台灣採取不同的審級制度？原因仍待考察。

　　成為司法裁判專責機關後，台灣總督府法院對其判官之素
質與組成，有進一步的要求。判官雖由總督任命，但必須具備
日本裁判所構成法所定之判事資格，以確保其擁有與日本內地
審判官員相同的法律專業能力，惟此項資格要求暫時不及於地
方法院之判官（1896 年法院條例第 4 條）。此外，凡民刑事裁
判，在地方法院雖依舊由判官 1 人為之（獨任制），但在覆審法
院由判官 3 人，高等法院由判官 5 人，組成合議庭為之（合議
制）（同上條例第 6 條）。

　　為審判政治犯罪而設的「臨時法院」，雖有速審速決為立意
的特別裁判程序，但其並非軍事法庭。1896 年由於日軍在「雲
林大虐殺」中濫殺無辜民眾，不但引發民怨，甚至招致英國新

文，及其後之修正內容，見外務省條約局法規課編，《律令總覽》（「外
地法制誌」第三部の二）（東京，1960），頁 130-137（以下簡稱《律令
總覽》）。亦參見《司法誌》，頁 4-5；宮澤俊義，《憲法略說》（東京，
1943），頁 218。關於總督對法院及檢察局之司法行政監督權，可參閱
1899 年制定的「台灣總督府法院及檢察局事務章程」中相關條文，見
《司法檔案》，頁 1104-1111。
9　參見細川龜市，《日本近代法制史》（東京，1961），頁 97-101。

聞媒體的批評，台灣總督府乃引進日本明治初期固有的，但於
1890 年業已廢除的「臨時法院」制度，俾使總督府法院可即刻
於（抗日）事發地開庭迅速審判涉嫌之抗日分子，以兼顧及時鎮
壓與避免軍隊濫殺。[10]

　　依「台灣總督府臨時法院條例」，總督於必要時，可隨地開
設臨時法院（非常設之法院），不受普通管轄（亦即法院之事物
管轄及地域管轄）之限制；臨時法院管轄事項為：「一、意圖顛
覆政府，竊據國土及其他紊亂朝憲而犯罪者，二、意圖反抗施
政以暴動犯罪者，三、意圖對具有重要官職者加以危害而犯罪
者，四、觸犯有關外患罪者」（第 1 條）。臨時法院是由五位判
官組成的合議庭負責審判，但原則上一審即終結，只有例外情
形時才可提起上訴或再審（第 2、6、7 條），迥異於普通法院的
三審制。不過臨時法院之判官，係由具有高等法院或覆審法院
判官資格者擔任，原則上，檢察官亦由高等法院或覆審法院檢
察官擔任（第 2、3 條）。故臨時法院非但不隸屬於軍事機關，
且裁判者亦是與普通法院相同的司法專業人員，故不宜比擬為
軍事法庭。[11]

10　參見向山寬夫，《日本統治下に於ける台灣民族運動史》（東京，
　　1987），頁 179-180、207。臨時法院處理涉嫌抗日者之運作實況，可
　　參見《司法檔案》，頁 34-44。
11　明治 29 年（1896）7 月 11 日律令第 2 號「台灣總督府臨時法院條例」
　　及其後之修正內容，見《律令總覽》，頁 137-138。日本治台 50 年，幾
　　乎只在最初的不到 1 年裡，才有對不具軍人身分的一般人民施以軍事
　　審判之情事。屬於例外的案件，見後揭註 67 及其正文。相對的，國民
　　黨政權統治台灣後，於延續達 38 年的戒嚴時期（1949-1987），非軍人
　　的一般人民並不能免於接受軍事審判。

二、1898 年的改革

　　「改革」只意味有所變革，並不必然等於「改善」。1898年，兒玉政府（1898-1906）重塑台灣殖民地法院制度。在兒玉總督及民政長官後藤新平的主政下，台灣被定位為西方式的殖民地，總督府內的法務部，亦廣泛蒐集當時西方強權在所屬殖民地實施的司法制度，[12] 但或許是出於司法運作上的方便，總督府並未如某些西方強權那般，建立被殖民民族專用的特別法院，而是令台灣人與在台日本人，一體適用殖民地化的日本西方式法院制度。[13] 1898 年 7 月 19 日以律令修改後的法院條例中，有一個相當重大的改變，即廢除高等法院，僅剩地方法院及其出張所（即地方法院分院之意），與覆審法院等兩級，前者管轄民刑事第一審裁判及刑事預審，後者管轄不服地方法院裁判之覆審及關於裁判管轄之聲請，成為「二級二審」制。[14] 臨時法院則從原本的 5 位，改為僅 3 位判官組成合議庭審判，但管轄事項再增加第 5 款：犯「匪徒刑罰令」所揭之罪者。還曾於

12　參閱手島兵次郎編，《殖民法制著書目錄》（台北，1910）。該書作者為總督府內務局法務課長及改制後的法務部長（1909-1914），見《司法誌》，附錄，頁41。由此可知總督府就殖民地法律制度相關藏書之豐。

13　參見泉哲，《殖民地統治論》（東京，1924），頁 230-231；Arthur Girault，《殖民及殖民法制原論》（若林榮次郎日譯，台北，1918），頁 530-536。

14　明治 31 年（1898）7 月 19 日律令第 16 號「台灣總督府法院條例改正之件」，第 2 條。《律令總覽》，頁 131。日本政府廢高等法院改行二審制之理由為①節減台灣的經費，②為法律解釋之統一，不宜有兩個上告審（內地的大審院及台灣的高等法院）。見楠精一郎，《明治立憲制司法官》（東京，1989），頁 158-159，註 5。

1898 年，刪除了「對臨時法院之判決，於例外情形時，可提起上訴或再審」的規定，翌年才又恢復得請求再審及非常上告。[15]

　　當時甚至出現排斥人民充分使用法院的規定。依 1899 年（明治 32 年）1 月 19 日律令第 1 號之規定，於 1895 年 5 月 8 日（中日兩國於該日交換《馬關條約》批准書，使台灣在法律上成為日本帝國領土）以前發生訴權之民事訴訟案件，自 1899 年 4 月 1 日起，地方法院概不受理；惟嗣後再以律令第 5 號，改為自同年 10 月 1 日起才正式實施。[16] 此外，對於受重罪輕罪判決擬提起控訴者，要求須預先繳納 30 元（重罪）或 15 元（輕罪），做為訴訟費用保證金之「控訴予納金」制度，事實上亦嚴重阻斷人民之利用控訴審（第二審），[17] 使得刑事案件的二審制形同具

15　明治 31 年（1898）律令第 23 號；明治 32 年（1898）律令第 27 號。見《律令總覽》，頁 138。按上揭明治 31 年律令第 23 號有關臨時法院條例之修改，係依緊急律令之程序發布，嗣後須取得日本中央政府的勅裁（即事後追認），但中央並未立即給予勅裁直至隔年，台灣總督府方面提出關於臨時法院之判決可再審及非常上告之律令案（即後來的明治 32 年律令第 27 號）之後，才得到中央對於明治 31 年律令第 23 號的事後追認。此經過，見《司法檔案》，頁 401-420。

16　其律令案制定經過及準備實施之情形，參見《司法檔案》，頁 289-318。另參見《司法誌》，頁 16-17。當時法院所受理之民事案件中，約有四分之一屬於 1895 年 5 月 8 日以前發生訴權之案件，且大多權義關係錯綜複雜，故此項限制可大幅減輕法院負擔。

17　明治 31 年（1898）律令第 25 號「重罪輕罪控訴予納金規劃」。見《律令總覽》，頁 173-174。另參見《司法誌》，頁 16。日本內地亦曾有控訴予納金制度，其金額為 10 元，但已被批評為過高的金額致使控訴之規定幾乎不具實效性。在台灣之情形，當有過之而無不及。參見染野義信，〈司法制度〉，載於鵜飼信成等編，《講座日本近代法發達史》（東京，1958），冊 2，頁 124。

文。

　　由上所述，殖民地司法制度的最高指導原則，似乎不在於追求個案公平，而在於提升辦案效率。但不可否認的，也有若干朝向西方式司法發展的改革。例如，暫時不要求地方法院判官須具備判事資格的規定，已於 1898 年法院條例中被刪除（第4 條）。以前雖有檢察官制但未設檢察局，1898 年法院條例則明定各法院附置檢察局，但檢察局於執行其職務時，與法院係相互獨立的。各檢察局由總督於檢察官中任命一人為檢察官長，指揮監督檢察局之事務。檢察官亦由總督任命，指揮監督司法警察官，為刑事訴追及指揮監督裁判之執行，或在民事訴訟上代表國家（第 9、10 條）。且依 1899 年（明治 32 年）勅令第300 號，檢察官與判官一樣，須具備日本裁判所構成法所定判事檢事之資格；惟法院條例第 10 條仍規定，地方法院檢察官的職務，得暫由警部長或由警部代行。[18] 又 1900 年總督府以律令頒行「辯護士規則」，使關於辯護士事項準用日本辯護士法，正式將西方的辯護士（律師）制度施行於台灣，因而要求在台辯護士須具備辯護士法所規定的資格，惟原本已執業之資格上無嚴格限制的「訴訟代人」仍暫准其執業；於 1901 年，允許既有的訴訟代人得登錄為辯護士，但也廢除了訴訟代人制度。[19]

　　更重要的是，經過 1898 年及 1899 年的多方折衝，台灣總督府法院，已確定就台灣地域內的民刑事案件，具有終審裁判

18　參見《司法誌》，頁 22；《律令總覽》，頁 131。

19　明治 33 年（1900）律令第 5 號，明治 34 年（1901）律令第 2 號。見《律令總覽》，頁 143-144。另參見《司法誌》，頁 24-25；王泰升、曾文亮，《二十世紀台北律師公會會史》（台北，2005），頁 21。

權，而與日本內地裁判所成為相互獨立的司法體系。然而起初的制度設計，似非如此。西方的殖民地法制，特別是英國的殖民地，經常規定對於殖民地法院之裁判不服者，可上訴至母國的法院，由其做成最終確定之裁判。[20] 兒玉政府原本願意跟隨此項制度，故於 1898 年 9 月向日本中央呈送法案，擬規定日本大審院對於台灣總督府法院判決之上告及再審（不含抗告）具有裁判權，使其成為台灣總督府覆審法院之上級審及最終法律審法院。

惟日本中央的司法省，竟進一步倡言與其將台灣全部訴訟之最終審移屬大審院，不如將日本裁判所構成法施行於台灣，使一併歸司法大臣管理，以圖司法權之統一。為免總督權限被削弱，台灣總督府立刻提出修正案，主張大審院僅就涉及在台日本人之案件成為最終審法院，而不及於台灣人本身或台灣人與中國人之間的案件。[21] 但是台灣總督府這項依訴訟當事人種族別而異其最終審的構想，似乎未被司法省所接受，且眾議院審議時，亦企圖擴張內地裁判所的管轄權。按草案中原僅規定大審院因上告而廢棄台灣總督府覆審法院之判決時，除自為裁判者外，為使其更行事實審，應將案件發還原法院（即覆審法院）。然眾議院審議時，竟再添加「或移送其他控訴院」之文字。

台灣總督府方面對此急忙反對，認為由在日本內地的控訴院進行事實審有困難，且還有檢事之指揮、被告之移送等其他種種不便，因此若不能照其原始提案通過，則寧願撤案了事。

20　參見泉哲，頁 251。
21　參見《司法檔案》，頁 349-353。

其結局是，眾議院所議決者在貴族院遭否決。[22] 由於前述法律案終未被制定，台灣總督府法院對於在台灣地域內所發生的民刑事訴訟案件，得以擁有完整的司法裁判權而獨立於日本裁判所體系之外。因先前業已廢除高等法院，故於覆審法院之上再無上級法院可為第三審（上告審）判決，於是確立了前述的二級二審制，直到 1919 年為止。且由於台灣總督府法院與日本裁判所，互不隸屬，日本 1900 年（明治 33 年）法律第 83 號規定：關於民刑事訴訟書類之送達，調查證據，傳喚狀之執行，兩者應互相協助。又因 1910 年成立的朝鮮總督府法院亦仿效台灣之例，與日本裁判所不相隸屬（但其為三級三審制），為謀日本、台灣、朝鮮等地法院之互動，日本於 1911 年制定「司法事務共助法」。[23]

這種司法上的「一國兩制」一直存有爭議。1899 年之後，帝國議會裡即一再有關於「司法共通」之議案，要求將台灣殖民地的司法事務統一於日本內地之司法體系內。[24] 但即令到日治

22　參見同上，頁 354-360；王泰升，〈從日本公文書館史料探究日治台灣立法權運作實況〉，載於同作者，《台灣法的斷裂與連續》（台北，2002），頁 272。

23　參見台灣省文獻委員會編，《台灣省通志稿卷三政事志司法篇》（台北，1955），冊 1，頁 304（以下簡稱《通志稿》）。朝鮮總督府裁判所區分為高等法院、覆審法院、地方法院（及其支部），採三級三審制，其高等法院對不服覆審法院判決之上告案件具有管轄權，並可做成與日本大審院不同的法律解釋。參見朝鮮總督府，《施政二十五年史》（京城，1935），頁 41；朝鮮總督府法務局，《高等法院大審院異趣旨判例要旨》（京城，1943）。

24　參見《司法誌》，附錄，頁 1-9；台灣省文獻委員會收藏，《台灣總督府檔案》，大正 4 年（1915），永久保存第 37 卷，第 6 門司法，四、「裁

末期的 1943 年，台灣總督府仍向日本中央政府表達其就「內台
司法統一」，即日本裁判所構成法之施行於台灣一事，採反對的
立場及理由。[25]

三、1919 年的改革

　　台灣總督府法院於 1919 年恢復了高等法院的設置及三審
制。由於在台辯護士的責難及覆審法院長谷野格之推動，終於
在 1919 年 8 月 8 日以律令第 4 號修改法院條例，改革台灣法院
制度。[26]依1919年法院條例，台灣總督府法院仍直屬台灣總督，
掌理關於民刑事裁判及非訟事件（第 1 條）。不過再次設立高等
法院，雖同時廢除覆審法院，但於高等法院內設置兩「部」（即
「庭」之意），亦即由 5 位判官合議審判的「上告部」，及由 3
位判官合議審判的「覆審部」。上告部設有部長且其即為高等法
院長，覆審部各部亦設有部長，部長為審判長並監督該部事務
（第 2 條，第 8 條之 2）。高等法院上告部為台灣的「最終審法
院」，負責因不服覆審部裁判而提起之上告（第三審上訴）、抗
告案件之裁判、政治性案件之裁判（詳見後述），以及有關裁判
管轄之聲請；其於裁判時就法律條文所表示的意見，對該訴訟

判所構成法及辯護士法施行之件」（以下簡稱《檔案》）。
25 參見《檔案》，昭和 18 年（1943），永久保存第 6 卷，第 7 門司法，第
　　一類，二六「裁判所構成法是否在台施行」。
26 參見台灣總督府警務局，《台灣總督府警察沿革誌，第二編：領台以
　　後　治安狀況（下卷）》（台灣，1942），頁 25-27（以下簡稱《警沿
　　誌》）；《律令總覽》，頁 132-134。另外，有認為三審制之改革，是仿
　　效朝鮮總督府法院而來，見《通志稿》，冊 1，頁 304。

而言，有拘束高等法院覆審部及地方法院之效力（第 4 條，第 8
條之 5）。高等法院覆審部，則相當於日本內地的控訴院，負責
因不服地方法院裁判而提起之控訴（第二審上訴）及抗告案件之
裁判（第 4 條）。再由原已存在的地方法院（及其支部），負責
民刑事案件（專屬於其他法院者除外）之第一審裁判、刑事案件
之預審，及新增的非訟事件之處理（第 2、3 條）。[27] 使得台灣的
法院制度，雖然形式上只有二級法院，但實質上已跟朝鮮同為
三審制。

　　若干舊有制度亦在此項司法改革中被廢除。最具意義者首
推 1919 年臨時法院的廢除。[28] 此舉使台灣總督府法院體系一元
化。但這並不意味著臨時法院原本所管轄的政治犯罪，已與其
他一般犯罪同等視之，事實上原由臨時法院所管轄之犯罪，連
同日本刑法有關危害皇室之罪及內亂罪，一併歸高等法院上告
部管轄，且以其做為第一審及終審法院。[29] 換言之，有關政治

27　宜補充說明者，自 1921 年起，台灣總督府法院成為日本在中國福建、
　　廣東、雲南之領事裁判的上級審判機關，即台北地方法院有權對於駐
　　於上揭地方日本領事所為之預審案件進行公判，高等法院覆審部有權
　　審理因不服駐在上揭地方日本領事之裁判而提起之控訴及抗告案件，
　　此項事件之上告及抗告，則由高等法院上告部審理。參見《通志稿》，
　　冊 1，頁 307-308。故台灣人基於日本臣民之身分，至中國大陸上述地
　　區涉及刑案而歸日本領事裁判時，仍由台灣總督府法院為最終審裁判。
28　大正 8 年（1919）8 月 8 日律令第 4 號。《律令總覽》，頁 139。
29　原本臨時法院管轄事項的第 2、3、4、5 款皆未變更條文之文字，移歸
　　上告部管轄，而原第一款的「意圖顛覆政府、竊據國土及其他紊亂朝憲
　　而犯罪者」，則直接以日本刑法第 77-79 條（內亂罪）取代之，其實質
　　未變。另外增添日本刑法第 73 條、第 75 條（有關日本皇室之罪）及有
　　關國交之罪。參見《通志稿》，冊 1，頁 307。

犯罪仍由總督府法院一審終結，但負責審判之合議庭，由 3 位判官再回復 1896 年之由 5 位判官組成。另外，1919 年（大正 8 年）律令第 6 號，亦廢止重罪輕罪控訴予納金規則，[30] 掃除對刑案提起控訴之事實上障礙。

　　台灣總督府地方法院的裁判程序經 1919 年的改革後，已較接近日本內地的制度。台灣的總督府地方法院，可謂擔當日本內地的地方裁判所及區裁判所的職能。但在 1919 年之前，所有繫屬於地方法院之訴訟案件，悉由獨任法官裁判之。若該等案件依日本裁判所構成法係屬於區裁判所管轄者，則即令是繫屬於內地的裁判所亦僅由獨任判事裁判之；惟倘若該等案件依日本裁判所構成法，係屬於地方裁判所管轄者，則假如繫屬於內地的裁判所，本可由 3 位判事合議裁判之。[31] 顯然就後一類訴訟案件，在台灣涉訟時，僅由獨任判官裁判，較為不利。為使這項內台差異能夠減小，1919 年法院條例原則上已將依日本裁判所構成法係屬於地方裁判所管轄之訴訟案件，改成由 3 位判官合議裁判之，亦即包括：①訴訟標的物之價額超過 1,000 元（自 1926 年改成 2,000 元，自 1929 年增列凡訴訟標的不能以價額算定者）、②人事訴訟、③破產、④該當死刑、無期或 1 年以上有期徒刑（當時尚分「懲役」及「禁錮」兩種）之罪、⑤該當不滿 1 年有期徒刑或罰金之罪但經預審者（第 7 條）。[32] 此外，地方法

---

30 《律令總覽》，頁 174。

31 詳見《通志稿》，冊 2，頁 14、46；明治 38 年（1905）律令第 9 號「民事訴訟特別手續」；日本裁判所構成法，第 11、14、16、19、26、27 條。

32 參見大正 8 年（1919）律令第 4 號、大正 15 年（1926）律令第 3 號、昭和 4 年（1929）律令第 4 號。《律令總覽》頁 133、135-136。惟依日本裁判所構成法第 14 條之 2，破產事件之裁判屬區裁判所管轄；且日本

院亦可設支部（地方法院分院之意），這些支部大多僅配置獨任判官，但有些支部具備 3 名以上判官，可組成合議庭，受理上述須經合議裁判之案件。至於地方法院設於各地之「出張所」，則未配置判官，只能辦理登記及公證事務。[33]

　　1919 年以後，在「內地法延長主義」的影響下，台灣法院制度的實質內涵更趨近於日本內地。1927 年的法院條例規定，地方法院正式設置「單獨部」及「合議部」。亦即將上述原由地方法院獨任判官裁判之案件，劃歸單獨部管轄，由 1 位判官為第一審裁判，不服其裁判者可向合議部提起控訴（第二審上訴），再有不服可向高等法院上告部提起上告（第三審上訴）；而上述原由地方法院 3 位判官合議裁判之案件，則劃歸合議部管轄，由 3 位判官合議為第一審裁判，不服其裁判者可向高等法院覆審部提起控訴，再有不服可向高等法院上告部提起上告。換言之，台灣之地方法院單獨部，相當於日本內地之第一級裁判機關：區裁判所；地方法院合議部則相當於地方裁判所，可成為單獨部裁判之「控訴審」法院。[34]

　　至此，台灣法院制度已發展成為「二級（四部）三審」。台灣之「四部」——高等法院上告部、高等法院覆審部、地方法院合議部、地方法院單獨部，實質上等同於日本內地之「四級」

　　　裁判所構成法第 14 條一直將訴訟標的物價額 1000 元以上者歸地方裁判所管轄，但台灣 1926 年法院條例卻將標準提高至 2000 元以上，使應為合議裁判的範圍縮小。

33　參見 1919 年法院條例第 2、7 條；《警沿誌》，頁 27-28、31、33-34、37、40-43。

34　參見《通志稿》，冊 1，頁 305-307；昭和 2 年（1927）律令第 4 號，見《律令總覽》，頁 135。另參見日本裁判所構成法第 27 條。

——大審院、控訴院、地方裁判所、區裁判所。故可以說，自1927 年起，台灣法院已跟日本內地同採「四級三審」制，這是朝鮮總督府法院所沒有的。一直到日治末期才因戰爭之故，自1943 年起廢止民刑事案件之控訴，使不服第一審裁判者只能逕行上告，而形成二審制。[35] 另外，1933 年法院條例，仿效日本內地之制，新設預備判官及預備檢察官，置於地方法院及其支部或其檢察局；1935 年以律令公布「台灣辯護士令」，配合日本內地關於辯護士法的修正，而重申依用日本辯護士法之意，亦要求在台灣的辯護士須具備日本辯護士法所定之資格，但已取得辯護士資格者不受此影響。[36]

　　不過台灣法院制度終究仍有別於日本內地裁判所制度。從立法形式言，規範台灣法院制度者幾乎均為台灣總督府所制定的「律令」，有異於日本裁判所制度之以經帝國議會協贊的「法律」加以規範。堅持律令立法的原因，不外是為了維持某些在台灣的特別司法措施，以應殖民地統治之需。[37] 例如日本戰前的行政裁判所制度，就未施行於台灣，致使台灣地域的人民（不

---

35 裁判所構成法戰時特例（昭和 17 年〔1942〕法律第 62 號、昭和 18 年〔1943〕法律第 105 號修正），依昭和 18 年（1943）2 月勅令第 87 號施行於台灣。例如不服地方法院或其支部單獨部所為第一審判決，只得上告於高等法院覆審部。參見《通志稿》，冊 1，頁 311。

36 昭和 8 年（1933）律令第 2 號、昭和 10 年（1935）律令第 7 號。亦參見《通志稿》，冊 1，頁 210-211、310；王泰升、曾文亮，《二十世紀台北律師公會會史》，頁 36、45。

37 台灣總督府主張，為了因應「總督政治」的特質，日本裁判所構成法暫時仍不宜施行於台灣。參見《檔案》，昭和 18 年（1943），永久保存第 6 卷，第 7 門司法，第 1 類，二六、「裁判所構成法是否在台施行」。

表 3-1：日治時期台灣地域法院制度（1898-1943）

I、1898-1919：二級二審制

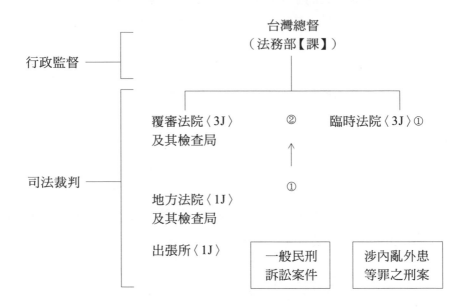

分台灣人或日本人），於受到行政機關不法處分侵害其權利時，無從向司法機關提起行政訴訟，只得向行政機關提起訴願與再訴願。因此日治時期台灣的法院，既不全然依照近代西方法律制度，亦不同於日本歐陸式法院制度。

　　獨立於日本內地裁判所體系之外的台灣總督府法院，其基本架構在 1898 至 1943 年間，約略可區分為如表 3-1 所示的兩套制度。1895 年底至 1898 年中的法院制度，期間甚短且具過渡性質，1943 年至 1945 年的法院制度，則屬戰時臨時性，故皆不列入該表中。

II、1919-1943：二級（四部）三審制

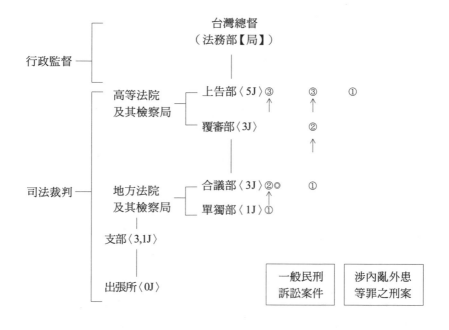

說明：〈xJ〉表示由 x 位判官做成判決，①②③分別表示第一審、第二審
　　　及第三審，◎：自 1927 年施行。

第二節　司法權獨立的問題

　　將司法權從行政機關職權中分離出來，是近代西方法的一
項基本原則。相對的，傳統中國法政思想認為，司法不能與一
般行政事務分離，前者必須包含於後者之中以確保統治之順

遂。[38] 於日治之初，長期受中華帝國統治、屬於漢族的台灣人，
對於所謂「司法權獨立」固然非常陌生；新來的日本統治者亦甫
自西方抄襲司法權獨立的制度，未必了解其精義，更未必有在
殖民地實行之誠意。因此前述屬於司法機關的法院，能否於行
使其司法裁判權時，超然獨立於行政機關之外，實不無可疑。
司法權獨立之原則在日治 50 年中實際上被貫徹的程度，恰足以
顯現日治時期台灣的司法，受近代西方法影響之多寡。

一、最初摸索期

可藉 1897 年高野孟矩案，了解兒玉政府之前的民政初期台
灣司法權是否獨立。好比 1891 年關於俄國皇太子被刺的大津
事件是日本司法權能否獨立於行政權之外的試金石一般，高野
孟矩停職事件考驗台灣殖民地司法權之獨立性。[39] 高野孟矩係
依 1896 年法院條例所建立之台灣總督府法院的第一任高等法
院長。於 1897 年，當其正在審理幾位台灣總督府高官涉嫌貪污
的案件時，日本中央內閣對其發布停職命令（除去現在職務但
判官之身分仍存，甚至還加俸），高野主張其身分受明治憲法第
58 條第 2 項規定（「裁判官除經刑法之宣告或懲戒之處分外，
不得免除其職」）之保障，拒絕接受停職命令，仍繼續前往高等
法院執行院長職務。於是當時的台灣總督乃木陸軍大將，派遣

---

38 參見 Takaaki Hattori, "The Legal Profession in Japan: Its Historical Development
and Present State," in *Law in Japan*, ed. Arthur Taylor von Mehren
（Cambridge, Mass., 1963），p.111.

39 參見中村哲，〈殖民地法〉，載於鵜飼信成等編，《講座日本近代法發
達史》（東京，1958），冊 5，頁 191。

警察官強制地把高野從高等法院逐出院外。日本內閣再以其抗命為由，施以懲戒免官（判官之身分喪失）。此事導致台灣有 14 名判官主動辭職或被動去職，據說當時在台灣的判官，除高等法院 2 名判官外，皆支持高野孟矩。且由於日本政府辯稱在台灣的判官其身分不受憲法保障，而在帝國議會引發明治憲法是否適用於台灣，及台灣總督府法院判官應否具有身分保障等爭議。[40] 但是一如大眾所預見的，高野孟矩終究未能回復其判官之資格。[41] 不同於大津事件中日本行政機關之未能影響司法判決，在台灣殖民地，行政權可恣意地駕御司法權。

從高野孟矩案，吾人可充分理解裁判官身分保障對於司法權獨立的重要性。若行政機關得任意免去判官之職位，則可以此為威脅，干預訴訟中案件之裁判，使司法裁判權實質上為行政機關所操縱。就像高野一案所示，台灣總督府方面不希望高野繼續追究貪污疑案，卻又無法直接指示判官應對該案做如何之裁判，乃以剝奪高野院長職位的方式，事實上干預該案之裁判。

高野孟矩及其同伴之堅持司法權應獨立於行政權之外，似已顯示受過近代西方法學訓練的日本判官，相當珍惜或至少了解這項外來的法制基本原則。自 1896 年法院條例生效後，台灣總督府法院的判官，除了若干地方法院判官外，皆已是具備日本裁判所構成法所定判事資格者，其緣於所受的西方法學訓練，已自認是法律專業人員，且傾向於拒絕接受傳統上那種視

40 詳見楠精一郎，頁 115-130、147-152。

41 W.E. Walz, "A Constitutional Struggle in Japan," *American Law Review*, vol. 32（1898），p. 33.

司法官為一般行政官員、要求司法官服從上級指示的看法。但
似乎當時總督府行政部門高階官員，仍執意於司法官的傳統角
色。[42] 因此認定司法部門的不服從，只是意圖爭權，起因於行政
司法兩派間的傾軋而已。[43] 類此之批判，忽略了判官們西方式法
學訓練之背景，實不盡公允。

　　不過當時的司法官也的確不易與行政官有所區別。於日治
民政初期百務待興之際，許多司法官兼任行政官之職位，亦有
不少行政官兼任司法官之職位（例如地方法院判官之職位），高
野孟矩本人即同時擔任總督府民政局法務部長。[44] 故亦可謂當
時的司法部門與行政部門，事實上並未徹底分離。

二、1898 年改革後

　　有鑑於台灣司法制度原屬殖民地法制之一環，兒玉政府於
1898 年的司法改革，並未採行日本內地的司法權獨立制度。有
些殖民強權將施行於母國之司法權獨立制度移植至殖民地，例
如英國、荷蘭；有些則未將此制度施行於殖民地，例如法國。[45]
日本內地法律為什麼要自西方引進司法權獨立之制度，多少是
出於廢除西方領事裁判權的需要，在殖民地既然沒有外在壓力
促其施行這項西方式法制，日本統治當局很自然地會選擇上述
的法國模式，它終究較英國或荷蘭模式，更接近日本傳統上對

42　參見楠精一郎，頁 138、144。
43　例如參見《警沿誌》，頁 14。
44　參見同上，頁 12；楠精一郎，頁 137。
45　參見泉哲，頁 228-230。

司法權的觀念。[46]1902年在帝國議會的某次祕密會議中，兒玉總督明白表露其受傳統中國法思想影響的司法觀，其謂欲統治新附領土（台灣）上人民，最緊要之事就是保有絕對的權威，因此在台灣的總督必須握有某程度的司法權，否則將失去必要的權威，1915年台灣總督府再以「對新附民之統治上必要，總督應特殊地擁有立法權、行政權，及司法監督權」，做為反對與內地司法統一之理由。[47]無怪乎，相當強調司法權獨立原則的1890年日本裁判所構成法，一直未施行於台灣及朝鮮殖民地。[48]依官方及學界之見解，台灣總督府法院係明治憲法第60條所謂的「特別裁判所」，不同於內地的普通裁判所。[49]其之所

---

46 日本在台官員曾為台灣法制上之欠缺司法獨立辯護，謂行政機關與司法機關若行事不一致，會使台灣人不尊敬政府權威，致危及日本的殖民地統治。類似的看法，也出現在某法國學者支持法國殖民地司法制度的著作中。參見持地六三郎，《台灣殖民政策》（台北，1912），頁144；Girault, pp. 540-543.

47 參見內閣記錄課，《台灣ニ施行スヘキ法令ニ關スル法律其ノ沿革現行律令》（東京，1915），頁134；《檔案》，大正4年（1915），永久保存第37卷，第6門司法，四、「裁判所構成法及辯護士法施行之件」。

48 當朝鮮還是個獨立王國時，日本政府曾嚴詞批評其法制中司法與行政混淆，但是日本於1910年併吞朝鮮後，亦未在朝鮮施行司法權獨立的制度。參見朝鮮總督府法務局法務課，《朝鮮の司法制度》（京城，1935），頁2-3；Edward J. Baker, "The Role of Legal Reforms in the Japanese Annexation and Rule of Korea, 1905-1919," in *Introduction to Law and Legal System of Korea*, ed. Sang Hyun Song（Seoul, 1983），p.194.

49 參見楠精一郎，頁150；田畑忍，《帝國憲法逐條要義》（京都，1934），頁399。明治憲法第60條規定：「應屬特別裁判所管轄者，另以法律規定之。」

以「特別」無非是因為殖民地統治之故。

其實即令在日本內地，司法權能否全然獨立於行政權之外，亦非毫無疑問。依日本裁判所構成法之規定，判事之身分受到較一般文官為優的特別保障。判事除非①受刑法之宣告或懲戒之處分，或者②因身體或精神衰弱致不能執行職務，經控訴院或大審院之總會為退職決議，否則不得違反其意願而為轉官、轉所、停職、免職，或減俸。但判事身分之取得也十分不易，須於司法官專業考試及格後，被任用為「試補司法官」，經1年半（1908年以前為3年）修習判事及檢事之職務，始能正式成為判事，受到特別的身分保障。檢事的資格要求與判事相同，只不過試補後係派任為檢事，惟其所獲得的身分保障卻較少，亦即僅規定：檢事除非受刑法之宣告或懲戒之處分，否則不得違反其意願而為免職。[50]雖然如此，屬於行政權部門的內閣司法大臣，仍然對於裁判所與檢事局擁有「司法行政監督權」，掌控其經費及人事任用，以至於司法大臣固然不得針對具體案件，指示做成如何之裁判，卻可能運用此項監督權影響司法官之行使其職權。總之，戰前日本法官，視其為代理神聖的天皇，依據法律行使裁判權（參照明治憲法第57條），故不容其他權力機關橫加干涉其裁判（否則等於干涉天皇），且亦有大津事件中法官抗拒行政權干預之典範；但是司法大臣的司法行政監督權及其與司法官的司法裁判權之間的曖昧關係，使司法權難以完全擺脫行政權的陰影。[51]

50　裁判所構成法第57-58、73-74、80條；亦參見 Hattori, pp.120-121.

51　參見 Hattori, pp.121-123; 田畑忍，頁387-389。戰前日本司法官自許為代理天皇行使裁判權，乃其堅持裁判獨立之理由及精神力量。參

　　台灣殖民地的司法制度，維持了有利於行政機關的司法行政監督權，卻減少司法權賴以抗拒行政權干預的身分上特別保障。台灣特別法域的司法制度，係由總督透過其律令制定權，相當自主地決定其內容，與日本內地司法制度之須經帝國議會協贊者有異。在高野孟矩風波後就任台灣總督的兒玉陸軍大將，以其一貫恩威並濟的統治策略，處理司法官特別身分保障問題。兒玉總督首先參照日本關於軍法官身分保障之規定，[52]於 1898 年法院條例，承認台灣的判官除非①受刑法之宣告或懲戒之處分，或者②因身體或精神衰弱致不能執行職務，經覆審法院之總會為退職決議，否則不得違反其意願而為免官、轉官（第 15、16 條）。因此在台灣的判官（不論覆審或地方法院），雖與內地的判事同樣具備日本裁判所構成法所定之資格，卻較其少三項特別身分保障，即沒有不得任意轉所、停職、減俸之保障。這些新增的身分保障，在兒玉的眼中是施捨給判官的「恩惠」，為防止判官「不知感恩圖報」又發生如高野孟矩案中的「不馴」行為，[53] 出於「立威」之考量，於同條例第 17 條創設有關判官休職權之規定，即台灣總督認有必要時，得對判官為休職之命令，受休職之判官不執行判官職務且只能領取本俸的四分之一。據當時某在台日本人指出，總督休職權常被行政機關利用來除去其所不喜之判官的職位；且基於總督之請求而進行的判官懲戒程序，大多掌控於總督手中。[54]同樣鑒於高野案之

　　照細川龜市，頁 99；張有忠，《外地人・外國人と日本人》（大阪，1985），頁 34-35；筆者於 1990 年夏天以電話訪問洪壽南先生之紀錄。

52 《司法誌》，頁 10。

53 參見楠精一郎，頁 149。

54 參見小林勝民，《台灣經營論》（東京，1902），頁 32、56-57。　於

發展為政治問題，牽引出倒閣運動，該條例 14 條規定，判官在職中不得公然與政事有關係，亦不得加入政黨政派。[55]

　　宜特別注意的是，在台灣的檢察官雖自 1899 年起已須具備日本裁判所構成法所定判事檢事之資格，卻毫無司法官特別身分保障，較內地檢事之至少擁有不得任意免職，更不受尊重。至於在地方法院檢察局暫時代行檢察官職務的警部長或警部（其實際人數見下述表 3-3），則原屬行政機關之人員，當然無司法官特別的身分保障可言。

　　在日治前期，判官被要求與檢察官加強聯繫，且司法官（含判官與檢察官）被要求與行政官員互相配合。在戰前日本內地，判事常被批評為基於同僚意識，過分依從檢察官的意見，有悖於司法上審檢分立之意旨。[56]但是台灣的判官與檢察官仍共同舉行「聯合協議會」，以求取意見之一致。[57]或許也屬「高野孟矩效應」之一，兒玉政府很強調司法官員與行政官員之間的合作關係。[58]1908 年，佐久間政府（1906-1915）的大島民政長官亦曾訓示在台灣的司法官：「為期司法權行使之圓滿，須與

1919 年司法改革之際，當時的高等法院長谷野格曾謂：「爾來休職規定已不再適用」，則似不否認日治初期休職規定之被使用，且言下之意似承認其為不妥之規定，故特別強調近來已不再適用。見《警沿誌》，頁 35。又，在日本內地判事之懲戒係依訴訟程序進行，在台灣卻僅依懲戒委員會之決議。見宮澤俊義，頁 219。

55　楠精一郎，頁 149。日本裁判所構成法第 72 條有類似之規定。

56　參見白井正明，〈戰前の司法〉，載於《司法改革の展望》（東京，1982），頁 34。

57　例如參見《檔案》，明治 43 年（1910），永久保存第 49 卷，第 6 門司法，六、「刑法之適用與舊慣」。

58　持地六三郎，頁 103-104。

行政官相倚相扶。」[59]

　　當時台灣殖民地的行政機關，竟不避諱地提示判官，甚至指揮檢察官，如何行使其司法職權。例如，對於被告是否准予保釋或責付，依法應由判官為司法裁量，但1898年後藤民政長官卻以內訓（係長官用以通令部屬遵辦者）發函給法院長及檢察官，表示監獄容量不足，且依台灣舊慣不輕易羈押有科舉學位之人，若為保釋及責付則可解決上述問題，故「各官宜體此旨，對於保釋及責付之准否做適當之處斷」。[60]相較於含蓄地「建議」判官如何行使其司法審判權，台灣總督明白地就特定類型的案件，指揮檢察官行使其司法偵查及起訴權。此所以1915年時，台灣總督府曾向日本中央政府表示，應由其（而非日本中央）負責台灣的司法行政事務及對檢察事務的指揮監督，否則檢察事務，易失時機。[61]

　　日治前期的司法權，經兒玉政府1898年的「整頓」，果然不敢再侈言「獨立」，此後至1919年另一次司法改革為止，台灣司法界再也沒有出現第二個高野孟矩。

59《內地及台灣司法共通ニ關スル意見書》（作者不詳，1909？），頁3。

60 參見《司法檔案》，頁230-231。

61 依1899年「台灣總督府法院及檢察官事務章程」第73、74條之規定，凡涉及「關於皇室之罪」案件的起訴或不起訴，擬起訴高等官、華族、具一定功勳者相當於禁錮以上之刑時，檢察官長皆應具報總督並接受其指揮，見《司法檔案》，頁1114。另參見《檔案》，大正4年（1915），永久保存第37卷，第6門司法，四、「裁判所構成法及辯護士法施行之件」。

三、1919 年改革後

　　在 1920 年代一片「內地法延長」的聲浪中,台灣有關司法官特別身分保障制度,雖有若干進展,但仍與日本內地有一段差距。1919 年的法院條例,廢止前述總督休職權之規定,使台灣的判官在制度上獲得較佳的身分保障。台灣第一任文官總督田健治郎,於 1921 年在帝國議會表示,在台灣判官之歸總督管轄,正如同在內地判事之歸司法大臣管轄,其僅人事(身分)上受管轄而已,不因此喪失裁判上之獨立性;故在台判官於進行裁判時,不受總督之牽制,可獨立行使職權。[62] 將總督對台灣司法官的管轄權,類比為司法大臣對內地司法官的管轄權,大致上是可以接受的,這正是「日本版」的司法獨立制度。但田總督似有意忽略台灣司法官之特別身分保障較內地者為少之事實。按 1919 年法院條例對於判官的身分保障,依舊僅有不得任意免官、轉官之規定,欠缺不得任意轉所、停職、減俸之保障。故台灣殖民地判官身分之保障,雖比起朝鮮殖民地判事之僅有不得任意免官之保障,[63] 略勝一籌,但仍遜於日本內地判事。且該次修改並未賦予台灣檢察官,任何異於一般文官的特別身分保

62　參見台灣總督府官房審議室,《律令制度ノ沿革》(台北,1940),頁 89-91。

63　朝鮮總督府判事有類似台灣總督府判官之不得任意免官的保障,但未有關於轉官之保障,見朝鮮總督府裁判所令(明治 44 年〔1911〕制令第 4 號)第 26 條之 3、之 4、之 5。引自外務省條約局法務課編,《制令(「外地法制誌」第四部の一)前編》(東京,1955),頁 191(以下簡稱《制令》)。原本朝鮮總督對判事亦有類似台灣總督的休職權,但於 1921 年被廢止。參見《施政二十五年史》,頁 343。

障，故仍不如內地檢事所受之保障。

　　1919 年司法改革之後，在特別身分保障制度仍不夠完善的情況下，台灣的判官事實上能否無視於行政部門意見而獨立審判呢？是否如田健治郎所宣稱的，判官不受總督牽制，獨立審判？ 1923 年台灣議會事件（又稱「治警事件」）的整個司法裁判過程，可提供探究這項問題的若干重要線索。

　　此案件發生的年代，正值日治 50 年中相對的較為民主的時候，具有最佳的環境落實審判獨立。自 1921 年起，一群追求現代化的台灣知識分子，積極從事台灣議會設置請願運動。1923年由於治安警察法（以下稱「治警法」）施行於台灣，彼等即在同年 1 月依該法向台灣總督府聲請設立政治團體——「台灣議會期成同盟會」。而田健治郎總督很快地依治警法第 8 條之規定，以有「保持安寧秩序之必要」為由做成禁止結社之命令。但在被禁止後，他們竟巧妙利用台灣與日本內地係相互獨立法域所可能造成的法律上矛盾，改向日本內地（東京）警察當局聲請設立同名同性質之政治團體，且獲得許可。

　　惟台灣總督府檢察官認為其繼續維持結社之行為，已違反先前總督依治警法所為之禁止命令，故以違反治警法第 8 條之罪名，起訴參與該同盟會的蔣渭水等 18 名台灣人政治異議分子。由本案在台北地方法院的審理過程，已足以認定其事實上是「關於政治犯」之案件。檢察官整個論告的重心，毋寧說是在於被告等如何地反對總督府的施政，而非彼等如何地違反治警法；被告之辯護人雖針對法律上爭點加以反駁，但被告本人所言者多為政治意見的辯解。較令人驚訝的是，台北地方法院由三位日本人法官組成的合議部，竟然判決被告等全部無罪！審判長堀田判官於宣判後曾表示：被告等確實利用內外地之不同

法域巧妙潛逃法網（亦即依內地法在東京成立者為合法的政治團體，台灣總督的禁止效力不及於東京），但是以法律為依據來審判，不能不判其無罪。檢察官不服，上訴至高等法院覆審部。在第二審法院裡，雙方除了法律論點的交鋒外，仍有政治性爭辯。第二審檢察官甚至露骨地表示，被告等煽動無知的人民，雖經糾正終歸無效，又因無特別之取締方法，不得已乃依治警法禁止之。結果在第二審判決，被告中有 2 名被判有期徒刑（「禁錮」）4 個月，5 名被判有期徒刑 3 個月，6 名被判罰金100 元，5 名被判無罪。獲罪之被告再提起上告。

高等法院上告部於第三審判決中，駁回被告等之上告，認為被告等在東京之結社行為，是其在台灣被禁止之結社行為的延長，故事實上彼等仍繼續其在台灣已遭治警法禁止之結社行為，應屬有罪。[64]

本案例有 3 點值得注意。首先，總督休職權之廢止，或許已鼓勵受到西方審判獨立概念影響的（第一審）在台日本人判官，敢於違背代表行政權之總督的意思，依據法律獨立審判。其次，台灣殖民地的檢察官，似乎與總督府行政部門關係較密切，而傾向維持本於總督府政策所確立的統治秩序。第三，高等法院的判官，已習於日治前期那種與檢察官甚至行政官員互相配合的司法文化，可能因此採取較支持總督府的立場。

接著吾人或許會問道：「究竟能有多少殖民地法官，能夠像

64　詳見吳三連，《台灣近代民族運動史》（台北，1971），頁 212-276。高等法院上告部對本案所為之大正 14 年 2 月 20 日判決，載於台灣總督府高等法院編，《高等法院判例集，大正 14 年─昭和 2 年》（台北，1927），頁 109-115。

台灣議會事件那 3 位地方法院判官一樣，明知違背總督意旨，仍敢依自己的法律見解獨立審判？」由於台灣判官之特別身分保障比日本內地判事差，當其有意忽略行政權的「暗示」而為不一樣的判決時，必須承擔較大的風險；一旦顧及考績、升遷，甚至服務的地點（大城市或偏遠地區），可能就不願違背其上級長官（包括總督）之「願望」。尤其判官大多是日本人（見後述），若某位日本人判官具有強烈的種族優越感，則可能不願為了其所認為的「卑賤的」台灣人被告，而犧牲自己的利益。其實，不宜單從判決結論，就斷定法官受到行政權干預。由於法律解釋方法的多樣性，使人難以確定司法者的判斷是獨立地出自內心的認知，或是迫於外力的無奈選擇；有利於行政權的司法判決，也可能是依據法律獨立審判的結果。這使得上揭問題，因為無從知悉判官內心世界而難有確切的答案。不過面對殖民地統治上最敏感的台灣人政治犯案件，仍有日本人判官不惜冒犯行政權而宣告無罪，則不能不令人承認當時存在相當程度的審判獨立。

　　檢察官似乎仍然較易受到行政部門的干預，與改革前之偵辦特定案件須受總督指揮，並無兩樣。日本帝國自 1920 年代後期展開的思想控制法制，係由檢察官指揮警察負責執行，台灣總督對於擔當這項攸關殖民地統治之思想犯處遇工作的檢察官，[65] 當然不能容忍其具有自主判斷。於 1940 年代初期，凡涉嫌內亂、外患、國交罪，以及國防保安法、治安維持法、匪徒刑罰令上罪名之案件，地方法院檢察官長須將偵查經過（如

65　參見《檔案》，昭和 5 年（1930），永久保存第 6 卷，第 6 門司法，第 2
　　類，二、「思想犯之處遇」。

搜索、羈押等）及起訴或不起訴，向總督及高等法院檢察長報告，並受其指揮。[66] 又，發生於第二次世界大戰末期（1944）的蘇澳漁夫搭載美軍沿岸偵察一案，高等法院的北川檢察官竟屈服於軍方的強硬要求，將涉案人民以違反軍機保護法為由，移交軍事法庭審判。[67]

不過，基於司法專業人員的尊嚴，許多檢察官仍相當堅守「罪刑法定」原則。在台灣議會事件中，姑不論其法律解釋之當否，檢察官至少是針對政治異議分子有「違反治警法禁止結社的命令」之特定「行為」，加以起訴，而不是基於其從事政治反對運動之「一般素行」，任意羅織內亂等罪名硬加諸其身。日治末期在軍方勢力囂張之際，固然有上述把持不住司法尊嚴的檢察官，但是當駐台日本陸軍首腦，因恐怕台灣人中的民族主義者及有力者可能會跟準備登陸的美軍合作組成軍政府，擬軟禁約 2,000 名台灣人時，高等法院檢察長中村八十一，卻以這項軟禁並無法律依據為由，強烈反對之。[68]

總之，台灣於日治時期，司法權一直不能完全獨立於行政權之外，[69] 這多少是因為法律制度上確保司法權獨立的司法官特別

66　參見《檔案》，昭和 16 年（1941），永久保存第 8 卷，第 6 門司法，一三、「國防保安法及治維法之刑事手續」；昭和 18 年（1943），永久保存第 6 卷，第 7 門司法，第 1 類，24。

67　事件經過詳見向山寬夫，頁 1271-1272。

68　中村檢察官雖阻止此項計畫之實行，卻因此得罪在台陸軍，迨台灣軍司令官安藤兼任台灣總督，其即被迫辭職。參見向山寬夫，頁 1267。

69　於 1937 年，台灣總督府曾請各地方議會，提出有關行政組織的改革建議，其中一項提議即是司法權應獨立於行政權之外。參見春山明哲，《台灣島內情報・本島人の動向》（東京，1990），頁 72-73。

身分保障，始終存有缺陷。但是受日本司法文化薰陶的司法官，基於裁判獨立的理念及身為法律專業人員的自我期許，於1919年司法改革後，確實已某程度將司法權獨立實踐於台灣島上。

第三節　法院的設置

一、法院數目

假如只有少數幾棟法院建築，配備著少數司法人員，則前述西方式司法制度將僅似空中樓閣爾。故以下擬探究台灣在日治時期，曾建立多少法院及進用多少司法人員，使法院制度具有血肉，足以「獨立」行使司法裁判權。尤其像台灣這樣一個原對西方法全然陌生的社會，若不能普設西方式法院，勢必難以將立法上繼受之西方式法律條文，透過法院的執行而推廣至一般人民的日常生活中。

蓋法院及任用法律專業人員，在在皆需要經費。當時司法經費的數額，係由台灣總督府於其年度總預算中編列，故法院之設置等事項，不可避免的須與總督府的施政計畫互相配合。

日治時期法院的數目（參見表3-2）和坐落，與台灣地方行政區域劃分密切相關。依1920年地方行政區域劃分，台灣計有台北、台中、台南3個「市」，而當時地方法院即設置於這3個位居台灣北、中、南部的重要城市，另於3個位居台灣東北、中北、中南部之較小的城鎮（宜蘭、新竹、嘉義），設置地方法院的支部。在10年後的1930年，地方行政區域已成7個市（基隆、台北、新竹、台中、嘉義、台南、高雄），就法院數目，則在1933

年增設台南地方法院高雄支部,共計為 3 所地院 4 所地院支部,
其正好位於該 7 個市中的 6 個市,僅基隆市未設地院或其支部,
而設於地處台灣東北部的宜蘭。嗣後有些地院支部,因管轄區域
人口之增加而升格為地方法院。最後於 1945 年,就地方行政區
域劃分,已有 11 個市(再加彰化、屏東、宜蘭、花蓮港),而法
院數目為 5 所地院 3 所地院支部,其地點位於 11 個市中的 8 個
市;未設地院或其支部者為基隆、彰化、屏東等 3 個市,原因可
能是其皆鄰近設有地方法院的大城市。[70] 另外加上一直設於總督
府所在地台北市的高等法院(或覆審法院),在台灣已形成一個
分布頗為均勻的法院網路,有助於西方式法律制度的推行。

　　日本人絕不吝於建築壯麗的法院。就像雄偉的台灣總督府
建築(今日總統府之所在)一樣,堂皇的法院建築,代表著日本
政府對於台灣並不是抱持「過客」的心理,而是想永久地擁有
它。[71] 台灣總督府投下鉅資,在台灣各地建造歐洲式的法院建
築,以顯現司法的威嚴氣勢。例如依台灣總督府 1930 年年度
決算報告,法院經常性支出為 1,220,000 元,但另以一筆高達
531,000 元的特別性支出,在總督府旁邊起造一棟同樣雄偉的建
築物(即今之「司法大廈」),以供台灣總督府高等法院及台北

70　參見台灣省文獻委員會,《重修台灣省通志卷七政治志建置沿革篇》
　　(台北,1991),頁 314、316-317、321;《警沿誌》,頁 41-42;台灣
　　總督府,《台灣統治概要》(台北,1945),頁 10、23。

71　參見 Mark R. Peattie, "Japanese Attitudes Toward Colonialism, 1895-1945,"
　　in *The Japanese Colonial Empire, 1895-1945*, ed. Ramon H. Myers and
　　Mark R. Peattie(Princeton, N.J., 1984),p. 98.

表 3-2：台灣法院之數目（1897-1943）

年　度	高等法院	覆審法院	地方法院	地方法院 支部（分院）	地方法院 出張所
1897	1	1	8	—	—
1898	—	1	3	5	—
1904	—	1	2	4	—
1905	—	1	2	4	21
1909	—	1	3	1	24
1912	—	1	3	1	27
1915	—	1	3	1	28
1919	1	—	3	3	27
1921	1	—	3	3	29
1922	1	—	3	3	30
1925	1	—	3	3	31
1927	1	—	3	3	32
1929	1	—	3	3	33
1933	1	—	3	4	35
1936	1	—	3	5	37
1938	1	—	4	4	38
1940	1	—	5	3	38
1942	1	—	5	3	39
1943	1	—	5	3	39

說明：本表除 1897 及 1943 兩年外，皆僅選列該年度之法院數目與上年度不同者。台灣省行政長官公署統計室，《台灣省五十一年來統計提要》，頁 392。

地方法院使用。[72]

二、人員數目

　　在日本統治的前 20 年，台灣總督府部分基於節省經費之考量，並不太願意任用足夠的法律專業人員；但是自 1919 年之後，其人數已逐步增加（參見表 3-3）。在 1898 年司法改革中，總督府法院內的判官及檢察官，約有半數去職。在 1902 年日本當局大舉肅清台灣人「匪徒」之後，由於法官及檢察官在殖民統治上的「利用價值」已降低，其總人數在 1904 年有明顯的下降。[73] 且可能為了既省事又省錢，自 1904 年至 1911 年，總督府曾派遣若干未具合格法律專業訓練的書記或警部，代行地方法院檢察官的職務。[74] 迨 1919 年改為三審制時，法院內判官及檢察官的人數才大幅增加。1927 年可能因地方法院正式設置單獨部及合議部之故，判官及檢察官人數再次躍升。此後到日治結束為止，判官及檢察官的數目，一直穩定成長。在 1943 年，

---

72 參見內閣統計局，《日本帝國統計年鑑》（東京），昭和 5 年（1930），頁 361-363。台灣總督府具有獨立於內地中央政府之外的特別預算，其中司法經費支出占總督府總支出的比例若干？如與日本中央政府比較，台灣總督府較少負擔軍備支出，其是否因此將較多的資源移至司法方面？這些問題有待進一步研究。

73 並不清楚為什麼在 1904 年一年當中，原本 30 位判官中竟有 7 位去職，皆自動辭職嗎？依當時法院條例之規定，判官享有不得任意免官、轉官之保障，總督不能違背判官之意願加以免官或轉官，難道是利用判官休職之規定或發動懲戒程序，以迫使某些判官去職？

74 《日本帝國統計年鑑》，大正 6 年（1917），頁 731，表 733，註。

表 3-3：台灣司法人員之數目（1897-1943）

年　度	判　官	檢察官	書　記	通　譯	辯護士
1897	55	19	–	–	–
1898	24	10	–	–	–
1899	28	14	91	35	–
1900	31	13	99	40	–
1901	32	13	103	41	55
1902	29	13	100	39	–
1903	30	13	95	33	–
1904	23	9, 3*	93	28	–
1905	24	9, 3*	133	32	–
1906	24	9, 3*	139	28	–
1907	24	9, 3*	140	31	–
1908	26	9, 3*	139	27	–
1909	24	10, 2*	130	27	–
1910	24	10, 1*	137	27	–
1911	24	10, 1*	133	26	–
1912	26	10	134	28	–
1913	26	10	129	28	–
1914	27	10	130	28	–
1915	27	9	129	28	–
1916	26	11	126	28	–
1917	26	11	129	28	–
1918	28	14	144	32	–
1919	36	15	149	35	–

1920	37	18	144	35	–
1921	36	15	146	35	59
1922	38	17	162	35	67
1923	38	15	166	35	77
1924	37	15	159	33	83
1925	39	16	159	33	93
1926	39	16	163	33	115
1927	48	23	172	40	137
1928	48	26	175	40	–
1929	48	26	178	40	–
1930	53	26	184	45	–
1931	53	26	184	45	158
1932	54	27	183	47	169
1933	56	27	189	47	172
1934	56	29	193	51	177
1935	60	30	201	54	152
1936	60	30	201	54	133
1937	60	30	201	54	127
1938	63	31	212	56	126
1939	63	33	212	56	118
1940	68	34	219	60	122
1941	68	34	214	60	–
1942	66	33	206	56	–
1943	66	33	206	56	–

說明：* 表示代行檢察官職務之書記或警部的數目。1901 年辯護士之數目，係統計自台灣慣習研究會會員名簿，不一定即是當時辯護士的總數。《台灣慣習記事》，1 卷 6 號（1901），附錄，1 卷 10 號（1901），頁 88；

《日本帝國統計年鑑》,大正 6 年(1917),頁 731,昭和 2 年(1927),頁 659;《台灣省五十一年來統計提要》,頁 392;台灣總督府法務局,《台灣司法一覽》(台北,1941),頁 26-27。

總計有 66 位判官及 33 位檢察官。

若以法官人數與人口總數之比例而言,日本政府對台灣的司法投資仍不夠。如表 3-4 所示,在台灣平均約每 10 萬人可分配到一位判官,但在日本內地平均約每 5 萬人即能分配到一位判事,顯然台灣的司法較內地不受重視。其實日本內地判事與人口之比例,較之當時歐美重要國家已是瞠乎其後,[75] 台灣尚且落後日本一倍,可見台灣判官人數之少。但是戰前的台灣,在亞洲經常是比「上」(日本)不足,比「下」(其他亞洲國家)有餘,就判官人數,亦然。比起日本另一塊殖民地——朝鮮,台灣的判官與人口比率原本落後於朝鮮,但至日治後期,已超越朝鮮矣。

表 3-4:日本、台灣及朝鮮能分配到一位法官之人口數
(1910-1940)

年 度	日本(內地)	台灣	朝鮮
1910	43,719	137,479	51,688
1920	49,164	101,563	88,565
1930	51,139	88,284	103,608
1940	46,334	89,375	98,942

75 同時期歐美重要國家之情形,見 Hattori, p.152, table4。

說明：日本部分引自 Takaaki Hattori, "The Legal Profession in Japan: Its Historical Development and Present State," in *Law in Japan*, ed. Arthur Taylor von Mehren（Cambridge, Mass., 1963）, p.150, table2. 台灣部分參照表 3-3 及陳紹馨，《台灣的人口變遷與社會變遷》（台北，1979），頁 96-97。朝鮮部分參照《日本帝國統計年鑑》，大正 6 年（1917），頁 691，昭和 2 年（1927），頁 659，昭和 6 年（1931），頁 402；金圭昇，《日本の殖民地法制の研究》（東京，1987），頁 99，表 3；金哲，《韓國の人口と經濟》（東京，1965），頁 13。

第四節　法律專業人員

　　法院的設置，是運作西方式司法制度之「物」的基礎，高品質的司法運作，尚有賴「人」的因素的配合。若能擁有優秀的法律專業人員，普及的法院建築及眾多的員額始可發揮作用，就猶如巧婦固難為無米之炊，單有米而無巧婦，亦屬徒然。以下將先說明日治時期台灣法律專業人員（即判官、檢察官與辯護士）的一般性背景，藉以進一步探究彼等之法律專業能力及品性。其良莠決定了司法的品質，直接影響一般人民對司法的觀感。

一、法律專業人員的組成

（一）法學教育
　　日本政府不像在內地的明治法律改革一樣，為了推展西方式法律而訓練台灣的法律人才。當日本於 19 世紀末取得台灣主權且即施行若干日本的西方式法律制度時，並無任何一位受過

近代西方法學訓練的台灣人，這是因為前任統治者的中國清朝政府，在當時從未想到要採用西方式法律制度。不過西方醫學亦不存在於清治下台灣，台灣總督府卻努力培養擁有西方醫術的台灣人，以便改善全島整體衛生環境，使日本人官員及移民可安全地住在台灣。相對的，日本在台統治當局不擬培養擁有西方法學專業知識的台灣人，因為那不像台灣人醫生般有助益於日本殖民統治。何況自明治初期起，經過 20 餘年的培育，日本內地已有足夠的法律專才，可以派至台灣運作西方式法律制度。尤其是，法律涉及日本統治權威之行使，可不同於醫術之單純治人病痛，當然須由天皇的忠實臣民來執行，台灣人不見得符合這項要求。

惟並未有任何法律禁止台灣人在島內或島外研習近代西方法學，雖然確實須待日本治台近 20 年後，才有少數的台灣人開始習法。由於整個台灣殖民地教育歧視台灣人學生，一些年輕的台灣人，或出身望族或受望族的栽培，遠赴日本內地接受高等教育。1920 年代，在日本內地的台灣人留學生，固然大多是念醫科，但約有五分之一係就讀於大學的法科；於 1933 年至 1937 年之間，台灣人法科留學生之總數，平均已達約 200 人左右。[76] 從 1937 至 1942 年，所有台灣人在日本內地留學的人數，持續增加；[77] 則習法者應該亦隨之遞增，不止先前的 200 人而已。在台灣島內，台北帝國大學（為今日台灣大學之前身）於

76 參見黃昭堂，《台灣總督府》（台北，1989），頁 239、243-246；吳文星，〈日據時期台灣社會領導階層〉（台北，師大史研所博士論文，1986），頁 110-113。

77 向山寬夫，頁 1221-1222。

1928 年創立，雖其大多數學生為在台日本人的子弟，[78] 但該校文政學部的政學科，設有講授主要法律科目（包括六法全書所稱的「六法」）之講座，實質上相當於是法科。[79] 於 1941（昭和16）年度，政學科的 59 位學生中，有 56 位為日本人，但僅有 3 位為台灣人，惟 1934（昭和 9）年度政學科的 14 位新生中，卻有 6 位是台灣人；總計 1928 至 1945 年間，政學科共有 40 位台灣人。[80] 且畢業自政學科的台灣人馮正樞，嗣後就在台灣總督府高雄地方法院任職判官。[81] 誰敢謂台灣人在日治時期不能接受法學教育？只不過由於整個殖民地的教育體制不利於台灣人，致使台灣人習法者之出現較晚，人數也不是非常多。但比起其他學科，台灣人念法律的人數，僅次於念醫學者，而勝過念文理工農科者。

　　愈多台灣人受過日本法學教育，理論上對於日本鞏固在台統治權，並不必然是有害的，但日本殖民統治當局卻相信這只會帶來負面效應。其實在戰前日本法學界，「官僚法學」相當盛

78　E. Patricia Tsurumi, *Japanese Colonial Education in Taiwan,1895-1945*（Cambridge, Mass., 1977）, p.124.

79　當時文政學部設置講座之科目包括：憲法、行政法、政治學、政治史、法律哲學、民法・民事訴訟法第一及第二、刑法・刑事訴訟法、商法等，已具備今日台灣大學法律學系的絕大部分基本課程。參見台灣總督府文教局，《台灣の學校教育》，昭和 16 年（1941），頁 64。今日在台大法學院圖書館裡有許多日治時期收藏的法律書籍，即蓋有「行政法研究室」、「民法研究室」等戳記。

80　見同上，頁 65，該年文政學部的其他三科（哲學科、史學科、文學科），皆無台灣人就讀；王泰升，《國立臺灣大學法律學院院史（1928-2000）》（台北，2002），頁 87。

81　章子惠，《台灣時人誌》（台北，1947），頁 121。

行，法律的解釋，經常是傾向於便利政府之統治一般人民。[82]且許多在日本的台灣留學生之所以念法科，就是為了通過日本文官考試，進入國家官僚體系。[83]台灣人法科學生因此可能有助於日本在台灣的統治。但是日本殖民統治當局，剝奪台灣人太多原本做為日本臣民應享有的基本自由權利；當台灣人尚未受日本法學教育時，並不知這種情形，一旦習法之後，不平之心油生，甚至有一些熟悉日本法律的台灣人，竟利用法律技巧來爭取台灣人的權益，如台灣議會事件所示。況且赴日留學的台灣人大多只能進私立大學，[84]而私立大學法科傳統上較重視民權觀念。[85]難怪日本殖民當局認為，日本法學教育只會蠱惑台灣人不安於現狀，甚至「叛亂」，而不能製造一批對殖民地政府友善的法律專家。[86]

　　抑制被殖民民族之學習法律，似乎是日本殖民地統治的一貫做法。日本雖在與領有台灣不同的歷史情境下，開始其對朝鮮的殖民統治，但對於殖民地法學教育的消極態度卻是一致的。朝鮮於 1910 年被日本吞併之前，已是一個獨立的現代型國家，且已經在日本壓力下某程度西方化其法律制度，早在 1895年已有第一批受日本訓練的朝鮮法律專業人員。[87]在成為日本

82　參見井ケ田良治、山中永之佑、石川一三夫，《日本近代法史》（京都，1982），頁 192-196。

83　參見吳文星，頁 113。

84　參見同上，頁 114-115。

85　中村英郎，〈司法制度と日本の近代化〉，《比較法學》，7 卷 1 期（1971,9），頁 11。

86　參見 Tsurumi, p. 214.

87　參見 Pyong-choon Hahm, "Korea's Initial Encounter with the Western Law:

的保護國時期（1905-1910），朝鮮人做為一個「獨立國家」的臣民，仍可接受法學訓練且任職司法官。[88] 於 1909 年，在朝鮮各級法院所內，皆存有朝鮮人判事、檢事，不過首長及大多數的判事與檢事均為日本人；但是，在朝鮮的辯護士中，有 41 位為朝鮮人，只有 29 位為日本人。[89] 日本在 1924 年創立於朝鮮的京城帝國大學，亦設置法學部，欲藉以吸引有意研習法學的朝鮮人留在朝鮮，而不要前往思想較開放的日本內地或甚至歐美遊學。[90] 1930 年時，仍有不少朝鮮人畢業自大學法學部，但經過數年殖民地教育的差別待遇，朝鮮人在所有法科畢業生中所占的比率，已稍微下降；換言之，更多的法科學生名額，被在朝鮮的日本人占用。[91] 這充分表露日本殖民主義者不鼓勵、隱含著抑制被殖民民族學習法律的基本態度。

（二）司法官的任用

　　日本法律專業人員國家考試及格，是被任用為司法官的前提要件，但對台灣人而言，這項任用資格並非成為司法官的主要障礙。並無任何法律規定禁止台灣人參加日本法律專業人員國家考試。[92] 事實上不少台灣人法科學生，通過日本文官高等考

1866-1910 A.D.," in *Introduction to the Law and Legal System of Korea*, ed. Sang Hyun Song（Seoul, 1983），pp.175-176.

88　參見《施政二十五年史》，頁 38-39。

89　《日本帝國統計年鑑》，明治 44 年（1911），頁 959。

90　參見吳密察，《台灣近代史研究》（台北，1990），頁 173-174.

91　參見 George Henderson, "Human Rights in South Korea, 1945-1953," in *Human Rights in Korea*, ed. William Shaw（Cambrige, Mass. 1991），p.135.

92　在一篇關於台灣人中第一位日本辯護士考試及格亦為第一位法學博士的葉清耀之傳記裡，曾謂原日本高等考試試務所不准台灣人報考司

試司法科，具有被任用為試補司法官或擔任辯護士之資格。[93]從1923 年（即上揭高考司法科開辦之年）至 1930 年，高考司法科及格的台灣人已有 26 人之多。[94]在 1930 年代及 40 年代，如前所述台灣人法科學生漸增，不過 1930 年代中葉以後該項考試的錄取率下降。[95]根據日本內閣官報上刊載的榜單，台灣人通過司法科考試者約有 95 名，但當中有 22 人同時通過行政科考試，[96]這些雙榜者在當時較重視行政官的氛圍下，有可能選擇不在司

法科考試，待葉氏求見司法大臣，呈上請願書，表示考試制度不能有內、台之別後，司法大臣准其所請，始為台灣人爭取得應這項考試之資格云云。見莊永明，〈台灣第一位法學博士——葉清耀〉，載於張炎憲等編，《台灣近代名人誌》（台北，1987），冊 2，頁 64-65。該段記述似乎是根據葉氏以外之第三人的回憶所做，真實性待進一步考證。假如當時真有法律規定禁止台灣人報考，則筆者相當懷疑靠葉氏一人的請願，憑司法大臣一人的允諾，即可予以廢止。或許當時的情形是，直到葉氏為止事實上從未有台灣人報考，故試務單位不敢輕易允准，須待司法大臣之指示，但並非有法律禁止台灣人報考。

93 戰前日本原將司法官考試與辯護士考試分開，在 1923 年時，才將兩者合併入文官高等考試司法科。見 Hattori, pp.127-128. 關於日治時期高等考試的制度、筆試科目等等，請參閱黃有興，〈日據時期台灣考銓制度述略（補篇）〉，《台灣文獻》，39 卷 1 期（1988,3），頁 203-207。

94 參見吳文星，頁 113、119、註 9。在此之前已有台灣人通過辯護士考試，例如，葉清耀（1918）、鄭松筠（1922）。

95 John Owen Haley, "The Myth of the Reluctant Litigation," *Journal of Japanese Studies*, 4:2（1978），p. 385.

96 曾文亮、王泰升，〈被併吞的滋味：戰後初期台灣在地法律人才的處境與遭遇〉，《台灣史研究》，14 卷 2 期（2007,6），頁 96，註 30。該文納入通過辯護士考試者，故估算為 100 名，但如註 119 所示，有 5 名通過辯護士考試。

法界發展。[97]

　　問題在於高考司法科及格的台灣人，較少被日本政府任用為試補司法官而最終成為判官（判事）或檢察官（檢事）。在戰前日本，平均 300 位高考司法科及格者中，只有 100 位被任用為試補司法官，嗣後再正式任職判事或檢事。[98] 但這項任用比率似乎不適用於高考司法科及格的台灣人。依表 3-5 所示，至 1945 年為止，只有 8 位台灣人曾在台灣的地方法院任職判官，以及 1 位由台灣總督府派至日本內地為試補司法官的台灣人。於 1931 年，即日治後 36 年，才有第一位在台灣任職判官的台灣人。若扣除嗣後轉至台灣任職判官者，台灣人中計有 11 位在日本內地、1 位在朝鮮，任職判事。是以至 1945 年為止，曾在日本法院體系（包括在內地、台灣或朝鮮）擔任法官職位的台灣人，共有 21 位（其姓名見表 3-5）。且沒有任何一位台灣人，曾在日本帝國司法系統內擔任檢察官（待後述）。由於高考司法科及格的台灣人約有 95 位，故若依當時日本平均司法科及格者被任用為試補司法官的比率，應有約 31 人（按 95÷3 = 31.6）可以擔任司法官，但事實上卻只有 21 人。

　　偏頗的殖民地教育體系，造就了台灣人於任職司法官一事上的機會不平等。在日本內地，擁有司法官任用權的司法大臣，偏好任用畢業自帝國大學的高考司法科及格者；出身私立

97　司法及行政雙科及格而擔任行政官員者，有周耀星、林旭屏、林益謙、張水蒼、李燧煤等。見吳文星，頁 193；黃天橫，〈日據時期台灣籍人考中日本高等考試行政科名錄〉，《台灣文獻》，44 卷 2、3 期（1993,9），頁 133-136。

98　見 Hattori, p.128, n. 63. 未被任用為試補司法官者，可能擔任辯護士，或者因同時考取行政科或外交科而擔任一般文官。

表 3-5：台灣人任職法官一覽表（1945 為止）

姓名	畢業之學校	任職於日本	任職於台灣	備註
黃炎生	京都帝大	J, 1929	J, 1931	1935 年轉任辯護士
黃演渥（三松演渥）	東北帝大	J, -	J, 1932	台南地方法院判官，高等法院判官？
杜新春	京都帝大	J, 1930	J, 1932	任內病故
饒維岳（宮崎峰明）	京都帝大	J, -	J, 1932	台中地方法院判官
陳明清（南鄉光輝）	-	-	J, -	新竹地方法院判官
林玉秋	東京帝大	-	J, -	台南地方法院嘉義支部判官
馮正樞（武村銓一）	台北帝大	-	J, -	高雄地方法院判官
洪壽南	京都帝大	J, -	J, 1944	台南地方法院判官
王育霖	東京帝大	試補，1944	試補司法官	戰後為新竹地方法院檢察官
劉增銓	-	檢察官？	J, ？	戰後為台北地方法院推事
呂阿墉	東京帝大	J, 1929	無	
陳茂源	東京帝大	J, 1929	無	戰後為台大法律系教授
吳文中	中央大學	J, 1929	無	出身私立大學
蔡伯汾	東京帝大	J, -	無	轉任辯護士
張有忠	東京帝大	J, 1942	無	戰後為台南地方法院檢察官
蔡章麟	東京帝大	J, -	無	戰後為台大法律系教授
洪遜欣	東京帝大	J, -	無	戰後為台大法律系教授
溫錦堂	法政大學	J, -	無	出身私立大學
林挺生	早稻田大學	J, -	無	出身私立大學
陳慶華	早稻田大學	J, -	無	出身私立大學
楊杏鏜	-	-	無	朝鮮總督府裁判所判事

說明：本表所載事項之年代，約至 1945、46 年日中政權交替之際為止，故各個人物其後的發展不予記述。J, 年代：任職法官及其始期。–：不明，有待查證。？：參考之資料互相衝突，有待查證。參見吳文星，頁 113、115、190-194；章子惠，頁 121、139、162、165；台灣總督府，《台

灣總督府及所屬官署職員錄》，昭和 19 年（1944），頁 54-55、57；司法
院，《司法院史實紀要》（台北，1984），頁 113；張有忠，《外地人・外國
人と日本人》，頁 62、215-216；張有忠先生於 1991 年 4 月 5 日回筆者之
信；1990 年夏天電訪洪壽南先生之紀錄；曾文亮、王泰升，〈被併吞的滋
味：戰後初期台灣在地法律人才的處境與遭遇〉，《台灣史研究》，14 卷 2
期（2007,6），頁 125-127。

大學的高考司法科及格者，則經常自己開業擔任辯護士。[99]台灣
人大多進入私立大學法科就讀，故縱令高考司法科及格，亦較
多成為辯護士而非任職司法官。但為何台灣人較難進入帝國大
學？主要是因為殖民地教育上的差別待遇，原本就較偏惠日本
人而不利台灣人，導致只有極少數台灣人精英中的精英，可以
進入帝國大學法科，使得其未來任職司法官的機會，跟著水漲
船高。如表 3-5 所示，大多數在日本內地任職判事的台灣人，
係畢業自較有機會被任用為試補司法官的帝國大學。[100]

　　況且在台灣殖民地，擁有司法官任用權的台灣總督，並不
積極引進台灣人判官。事實上台灣政府內高階官員幾乎被日本
人壟斷，台灣人官員於升遷上常受到歧視，[101]這當然使得許多
高考司法科及格的台灣人，猶豫於是否踏入總督府法院任職。
因此雖台灣總督府於日治末期，曾允許高考司法科及格的台灣
人，先以「台灣總督府囑託司法官」身分，在內地進行 1 年半的

99　中村英郎，頁 11-12。

100　以張有忠先生為例，其原本未被任用為試補司法官，但經東京帝大法
　　　學部長穗積博士親訪司法省，即獲採用。見張有忠，《外地人・外國
　　　人と日本人》，頁 27。

101　參見吳文星，頁 190；黃昭堂，頁 239-243。

試補司法官訓練（例如身分為台灣總督府內職員的王育霖係在京都地方裁判所修習），結訓後即返台任職司法官，但台灣法律人對此項成為司法官的管道，好像反應不是非常熱烈。[102]

　　台灣法律人從未在台灣任職檢察官，則根本是出於日本統治當局對台灣人的不信任。日本法上對於任用檢事（檢察官）的要求與任用判事（判官）並無二致，同樣須高考司法科及格，再經 1 年半相同訓練內容的試補期間。但是同時具備擔任判官及檢察官資格的台灣法律人，在台灣只被總督派任為判官，不曾派任為檢察官。是台灣法律人沒有擔任檢察官所應具有的主動、攻擊性格嗎？其實曾有 3 位台灣法律人，在親日本的中華民國國民政府（汪精衛的南京政府）底下的廈門地方法院檢察署，任職檢察官；還有 1 位是在日本扶持的滿洲國，擔任檢察官。[103] 在日本內地為試補司法官的台灣人，亦可執行檢事之職務。[104]

102　參見張有忠，《外地人・外國人と日本人》，頁 26、62。按王育霖於 1944 年為台灣總督府法務部試補司法官。見《台灣總督府及所屬官署職員錄》，昭和 19 年（1944），頁 54。

103　在廈門擔任檢察官者即①黃際沐，台北人，早稻田大學法學部畢業，高考司法科及格後，曾返台開業擔任辯護士，於 1939 年末至廈門地方法院檢察官任職檢察官。②林書鵠，台南人，日本大學法學部畢業，曾任廈門地方法院檢察署檢察長。③東建光，台南人，京都帝大法科、經濟科畢業，曾任廈門地方法院檢察署檢察官，駐在金門分院。見興南新聞社，《台灣人士鑑》（台北，1943），頁 153：台灣總督府外事部，《南支方面司法事務視察報告》（台北，1944），頁 190。另有台灣人陳全成在滿洲國擔任檢察官，見曾文亮、王泰升，頁 150。

104　例如參見張有忠，《外地人・外國人と日本人》，頁 34。

　　為什麼在別處可以，僅在台灣不可以？主要關鍵在於台灣統治當局，不放心讓台灣人在台灣從事檢察官工作。按台灣的檢察官通常與警察系統密切合作，以達成其維持殖民地公共秩序之任務，由於檢察官對警察擁有廣泛的指揮權，其事實上幾乎等於是高階的警察官（依法院條例之規定，警部可代行地方法院檢察官之職務）。既然沒有任何台灣人，可以在警察系統裡被擢升至高階的警視或警部，[105] 似乎也不容許台灣人擔任與警視或警部相當的地方法院檢察官。尤其檢察官負責具高度政治色彩的思想控制工作，致使台灣人更無緣任職檢察官，[106] 因為在「做賊心虛」的日本統治者眼中，台灣人對日本帝國的忠誠仍有問題。[107]

　　從日本在朝鮮殖民地的作為，亦可看出在台灣不任用台灣

105 台灣殖民地警察官階，可分為五類：①警視、②警部、③警部補、④巡查、⑤巡查補。於 1931 年，無台灣人位居警視或警部，在平地警察的 189 位警部補中，只兩位是台灣人。見台灣總督府警務局，《台灣の警察》（台北，1932），頁 35-36。在 1938 年，這種情況仍持續著，並未改善。見鷲巢敦哉，《台灣警察四十年史話》（台北，1938），頁 124-125。另可參閱黃昭堂，頁 242。

106 張有忠，《私の愛する台灣と中國と日本》（大阪，1987），頁 193。

107 有一個故事足以說明，日本統治者並不把台灣人當作自己人。在 1938 年 2 月 18 日，有來自中國大陸的飛機轟炸台北飛機場，台北市內的重要公共建築物及戰略要地立刻以沙包築成掩蔽體並架上機關槍，但是槍口並不是對準來犯敵機，而是朝向一般台灣人的居住區，且待所有掩蔽工事完成後，台灣總督府才發出防空警報。 參見 U.S. Department of Navy , *Civil Affairs Handbook : Taiwan (Formosa), OPNAV, 50E-12* (Washington D.C., 1944), pp.176-177. 台灣人民何其無辜，老是讓統治者把槍口對內！

人檢察官,是出於政策上考量。由於 1910 年的日韓合併條約的
第 7 條,要求日本政府在情況許可時須任用合格的朝鮮人為帝
國官吏,故在朝鮮確實有朝鮮人檢事;但是其在 1945 年的總人
數,與在合併前 1 年的 1909 年時人數相比,幾乎相同,且在全
部檢事所占比例皆很小,相反的 1945 年在朝鮮日本人檢事的數
目,已是 1909 年時的一倍。[108] 換言之,日本直接統治朝鮮的 35
年中,除了留下幾個樣板名額外,亦不願任用朝鮮人檢事。

　　台灣總督府法院內的判官及檢察官,因此絕大多數是日本
人。於 1943 年,台灣總督府法院的 66 位判官中,大概只有 7
位(約占十分之一)是台灣人,而 33 位檢察官中全無台灣人。
就在台日本人判官的出身,依當時名人錄之記載,主要是來自
原在日本內地任職判事者,[109] 或許加薪五成連帶住宿、恩給等
福利的優渥待遇,[110] 是吸引他們來台任職判官(獲得較少的身
分保障)的因素之一。其另一個重要來源是原在日本內地開業
的辯護士,他們在台灣比在內地有機會成為較受社會尊敬的判

108　1909 年時,全朝鮮 64 位檢察官中,有 7 位是朝鮮人;到 1945 年時,
　　　全朝鮮已有 120 位檢察官,其中卻只有 8 位是朝鮮人。此外,日本當
　　　局亦大幅削減朝鮮籍判事。1909 年時,全朝鮮 279 位判事中,有 87
　　　位是朝鮮人;到 1945 年時,於 235 位判事中,只剩 46 位是朝鮮人。
　　　見《日本帝國統計年鑑》,明治 44 年(1911),頁 959;Henderson,
　　　p.135.

109　參見《台灣人士鑑》,頁 1、16、20、21、31、37、48、51、52、
　　　72、85-86、92、123、133、172、180、220、227-228、287、300、
　　　302、307、337-338、347、360、387、398、411、425。

110　參見黃昭堂,頁 235。

官。[111] 至於台灣的檢察官，大多是來自原在內地任職檢察官，[112] 有些則是由在台判官或辯護士轉任的。[113]

（三）辯護士的開業

日治初期，尚無台灣人受過近代西方法學教育，故在台灣開業為辯護士者，當然全是日本人。至 1914 年，據說所有台北辯護士協會成員，仍皆為日本人。[114] 大體上在台日本人辯護士有兩個來源，其一是原在日本內地開業而後渡台，[115] 其二是原係台灣總督府法院判官或檢察官，退職後在台開業任辯護士。[116]

1920 年代以後，台灣人辯護士的人數激增。許多前往日本內地念法科的台灣人，除了留在日本內地之外，[117] 也希望回台灣開業自任辯護士，不僅多數就讀私立大學法科者有如此想法，不少畢業自帝國大學法科者亦然。因為自己開業執行辯護士職務，相對的較不必仰賴殖民地政府，又可避免進入官僚體系後

---

111 參見《台灣人士鑑》，頁 10、56、103、121、166、235。另參照「辯護士タル者ヲ判事檢事ニ任用スル場合ニ於官等ニ關スル件」）（大正九年 5 月勅令第 158 號）。

112 參見《台灣人士鑑》頁 18、30、36、144、162、178-179、180、190-191、238、288-289、299、326、355、413。

113 參見同上，頁 3、105、286、300、376。

114 吳三連，頁 30。

115 參見《台灣人士鑑》，頁 1、64、76、81、94、123、200、334、412。

116 參見同上，頁 27、50、85-86、92、133、185、235、238-239、286、300、303、355。例如伴野喜四郎自高等法院長退官後，即開業為辯護士。見同上，頁 286。

117 台灣人曾在日本內地從事辯護士業務者，包括陳墩樹、林桂瑞、黃天縱、黃逢春、楊華玉、劉旺才、陳世榮、宋進英等。見曾文亮、王泰升，頁 133。

受到差別待遇。尤其台灣人辯護士，雖然一般而言較為資淺，但是能直接用絕大多數台灣住民的母語（福佬話或客家話）與委託的當事人溝通，易於利用當地社會關係網絡拓展案源，故仍足以跟勢力龐大且可能與法院關係良好的日本人辯護士，從事市場競爭。於1919年，第一位台灣人辯護士葉清耀回台灣開業，其先在台北，二年後再移至台中執業。依1935年的調查，台灣人辯護士已增至32人。雖然同年日本人辯護士亦增為145人，但已有部分日本人辯護士覺得其業務受到台灣人辯護士的嚴重威脅。[118]到日治結束的1945年，相對於當時的63位日本人辯護士，台灣人辯護士已達46位，兩者間之消長，明顯可判；這46位台灣人辯護士中，絕大多數曾通過辯護士考試或高考司法科考試。[119]

---

118 關於辯護士人數，見《檔案》，昭和10年（1935），永久保存第13卷，第6門司法，雜類，七、「台灣辯護士規則改正」。依表3-3，1935年底的辯護士人數只剩152人，此處之日、台人共計177人，應係延續自1934年的人數。再參見《檔案》，昭和11年（1936），永久保存第9卷，第2門司法，第2類，二、「關於台灣統治建白書」。此建白書係由在台日本人呈送給當年新任的小林（武官）總督，文內大肆攻擊台灣人，例如認為靠著日本政府的建設，台灣人始能因地價騰貴而得巨利，且隨著財富的增加，竟有與內地人相抗衡之意識，內地人在台灣的中小商工業者，已大多受到台灣人的壓迫。其建議事項之一為「廢除台灣人辯護士」。從這項不合理的要求，可以想見執筆者大概有擔任辯護士者，其亦感受到台灣人辯護士的「壓迫」。

119 參見楊鵬，頁1。以1935年共計32位台灣人辯護士的出身而言，有24位為高考司法科及格者，5位為辯護士考試及格，3位為其他出身。見《檔案》，昭和10年（1935）永久保存第13卷，第6門司法，雜類，七、「台灣辯護士規則改正」。既然辯護士考試僅舉辦至1922

　　所有在台灣的辯護士（不分台灣人或日本人）之人數，於
1920年代至1930年代中期亦快速增加，以1934年的177位為
最多（參見表3-3）。若把1921年在台灣有59位辯護士做為計
算基礎，至1926年的115位，已約增加一倍，至1934年的177
位，則已約增加兩倍之多。但是日本內地在1934至1938年之
間，約有三分之一的辯護士停止開業（原因待查），[120] 該現象
似乎亦波及台灣，使在台日本人辯護士的人數減少，其總數自
1935年開始大致上呈現遞減，在1945年只剩109位，但台灣
人辯護士的總數卻不減反增。

二、法律專業能力及品性

（一）事實的認定與台灣人習慣的援用

　　在台灣的日本人司法官及辯護士，須面對一個殖民地司法
特有的問題，亦即因語言障礙而衍生案件事實認定上的困難。
西方研究殖民地法制的學者，曾指出關於殖民地人民的訴訟案
件，宜由當地人擔任裁判官，因其比歐洲人裁判官知悉當地語
言及風俗習慣，較易於發現真實；歐洲人裁判官往往依賴通
譯，卻仍經常陷於誤解，迨經驗稍長可能又因退職或疾病而離
去。[121] 或許因為日本人當中有通曉漢學者，日本語中所使用的

　　年為止，此後已為高考司法科取代，則1935年至1945年新進的台灣
　　人辯護士，大概都是以高考司法科及格的資格成為辯護士。故1945
　　年的46位台灣人辯護士中，扣除在1935年既有之5位出身辯護士考
　　試及格和3位其他資格者，應有38位是出身高考司法科及格。

120　Haley, p. 385.
121　Girault, pp. 530-531.

文字，又頗多與台灣人識字者所用的漢文相同，使日本統治者認為其與歐洲人在亞非殖民地所遭遇之情形不同，可以不必太擔心對台灣人語言的不熟悉會對發掘案件真相形成障礙，故自統治之初，即以日本人在台灣執行司法裁判事務，期待漸次解決語言差異在司法上所造成的困擾。

　　不過事實上日本人在台灣，並未完全克服可能影響事實認定真實性的這個語言溝通問題。在日治初期，跟眾多的行政事務一樣，法院為調查事實所進行之口頭訊問，必須仰賴通譯者的轉述。[122] 然而這些通譯或語言能力不足、或甚至受賄而故意曲解，其轉述內容並不可靠。[123]尤其當時極少日本人懂台灣話，故日本人司法官須先以日語向一位通曉日語與中國北京官話的通譯（可能是日本人）表示其意，再由這位通譯轉述該意思讓另一位通曉中國北京官話與台灣話的通譯（可能是清政府時代即在衙門從事此項工作的台灣人）知悉，第二位通譯再將大意告知只懂台灣話的訴訟當事人或關係人。[124] 若謂這種雙通譯制度對於案件真實之發現無影響，其誰能信？故一位日本殖民地官員在其出版於 1912 年的著作裡辯稱，在台灣的法院裡，台灣話已直接被翻譯為日語；不再有雙通譯之情事，且司法官員被鼓勵多學習台灣話。[125] 不過從表 3-3 可發現，1910 年代法院通譯的人數，跟日治初期相比並無太大差異，反而自 1920 年

122　參見向山寬夫，頁 251。

123　參見 Yosaburo Takekoshi , *Japanese Rule in Formosa*, trans. George Braithwaite（London, 1907），p. 193.

124　見《司法檔案》，頁 286。據說 1905 年時，雙通譯制度僅存於覆審法院而已，在地方法院已被廢除。見 Takekoshi, pp.189-190.

125　持地六三郎，頁 105-106。

代至日治末期，通譯人數遞增。當然有可能日本人司法官雖稍懂台灣話（其不像在台灣的日本人警察必須學會台灣話），但為了在代表國家威嚴的法庭上講「國語」，不願直接跟人民以台灣話對答，故假手於通譯。[126] 但這至少顯示司法官員與人民之間，尚不能直接以同一語言溝通。因此必須再探討台灣人學習國語（即日語）的情形。日本統治後，某些台灣人，特別是住在市鎮（如台北市）者，逐漸學會日語；且在 1920 年代強調內地延長主義底下，更多的台灣人學會日語。[127] 不過在 1930 年，了解日語的台灣人僅占全體台灣人當中的 8.5％。直到 1930 年代中期皇民化運動積極展開以後，這項比率才大幅提升。[128] 到了 1943 年，即日本統治台灣接近半世紀之後，所有台灣人中才62％了解日語。[129] 因此只有這些了解日語的台灣人，於進入法院程序時不需依賴通譯。其實台灣總督府於 1935 年的內部檔案裡，亦承認「島民（指台灣人）與司法官員及辯護士間言語相異」，是台灣司法問題的一項重要起因。[130]

　　惟不宜忽視者，日本統治當局採取特別的措施，幫助日本

126　參見黃昭堂，頁 236-237。

127　參見 Tsurumi, pp.147-157。

128　了解日語者在全部台灣人中所占比率，分別是 1905 年的 0.4%、1915年的 1.6％、1920 年的 2.9％、1930 年的 8.5％、1937 年的 37.8％、及 1939 年的 45.6％。見 William Kirk, "Social Change in Formosa," *Sociology and Social Research*, 24：1（Sept.1941），p. 21.

129　近藤釗一編，《太平洋戰下朝鮮及び台灣》（東京，1961），頁 20。依同資料顯示，1942 年時懂日語的朝鮮人，僅占其總人口的 20％。

130　《檔案》，昭和 10 年（1935），永久保存第 13 卷，第 6 門司法，雜類，八、「關於非辯護士處理法律事務之取締」。

人司法官及辯護士了解台灣人的社會風俗及習慣規範,使彼等得以充分發揮其在司法上的功能。法律專業人員欲做好事實認定的工作,必須先對所處社會的習俗有所了解,因為相同的舉動,在不同的社會習俗底下,往往有全然相異的意義。日本人司法官及辯護士當然須了解台灣人的習俗,才能解讀台灣人各項社會行為在法律上的意義。尤有甚者,在 1922 年底以前,凡僅涉及台灣人及中國人的民商事項、日本人在台灣涉及關於土地的權利,及在 1923 年以後凡僅涉及台灣人的親屬繼承事項等等,皆原則上由台灣人習慣法加以規範。[131] 但什麼是台灣人既存的習慣規範呢?日治之初,個案所涉及之台灣人習俗及習慣法的內容,全由承辦司法官憑所蒐集之文件及證言等,逕行判斷;以致應準據台灣人習慣法決定的民商事項,法律關係不明確,難以預測法律效果。[132] 為徹底解決因不了解台灣人習慣所產生的事實認定上及法律適用上問題,1901 年日本中央政府以勅令設立「臨時台灣舊慣調查會」。[133] 廣泛調查台灣人的民事習慣規範,提供日本人司法官及辯護士認事用法時之參考。同時日本在台司法官及辯護士亦組成「台灣慣習研究會」,自 1901年起至 1907 年止,每月發行《台灣慣習記事》,記載台灣人各種風俗、習慣,乃至舊有法律制度等。日本人司法官於進行調查時,跟清治時期亦不甚了解台灣人習慣之中國清朝政府地方官所為者相類似,總是召集當地的仕紳、頭人、商賈等,就各

---

131 詳見第二章第二節,二、殖民地特別法的內容。

132 詳見後藤新平,《台灣經營上舊慣制の調查を必要とする意見》
    (1901;重刊,東京,1940),頁 7-9。

133 明治 34 年(1901),勅令第 96 號。

個法律事項，詢問其一般台灣人的處理方式為何，[134] 再歸納出台灣人習慣規範之內容。

　　但日本人司法官適用於個案以定紛止爭的所謂「台灣人習慣法」，不一定完全與一般台灣人所認知的習慣規範相同。想以某一個法律體系的概念及術語，完全表達出另一個法律體系底下法律關係的內容，是相當困難，有時甚至是不可能的。但就像西方殖民主義者以其本身的法律觀念，解釋亞非被殖民民族固有的（非西方的）法律關係之內容；日本殖民統治當局亦以其本身甫繼受自西方的歐陸法觀念（不同於清朝官吏之以傳統中國法觀念）解釋台灣人固有習慣規範之內容，使其能夠被納入由歐陸法觀念所建構的台灣法律體制。[135] 基於明治法律改革時曾調查日本人固有習慣之既有經驗，配合對近代西方法學理論約 30 年的研究，日本人以歐陸法概念及術語，將台灣人既有零亂的習慣，整理成體系井然分明的習慣法規範。但如同西方殖民主義者，已以解釋或編纂殖民地人民法律上習慣之名義，實質上修正其習慣的內容，[136] 使得日本殖民地法院據以裁判的「台灣人習慣」，未必就跟台灣人原本所熟知的習慣規範相符。這種現象，實非日本人司法官或辯護士之法律專業能力不足所致，而是因為立法上已採行歐陸式法律體制，且司法者亦或多或少有改變舊慣的用意。

134　例如參見《台灣慣習記事》，1 卷 6 期（1901,6），頁 78；1 卷 7 期（1901,7），頁 81；1 卷 12 期（1901,12），頁 20。

135　參見岡松參太郎，〈大租權の法律上の性質〉，《台灣慣習記事》，1 卷 1 號（1901,1），頁 5-6。

136　參見 Girault, pp. 529-530.

（二）司法官的廉潔性

在台灣的日本司法官，若跟中國清朝政府職司裁判的地方官相比，最大的差異恐怕是在於其廉潔不貪。[137]1920 年代，不少台灣人政治異議團體，經常批評台灣司法權的不獨立，但卻從未質疑日本判官及檢察官的廉潔性。由日本統治下台灣人所創作的小說裡，日本的警察時常被描述為收服賄賂，但是判官及檢察官則幾乎皆免於被描繪為這種負面的形象，[138]可見當時一般人觀念中不認為判官及檢察官會貪污。誠如一位於日治時期曾在台灣任職判官的台灣人所說的，司法官的操守在當時根本不被認為是一個問題，只曾經有 1 名檢察官被判受賄罪，但無任何判官曾犯此罪。[139]

137 關於清朝官吏在司法上之貪污腐敗，參見戴炎輝，《清代台灣之鄉治》（台北，1979），頁 626-627、703-704、706-711。依日治初期一些故事顯示，台灣人向總督府法院提起訴訟時，仍一如清時往例，想送錢給承辦司法官。參見 Takekoshi, pp.192-93.

138 例如參見李南衡編，《日據下台灣新文學明集 2，小說選集一》（台北，1979），頁 54-57；台灣人作家吳濁流甚至給予殖民地檢察官相當正面的評價，參見吳濁流，《台灣連翹》（鍾肇政譯，台北，1987），頁 66、146。

139 依 1990 年夏天電話訪問洪壽南先生之紀錄。在日治初期的 1897 年，曾有埔里社撫墾署長、前法院長檜山鐵三郎，觸犯強盜教唆等罪，及鳳山縣內務部長柴原龜，任鳳山地方法院長時，觸犯監守盜罪。其後有石山元檢察官曾涉嫌自台灣人處收受賄賂，但預審時被判免訴。見鷲巢敦哉，頁 286-288。另於昭和 6 年（1931）間，曾有瀧口民三檢察官受賄遭台南地方法院判處有期徒刑 2 年 6 個月。見《台灣新民報》，第 371 期（昭和 6 年 7 月 4 日），第 3 版。惟檜山、柴原兩氏，原係地方行政官，似無日本判事任用資格，係日治初期為權宜始任用為判官，且其所犯者並非收賄賂。此後即未再聞台灣的判官有犯罪者。

　　日本司法官在國家官僚體系內的高階厚俸，有助於其維持廉潔。依台灣總督府官制，高等法院之院長及檢察官長的官階俸給，可累級至相當於總督指揮下掌管台灣行政事務的首腦——總務長官；高等法院上告部判官與檢察官，及地方法院院長與檢察官長之官階俸給，可累級至相當於總督府內由總務長官所轄各局之局長，或相當於地方政府的州知事；地方法院一般判官及檢察官之官階俸給，可累級至相當於總督府內各局裡的參事官，或相當於地方政府的廳長。[140] 由於判官及檢察官在官僚體系中地位崇高，初任即屬高等官中的奏任官，故在社會上亦普受尊重。隨之而來的優厚俸給，更使生活費用無憂無慮，不必另有他求（法院條例第 14 條亦禁止判官擔任有俸給或以金錢利益為目的之公務，或經營商業），這應該是日本司法官極少貪瀆之物質面的基礎。可與此相對照的是，清朝的地方官受困於制度性因素而不得不貪瀆。清朝政府承襲傳統中國法制，將司法裁判的第一線工作，委由官僚體系中位階很低的地方行政首長——知縣負責，知縣正規的收入扣除不可報銷的支出（包括自雇幕友家丁及孝敬上司），根本不足以養家餬口，只好向有求於官府的訴訟當事人需索錢財，以籌足款項並中飽私囊。[141] 故精神層面之因素姑且不談，日治時期的判官確實有比清治時期的知縣，擁有較佳的客觀條件，維持其廉潔不貪。

140　參見《台灣總督府及所屬官署職員錄》，昭和 17 年（1942），頁 91-95。

141　參見張偉仁，《清代法制研究》（台北，1983），頁 371-372；戴炎輝，頁 626。

（三）裁判的公平性

　　廉潔只是一位裁判者應具備的起碼條件，其專業方面的要求，是在於能夠做出符合公平性的裁判。惟裁判者事實上在從事一項神才能做得好的工作。就被控告人涉嫌觸犯的罪行，或當事人間的民事紛爭，裁判者都沒有在現場親眼目睹發生經過，卻必須決定被控告者是否有該犯行，或原告是否有權為該項請求。尤其在訴訟中總是涉及互相衝突的利益，或僅涉及雙方當事人的利益，或又涉及第三人、某個群體，或甚至國家之利益，究竟應優先保障那個利益而犧牲另一個利益，也必須由裁判者決定。然而並不存在一個絕對且具體客觀的準則，足以指示如何評價這些相衝突的利益。本文因此不願單從裁判的結果，論斷裁判之公平性，而擬從裁判者周遭客觀環境會不會影響其中立地追求公平性，來推論其裁判的公平性問題。

　　在刑事案件，一位殖民地司法官有時不易追求裁判的公平性。在刑案處理上，事實認定上的爭議常重於法律適用上的疑義，例如難處在確定是誰下手殺人，至於引用殺人罪之條文並不難。若大多數的司法官，因語言差異之故，而減弱其發現真實的能力，則勢必降低刑事裁判的公平性，增高冤獄可能性。特別是刑案經常涉及社會秩序與公共安全，有時不免引起行政權方面的「關切」，台灣的司法官在較欠缺身分保障下，的確需要更大的道德勇氣，做成自己認為公平的裁判。

　　相對的，殖民地司法官對於民事訴訟案件，有較佳的機會做成公平的裁判。雖然因為判官大多為日本人，其對台灣話的不了解與對台灣人習慣的生疏（除非用心學習），分別可能會影響到案件的事實認定及法律適用。但是行政權的政治干預，幾乎不曾發生於民事訴訟案件，當時似無政府要員為私人利益

而關說民案之情事，這使得台灣司法權之較不獨立，並未危害及民事裁判的公平性。況且在台灣法院內的民事案件，絕大多數為台灣人告台灣人或日本人告日本人，[142] 既爭訟雙方屬同種族，判官自然不會基於種族歧視而偏惠一方，故可提升民事案件裁判的公平性。

（四）辯護士的服務

在西方式法院程序，職司出庭為被告辯護或為人代理訴訟的辯護士，為傳統中國式司法所無，故原本僅受漢文化薰陶的台灣人，對其非常陌生。據說於日治初期，某些台灣人把交給訴訟代人或辯護士的費用，視為係用以賄賂司法官者。[143] 不過在日治之初，台灣僅有未必受過完整法學訓練的訴訟代人，[144] 執行辯護士業務。直到 1900 年才引進日本的辯護士制度。但 1901 年仍允許原已執業的訴訟代人可「就地合法」申請登錄為

142　台灣法院的民案占最多數的是台灣人告台灣人，涉及台灣人與日本人之民案極少。以台灣在 1910 年地方法院民事訴訟案件為例，有 3307 案為台灣人告台灣人，466 案為日本人告日本人，只有 296 案為一造台灣人另造日本人。這可能出於台灣人與一般日本人在社會生活上的隔離，故到日治後期，隨著台、日人交往的較前頻繁，涉及台、日人的民事訴訟案件才增多。以 1940 年地方法院民事訴訟案件而言，有 5949 案為台灣人告台灣人，297 案為日本人告日本人，而兩造分別為台灣人及日本人者已有 458 案。參見台灣總督府，《台灣總督府統計書》，第 14 號（1910），頁 125；第 44 號（1940），頁 154。

143　Takekoshi, p.193.

144　參見《檔案》，昭和 10 年（1935），永久保存第 13 卷，第 6 門司法，雜類，七、「台灣辯護士規則改正」。以 1934 年為例，全部在台辯護士有 177 位，其中日本人有 146 位，台灣人有 31 位，而出身訴訟代人者有 17 位，全係日本人。

辯護士，故一直到 1930 年代，在台灣的日本人辯護士中，仍有
10 餘位是出身法學訓練可能不足的訴訟代人。 但是從台灣人
的觀點，影響日本人辯護士服務效能的主因，或許不在於法學
訓練之充足與否，而在於語言的障礙。如前已述，即令到 1935
年，台灣人與在台日本人已「共同生活」了 40 年，但一般台灣
人與日本人辯護士之間仍有「語言相異」之遺憾。所幸自 1920
年代持續增多的台灣人辯護士，不但絕大多數為高考及格科班
出身且通曉台灣本地話，對於欲使用辯護士的台灣人而言，當
然是一大福音。

　　自日治初期開始，在台辯護士之分布即相當平均。依 1901
年的資料顯示，日本人辯護士並未絕大多數集中於總督府所在
的台北市，而是均勻地分散於全台灣各個設有地方法院或其分
院的市鎮。[145] 這種情況一直持續著，以辯護士人數最多的 1934
年為例，登錄於台北地院及其分院者有 96 人，於台中地院及其
分院者有 29 人，於台南地院及其分院者有 52 人。[146] 十分方便
使用辯護士的一般人民。

　　台灣人並不因辯護士為日本人即拒絕使用之。1919 年之
前，根本沒有台灣人辯護士在台開業，但此時仍有不少訟案纏
身的台灣人聘請辯護士為其處理訟案，這些辯護士當然是日本
人。舉例而言，1910 年所有台灣地方法院民事訴訟案件中判
定原告勝訴者（其被告絕大多數亦為台灣人），有 552 案係由

145　參見《台灣慣習記事》，1 卷 6 號（1901,6），附錄；1 卷 10 號
　　（1901,10），頁 88。
146《檔案》，昭和 10 年（1935），永久保存第 13 卷，第 6 門司法，雜類，
　　七、「台灣辯護士規則改正」。

原告自為訴訟,但有 440 案係兩造或僅原告或僅被告由辯護士代理訴訟。[147] 根據 1920 年依同旨趣所做之統計,有 1,220 案係由原告自為訴訟,但仍於 399 案有辯護士代理之情事。[148] 又,自 1920 年代初至 1930 年代中期,在台辯護士人數由 59 增至 177,但同時期台灣人辯護士人數只由 1 增至 32,[149] 故辯護士人數增加的主因是日本人辯護士的加入。假若台灣人相當排斥日本人辯護士,怎麼會有如此多日本人辯護士陸續前來台灣開業?

接著可探討當時台灣辯護士(不論日本人或台灣人)的人數,是否相對的足夠多?依表 3-6,在台灣平均約每 45,000 人才能分配到一位辯護士,較日本內地的平均約每 12,000 人即可分配到一位辯護士,遜色多多,更不用說跟歐美重要國家相比,[150] 但若跟朝鮮相比,雖起初落後,但就整個日本統治期間,仍較朝鮮的平均約每 68,000 人可分配一位辯護士為佳。此與平均每多少人可分配到一位判官的情形相類似(參照表 3-4)。因此,在日本帝國內相似的司法制度底下,台灣人能得到辯護士提供法律協助的機會,一般而言較日本人差很多,但較朝鮮人好些。

在 1945 年日治結束之前,西式辯護士已經如同西式醫生一樣為台灣人所尊敬。戰前日本內地的一般人民及政府官員,仍

---

147 在此 440 案中,有 204 案是僅原告由辯護士代理,有 49 案是僅被告由辯護士代理,有 147 案是兩造皆由辯護士代理。參見《台灣總督府統計書》,第 14 號(1910),頁 126,表 144。

148 參見《台灣總督府統計書》,第 24 號(1920),頁 190,表 203、204。

149 參見本章表 3-3 及註 118、144。

150 歐美重要國家之情形,見 Hattori, p.152, table 4.

表 3-6：日本、台灣及朝鮮能分配到一位辯護士之人口數
（1921-1940）

年　　度	日本	台灣	朝鮮
1921	15,916	65,018	85,975
1925	10,432	44,596	61,539
1931	9,603	30,405	-
1935	9,705	34,971	56,276
1940	13,386	49,915	66,975

說明：台灣在 1920 及 1930 年之數據欠缺，故代之以 1921 及 1931 年數
據；朝鮮在 1931 年之數據亦缺。參照表 3-4 所引 Hattori、陳紹馨、金圭
昇之資料；《日本帝國統計年鑑》，昭和 2 年（1927），頁 659，昭和 3 年
（1928），頁 19、392，昭和 7 年（1932），頁 402，昭和 14 年（1939），
頁 6-7；本章表 3-3。

普遍存在著輕視辯護士的觀念。[151] 據說日治時期朝鮮的辯護士，
也因其與殖民地政府的密切合作關係，而被大多數的朝鮮人投
以不信任的眼光。[152] 但日治下的台灣，卻與上述兩地不盡相同。
日本在台統治當局事實上不太尊重辯護士，不問其是日本人或
台灣人。[153] 但一般務實的台灣人，似乎蠻願意雇用辯護士，只
要確能幫他處理訟案，並不在乎其為日本人。對於一個有反日

151　Hattori, p.129.

152　Hahm Pyong-choon, *The Korean Political Tradition and Law*（2nd ed.,
　　　Seoul, 1971），p. 213.

153　參見 U.S. Department of Navy , *Civil Affairs Handbook: Taiwan（Formosa）,
　　　Taichu Province, OPNAV 13-26*（Washington D.C., 1944），p.111.

（反政府）傾向的台灣人而言，確有許多台灣人辯護士參與反
對總督府的政治運動；[154] 甚至一些日本人辯護士也為從事農民
運動或勞工運動而涉訟的台灣人政治異議分子，在法庭上極力
辯護。[155]1935 年時，台灣辯護士協會強烈要求台灣總督府須保
障人權，而投入這些活動的辯護士大多是日本人。[156] 因此，就
像法科與醫科並列為當時台灣學子嚮往的熱門科系，辯護士與
醫生同為台灣社會所尊敬的專業人士，[157] 雖然當時囿於官尊民
卑觀念，司法官或許比辯護士更受尊重。

第五節　法院的使用

　　人民使用法院的頻率，關係著西方式國家法律被推廣至民
間的程度。當一項民事紛爭或刑事案件，由法院依照業已繼受
西方法的國家法律（亦稱「實證法」）加以評斷時，被引用的西
方式法律規範不止影響到當事者的具體權益，且時常附帶地經
由判案結果「教育」其周遭的親朋好友認識這些西式法規範的內
容，甚至可能透過報紙、廣播等媒體，將宣示著新的法律價值
觀的判決結果傳播於大眾。然而基於「不告不理」的司法被動
性，一個擁有良好設備及優秀人才的法院，並不能自動的發揮
如上所述「法教」的功能，除非民事紛爭當事人已向法院提起訴

154　參見吳三連，頁 213-214、227。

155　參見同上，頁 221-230、248-265、271；向山寬夫，頁 786、798、
　　　849。

156　參見向山寬夫，頁 1179-1180。

157　參見陳紹馨，頁 520、524。

訟，或刑事案件已由於檢察官的偵辦或被害人的自訴而進入法院程序。因此，倘若一般人民因欠缺主觀意願不擬使用法院、或因經濟能力等客觀因素不易使用法院，則近代西方式法院體系所具有的傳播新法的功能必將被削弱。

　　日本統治下台灣殖民地的人民，卻須另外面對某些實質上阻斷其使用法院的制度性障礙。日本統治當局，一方面拒絕審理約占當時地方法院所有民事案件四分之一之屬於在日治前已發生訴權的民事紛爭，另一方面在稍後竟託詞台灣人不習慣於使用法院（若果真如此，為什麼許多清治時期舊案被提起訴訟於法院？），故須恢復清治時期由地方行政官員主導的調解制度。[158] 且宣稱為了「免除被告遠路押送之苦」，宜允許地方行政機關就輕微刑案，得不經法院逕行處分，以「使官民共受便益」。[159] 按民事紛爭若已於地方行政機關的這項調解程序中被解決，則當事人就同一事件不可再向法院提起訴訟，且地方行政機關的前述犯罪即決處分，即令有也很少再經法院審查，使得地方行政機關某程度侵犯了法院的司法裁判權。[160] 換言之，刑案經警察訊問之後，不一定全部移由法院內的檢察官處理，而可能逕由地方行政機關（實即警察官署）裁決；民案也不一定全然交由法院裁判，而可訴諸地方行政機關以調解為名所做的裁決。

　　上述兩項制度，構成近代西方法上「行政司法分立」原則的

158　參見持地六三郎，頁 91。

159　同上，頁 94。

160　身為殖民地官員的持地六三郎，於其著作內毫不諱言地表示地方行政首腦的廳長，不僅處理其轄區內的一切行政事務，且擁有裁判權。參見同上，頁 63。

一大例外。以下即擬探究這些行政司法不分的措施，在什麼樣的範圍內替代了法院的司法裁判功能，以致當時的台灣法院較少有機會將近代西方式法規範或法理念傳播至台灣社會。

一、法院的民事訴訟與地方行政機關的爭訟調停

（一）民事爭訟調停制度

　　日本帝國在台灣所實施的民事爭訟調停（即「調解」之意）制度，乃殖民地所特有的，並不存在於日本內地。原本台灣總督府僅以府令承認地方官可為民事爭訟調停，但因程序法未經釐定，復無明文規定可為強制執行，故收效不大。於1904年，台灣總督府為顧及若干地區與法院所在地距離遙遠，且為減少法院訟源，乃以律令發布「廳長處理民事爭訟調停之件」，改正以往的缺失，明定調停程序，並強化其在法律上的效力，該律令規定澎湖廳、恆春廳及台東廳之廳長得處理民事爭訟調停事件，經調停成立之爭端，即不得再向法院提起訴訟。嗣於1912年，正式以律令規定全台之廳長皆有權處理民事爭訟調停事件。[161] 此舉顯然是看重其具有「減少法院訟源」的功效。1910年日本帝國併吞朝鮮後，亦在朝鮮殖民地施行類似的由地方行

161　明治30年（1897）府令第31號。見《通志稿》，冊2，頁206。明治37年（1904）2月25日律令第3號，明治45年（1912）7月21日律令第2號。見《律令總覽》，頁161-162。明治37年律令第3號已授權總督於必要時得將調停權賦予澎湖、恆春、台東等三廳以外的廳長。此外，為凸顯此制與現行法上調解之不同，仍沿襲原日文「調停」之用語。

政機關處理民事爭訟調停之制。[162] 惟在日本內地，即令於第二次世界大戰時期，有關民事紛爭的調停，仍係由裁判所內判事主持，而非由地方行政官員為之。[163]

　　日本國家權威依據法律明文規定的地方行政機關調停程序，已直接地全面干預人民的民事紛爭。在中華帝國統治下的台灣，地方官員對於人民訴請裁決的「民事」紛爭，雖法無明文但經常先令為調解，且大多要求紛爭當事人自行尋找族長、地方頭人等出面調解，若仍無結果，官員始不得不接手調解工作，才以官府權威直接介入民事紛爭之調解。[164] 日本政府雖亦參考台灣這項舊慣，但顯已充分運用近代國家機制干預民事調解事務。依廳長民事爭訟調停制度，於發生有關財產法或身分法上紛爭時，不問爭訟標的價額高低，皆可向紛爭對造當事人居住地所屬的地方行政機關，繳納一定費用，聲請進行調停。此與朝鮮之僅限屬於區裁判所事物管轄內的民事紛爭，始可聲請地方行政機關為調停，仍有不同。[165]

　　在台灣殖民地，設置於地方廳或州政府內調停課的專責官員（以下稱「調停官」）因而可對任何被請求解決的民事紛爭，擔任居中調解者的角色。倘若調停成立，則整個調停過程及雙

162　明治 43 年（1910）制令第 11 號。其內容見《制令》，頁 235。

163　參見井上正弘，〈台灣民事調停雜考〉，《台法月報》，37 卷 4 期（1943,4），頁 2。在當時的日本內地，僅關於勞工法的紛爭係由行政官員進行調停，因勞工法被歸入行政法之一。

164　參見 Chang Bin Liu, "Chinese Commercial Law in the Late Ch'ing（1842-1911）: Jurisprudence and the Dispute Resolution Process in Taiwan"（Ph.D. diss., University of Washington, 1983）, pp. 253-254.

165　明治 43 年（1910）制令第 11 號，第 1 條，見前引註 162。

方達成和解的內容必須做成筆錄；當事人依據此項筆錄，得向該地方行政機關，聲請對於未履行和解條件之他方為強制執行；且任何一方不得再就此紛爭向法院提起訴訟。[166] 上述由地方政府調停官所為的民事爭訟調停，應與人民委請當地保甲長或管區警察出面進行的一般調解，嚴加區別。就後者的情形，其本質乃屬非官方的紛爭解決方式，雖然警察常運用其事實上的權威促成和解，[167] 但為調解的警察，於法律上並非正在執行其警察職務。[168]

　　地方行政機關民事爭訟調停的法律性質，不同於法院之裁判。按該項民事爭訟調停，係地方廳或州政府，本於行政權之發動而進行，非基於司法機關的身分而為之。[169] 故聲請人或相對人若經合法傳喚（受召喚命令），無正當理由而不到場者，調停官得依台灣違警例處以扣留或「科料」（指未滿20元之處罰，而「罰金」則指20元以上之處罰），這使得民事紛爭的相對人幾

166　詳見《通志稿》，冊2，頁207-210，此部分係由陳世榮教授執筆。

167　參見 David C. Buxbaum, "Some Aspects of Substantive Family Law and Society Change in Rural China（1896-1967）: With a Case Study of a North Taiwan Village"（ Ph.D. diss., University of Washington, 1968）, p. 201.

168　大正7年（1918）控刑212號判決曾謂：「巡查並無干預民事上紛爭而為說諭或仲裁之職務，故其收受因紛爭仲裁而受贈之謝禮，不得論以收受有關職務上行為之賄賂。」見台灣總督府覆審法院編，《覆審法院判例全集，自明治二十九年至大正八年重要判決例要旨》（台北，1920），頁344。

169　參見長尾景德、大田修吉，《台灣行政法大意》（新稿，台北，1934），頁309；東鄉實，頁92。

乎沒有拒絕參與調解的自由。[170] 又，法院的判官必須於認定事實後，依國家實證法之內容決定是非；地方政府的調停官則僅須基於「情理」，即可促請紛爭當事人達成和解。再者，法院判官可不理會紛爭者之心意，逕依其判斷為拘束紛爭者之裁判，但調停官理論上僅得循循善誘地勸告紛爭雙方自願相互讓步，不得強制其成立和解。[171]

　　但職司調停的行政官員對紛爭所為裁斷，經常在效果上等同於法院判官之裁判。這些一般而言未具備法律專業訓練的調停官，常有縱令無理也要促使調停成立以誇耀其技巧之傾向，[172] 故總喜歡運用官府權威，強迫當事人「同意」其就紛爭所擬定之解決方案。[173] 試觀察 1910 年代起至日治結束，在台灣的地方行政機關民事爭訟調停案件處理情形，可發現以官府最得意的「調停成立」終結者，幾乎占 70％以上；以官府最不欲見到的「調停不成立」終結者，總是僅占不到 10％，1920 年代以後甚至大多不到 5％；而以「官民無輸贏」的「撤回」終結者，則約占 20％上下。[174] 總之，不在乎是否於個案中適用民事實證法的

170　參見谷野格，《台灣新民事法》（台北，1923），頁 32；《通志稿》，冊 2，頁 208。　相對的，在法院民事訴訟程序裡不到場者，只不過受到缺席判決而已，並無拘留或科料的處分。

171　長尾景德、大田修吉，頁 310。

172　谷野格，頁 32。

173　參見《通志稿》，冊 2，頁 211。

174　詳細的統計數據，請參見台灣省行政長官公署統計室編，《台灣省五十一年來統計提要》（台北，1946，以下簡稱《五十一年統計》），頁 428-429。另外值得注意的是，若再觀察與此制非常近似之法院於訴訟前和解程序的終結情形，則可發現以「和解成立」終結者比例不甚穩定（此類和解案件數量很少），但大致上僅占 40-50％，遠遜於在行

調停官，經常對於民事紛爭，以「調停」之名行「裁判」之實。

　　地方行政機關民事爭訟調停制度，在日治時期的台灣頗為盛行。在日治初期，這項由地方官強力調停的制度，由於較近似清治時的舊習，相當受一般台灣人的歡迎。惟嗣後又有更重要的因素，吸引人們繼續使用此制。按聲請調停須繳的費用，比向法院提起訴訟須預繳的裁判費用低廉許多，兩者相差約三倍。且此項調停，不許使用辯護士，故無需另外再支出辯護士費。加上調停之程序較簡易亦無上訴可言，所耗時間較法院訴訟為少。[175]

（二）官方紛爭解決機制的使用

　　就像在任何時代的任何社會一樣，日治時期的台灣人社會亦保有一些「非官方」的民事紛爭解決機制，包括紛爭當事人自行相互協商，或邀請共同接受的第三人為仲裁者。惟倘若這類非官方的紛爭解決方式均告失敗，當事者即可能訴之於官府權威，這時台灣人民須面臨兩種選擇。其一是使用上述地方行政機關的爭訟調停程序，其二是依繼受自西方的民事訴訟法使用西方式法院內的各種程序。在日治前期，第一種方式似乎略占上風；但是到了日治後期，第二種方式已逐漸取得優勢地位。此項發展將詳述如下。

　　由表 3-7，吾人可觀察日治時期台灣，法院民事案件與行政機關調停案件，在數量上的變遷經過。民事紛爭當事人欲使用

　　政機關調停程序中達成和解的比例。參見同上，頁 398。這是否意味著行政機關較易於訴諸權威迫使當事人相互讓步？或者是因為在法院和解不成立時可聲請進入訴訟程序，以致當事人抗拒讓步的意志較強。

175　參見《通志稿》，冊 2，頁 205-206、210-211。

法院程序，於尚未提起訴訟之前，得聲請進行和解。若和解不成立，法院得依當事人兩造之聲請令即為訴訟之辯論；而和解成立者，即得以該和解筆錄做為強制執行名義，故紛爭應視為業已解決（參照日本 1890 年民事訴訟法第 381 條、559 條）。惟這類在法院踐行和解程序的民事案件，數量非常少，[176] 故本文加以省略，不列入討論。

　　然而為數眾多之涉及另一項日本民事訴訟法上特別訴訟程序——督促程序——的案件，卻是在考察人民使用法院之情形時，所不應忽視者（參見表 3-7 的（A）項）。依日本民事訴訟法之規定，以給付金錢或其他代替物或有價證券之一定數量為標的之請求，債權人得不依一般訴訟程序而依「督促程序」，聲請法院向債務人發支付命令，債務人收受支付命令後固得向債權人為清償以弭平紛爭，亦得在一定期間內對之提出異議，使支付命令失其效力，此時即以支付命令之送達視為起訴，全案進入一般訴訟程序。[177] 如表 3-7 之（B）項所示，進行督促程序的案件當中，約有三分之一的案件債務人對支付命令提出異議，故依法被視為新的一般民事訴訟案件。換言之，這些進入督促程序後遭債務人異議的民事紛爭案件，原本已計入表 3-7 的（A）項，但又於表 3-7 的（C）項——第一審法院民事訴訟案件——中被算入一次。為得出所有使用法院程序（不問是督促程序或一般訴訟程序）之民事紛爭的總數〔即表 3-7 的（D）項〕，

176　參見《五十一年統計》，頁 398。

177　日本 1890 年民事訴訟法，第 382、390 條。1926 年民事訴訟法，第 430、442 條。另參見《通志稿》，冊 2，頁 64-65，此部分係由洪遜欣教授執筆。

表 3-7：在台灣使用各種官方民事紛爭解決機制之案件數目 （1897-1942）

年度	（A） 依督促程 序之案件	（B） 債務人為異議 之督促案件	（C） 第一審法院民 事訴訟案件	（D） 使用法院程序 之民事案件	（E） 使用地方行政機關 調停之民事案件
1897	-	-	2,270	-	1,451
1898	-	-	2,108（81）	-	-
1899	1,490	660	3,068	3,898	4,214
1900	1,371	476	1,417（50）	2,312	2,808
1901	1,746	696	1,456	2,506	2,056
1902	2,090	660	1,452	2,872	1,858
1903	2,164	821	1,845	3,170	2,375
1904	2,176	952	1,788	3,012	2,525
1905	1,752	816	2,094（67）	3,030	3,204
1906	1,842	873	3,257	4,226	4,744
1907	2,539	1,122	3,406	4,823	4,785
1908	2,811	1,208	3,356	4,959	4,623
1909	3,073	1,402	3,782	5,433	5,104
1910	3,523	1,445	4,046（122）	7,124	7,396
1911	3,387	1,282	4,036	6,141	10,139
1912	3,524	1,379	4,694	6,839	11,896
1913	5,093	1,803	5,693	8,983	11,959
1914	7,107	2,908	6,865	11,064	11,221
1915	7,204	3,079	6,320（182）	10,445	10,123
1916	6,934	2,682	6,330	10,582	9,515
1917	5,546	2,121	6,136	9,561	9,012
1918	4,956	1,746	6,109	9,319	8,533

1919	5,061	1,491	6,831	10,401	7,700
1920	7,122	1,349	7,090（189）	12,863	6,814
1921	13,901	4,271	10,028	19,658	9,153
1922	14,629	5,520	10,722	19,831	11,140
1923	9,242	3,470	8,875	14,647	11,718
1924	8,548	3,045	8,527	14.030	13,274
1925	7,325	2,814	8,108（195）	12,619	9,295
1926	6,617	2,361	7,801	12,057	10,877
1927	7,687	2,714	8,295	13,268	12,880
1928	7,522	2,774	8,522	13,270	10,043
1929	8,870	2,966	8,623	14,527	10,356
1930	13,004	4,543	9,475（203）	17,936	11,500
1931	17,529	6,436	12,032	23,125	13,474
1932	17,072	6,506	11,839	22,405	12,803
1933	14,349	5,942	11,258	19,665	11,202
1934	12,351	4,498	9,659	17,512	10,923
1935	9,898	3,656	9,150（176）	15,392	9,711
1936	10,522	3,565	9,471	16,428	9,077
1937	10,268	3,391	9,489	16,366	7,802
1938	10,341	3,372	9,217	16,186	8,145
1939	9,507	3,833	8,452	14,126	7,090
1940	8,054	2,455	7,834（133）	13,433	6,252
1941	8,125	2,277	6,668	12,516	6,277
1942	7,639	2,054	6,027	11,612	6,304

說明：括弧內的數字表示平均每十萬人有多少件第一審法院民事訴訟案件。表內民事案件統計數字引自《台灣省五十一年來統計提要》，頁396-397、399。據以計算平均數的各該年度台灣總人口數，參照陳紹馨，

頁 96-97；《日本帝國統計年鑑》，大正 10 年（1921），頁 21，昭和 3 年
（1928），頁 19，昭和 14 年（1939），頁 7；George W. Barclay, *Colonial
Development and Population in Taiwan*（1954），p.13. 本表所引用之 1898
年的台灣總人口數，並未將在台日本人算入，惟當時幾乎沒有日本平民居
住於台灣，故此數字仍可接受。

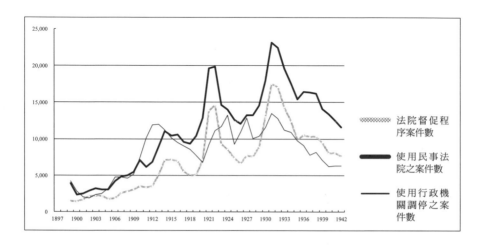

圖 3-1：日治台灣各種民事紛爭案件數
繪圖：吳俊瑩
資料來源：表 3-7

吾人必須將督促程序案件加上第一審民事訴訟案件，且去除前
述被重複計算的部分，亦即表 3-7 的（D）係由（A）加（C）減去
（B）。接著即可以之與表 3-7 的（E）項——使用地方行政機關
調停之民事案件——相比較。

　　台灣殖民地一般民眾，將如何選擇使用行政機關調停或法
院程序來解決民事紛爭呢？在 1899 至 1914 年間，使用地方行
政機關調停之案件數目，經常多於使用法院者〔表 3-7 之（E）

大於（D）〕，尤其是在 1910 年代初期台灣總督府將爭訟調停制
推展至全島之後。但是在 1915 至 1919 年間，使用法院者已稍
稍多於使用地方行政機關調停者〔表 3-7 之（D）大於（E）〕。
於 1920 至 1929 年間，使用法院之案件數的領先差距逐漸增
大。自 1930 年以後，單單計算使用法院之督促程序的案件數，
即已超過使用地方行政機關調停的案件數〔表 3-7 之（A）大於
（E）〕。且從 1936 年之後，除 1941 年之外，使用法院一般訴
訟程序的案件數，亦已超過使用地方行政機關調停者〔表 3-7 之
（C）大於（E）〕。

　　台灣殖民地的一般民眾，當然絕大多數是台灣人。所以如
圖 3-1 所呈現的，台灣人面對官方提供的民事紛爭解決機制，
起初或許較喜歡使用地方行政機關的爭訟調停程序，但 1920 年
代以後這種傾向顯然已逐漸削弱；相對的，台灣人越來越習慣
於使用西式法院及其程序解決民事紛爭。

　　地方行政機關民事爭訟調停制度在台灣殖民地的重要性，
因此不宜過度誇張。有論者以為台灣在日本統治的大部分時
間裡，地方行政機關調停案件的數目均多於使用法院訴訟之案
件。[178] 此項結論其實係得自於將依督促程序之案件排除於「使
用法院」之外，[179] 然而這個前提性看法實有商榷餘地，到底督
促程序乃日本西方式法院內的一個特別民事訴訟程序，其不存

178　參見 Michael Moser, *Law and Social Change in A Chinese Community:
　　 A Case Study from Rural Taiwan*（Dobbs Ferry, N.Y., 1982），p. 29. 該書
　　 作者似乎對日治時期地方行政機關的調停，與清治時期非官方的民間
　　 調解，未加區別。使用日治時期的行政機關調停，事實上較接近清治
　　 時期向地方官員申告案件請求裁決，因兩者均有官府統治權的介入。
179　參見同上，頁 28-29。

在於傳統中國法體制內。況且於督促程序裡，受理的判官必須
嚴格遵守國家實證法的規定，針對繫屬的訴訟標的，決定是否
發支付命令，故殊不同於判官於法院的和解程序，或調停官於
調停程序中之可憑情理斷事。因此當人民使用法院的督促程序
時，不能不說是將其民事紛爭交給西方式國家機關依照西方式
法規範加以裁斷。

　　一般台灣人就法院訴訟和地方行政機關調停所抱持的態
度，對於台灣社會之繼受近代西方法具有重大意義。於日治初
期，由於日本的西方式民商法典尚未適用於僅涉及台灣人及中
國人的民事案件裡，故案件繫屬於法院或地方政府調停課之差
別，只在於若繫屬前者則可接觸西方式的訴訟程序，而若繫屬
後者則否。惟自 1923 年之後，台灣殖民地法院的判官，開始
必須在涉及台灣人的民事案件中適用日本西化後的民事實體法
（身分法除外），但欠缺法學訓練的地方政府調停官，對於應
適用的西方式民事法的理解能力較差，可能較仰仗情理來做判
斷。恰巧的是，1923 年及其後的歲月，台灣人已經大幅降低對
於地方行政機關調停制度的依賴，使這項制度對於西方法之繼
受所可能造成的不利影響得以減輕。[180]

（三）法院訴訟使用率增加的原因

　　雖然自日治之初日本官員即指摘台灣人「好訟」，但事實
上台灣人相對的較不常將民事紛爭交由法院處理。日本內地在

---

180 在此僅強調此項調停制度的推行會減低社會對近代西方法繼受的程
　　度，屬於一種經驗事實的陳述，並不對近代西方法或傳統中國法孰優
　　孰劣的價值判斷問題表示意見。事實上對於欠缺足夠資力以使用法院
　　的窮苦人民而言，民事訴訟的種種好處，可能恰似空中樓閣而已。

1898 年，平均每 10 萬人有 230 件第一審法院民事訴訟案件；[181]
但台灣在同一年，如表 3-7 所示，平均每 10 萬人只有 81 件第
一審法院民事訴訟案件。[182] 由於自 1899 年 10 月 1 日以後，凡
在日治之前已發生訴權之民事案件不再受理，[183] 一般人民乃趕
在截止日期之前提起民事訴訟，導致案件數在 1899 及 1900 年
發生暴漲暴跌現象。接著台灣的第一審法院民事訴訟案件數
目，呈現著穩定的成長〔參見表 3-7（C）項括弧內數字〕。於
1920 年代至 1930 年代中葉的約 15 年間，其平均的民訴案件
數，已大約是日治初自 1897 至 1905 年此一期間的三倍；不過，
比起同時期的日本內地，仍屬較少。[184]1930 年代中葉以後，隨

181　Haley, p. 369. 為訴訟案件數目之比較時，不宜只看案件的絕對數字。
　　 按人口數較多之地區，案件數目當然可能較多，人口增加時案件數目
　　 也可能隨之增加，若人口增加一倍，但案件數量只成長零點五倍，則
　　 人們應是愈來愈少提起訴訟案件。因此在觀察人民使用法院訴訟之頻
　　 率時，必須將特定地特定時的人口總數列入考慮，故以下將以平均每
　　 10 萬人有多少案件的方式，兼顧各地各時人口總數不同之事實。

182　當吾人欲比較不同地點或不同時點之人民是否經常使用法院解決紛爭
　　 時，必須注意到這些案件數目所由生的整個司法體制是否相同。例如
　　 日本統治下的台灣，有相當程度足以取代法院功能的地方行政機關調
　　 停制，當時的日本內地則無，今日施行著中華民國法制的台灣亦無。
　　 惟在 1898 年時，地方行政機關調停制尚未廣泛地推行於台灣殖民
　　 地，故這個年度的台、日兩地法院案件數較具相互比較的基礎。當然
　　 可能有種種原因，包括不懂日語，使台灣人「好訟」不起來。

183　明治 32 年（1899 年）律令第 1 號及第 5 號。另參見《司法檔案》，頁
　　 289-302、307。

184　在日本，每 10 萬人的第一審法院民事訴訟案件數，於 1920 年是 233
　　 件，於 1930 年是 390 件；相對的，在台灣的這項數字，於 1920 年為
　　 189 件，於 1930 年為 203 件。見 Haley, p. 369; 本章表 3-7。

著戰爭時期的到來，民事訴訟案件的數目逐漸減少，但依然較日治初期為多。

　　為什麼台灣自 1920 年代至 1930 年代中葉為止，法院的民事訴訟案件會大增呢？官方自 1919 年起為推動司法改革而增加司法設施及人員，可能是個助因，但絕非決定性的因素。按台灣總督府先在 1919 年增加 2 所地方法院支部，再於 1933 年增設 1 所地方法院支部；同時分別在 1919 年及 1927 年各增加 8 位及 9 位判官。(參見表 3-2 及表 3-3) 但是從 1919 年到 1932 年，在全台 5 個州當中的高雄州，以及所有的 3 個廳 (花蓮港、台東、澎湖) 之轄區內，皆無設置任何地方法院或其支部，仍僅在各地方政府內設置有調停課而已。況且判官員額的提升，似乎跟不上案件量增加的速度，每位判官案件負荷量的變大，已導致案件終結所需時間的延長。台灣總督府法院第一審民事訴訟案件當中，能夠在 1 個月內終結者，於 1920 年占總案件的 33％，但於 1930 年只占 11％，在 2 個月內終結者，於 1920 年占 27％，但於 1930 年只占 18％；相對的，在 3-6 個月才終結者，於 1920 年僅占 16％，但於 1930 年增到 27％。至於 6-12 個月始終結者，於 1920 年只占 9％，但於 1930 年竟已占 14％。[185] 法院辦案時間的遲延實不利於訴訟當事人，反而可能阻礙其起訴意願。[186]

　　台灣自 1920 年代以後的都市化現象，對於法院民事訴訟案件的增多可能有影響，但其程度也有限。在台灣的傳統農

185　各類案件之數量，見《五十一年統計》，頁 401。本文中之百分比係作者自行計算所得。

186　參見 Haley, p. 383.

業社會裡，為農作物之豐收通常必須有某團體內人們的互相協助，甚至須集合眾人之力做好防盜工作，才能維護個人的身家財產，這些經濟、安全上的需要，總迫使人們盡可能容忍同家族、同宗族，或同村落之其他成員的非行，以免因破壞「內部和諧」而被排斥與孤立。向官府提起訴訟，在此情形下被視為是引來「外力」的干涉。故團體內成員間的紛爭，通常交由族長、地方頭人等裁決。惟一旦紛爭涉及經濟上利益特別是金錢，則團體領導人勸和紛爭的能力即相對降低許多。尤其當紛爭涉及團體成員以外的人時，訴諸官府訴訟已不再遭到團體的內部壓力，只需考慮進行訴訟之財力及時間上的成本。從 1920 年代開始，台灣開始出現都市化現象。如前所述，在 1930 年台灣已設有 7 個市，3 年後再增為 9 個市，這些市的居民大多是台灣人，即令是在台日本人聚集最多的台北市亦然，許多移入城市的台灣人已棄農改從工商或服務於政府機關，甚至組成核心家庭後定居於市區，脫離原住的鄉村社區。[187] 他們相對的較有意願使用官方的紛爭解決機制，因為由族長或地方頭人調解的非官方紛爭解決方式，已在其所居住的城市中失去賴以維持的社會基礎。尤其是城市裡通常設有地方法院或其支部，較便於選擇到法院進行訴訟而非到地方政府尋求調停。然而日治時期台灣都市化的步調十分緩慢，在 1920 年，所有台灣人當中僅 10％係居住於城市，至 1940 年，其比率亦不過提高至 14.7％而已。[188] 因此都市化所帶來的影響，不足以充分說明 1920 年代及 1930 年代前半期民事訴訟案件之激增。

---

187 參見 Barclay, pp.103-104,107,115,119-120,125-126.

188 同上，頁 115。

　　日本在台灣推行的現代化教育或多或少促使台灣人接受西方式法規範及法院，但其對民事訴訟案件的突增同樣是影響有限。日帝在台的教育內容，不同於僅講授儒學的傳統教育，尚傳授一些日本甫學習自西方的現代知識，固然殖民地教育偏重於日本語文及現代的實用性技藝的訓練，[189] 但這些內容也有助於台灣人之使用以日語為「國語」的法院、或接觸某些新式的傳播媒體如報紙或廣播。由於媒體上有時候會有關於法院判決的報導，當實際生活中發生類似紛爭時，曾收受這些訊息的人們，可能亦採取如法院判決所示的解決方式。但是教育的影響仍不可過度強調。其原因有二，首先，由官方篩選的教材內容，毋寧是在抑制近代西方法律思想的散播。按台灣人在教材裡總是被要求做一個服從且辛勤工作的日本臣民，而未被告知一個日本國民所可主張的權利或可要求的機會。[190] 「透過法院的訴訟以爭取個人權益」的觀念，當然也不為學校所鼓勵。其次，初級教育的普遍推展至台灣全島，係 1920 年代以後，特別是日治末期之事。[191] 故其與發生在 1920 年代及 1930 年代前期的民事訴訟案件，應不具關聯性。

　　1920 年代至 1930 年代中葉，一般台灣人民經濟能力的提升，或許有利於人們向法院提起民事訴訟，但人民經濟能力趨強不一定造成民事訴訟案件增多。法院民事訴訟案件之產生，須靠人民發動訴訟，擔任民事訴訟上的原告。由於原告須預先

189　參見向山寬夫，頁 147-151。

190　Tsurumi, p.144.

191　同上，pp.79,148. 台灣屆學齡兒童入學率，於 1919 年為 20.69%，1930 年為 33.11%，1940 年已 57.56%，至 1994 年高達 71.31%。

按訴訟標的價額繳交裁判費（雖然最終係由敗訴者負擔），且可能須聘請如辯護士一類的法律專家，代為準備訴訟書狀甚至出庭辯論，倘若無相當資力，恐怕不敢輕易提起民事訴訟。而1920 年代及 1930 年代前半，適值台灣人在日治 50 年中較為富裕的期間，使其相對的較具有使用法院民事訴訟的經濟能力。按目前並無關於日治時一般台灣人個人收入及消費的統計數據，但經濟學者運用其他指數，亦即「實質的工作收入」（real wage），以及對於食物、棉布、紙張、腳踏車的「每人消費」（per capita Consumption），來了解這項問題；則依各項數據顯示，1920 年代及 1930 年代前半期，通常是日治 50 年間人民收入數額及消費能力的高峰期。[192] 不過，有錢的人不一定有使用法院訴訟的意願，且習於精打細算者，若發現另有可花費較少但達成同樣效果的方式，又何必選擇訴訟？故並不只因為人民富裕所以法院民事訴訟案件就會增加。

　　當我們再回來觀察有關法院的運作實況時，可發現一個饒富趣味的現象，即台灣人原告在法院民事訴訟裡的勝訴率，在

192　各業別的實質工作收入指數不一，服務於政府部門者在這段時期的指數增高最多，從事農業者的增高較少。關係是否「吃得飽」的卡路里消費量，自 1910 年起至 1930 年代末期為止，台灣人大致上可獲得充分滿足，且遠勝於當時的朝鮮及中國大陸大部分的地區。是否「穿得暖」呢？除第一次世界大戰期間之外，到 1930 年代末期為止，台灣人的棉布消費量持續增加，涉及精神生活品質的紙張消費量亦然。可能更具意義的腳踏車的消費，在 1920 年之前腳踏車很罕見，平均每 700 人才一部腳踏車，但在 1930 年代幾乎每 3 戶人家就有一部腳踏車。請詳見 Samuel P.S. Ho, *Economic Development of Taiwan, 1860-1970*（New Haven and London, 1978）, pp. 91-100.

前述時期內，同樣呈現漸增之勢。依照表 3-8，於 1910 年代，一個台灣人原告在第一審法院提起民事訴訟後（被告大多同為台灣人），得到「全部勝訴」判決的平均機率約為 32%，而其「全部敗訴」的平均機率約為 16%。但 1920 至 1934 年之間，原告全勝訴率有上升趨勢，而全敗訴率轉為下降。於 1930 年代初，當民事訴訟案件數量大幅上揚時，此項原告全勝訴率已增至 43%，而全敗率僅剩約 10%。民事訴訟案件數量的高峰期，與出現原告全勝訴率最高時點，大體上是一致的。1935 年以後，雖原告全勝訴率沒有太大的變化，但民事訴訟案件數遞減。戰爭所引起的不便利（包括一般台灣人經濟條件的變差），[193] 可能導致民事訴訟案件減少的重要原因，按在這同時，地方政府的調停案件也大量減少（參見表 3-7）。然而在承平時期，原告勝訴率與案件數量之間的關係，究竟僅是偶合或具有某種意義？

　　台灣人原告在日治前期的勝訴率不高，可能意味著其對於日本引進的近代西方式紛爭解決機制尚不熟悉。按日治前期法院依律令之規定，係依「舊慣」處理僅涉及台灣人的民事訴訟案件，但理應知悉「舊慣」內容的台灣人於主動向法院提起訴訟後，其請求卻大多不能獲得判官的支持。或許正是這個原因，使得日本統治者沿襲前清官員的觀點，從「官本位」的立場指責台灣人「性喜濫訴」。其實，只有那些受西方式法學教育的日本人判官所認可的台灣舊慣，才能成為「習慣法」而被適用於台灣人民事訴訟案件中；一般台灣人必須學著配合日本版的「台灣習慣法」，非僅憑恃原有的法律觀念即足濟事。尤有甚者，台灣

193　同上，p.100.

表 3-8：台灣人原告之第一審民事訴訟案件判決結果百分比
（1910-1942）

年　　度	全部勝訴	部分勝訴，部分敗訴	全部敗訴
1910	31,5%	9.4%	20.6%
1912	30.5	7.2	17.9
1914	33.7	7.5	13.4
1916	33.8	6.3	11.8
1918	30.0	7.8	15.0
1920	31.0	5.3	14.9
1922	36.2	6.4	12.4
1924	37.8	6.5	14.7
1926	33.8	5.8	15.6
1928	34.7	5.1	12.9
1930	38.5	6.1	12.3
1932	43.3	2.7	8.9
1934	43.2	3.7	10.9
1936	38.8	4.1	10.4
1938	40.7	3.8	10.0
1940	37.7	4.0	9.0
1942	40.2	2.0	9.7

說明：本表省略其他訴訟終結方式（如撤回訴訟）。各百分比係由各類案件數與總案件數計算得出，其所有的案件數參照《台灣省五十一年來統計提要》，頁 408-409。

人對於在法院所進行的西方式訴訟程序，起初係全然陌生，語言的障礙更加深人民面對外來法律制度時的侷促不安，可能有不少台灣人原告係因程序上的不了解導致敗訴，而非由於實體上理由不充分。

　　1920年代初期以後，上述情形業已改觀。自1923年起，日本西方式的民事實體法及程序法皆適用於台灣人的訴訟案件。由於此項民事實體法係外來的「繼受法」而非「固有法」，或許有人會預期僅知舊慣的一般台灣人提起訴訟時將更易敗訴，因為其所了解的固有法規範不同於法院判官所依據的西方式法規範。然而台灣人原告勝訴率卻較前為高，推翻了這項假設。為什麼會這樣呢？主要應是台灣人從社會生活經驗中（非自學校）學習，包括實際上雇用在同時期亦激增的辯護士，而逐漸獲得有關西方式民事實體法及程序法的知識與技巧。[194] 換言之，經日本四分之一個世紀的統治，台灣人已擁有較好的能力，可成功地使用西方式法規範及法院，解決民事紛爭。

　　法院督促程序案件的增多及地方政府調停案件的減少，似乎也可以說明這項發展。較接近台灣人傳統上紛爭解決方式的地方行政機關調停制度，經常被使用於解決500元以下之「較小額」金錢糾紛，[195] 這類紛爭事實上亦是西方式法院督促程序主要所擬簡速解決的紛爭，故兩者在功能上存有相當大的替代性。一般台灣人於日治之初，可能不知悉法院內有這種督促程

194　今日的台灣社會，仍經常可看到這類「社會學習」的模式，亦即某些先驅者透過實際運作，發現某項行為或活動有利可圖，一般民眾於知悉後即一窩蜂地往那個方向發展，除非受政令或教育之影響。

195　參見《通志稿》，冊2，頁211；《五十一年統計》，頁431-433。金錢糾紛也是較容易尋求官方紛爭解決機制的一種紛爭類型。

序；但是在 1920 年代，法院督促案件數與地方政府調停案件數，已經差距有限；且自 1930 年以後，前者一直領先後者（參見表 3-7）。吾人應可合理的推論出，面對同類型的民事紛爭，台灣人已學會使用法院所提供之更有效率的方法，取代傳統的調解模式。

當更多的台灣人成功地使用法院保護其權益，自然有更多的台灣人訴訟案件繫屬於西方式法院。倘若許多案例已顯示，一個人不需送紅包、花大錢、費多時，就可從法院程序中獲取利益，則人們於涉及民事紛爭時，當然會慎重考慮將其提交法院解決，亦即自為原告以使對造被動地同時進入法院程序。於 1920 年代及 1930 年代前半之期間裡，一位使用法院的台灣人，事實上擁有將近 40％ 的機會取得全部勝訴判決，而僅冒著 12％ 全部敗訴的風險，且又有三分之二的機會經由督促程序立即取得具有強制執行力的支付命令。當私下的非官方紛爭解決成為不可能時，為什麼不使用法院呢？

總之，在司法投資的增加、都市化、教育普及、經濟生活條件改善等大環境的營造下，一般台灣人透過社會學習，已較日治初期了解近代西方式民事法規範及法院制度，此反映於台灣人原告較高的勝訴率上，且導致 1920 年代及 1930 年代前半台灣法院內民事訴訟案件大增。但是戰爭來臨之後，客觀的情勢迫使許多已具有使用法院能力的台灣人，不再訴諸於官方的民事訴訟或調停（故兩者的案件量皆減少），而改從非官方的紛爭解決方式。

二、法院的刑事裁判與警察官署的犯罪即決

（一）犯罪即決制度

　　依據犯罪即決制度，在台灣殖民地的地方行政機關，如同在朝鮮殖民地一樣，[196] 對於輕犯罪擁有司法審判權。早在日本領台的第二年（1896），台灣總督府即已將日本內地的「違警罪即決例」移植至台，以律令發布「該當拘留或科料之刑之犯罪即決例」，規定凡該當 10 日以內之拘留，或 1 元 95 錢以下科料之刑之罪（其範圍主要涵蓋由各縣廳所發布的違警罪），得由警察署長及分署長或其代理官吏，以及憲兵隊長及下士在其轄區內，於聽取被告人陳述並調查證據後即為宣判，惟對於即決宣判得向地方法院請求為正式的裁判。[197]

　　台灣總督府接著於 1904 年再以律令發布「犯罪即決例」，大幅擴大可即決之犯罪的範圍，包括①該當拘留或科料之刑之罪（包括「違警罪」在內），②應科處主刑 3 個月以下重禁錮之賭博罪，③應科處主刑 3 個月以下重禁錮或 100 元以下罰金之違反行政諸規則之罪。關於即決程序以及得向法院請求為正式裁判，與 1896 年的「即決例」大致相似（雖程序已較完備），惟或許顧慮到即決範圍已擴大，故將行使犯罪即決權者的層級，提升至身為地方行政首長的「廳長」（第 1 條），但為保留迴旋空間又規定：「台灣總督認必要時，得命支廳長及廳警部代理

196　制令第 10 號，明治 43 年（1910），其內容見《制令》，頁 260-262。

197　參見向山寬夫，頁 136；明治 29 年（1896）10 月 1 日律令第 7 號。見《律令總覽》，頁 175。按日本內地對於違警罪的法定刑即是「拘留或科料」。

本令所揭之職務。」（第 13 條）。[198] 依同時間發布的「犯罪即決例施行手續」（訓令）之規定，在廳以廳警部、在支廳以支廳長（實務上由警部充之）做為「即決官」代理廳長行使此項犯罪即決權。[199] 然不問是廳長或警部，皆屬地方行政機關，卻擁有對一定犯罪的司法審判權。從此，在台灣殖民地的警察官署不但可即決違警罪，且可即決若干在日本內地只有法院才有權審判之違警罪以外之罪。

　　嗣後「犯罪即決制」曾有一些修正。1909 年將「重禁錮」改為「懲役」；就可即決之罪加列「應科處拘留或科料之刑之刑法第 208 條之罪（筆者按，「暴行未至傷害」罪）。1920 年將「廳長」改為「郡守、支廳長或警察署長」，而可代理行使其職權的即決官則改為「州警視、州警部或廳警部」。甚至 1927 年規定「州警部補或廳警部補」亦可代理即決該當拘留或科料之刑之罪。[200] 不論怎麼改變，警察官署之有權即決部分輕微的犯罪行為，則始終如一。

　　在警察官署的犯罪即決案件，依法仍有兩個管道回歸法院的檢察官或判官處理，但事實上此情形很少發生。首先，即決

198　明治 37 年（1904）3 月 12 日律令第 4 號。見《律令總覽》，頁 175-176。大正 10 年（1921）高等法院上告部曾判稱：「關於即決例中違反行政諸規則之罪，不包含違反法律或因法律委任所發布之命令之罪。」見《警沿誌》，頁 337。

199　參見《警沿誌》，頁 355-356。

200　參見《律令總覽》，頁 176-177；《警沿誌》，頁 356-357。警察機關擁有如此廣泛的犯罪即決權，係日本內地所無，故比較兩地刑訴案件處理情形時，必須考慮到這點。同樣的，若比較日治、國治時期之刑案處理，亦須注意此項差異。

官署（指行使即決權的警察官署）於受理刑案後，若認為該案應科處的罪名或刑罰程度已逾越犯罪即決例允許之範圍，而屬不能即決之罪，或以不即決為妥當，或有其他不能即決之罪俱發，則應將案件移送法院檢察官。[201] 其次，受犯罪即決宣判者，若對之不服，得於一定期間（3 或 5 日）內，向即決官署聲請由法院為正式裁判，這時受聲請的即決官署，應速將有關訴訟之一切書類，移送到法院檢察官。[202] 然而於全面施行此制的 1904 年的 5 月至 12 月間，所發生的 28,770 件犯罪即決案件中，僅 39 件嗣後被移送法院檢察官，及 12 件受即決宣告者聲請法院為正式裁判，其他絕大多數的案件均以即決官的有罪宣告為最終確定者。[203] 此實非特例，直到日治結束為止，一旦刑案繫屬於即決官署，其結果總是有罪宣告，且僅有極小比例的案件嗣後被移送至法院處理。[204]

　　惟台灣總督府法院絕非警察官署即決宣告的橡皮圖章而已。自 1904 年至 1934 年之間，於經請求法院正式裁判的即決案件中，有 588 名受即決宣告者（38.4％）獲得法院為同樣的判決，有 118 名（7.7％）獲得法院為刑度更重的判決，但是亦有 581 名（37.9％）獲得法院刑度較輕的判決，甚至有 244 名

---

201 「犯罪即決例施行手續」，第 3 條。見《警沿誌》，頁 355。

202 「犯罪即決例」，第 3、5、6 條。

203 參見《警沿誌》，頁 350。

204 參見本章表 3-9（C）；《五十一年統計》，頁 1358。該書將「犯罪即決案」譯為「違警案件」，似有商榷餘地，因為後者僅是前者的一部分。其實中華民國法制中並無相似的制度，故不如維持原名稱，以顯現其為特定時期的產物。

（15.9％）得到法院的無罪判決。[205]

（二）法院裁判與警察即決的使用狀況

　　究竟有多少刑事案件係由警察官署為犯罪即決宣告，而非由法院檢察官及判官為正式裁判？犯罪即決案件數目愈多，就表示一般人民接觸法院內檢察官判官及刑事訴訟程序的機會愈少，亦即受到近代西方式刑事司法機制的影響愈少。[206]因此於表 3-9 中（A）中先列出第一審法院檢察局所受理之偵查案件數，這些案件經偵查後可能提起公訴，可能為不起訴處分，可能起訴後進入預審程序，可能起訴後進入正式審判程序。但不管如何，其係由法院的檢察官或檢察官和判官，依西方式刑事訴訟程序而為正式裁判。為易於相互比較，表 3-9（B）併列出警察官署受理的犯罪即決案件的數目，且計算出兩者的比例數，以示其消長關係。再以圖 3-2 呈現整個刑事制裁程序的運作實況。

　　警察官署的犯罪即決案件數，遠多於法院的刑事案件數。台灣總督府為了遏止法院刑事案件在 1903 年之前的漸增趨勢，自 1904 年 5 月實施「犯罪即決例」。由表 3-9 可見其目標確已達成。在 1905 年至 1915 年之間的法院刑案數目，大致上與 1900 年代初期相當接近。1910 年代後半期及 1920 年代，是整

205　參見《警沿誌》，頁 353-354。本文中各類型案件的總人數及所占百分比係作者自行計算所得。

206　日治時期之由警察官署代理地方行政首長決斷人民的輕微犯罪，性質上相當類似清治時期之依傳統中國法體制，由地方縣廳衙門首長審決處以笞杖之刑案，但只能審擬其他關於徒流死刑案。蓋兩者皆由地方行政機關負責審理刑案，且區分輕重罪案件，凡輕罪案件才由地方官逕自定案。

個日治 50 年當中，刑事案件最經常使用法院程序的時期（與民事案件之使用法院高峰期，有重疊但不完全相同），但也僅僅約四分之一的刑事案件係由法院為正式的司法裁判，其餘的四分之三仍由警察官署為犯罪即決。[207] 於 1930 年代初期，犯罪即決案件的比重又逐漸攀升，至 1930 年代中期以後，整個情勢又回復到以前 1905 年的狀況，亦即平均若有 1 件刑案是由法院檢察官或判官處理，則已有 6 件刑案係由警察官署逕為裁決。

　　日本統治當局為犯罪即決制度所做的辯護，不能令人信服。1904 年官方頒布「犯罪即決例」的理由是：欠缺法院、全島交通不便、人民對行政司法分立的不能理解。[208] 即令這些理由在 20 世紀初的台灣確實為真，它也不能用於合理化自 1920 年代末至 1930 年代之逐漸增加使用犯罪即決制，除非日本統治者自認雖經 30 年歲月，台灣的司法設施、交通建設、教育水準，都沒絲毫的進步。

　　另有日本殖民主義者辯稱，由熟悉地方事務的警察官署為犯罪即決甚為適當，因為受即決宣告者很少請求法院為正式裁判，縱令其為請求，法院亦很少做成較即決官署有利於被告之裁判云云。[209] 對於鮮少因不服即決宣告而聲請法院為裁判，固然可解釋為「即決宣告令被告信服」，但同時也意味著司法救濟之徒有其表，且更加顯露出：「警察官署有權對輕犯罪不經司法審查即為最終確定裁判」之事實。況且，如前舉數據所示，

207　所謂「最經常使用法院」，係參照法院刑事案件與犯罪即決案件兩者之比例。依表 3-9 所示，此期間兩者之比例大概為一比三，故若以全部刑案來看，僅約四分之一是由法院處理。

208　參見《警沿誌》，頁 328-329。

209　參見同上，頁 350-352；持地六三郎，頁 94-95。

表 3-9：台灣由法院或犯罪即決官署所處理之刑事案件數目 （1897-1942）

年　度	（A） 第一審法院檢查局偵查案件	（B） 犯罪即決官署受理案件	（C） 不服即決聲請法院為裁判之案件
1897	3,246	-	-
1898	4,258（164）	-	-
1899	5,645	-	-
1900	7,600	-	-
1901	8,979	-	-
1902	9,199	-	-
1903	9,862	-	-
1904	6,220	28,008	46
1905	5,892（189）	37,965（1217），1:6.4*	41
1906	6,236	39,095	51
1907	7,751	47,944	30
1908	7,162	43,940	26
1909	7,820	41,977	21
1910	8,333（253）	40,146（1217）1:4.8*	99
1911	9,723	39.807	23
1912	10,018	40,885	15
1913	10,774	42,985	47
1914	10,832	39,562	31
1915	10,737（309）	36,177（1040），1:3.4*	33
1916	12,231	42,064	49
1917	13,789	43,039	58

1918	15,340	45,569	43
1919	15,339	50,366	35
1920	14,347（383）	37,500（1000）, 1:2.6*	18
1921	17,214	50,436	20
1922	17,917	56,383	49
1923	19,535	61,058	31
1924	19,402	68,737	53
1925	21,616（521）	72,044（1736）, 1:3.3*	34
1926	24,581	88,969	39
1927	24,681	91,870	51
1928	26,389	103,632	89
1929	27,517	131,738	79
1930	27,197（581）	129,103（2759）, 1:4.7	54
1931	26,137	143,179	77
1932	26,332	159,456	56
1933	26,670	161,754	48
1934	26,152	181,702	49
1935	27,340（514）	172,712（3246）, 1:6.3*	16
1936	31,344	214,203	19
1937	27,985	196,432	10
1938	24,206	171,434	6
1939	24,665（418）	165,584（2807）, 1:6.7*	-
1940	30,030（500）	-	-
1941	39,817	-	-
1942	33,896	-	-

說明：括弧內的數字表示平均每十萬人有多少該類案件。帶有＊號的比例數係依（A）：（B）計算得出。（A）項的案件數，引自《台灣五十一年來

統計提要》，頁 434；（B）及（C）項的案件數，引自《台灣總督府警察沿革誌，第二篇：領台以後の治安狀況（下卷）》，頁 353-355。台灣總人口數的參考資料與表 3-7 相同，惟 1939 年的總人口數，係參照近藤釰一，《太平洋戰下の朝鮮及び台灣》（東京，1961），頁 3。

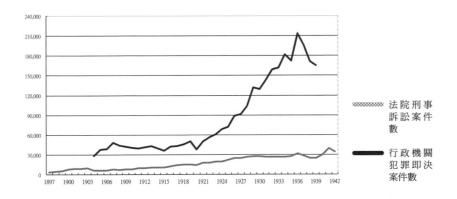

圖 3-2：日治台灣法院刑事訴訟及行政機關犯罪即決案件數
繪圖：吳俊瑩
資料來源：表 3-9

既然受即決宣告者，有超過 50％的機會自法院獲得刑度較輕或甚至無罪之判決，僅須承擔機率不到 10％之受到法院為刑度更重判決的風險，他們為什麼不利用法院程序爭取權益呢？這才是根本問題之所在。事實上警察官署在做成即決宣告後，經常不給予受宣告者在 3 日內表示不服以聲請法院為裁判的機會。在科料的情形，警察常下令若不當場繳納金錢即加以拘留，而對於拘留則常不管有無意願，一律要求按捂指做服罪表示；除

此之外，警察也常欺騙民眾說，若有不服先繳畢科料後再去法院抗告，殊不知此舉將被法院認為已服罪而拒絕受理。[210] 而且縱令警察沒有上述的阻礙行為，受即決宣告者也可能知趣地不表異議，因為對之不服即代表著挑戰警察權威，可能會引來日後警察的報復，為避免這種現實上的必然不利益，寧願放棄請求法院裁判的潛在利益。

換言之，係「官威」而非「品質」，使得台灣人民傾向於接受警察官署的犯罪即決宣告。而此制度也因為能強化在人民眼中就像是總督的警察大人的權威，所以一直持續被施行至日治結束。

由屬於行政機關的警察官署為犯罪即決，已嚴重地減少台灣人接觸西方式法院及刑事訴訟法律。此說明日本政府最關切的是統治目的的遂行，而不是近代西方式制度的推展。同時，由表 3-7 及表 3-9 所顯示之平均每十萬人有多少民事訴訟案件及刑事偵查案件，可知台灣人之接觸法院，仍以涉及刑案時居多，「進法院」經常意味著「被處罰」。因此對於一般民眾而言，雄偉的西方式法院，仍是一個不受歡迎的地方。

第六節　小結

於 1896 年，近代西方式法院制度首次由日本人創建於台灣。台灣總督府透過 1898 年的司法改革，於島上建構一個獨立

210　參見李崇僖，〈日本時代台灣警察制度之研究〉（台大法研所碩士論文，1996），頁 134-135。

於日本內地之外的殖民地特別法院體系，實施二級二審制。台灣的法院制度再經 1919 年司法改革後，已實質上類似於日本內地的四級三審制，但其為一個獨立體系的性格仍維持著。

西方式的司法權獨立亦逐漸被日本人導入台灣。1919 年司法改革之前，司法權獨立在台灣殖民地僅於有限的空間內發展。1919 年之後，雖然殖民地司法制度仍未給予判官充分的身分保障，但受日本訓練的台灣殖民地判官，基於沿襲自西方的審判獨立觀念，仍勉力在台灣追求司法權的獨立運作。

同時，日本統治當局也在台灣大舉設置司法機構及人員，不過其質量仍遜於當時的日本內地。由於殖民統治的種種歧視，僅少數台灣人在台擔任判官且無人在台任職檢察官，不過倒有許多台灣人於 1920 年代以後在台執行辯護士業務。因為大多數在台司法官係日本人，語言的問題一直存在於殖民地司法，惟日本的法律專家仍成功地運用西方法學概念將台灣舊慣轉化為台灣習慣法。尤其，日本判官及檢察官的清廉，從未被質疑，雖然其裁判的公平性並非毫無疑問。此外，在日治時期，辯護士已成為相當受尊敬的專業人員。

台灣的法院因此是有能力達成將西方式國家實證法傳播至民間的任務的，然而兩項殖民地特別制度——地方行政官員的民事爭訟調停及警察官署的犯罪即決——卻相當程度阻擾法院之踐行此項功能。但透過長期的社會學習，一般台灣人已逐漸知悉如何使用法院解決其民事紛爭，因而減低民事爭訟調停制度對人民繼受西方法的阻礙，但是在殖民地警察權威的壓制底下，台灣人一直被嚴重地剝奪在法院接觸西方式刑事訴訟程序的機會。

第四章

刑事司法與變遷中的社會

　　本章主要的關心課題是：近代西方式刑事司法對於日本統治下台灣社會的影響。在傳統中國法底下，除政府權威當局外，一些諸如家、族、村落等社會團體亦某程度對其成員擁有課以處罰的權威。[1] 此相對於政府部門的刑罰而可稱之為「私刑」，事實上普遍存在於清治時期的台灣。[2] 但一個現代型國家，為了表現其係維護公共秩序的最高統治權威，則堅持獨享施加刑罰的權力。日本政府，自明治初期即努力於禁止「私刑」，以建立統一的最高國家權威；[3] 但在台灣，面對一個敵視日本外來統治且長期杌隉不安的漢人移民社會，又將如何建立國家刑罰權威呢？那些由這個國家權威強制推行的西方式殖民地刑事法，究竟在何等範圍內已實質影響及台灣社會呢？經過50年的日本統治，台灣人是否已經在某種程度上改變其對刑事司法的觀感？

第一節　統治秩序與政治犯的處置

　　以下所使用的若干名詞，須先界定其涵義。所謂「政治犯」，泛指為了反對現政權而觸犯刑罰法規者，包括政治「異議

1　參見仁井田陞，〈中國舊社會の構造と刑罰權──國家的・非國家的とは何か〉，載於法制史學會編，《刑罰と國家權力》（東京，1960），頁191-223。

2　參見台灣省文獻委員會，《台灣省通志稿卷三政事志司法篇》（台北，1955），冊1，頁104-105（以下簡稱《通志稿》）。

3　參見中村吉三郎，〈刑法〉，載於鵜飼信成等編，《講座日本近代法發達史》（東京，1958），冊9，頁15-16。

分子」及政治「反抗者」。異議分子通常對政治事務感興趣、擁有多方面知識，故出於某種政治信念，從事某些其認為必要但違反刑法的行為，甚至包括暗殺、恐怖活動等，以求改變政治現狀，進而建造新的政治體制。反抗者則可能未必擁有廣泛知識和堅定的政治信念，但出於對現政權的怨恨，甚至可能僅是出於偽善，而以非法手段反抗政府及其施政。不論異議分子或反抗者，由於皆係基於反對現政權的政治性動機而犯罪，故稱其為「政治犯」。至於與政治不滿無關，純粹為奪取他人財物、侵害他人生命，或破壞社會秩序等等而犯罪者，則不屬於政治犯。另有所謂「政治刑法」，係指專門針對政治犯所設置的刑罰法規，其所規範者包括內亂、外患等重大危害國權的行為，以及關於言論、集會、結社等之不法行為。至於就普通人一般生活上的各種犯罪（例如暴力犯罪、財產犯罪、性犯罪、危害社會秩序罪等）加以規範的刑罰法規，則可相對的稱為「一般刑法」。政治上當權者對於政治犯，固然經常依政治刑法加以嚴懲，但也可能援引一般刑法，來制裁彼等在從事政治活動的過程中，可能觸犯的一般罪行，如後述台灣農民運動之例所示。[4]

4　上述定義請參閱 Austin T. Turk, *Political Criminality: The Defiance and Defense of Authority*（Beverly Hills, Ca., 1982）, pp. 40-41, 54-68, 113-114. 台灣在日治時期，尤其是日治初期，亦有日本人異議分子遭總督府當局壓迫，但因本書論述對象僅限於當時的台灣人，故以下對此不加以討論。

一、軍事鎮壓（1895-1902）

（一）日本的軍事征服

　　日本領台之初混亂的政治情勢，主要導因於清治末期清帝國對台灣的始亂終棄。將台灣割讓予日本的《馬關條約》，於1895 年 5 月 8 日經清、日兩國互換批准書後生效，自是日起台灣在法律上已屬於日本帝國。但是清國政府事實上並未立刻將對台的統治管轄權移交日本，且仍期盼引發國際干預以阻止日本領有台灣。復以清國中央政府對於這個位居帝國邊陲的海島，原本就控制力有限。結果竟在清日兩國尚未對台進行交接時，發生清國政府始料未及之事。1895 年的 5 月 23 日，由原清朝在台地方官員及部分台灣社會上士紳階層，在台灣島上建立「台灣民主國」。[5] 此外，台灣的地方豪強為保護其鄉土，也紛紛組織「義軍」。錯愕的清國政府惟恐日本責難其違反條約上義務，乃告知日本當局曰：「台灣人民既已為獨立宣言，清國政府對該地人民已無原本擁有的管轄權，故清國委員僅得單純依條約之明文，為儀式性的交接手續。」[6] 於是，1895 年 6 月 2 日，清日兩帝國於基隆外海的一艘船上，完成交割台灣島主權的書面作業。[7] 不過日本政府倒十分明白必須仰仗軍事征服，始能取得台灣的統治權，故在 6 月 2 日之前，業已派遣日本軍隊登陸台灣。日軍與新成立的民主國軍隊（原清軍）以及台灣人義軍，

5　參見吳密察，《台灣近代史研究》（台北，1990），頁 1-51。

6　語出 1895 年 5 月 29 日清國直隸總督李鴻章於天津發予日本總理大臣伊藤博文的電報。伊藤博文編，《台灣資料》（東京，1936），頁 10。

7　詳見同上，頁 16-19。

爆發了激烈戰鬥。200 餘年前，鄭氏王國雖心有不甘，仍平和有序地將台灣的戶口兵馬冊籍，現實點交給新統治者大清帝國；如今清帝國既已決定割讓台灣（始亂），卻又相當不負責任地一走了之（終棄），聽任台灣人民以血肉之軀對抗外來強權，陷入戰亂的深淵。

　　從日本統治者的觀點，民主國軍隊僅是那些被擊敗的清國士兵而已，但是台灣人義軍則屬於叛亂的日本臣民。日本帝國新設的台灣總督府，於 1895 年 6 月間曾發布諭告，表示受到背叛清帝的前台灣巡撫唐景崧（台灣民主國總統）之唆使而反抗日軍的在台清兵，「可歸去清國，一路船資固不要分文，宜須及早為歸計。」但相對的，台灣島上民眾則為「大日本帝國所屬士民」，其「不法之徒嘯集匪類，煽動愚民，膽敢負嵎以抗我軍，惟是烏合草賊不難殲滅，……」於 7 月時，台灣總督府再以諭示，稱從事游擊抗日的民眾為「匪類」，謂彼等係「亂民之抗天兵」，惟諒其「或被匪徒逼脅煽誘」，故「於天兵未到時，……歸順者，……寬赦不究……有頑冥不悟謠擾鄉者，一經查出立加誅戮處決。」接著即發布「台灣人民軍事犯處分令」，對於從事各種以游擊戰方式反抗日軍者，處以死刑。[8] 換言之，日本政府視民主國將士為戰敗後應予遣返的外國（清國）軍隊，但是視台灣人民為己國臣民，[9] 故倘若組成義軍對抗日軍，係屬政治

8　同上，頁 463-466。

9　其實依《馬關條約》第 5 條之規定，台灣人民在條約生效後兩年內可自由選擇國籍，故嚴格來說，台灣人民在此時尚未確定為日本國臣民。不過兩年期限屆滿時，選擇清國國籍而遷出台灣者所占之比例非常低。參見黃昭堂，《台灣總督府》（黃英哲譯，台北，1989），頁 65-67。

犯，且稱之為「匪徒」。

　　在日治之初的軍政時期，台灣人政治反抗者，實際上大多是在戰場遭殺戮，而非於法院被判處死刑。從日軍於 1895 年 5 月 29 日在澳底登陸台灣，一直到同年 10 月 21 日日軍進入台南城，以致台灣民主國完全崩潰為止，原清軍及台灣人義軍共計約有一萬人陣亡。[10] 在劉永福黑旗軍等原清軍逃離台灣後，台灣本地人組成的抗日游擊隊繼續與日軍周旋。依軍政時期的法令，台灣人反抗者應由軍事法院或總督府民政局審理以定罪。[11] 但僅有極少數的反抗者，係由法院依據這些法令判處死刑。[12] 從 1895 年 11 月下旬軍事法院實際上開始運作起算，至 1896 年 3 月底軍政時期結束為止，該軍事法院雖審理了 345 件刑案，但其中只有 41 件涉及反抗政府之罪。[13] 故大多數的台灣人武裝反抗者，係遭日軍以「臨機處分」的名義逕予殺死。

（二）1895 年底至 1902 年的武裝反抗

　　風起雲湧的台灣人武裝反抗，相當大程度是由於政權交替之際日本接收當局專橫殘暴的激化所致。許多抗日團體的領導人，原先似不反對日本人的到來，有些甚至一開始曾協助日人

10　向山寬夫，《日本統治下における台灣民族運動史》（東京，1987），頁 108。

11　台灣人民軍事犯處分令，第 3 條；台灣住民治罪令，第 1 條。

12　例如參見向山寬夫，頁 165、168。這兩個案例皆發生於台北地區，這是當時日本政府較為有效控制的地方。

13　台灣省文獻委員會，《日據初期司法制度檔案》（台中，1982），頁 52、75-77。（以下簡稱《司法檔案》）。此 41 件係涉及台灣住民刑罰令第 13 條之罪，該條文所規定之犯罪類型，大多仿效自台灣人民軍事犯處分令。

緝捕抗日者，但嗣後或因遭日人侮辱或霸占產業，或因與人結怨遭誣指反日，故憤而轉向武裝抗日。[14]日軍在雲林無差別地屠殺及焚毀村落等惡行，更使得受害的台灣居民遇日人則殺，群起加入抗日游擊隊。[15]這樣的悲劇，固然部分起因於台灣人與新來的日本統治者之間語言、習俗等文化上差異，但日本人做為統治族群的優越感，才是導致其濫用政府權力（如屠殺村民）的根本原因。[16]

　　台灣人反抗者，本於緣自清治時期的抗官傳統，很自然地選擇以武力挑戰日本國家權威。雖然當時台灣的武裝抗日者全被日本政府稱為「土匪」，但其中有很多不是企圖強奪他人財物之真正的盜賊，而是帶有政治動機——不滿日本統治——的政治反抗者。[17]按這些政治反抗者的領導人，大多屬於清治時期經

14　例如雲林地方有力人士簡成功等，於日人進據大莆林時，曾率眾迎接日軍，卻為日軍所辱，故怒而抗日。日本當局的押收鎗器彈藥並實行戶口調查，亦使簡義等人因而反抗蜂起。北部的抗日者王秋逢，即抗議其於九份湖之金礦遭日本官方霸占，而表示「若要我歸順，應將金礦返還於我」。此外，陳秋菊曾助日人緝捕抗日者，然因與人結怨遭誣陷，遂避山中抗日。張大猷之抗日亦因爭埤圳而與人不和，對方助日故其不得不抗日。詳見翁佳音，《台灣漢人武裝抗日史研究（1895-1902）》（台北，1986），頁94-95、152、161-162。

15　參見翁佳音，頁95；向山寬夫，頁164、168。

16　參見許世楷，《日本統治下の台灣——抵抗と彈壓》（東京，1972），頁80-84、92。

17　其實例見向山寬夫，頁253、280、292　翁佳音，頁149-150。第四任台灣總督兒玉源太郎，即承認「土匪」當中有一部分是受鄉黨敬愛的有資產之士且被視為漢民族的英雄，故於1898年某次地方長官會議中指示，就「土匪」須區別本質上真正的土匪與屬於武裝抗日運動的參

常率眾發動民變的地方豪強階層；他們之使用武力來表達對新
政權的不滿，似不足為奇，因為不管滿清官或日本官，終究都
是「官」。[18] 不過，若干原本係出身綠林（黑道）的政治反抗者，
由於補給日絀，竟也逐漸出現類似「襲擊派出所殺害警官之後
掠奪市街」等背離政治目標、威脅一般居民生命財產的盜賊行
徑。[19]

　　這些台灣人武裝反抗者的政治理念，基本上是來自傳統中
國的封建模式。當時一些較具勢力的反抗者領袖，在跟日本統
治當局進行歸順談判時，經常要求日方允許其對於特定地域
（勢力範圍）內刑事司法事務擁有「管轄權」，或要求其自身及
部屬可某程度免於日本國家刑事司法權威的干預，此無異否定
了刑罰權由國家獨占的原則。[20] 這些反抗者，根本不知如何在現
代型國家體制內，爭取足以保障人權的機制，故出於對日本官
府的不信任，他們希望能一如清帝統治時那般，在日本帝國統

加者，而對於後者有特別處理之必要。參見向山寬夫，頁 203-204、
224。按清治末期相當猖獗的盜賊，可能乘政局混亂大肆掠奪人民財
物，亦可能藉機自我提升為專搶日本人及攻擊日本政府之具有民族意
識的強盜集團。就後一種類型，本書亦視其為政治反抗者。參見註 4
及其正文。
18 參見翁佳音，頁 108；向山寬夫，頁 110：許世楷，頁 81。
19 參見許世楷，頁 94-96。
20 例如柯鐵的歸順條件，要求在其勢力範圍斗六設治民局，該局由當
地人組成，僅由一位日本官員監理，職司當地一切刑事訴訟之審理治
罪。於雲林有「頑民」時，允許仍擁有軍隊的柯鐵隨意的聯合各庄將之
除去。另外，林少貓的歸順條件，則要求林少貓部屬若有過錯，必須
由林少貓扭交官府，官府不得自行搜捕。參見向山寬夫，頁 257-258、
270-271。

治下，建立自己的「小王國」，成為雄霸一方的封建山頭。[21] 日本統治當局表面上雖然也依中華帝國傳統的「招降」模式，承諾這些有悖於現代國家法律體制的條件，但如下所述的，其實際上係擬以優勢武力，徹底消滅這些膽敢阻礙國家獨占刑罰權的政治反抗者。

（三）武力鎮壓

在兒玉源太郎總督主政之前，關於土匪（含政治性「土匪」和真正的土匪）的鎮壓，主要由軍隊擔任。雖然在法律上軍政時期已結束，但日本軍隊仍繼續鎮壓台灣人的游擊反抗活動。因而有 1896 年 6 月日軍雲林大屠殺之發生，由於招致國際新聞媒體批評，且無差別的濫殺亦不利統治，台灣總督府乃建立臨時法院制度，以處理「關於政治之犯罪」，使司法官員可於抗日事件發生地即刻開設臨時法院，並原則上一審終結，以收及時嚇阻之效。[22] 臨時法院於 1896 年後期至 1897 年之間，其實並未非常嚴酷地制裁台灣的政治反抗者，因為一方面當時制定法上做為處罰依據的日本舊刑法有關內亂之罪，係就不同程度的

---

21 參見翁佳音，頁 157。

22 參見向山寬夫，頁 180、207；山邊健太郎編，《現代史資料：台灣（一）》（東京，1971），頁 19。依 1896 年律令第 2 號台灣總督府臨時法院條例第 6 條之規定，臨時法院之裁判以第一審為終審，但對於法律所不罰之行為為刑之宣告或宣告較法定刑更重之刑時，得上訴於高等法院；其第 7 條另規定，高等法院認為有再審原因時，不必再發交原審法院，而應直接廢棄原判決逕就該事件為裁判。惟 1898 年律令第 23 號刪除上述第 6 條及第 7 條，阻斷上訴及再審之途。嗣因日本中央政府有意見，再依 1899 年律令第 27 號，規定臨時法院之判決可向覆審法院提出再審之訴及非常上訴。見《司法檔案》，頁 410-414、419-420。

反抗行為，處以不同刑罰，故僅對「首魁及教唆者」才處死刑，[23]
另方面當時以高野孟矩為首的司法部門也比較同情台灣人。[24]
按 1896 年在彰化開設的臨時法院，計受理 421 件所謂「匪徒案
件」（匪徒罪成為法律上特定犯罪類型須待 1898 年匪徒刑罰令
制定之後），其中有 349 件為不起訴處分；遭起訴的 58 名被告
中，有 44 位獲判無罪，僅兩位被判處死刑（參見表 4-1）。如此
高的不起訴率和無罪率，實由於警察與憲兵隊在偵查程序中所
為證據調查之草率所致。[25]宜注意的是，在此時期採三審制的普
通法院，亦對「匪徒案件」行使其司法管轄權。[26]於 1897 年，各
地方法院共計審理 526 名被控為「土匪」之被告，其中僅約一成
（54 位）被告被判死刑（參見表 4-2）。問題是，並非所有被指
為「土匪」者皆由臨時法院或普通法院處理。自 1896 年中期至
1898 年初期，日本的軍隊、憲兵及警察繼續在全島鎮壓台灣人

23　關於以日本舊刑法第 121 條內亂罪處刑之例，參見東鄉實，《台灣殖
　　民發達史》（台北，1916），頁 160。當時日本刑法 121 條就從事「內
　　亂」行為者，分別其參與程度而予以不同刑罰，亦即首魁及教唆者處死
　　刑、為指揮群眾等重要職務者處無期流刑或有期流刑、資給兵器金穀
　　等職務者處重禁獄或輕禁獄、被教唆而附和隨行或受指揮提供雜役者
　　處 2 年以上 5 年以下輕禁錮。見現代法制資料編纂會，《明治「舊法」
　　集》（東京，1983），頁 14-15。

24　包括高野孟矩本人在內的許多司法官員曾嚴詞批評在台行政官員的惡
　　政及軍隊的殘暴。參見許世楷，頁 89、121；《司法檔案》，頁 42。高
　　野孟矩任職高等法院長的時間為自 1896 年 5 月至 1897 年 10 月。見法
　　務部，《台灣司法制度誌》（台北，1917），附錄，頁 41。

25　臨時法院檢察官向總督府呈送的內部報告，明白指摘憲警所為調查之
　　草率。參見《司法檔案》，頁 35-36、39、44。

26　參見 1896 年制定的台灣總督府法院條例，第 3 條。

表 4-1：台灣總督府臨時法院對匪徒案件之處置（1896-1915）

年　　度	檢　察　局			法　院		
	犯罪嫌疑人	不起訴	行政處分	被告	死刑	無罪
1896	*421	*349	-	58	2	44
彰　化	100%	82,9%		100%	3.4%	75.9%
1898	148	93	-	51	35	7
斗　六	100%	62.8%		100%	68.6%	13.7%
嘉　義						
阿公店						
1907	-	3	97	9	9	0
北　埔				100%	100%	
1912	-	-	-	13	8	1
林圮埔				100%	61.5%	7.7%
1913	-	578	4	339	20	34
苗　栗				100%	5.9%	10.0%
1915	1,950	303	217	1,430	866	86
台　南	100%	15.5%	11.1%	100%	60.6%	6.0%

說明：附有*記號的數字係指此類案件之件數，其餘則指犯罪嫌疑人或被告之人數。1896 年之案件尚無「匪徒刑罰令」，在此係統計該年度之符合嗣後（1898）所制定的「匪徒刑罰令」上構成匪徒罪要件者，以應整體觀察「匪徒案件」之需。引自山邊健太郎編，《現代史資料：台灣（一）》（東京，1971），頁 19-20、26、29、47、77。

表 4-2：台灣總督府地方法院對匪徒案件之處置（1895-1906）

年　度	被告人數	死刑	無期徒刑	無罪
1895	89	35	3	31
（％）	100.0	39.3	3.4	34.8
1896	298	71	29	63
（％）	100.0	23.8	9.7	21.1
1897	526	54	99	42
（％）	100.0	10.3	18.8	8.0
1898	935	247	162	79
（％）	100.0	26.4	17.3	8.4
1899	1,436	863	142	128
（％）	100.0	60.0	9.9	8.9
1900	1,336	582	259	151
（％）	100.0	43.6	19.4	11.3
1901	1,325	910	87	92
（％）	100.0	68.7	6.6	6.9
1902	686	510	38	63
（％）	100.0	74.3	5.5	9.2
1903	133	82	13	11
（％）	100.0	61.7	9.8	8.3
1904	25	13	1	6
（％）	100.0	52.0	4.0	24.0
1905	17	6	1	9
（％）	100.0	35.5	5.9	52.9
1906	6	0	1	3
（％）	100.0	0	16.7	50.0

說明：本表係總計屬於普通法院系統之台北地方法院、台中地方法院，及

台南地方法院所有的「匪徒案件」（其定義見表 4-1 的說明）。見山邊健太郎編，同上表，頁 21-23。

　　的武裝抗日，大部分的台灣人反抗者，或者於戰場被擊斃，或被逮捕後立即遭處死，全然未經正式的司法審理程序。[27]

　　自 1898 年 2 月改由兒玉主政的台灣總督府，開始加強以司法制裁做為終結台灣人武裝抗日的工具。1898 年之後，警察取代了軍隊及憲兵而成為鎮壓台人抗日的主力。[28] 日本警察成功地利用保甲制度將抗日與一般民眾區隔開來，且進一步動員保甲壯丁團參與「討伐」抗日者的行動。[29] 同時兒玉政府制定了對各種武裝抗日行為動輒科以死刑的「匪徒刑罰令」，甚至將其適

27　其例參見向山寬夫，頁 169-171、181-182、190-193。

28　同上，頁 226。

29　保甲內若有抗日者，其餘保甲成員即必須選擇究竟是檢舉之以自保，或默不作聲而承擔受連坐處分之風險，抗日者於是自願或被迫離開其鄉里以免連累親友，如此一來即可達成日本外來統治者所希望的「匪民分離」，以使打擊目標明確。參見向山寬夫，頁 233、239、252、267；亦參見 Ching-chin Chen, "The Japanese Adaption of the Pao-Chia System in Taiwan," *Journal of Asian Studies*, 34:2（Feb. 1975），pp. 394-395. 如前所述，由於某些抗日游擊隊已變質為與真正的土匪無異，由台灣人組成的保甲壯丁團，為保衛其家園，很可能願意協助日本政府消滅這些抗日游擊隊。參見向山寬夫，頁 293；許世楷，頁 117。在前清時代，協助官兵攻擊威脅本地人民生命財產安全之民變勢力，頗為常見，這種歷史經驗應有助於保甲壯丁團之願意協助日本官方消滅某一些抗日分子。但保甲壯丁團亦有轉而抗日者，參見向山寬夫，頁 269-270。

用範圍擴及發生於此令公布之前的行為。[30] 此所以地方法院之「匪徒案件」中遭科處死刑的被告，在1899年出現人數激增現象，且於1902年，匪徒案被告有將近七成五被判處死刑（參見表4-2）。雖然台灣總督府於1898年曾指示「討伐隊」將涉嫌匪徒罪者移送至臨時法院，以免再發生無差別性的屠殺，但是殺紅了眼的討伐隊，還是當場格斃無數台灣人政治反抗者。[31]

　　基於兒玉之「胡蘿蔔與棍棒」恩威並用政策，台灣總督府同意以「免除其刑」換取武裝抗日者的歸順。根據行政機關的內部規則，即使某武裝抗日者曾受缺席裁判或已被起訴但法院尚未裁判，地方政府首長（縣知事）仍可允許其歸順（但就關係重大者須受總督指揮），歸順者得以不受刑事處罰，然其行動須受政府監視。[32] 由於此項措施被批評為侵犯天皇在憲法上擁有的赦免權，台灣殖民地政府辯稱，這是適用匪徒刑罰令第6條之自首者得免除其刑的結果。[33] 但如下所探討的，此一說詞全然扭曲「自首」在法律上原有的特定意義。

　　台灣總督府法院明白地判認，向政府為歸順一事與是否在法律上構成「自首」完全無關。於1901年黃固被控匪徒罪乙案，第一審台南地方法院嘉義出張所，以被告曾獲嘉義辦務署給予土匪歸順之許可而認定其已自首，故宣告免除其死刑但受

30　參見該令第1、2、7條。

31　許世楷，頁134。1898年11月間，日本軍隊曾包圍台灣南部某村落，令17歲至60歲的男子齊聚一處，再根據依線民報告所做成之「土匪名簿」，殺害其中238名被認為有抗日軍之嫌疑者。見向山寬夫，頁203。

32　參見許世楷，頁137。

33　參見山邊健太郎，頁17；向山寬夫，頁250。

監視五年。經原院檢察官上訴後，擔任第二審（終審）的覆審法院，認為歸順不必然有自首，以歸順即當然推定為已自首實有失當，是否自首係屬於不問有無歸順的另一個事實問題，既然被告於歸順之際並未自陳其有何等犯罪，即不應認為被告已就其犯罪為自首，是以廢棄原判決改判被告死刑。[34] 嗣後於 1903 年劉安記與劉來被控匪徒案，被告等人不服其歸順後仍遭地方法院分別判處死刑及重懲役 9 年，乃向覆審法院提起上訴。覆審法院認為劉安記率部下數百名砲擊潮州庄辦務署，以及劉文來附和隨行林少貓所率匪群之事實，皆早已記載於警察機關所為之報告書內，其為該等犯行之後，「雖有於行政官廳為歸順之事實，但係犯罪發覺後方請求歸順，不得享有匪徒刑罰令第 6 條有關自首之恩典」，故應駁回其上訴。[35]

　　因此，地方行政官署究竟如何履行其對歸順者之免刑承諾，頗耐人尋味。確實有一些案件顯示，歸順後的政治反抗者得免受刑事制裁。例如被控係「匪首黃老」部下的張金爪，因法院認為其已在官府未發覺以前，即向辦務署內警察陳報其罪行而構成自首，可免除其刑。[36] 且似乎有辦務署為許可歸順時，曾發予所謂「自首放免之證」。[37] 不過，若歸順者曾受缺席裁判

---

34 明治 34 年（1901）控刑第 257 號判決。見中村泰忠等編，《台灣總督府法院判決錄》（台北，1903-1904），第 1 輯第 1 卷，刑事部分，頁 10-12。

35 明治 36 年（1903）控刑第 206 號判決。見同上，第 2 輯第 1 卷，刑事部分，頁 4-6。

36 明治 34 年（1901）控刑第 280、281 號判決。見同上，第 1 輯第 1 卷，刑事部分，頁 5-9。

37 此係從明治 35 年（1902）控刑第 97 號判決所載之犯罪事實觀察得知。

或已被起訴但尚未有裁判，則其「匪徒罪犯行」，顯然已為司法官員所知悉，並不符合「官府未發覺以前即自陳犯行」的自首要件，依法院之見解，根本無從引用匪徒刑罰令第6條之規定予以免刑。那麼地方官署該如何達成以免刑誘使武裝抗日者歸順的行政措施呢？一種可能的方式是，行政官署許可其歸順之後不將此事告知法院，使法院事實上不能對該被控者施加刑罰，以架空司法部門。惟是否如此尚待進一步檢證。

在歸順條件的談判中，如前所述，日本統治當局甚至曾允諾將來不依一般司法程序逮捕或審判這些政治性「土匪」，而由其自行處理當地的治安或犯罪。這項承諾等於認可彼等享有好比「治外法權」般的特權。但正如台南縣知事向總督所報告的，這只是為了「馴服無識之土匪」的「一時權宜」，將來「如是條件自然歸於空文」。[38]

被兒玉總督刻意扭曲後的法律（上述有關自首及國家刑罰權的法律措施），事實上是一根「有毒的胡蘿蔔」。從抗日者所提出之可享有「治外法權」的已歸順者的名單，外來的日本統治者解決了長期困擾之孰為抗日者的問題，且準備伺機全部予以消滅。在1901年11月底，決意徹底鎮壓南部地區武裝抗日運動的兒玉總督，即指派警視總長會同軍方第三旅團長訂定「討伐計畫」，擬殺戮包括已歸順者在內的武裝抗日者，並自同年12月起實施。另外又以卑鄙的騙殺手段，剷除中部地區抗日勢力。亦即於1902年5月間，以正式辦理歸順手續為口實，將抗日者集中至斗六廳等6個地點舉行「歸順式」，會場中故意製造

參見同上，第1輯第5卷，刑事部分，頁99。

38　參見向山寬夫，頁371；許世楷，頁139-140。

衝突激起歸順者的反抗，再由事先配置四周的軍憲警齊力射殺
之，以致雲林地方的歸順者總計有 275 名因此遭殺害。最後，
在 1902 年夏天，配合軍隊的炮擊，射殺了身上猶帶著「歸順條
件准許證」的南部抗日軍首領林少貓。日本當局藉著這一連串
武力鎮壓行動，完全瓦解台灣人於日治之初曾非常活躍的各個
武裝抗日集團。[39]

　　於是，在所謂的民政時期底下，大多數的台灣政治反抗者
竟未經司法審判即遭殺害。根據當時實際負責鎮壓抗日運動的
民政長官後藤新平的統計，從 1898 年至 1902 年（即林少貓勢
力被消滅為止），計有 11,950 名「匪徒」（不一定皆屬政治反
抗者，筆者註）遭殺戮；其中因「逮捕或護送之際抵抗」而被
殺者有 5,673 名（47.5%），因「判決死刑」而被殺者有 2,999 名
（25.1%），因「依討伐隊之手」而被殺者有3,279名（27.4%）。[40]
換言之，其中只有四分之一係經過正式的法律程序始被處死。

　　經司法審判者也不見得多幸運，兒玉總督主政下的法院，
較高野孟矩時代的法院，更嚴厲地對待台灣政治反抗者。自
1898 年至 1902 年之間，雖台灣總督府發動無數次大規模軍事
討伐匪徒的行動，但臨時法院卻僅曾經在 1898 年開設於斗六、
嘉義、阿公店等 3 地；此時期絕大多數的匪徒案件係由採二審
制的普通法院審理（參見表 4-1 及 4-2）。於 1899 年至 1902 年
間，一位台灣政治反抗者，縱使能逃過軍憲警當場格斃的毒
手，仍必須面臨有超過六成可能會被法院判處死刑的厄運。雖
然在同時期匪徒案件的被告，獲判無罪者還占被告總數的約

<hr>

39　參見向山寬夫，頁 226-267、280、286-287；許世楷，頁 143-151。
40　引自山邊健太郎，解說，頁 xxxi。

9％，但若考慮及先前談到的警察辦案輕率，則這樣的無罪率並
不算高。

　　台灣社會為了樹立一個現代型國家的權威，付出了極昂
貴的代價。根據估算，自 1895 年至 1902 年的 8 年當中，約有
32,000 名台灣人民，即超過當時台灣總人口的 1％，遭新來的
日本統治者殺害。[41] 且平均約每 25 名年輕台灣人男子即有一名
死於抗日行動。[42] 相對的，於 1897 年至 1902 年間，也有 2,459
名包括征台官兵以及非武裝的眷屬和一般平民在內的日本人，
遭台灣抗日游擊隊殺害。[43] 從一個旁觀者的角度來看，正因為有
這些衝突與犧牲，一個外來的現代型國家權威首度出現於原本
對此十分陌生的台灣社會當中。[44]

41　黃昭堂，頁 93。

42　向山寬夫，頁 288。

43　同上，頁 293。

44　台灣人於清治時期已習於由一個弱勢的、傳統中國天朝式的政府權威
　　所管理，日本人在台所欲實施者卻是強勢的、近代西方式國家權威的
　　統治，其間必然存在著法政文化上的衝突與不適應。但日本統治階層
　　基於外來征服者心態，以血腥鎮壓強令被統治的台灣人須立即接受新
　　的統治模式，台灣人也就不得不流血反抗。甚至當台灣人願意嘗試著
　　接受日本新的統治體制時，日本當局仍趕盡殺絕地追殺那批習於舊時
　　代統治方式的政治反抗者（如林少貓之例）。所以這些台灣人乃至日本
　　人的人命犧牲，雖部分可歸因於兩種異質文化猝然相遇時所難以避免
　　的衝突，但日本統治者蠻橫的態度及殘酷的手段，才是造成這場歷史
　　悲劇的主因。

二、對武裝抗日的司法制裁（1907-1916）

（一）政治反抗者的特質

　　經上述階段的軍事鎮壓之後，於 1907 至 1916 年之間，仍有數次武裝抗日事件發生。由於政權鼎革之際既有的台灣人武裝抗日團體，大致上已在 1902 年遭殲滅，故法院內匪徒案件的數目，自 1903 年起就逐漸下降。且於 1906 年，第一次出現沒有任何匪徒罪被告遭判處死刑（見表 4-2）。[45] 然而，隔年的 1907 年，在北埔即再爆發一次武裝抗日事件。接著又有幾次類似的武裝抗日事件被籌劃或被付諸實行，例如 1912 年的林圯埔事件、1912 年的土庫事件、1913 年的苗栗（羅福星）事件、1914 年的六甲事件及 1915 至 1916 年的西來庵事件等等。[46]

　　這些從事武裝抗日者的政治動機，絕大多數仍是源自傳統的改朝換代觀念，而非出於現代意義的國族主義（Nationalism，或譯為「民族主義」）。跟清治時期的民變一樣，這些事件大多是因為台灣民眾的生計受到官府壓迫始爆發。例如林圯埔事件就是由於官府不許當地人民使用其長期以來賴以為生的竹林所致。[47] 但政治反抗者也善於利用一般民眾對於日本人的厭惡感（或非我族類的排斥感）動員群眾，以達成

45　根據另一份資料，第一次出現沒有匪徒罪被告遭判處死刑的年度是 1905 年。總計 1896 年至 1915 年間（不含 1916 年），因違反匪徒刑罰令遭判刑者共有 6,424 人，其中有 4,238 人遭判處死刑。參見台灣總督府警務局，《台灣總督府警察沿革誌第二編：領台以後の治安狀況（下卷）》（台北，1942），頁 264-265（以下簡稱《警沿誌》）。

46　各事件之經過，參見山邊健太郎，頁 23-87。

47　參見向山寬夫，頁 396、398-399。

其改朝換代的政治目標。許多從事武裝抗日的領導人，例如黃朝、林老才等，即自稱為台灣國王或台灣皇帝。而1912年滿清王朝在中國的滅亡，也曾激發在台灣的一些漢人興起推翻異族政權以建立新王朝的念頭。以本時期規模最大的西來庵事件為例，其抗日領導人余清芳宣稱將建立「大明慈悲國」（所謂「大明」，蘊含漢人王朝之意），即表示欲在台灣建立一個新的漢人政權。但這並不是基於現代的國族主義的建國運動。按除了羅福星曾接觸到一點中國國族主義之外，這時期的其他抗日領導人皆從未聽聞現代的國族主義的思想觀念。[48]日本統治當局亦對這些抗日事件評斷為沒什麼組織、各別的、衝動的行為，非屬現代的殖民地獨立運動。[49]

（二）司法制裁

在本時期，臨時法院被用以嚴厲地制裁前述武裝抗日事件中的政治反抗者。雖土庫事件和六甲事件中的匪徒罪被告，以及西來庵事件中江定等一部分匪徒罪被告，係由普通法院加以審理，且有些被告曾提起第二審上訴；[50]但涉及這些事件的大部分匪徒罪被告，皆是由處刑非常殘酷的臨時法院所審理。（參見

48　參見許世楷，頁156-159。羅福星曾受孫文的中國國族主義影響，政治上認同「中華民國」及「共和主義」，且其追隨者除台灣人之外，頗多係在台中國人（華僑）。參見山邊健太郎，頁36-44。

49　台灣總督府警務局，《台灣の警察》（台北，1932），頁235。

50　參見山邊健太郎，頁31-32、51-52、81、85、235。西來庵事件中余清芳以外的另一位重要領導人江定及其部屬，係在1916年於普通法院受審，蓋1915年為了審理余清芳等人所開設的臨時法院業已閉庭。且江定本人不服第一審判決而向覆審法院提起上訴，但終遭駁回，不過其他被告確有上訴成功者。

表 4-1）在北埔的臨時法院，將所有匪徒罪被告均判處死刑；在台南為西來庵事件所開設的臨時法院，則令人震驚的判處 866 名被告死刑。由臨時法院審理的匪徒罪案件，乃一審終結，除非有再審或非常上訴事由，否則已無司法救濟管道。

　　然司法制裁並非對付抗日者的唯一鎮壓方式，以無差別地殺戮做為嚇阻一般民眾抗日的殘暴手法，又出現於 1915 年的「噍吧哖大屠殺」。西來庵事件發生後，余清芳曾焚殺在噍吧哖（今台南縣玉井一帶）的警察官署，台灣總督乃出動軍隊與其激戰於噍吧哖附近，結果余清芳等退入山裡，當地許多民眾亦避難至山中。日本軍警於是虛意安撫，招呼避難民眾歸庄就業，且表示抗日者歸案可免一死。待民眾大多歸庄後，即藉口須辨別善惡，命庄民排列於廣場上且攜鋤挖壕，待壕挖成竟不分青紅皂白開槍掃射，再將其屍體踢入壕內，以報復庄民之「袒護」武裝抗日者，據說約有 5、6 千人因而殉難。這種慘無人道的屠殺，如日本統治者所期待的，令台灣民眾聞之色變，不寒而慄。[51]

　　另外，1916 年總督府方面為誘使江定等出降曾允諾免除其刑，但事後卻以「有傷國法威信」為由，拒不履行承諾。[52] 事實上日本行政官署以前即曾經扭曲國法上自首的意義，以遂行其暫時安撫反抗者的行政目的，如今之所以不再扭曲國法，只因為該行政目的已不存在。果真要談「國法威信」，則噍吧哖大屠殺中任意殺害無辜人民的日本軍警，皆應負刑事責任。奈何在此所謂的「國法」，只是日本統治者鎮壓台灣人民的工具罷了。

51　參見史明，《台灣人四百年史》（San Jose, Ca., 1980），頁 447-448。

52　參見山邊健太郎，頁 81。

在日本統治當局鎮壓抗日者的過程中，許多台灣民眾成為最無辜的受害者。本時期所發生的武裝抗日事件，除了西來庵事件外，通常是在籌備階段即被警察及其輔助機關的保甲役員所發現，且參與抗日者多隨即被逮捕。[53] 警察機關對於匪徒罪案件偵辦能力如此「高超」，乃因其對於稍有觸犯本罪之嫌疑者立即加以檢舉、逮捕，故於舉發真正的政治反抗者之同時，恐亦誣指許多無端受累者。例如在苗栗事件及六甲事件中，有很多當初以匪徒罪被逮捕的台灣民眾，嗣後被處以不起訴或起訴後被宣告無罪（參見表 4-1）。尤其離譜的是 1922 年警察所捏造的所謂「彰化募兵事件」，其所有匪徒罪嫌疑人，皆在警察的非法刑求底下自白犯罪，但檢察官則以欠缺證據為由，就匪徒罪不予起訴。[54] 雖然當時檢察官的表現，還相當公允稱職；但多少台灣民眾卻已在這個類似戰後「白色恐怖」的年代裡，無妄被拘禁甚至遭酷刑。

三、對政治反對運動的法律壓制（1914-1937）

（一）非武力的政治反對運動

台灣社會在經歷日本約 20 年的統治後，開始改以非武力方式，反抗國家權威的壓迫。自荷人治台以來，武力抗官（民變）一直是台灣人民表達其對政府不滿的唯一方式，這項傳統一直延續到日治初期。但面對日本現代式國家及軍隊的鎮壓，台灣人的武力反抗僅導致無數人命的犧牲，故必須另尋解救之

53　其例見向山寬夫，頁 400、404、410。

54　參見同上，頁 417。

道。在此情形下，1914 年許多台灣人精英熱烈支持由日本 1880
年代自由民權運動先鋒板垣退助所領導的「同化會」；台灣人方
面欲藉由該團體所標榜的「同化」，爭取因殖民地差別待遇以致
未能與日本人同等享有之權利。[55] 台灣人民也首次發現，不必以
武裝革命手段來硬碰硬，僅依非武力的合法方式，同樣可達到
反對官府（國家權威）施政的效果。

　　於是，從 1921 年到 1937 年，以台灣人為主的政治異議分
子，為了對抗殖民統治，組成各種現代意義的公民社會團體或
政治團體。[56] 1920 年代，許多曾接受近代西方式教育的日治後
新生一代台灣人，組織旨在傳播現代性新思潮的「台灣文化協
會」，這已開始威脅總督府賴以在台灣肆行專制之傳統的東亞
君父權統治思想基礎。其中較為積極者，進而推動「台灣議會
設置請願運動」，並引發 1923 年的「台灣議會事件」（或稱「治
警事件」）。當總督府方面開始逮捕參與請願運動的台灣人異議
分子時，許多人深深的恐懼 8 年前因西來庵事件導致噍吧哖大
屠殺的悲劇可能再度重演。[57] 然而，充滿尖銳政治性辯論的西式
法庭內公開審判，以及最後相形之下微不足道的判處有期徒刑
4 個月，清楚地告訴台灣民眾：總督威權統治已成過去。這項
轉變，鼓舞了台灣人開始熱烈的投身於現代的政治反對運動。[58]

55　參見許世楷，頁 168-178。

56　關於台灣人的政治運動，詳見 Edward I-te Chen, "Formosan Political
　　Movements under Japanese Colonial Rule, 1914-1937," *Journal of Asian
　　Studies*, 31:3（May 1972）, pp. 477-497.

57　周婉窈，《日據時代的台灣議會設置請願運動》（台北，1989），頁 8。

58　參見許世楷，頁 226、228-229。親身經歷 1920 年代的著名台灣人作
　　家賴和，亦曾表示類似的看法。參見李南衡編，《日據下台灣新文學明

1925 年由台灣第一個農民組織——二林蔗農組合——發動的抗爭，開啟台灣現代式農民運動之先河，1926 年各地的農民組合更集結成「台灣農民組合」，其後數年，該組織為爭取農民權益，曾進行多次大規模抗爭；1927 年在高雄亦有工會的成立，翌年各工會集結為「台灣工友總聯盟」，以期在發生勞動爭議時相互支援。[59] 尤具意義的是，第一個由台灣人組成的現代式政黨組織——台灣民眾黨，在 1927 這一年合法地設立於台灣島上。1928 年台灣共產黨亦在中國上海祕密成立。於 1930 年，當其他較激進的政治團體皆不見容於統治當局時，仍有主要係由台灣人異議分子組成的「台灣地方自治聯盟」的設立，其一直存續到 1937 年中日戰爭爆發後才解散。

　　本時期大多數的台灣人政治異議分子，係在國家法律體制內改革台灣的總督專制政治。組織台灣共產黨的台灣人異議分子，既以推翻日帝在台統治為目標，當然不會在意其革命手段是否合法。[60] 又 1934 年也曾有台灣政治反抗者，藉成立「眾友會」之祕密組織，意圖以武力推翻日本政府，但未及舉事即被發現。[61] 然而在 1920 年代及 30 年代前期，以武力抗日已屬例外

　　集 1：賴和先生全集》（台北，1979），頁 336。

59　參見向山寬夫，頁 786、800-812、836、841-866。

60　據說台共曾準備在 1932 年發動武裝革命，但亦有認為那只是警察官員捏造的。參見盧修一，《日據時代台灣共產黨史》（台北，1989），頁 135-138。

61　眾友會發起人為曾宗，其藉「父母會」或「拳頭館」之組織在各地活動。曾宗欲透過赴中國留學的同鄉蔡淑悔向中國國民黨求援，但國民黨對援助一事僅口惠而實不至。曾宗自 1933 年，即在台中山區嘗試自己製造武器。迨 1934 年日本當局探知其為兵器實驗，不久即逮捕曾、

情形。從 1914 年的支持同化會，到 1937 年的解散台灣地方自治聯盟，大部分的台灣人異議分子採行兩組不同的政治主張，亦即「國族主義→自治主義→議會設置請願運動」，以及「同化主義→內地延長主義→地方自治陳情」，而其最終目標皆在於減輕日本統治者對台灣人的壓制。[62] 其實基於這兩條政治路線所提出的具體政治訴求，都不再挑戰，甚或已接受了，日本在台灣所建立的國家權威，此已迥異於武裝抗日時期政治反抗者的奮鬥目標。

（二）法律的壓制

　　在台灣的殖民地政府，跟在日本內地的中央政府一樣，皆運用各種法律來壓制政治反對運動。由於台灣人大致上已放棄傳統的武裝抗日，昔日鎮壓之寶的匪徒刑罰令，在 1915 年的西來庵事件之後，就不曾再被援用。取而代之的是，以日本各種箝制人民的法律，壓制台灣人於 1920 年代新興的政治反對運動。

　　這些被用於壓制政治運動的法律，有許多原本即是專為處罰政治犯而設的「政治刑法」。例如自 1923 年在台施行的治安警察法（簡稱「治警法」），被使用於阻止反政府或反日的演講，以及將台灣文化協會、台灣民眾黨、台灣農民組合、或一些由工會等政治異議團體所舉辦的集會，加以解散。且台灣總督府根據治警法，於 1923 年以「為保持安寧秩序之必要」為由，禁止「台灣議會期成同盟會」此一政治結社的設立，於 1931

蔡等 420 餘人。參見許世楷，頁 399-400。
62 同上，頁 401。

年又依該事由解散台灣民眾黨。[63] 另外，自 1925 年在台灣施行的治安維持法（簡稱「治維法」），也於 1920 年代晚期及 1930 年代初期，被用來制裁台灣的共產主義者及無政府主義者。[64] 自 1926 年在台施行的暴力行為取締法，則專門對付由文化協會、農民組合、工友總聯盟，以及其他政治團體所發動的群眾運動。[65] 自日治之初即有的台灣出版規則，此時成為對台灣人遂行出版品檢查的利器，且於 1929 年曾依本規則處罰某些台灣農民組合的成員。[66]1920 年代晚期之後，日本刑法典有關「對皇室之罪」當中的不敬罪，亦被援用於處罰某些台灣人異議分子。[67]

　　原以普通人的一般犯罪為規範對象的「一般刑法」也被用來對付政治犯。規定於刑法典上的妨害公務罪（第 95 條）、騷

63　參照治安警察法，第 8、10、12 條。見長尾景德，《台灣刑事法大要》（台北，1926），頁 183-189。相關實例，見向山寬夫，頁 643-646、664、686、708、731、787、813、837；山邊健太郎，頁 508。從 1923 年至 1926 年，台灣文化協會曾舉辦 315 回演講會，其中有超過半數（計 157 回）發生演講遭命令中止，且有超過 10%（計 35 回）發生整個演講會遭命令解散。見向山寬夫，頁 644。

64　參照治安維持法，第 1-5 條。見長尾景德，頁 195-204。相關實例，見向山寬夫，頁 882、917、932、1064。

65　參照暴力行為取締法（正式名稱為：暴力行為處罰に關する法律），第 1-3 條。見長尾景德，頁 227-229。相關實例，見向山寬夫，頁 669、807、848。

66　參見向山寬夫，頁 612、824。

67　根據 1908 年台灣刑事令（律令）依用當時的日本刑法典第 74 條。見長尾景德，頁 51。其犯罪實例，見向山寬夫，頁 1180；其犯罪統計，見台灣省行政長官公署統計處編，《台灣省五十一年來統計提要》（台北，1946），頁 447。

擾罪（第 106 條）、傷害罪（第 204 條）、恐嚇罪（第 249 條）
等，經常用以處罰異議分子於從事抗爭時觸及各該罪名的特定
行為。另外，有些刑罰係規定於刑法典以外的法律，例如規定
於行政執行法、台灣森林規則，或台灣違警例等，有時候亦被
用於處罰政治異議分子。[68] 因此，一位表達反政府（反日）言論
的台灣人，可能未被法院依政治刑法定罪，而是被警察依台灣
違警例（屬一般刑法）逕加處罰。[69]

　　一個明顯的例子是，1927 年至 1929 年之間從事農民運動
的台灣人異議分子當中，僅有四分之一是觸犯屬政治刑法之罪
（參見表 4-3）。換言之，日本統治當局，並非動不動就以那些
專為壓制群眾運動，或進行思想控制而設的政治刑法，制裁台
灣人異議分子。這些政治刑法在司法運作上實際被援用的情
形，不宜過度誇張。

　　在台灣殖民地，一如在日本內地般，係由惡名昭彰的「特
別高等警察」和「思想檢察官」負責檢肅政治異議分子。由於
1925 年治安維持法的制定，特別高等警察（一般稱之為「特
高」）被派駐於全日本帝國境內的警察部門，台灣也不例外。[70]

68　上述刑法典或特別刑法上法條規定，參見長尾景德，頁 59-60、65、
　　119、142-143、207-216、217-218、230-239。相關實例，見向山寬
　　夫，頁 664、786-787、791、798、807、839、849、1062。行政執行
　　法其實並非直接跟政治控制有關，但警察經常視其為約制社會運動的
　　有力武器。見 Elise k. Tipton, *The Japanese Police State: The Tokko in
　　Interwar Japan*（Honolulu, 1990）, p. 60.

69　其實例，見春山明哲編，《台灣島內情報・本島人の動向》（東京，
　　1990），頁 52、88。

70　見 Tipton, p.24; 台灣總督府警務局，《台灣總督府警察沿革誌，第一

表 4-3：台灣農民運動參與者所觸犯之罪名（1927-1929）

罪　　　　　名	被告人數	所占百分比
（A）屬政治刑法		
不敬罪	3	0.2
治安維持法	7	0.5
治安警察法	59	4.4
暴力行為取締法	175	13.0
出版規則	87	6.5
（A）之小計	<u>331</u>	<u>24.7</u>
（B）屬一般刑法		
騷擾、妨害公務	188	14.0
傷害	75	5.6
暴行、脅迫	19	1.4
竊盜、侵占、詐欺、恐嚇	163	12.2
毀棄、妨害業務	174	13.0
森林法規	130	9.7
警察法規	189	14.1
其他	71	5.3
（B）之小計	<u>1,009</u>	<u>75.3</u>
總　　　　　計	1,340	100.0

資料來源：山邊健太郎，同表 4-1，頁 443-444。

在台灣跟在日本內地或在朝鮮一樣，被稱為思想檢察官的某一
些特定檢察官，專門職司對於具有「危險思想」者的訴追。[71]

　　若與日治初期相比，日本當局在 1920 年代及 1930 年代前
期對於台灣人政治犯的處罰，已比較不那麼殘酷。依表 4-3 所
示，僅不到 1% 的農民運動參與者被控以法定刑較重的治安維
持法（最高法定刑為「死刑、無期徒刑或五年以上有期徒刑」）
和不敬罪（最高法定刑為有期徒刑 5 年）。台灣人異議分子較常
被控以法定刑並不很重的暴力行為取締法（最高法定刑為有期
徒刑 3 年）與治安警察法（最高法定刑為有期徒刑 6 個月）。這
跟匪徒刑罰令的法定刑動輒是唯一死刑，相差不可以道里計。
且這時期的政治犯，實際上很少被宣告最高法定刑。例如就台
灣議會事件，法院即依治安警察法判處兩名被告禁錮（受拘禁
但不必服勞役）4 個月，5 名被告禁錮 3 個月，6 名被告罰金
100 元，及 5 名被告無罪。[72]

　　尤其，專為當時的政治思想犯量身制定的治安維持法，在
台灣竟然比在日本內地或朝鮮實際上較少被適用。治維法第一
條開宗明義地表示，處罰加入以「變革國體」或「否認私有財產
制度」為目的之結社。在日本內地，治維法被廣泛地使用於鎮
壓共產主義者、無政府主義者、極端右翼者、學者、學生、知識

　　編：警察機關　構成》（台北，1933），頁 194-195、199、657-658。

71 其實例，見台灣省文獻委員會，《台灣省通志 卷九 革命志 抗日篇》
　　（台中，1971），頁 57（以下簡稱《台灣省通志》）。亦參見 Tipton,
　　p.25；金圭昇，《日本の殖民地法制の研究》（東京，1987），頁 100。

72 參見吳三連等，《台灣近代民族運動史》（台北，1971），頁 272。被判
　　禁錮之被告大多於 1925 年 2 月 21 日左右入獄，於同年 5 月 10 日即一
　　起被假釋出獄，實際在監時間不及 3 個月。

分子，乃至各宗教神職人員；涉嫌違反治維法被逮捕的人數，於 1933 年達到最高的 14,622 名，從 1928 至 1941 年，共計有 65,921 名涉嫌觸犯治維法。[73] 在日本的殖民地，主要的社會矛盾源自殖民民族與被殖民民族之間的差異，因而治維法的鎮壓對象大多是不滿殖民統治的抗日分子。由於進入 1920 年代及 30 年代前期以後，台灣人抗日運動的主調已移轉為既有體制內的政治反對運動，故較不涉及治維法的違反。1931 年因台灣共產黨事件而依治維法被逮捕者不超過一百人，且台灣於 1931 年至 1940 年間，適用治安維持法之案件的總受理人數僅為 856 名，[74] 此數字遠低於日本內地因涉嫌違反治維法被逮捕者之人數。[75] 相對的，朝鮮人基於高昂的抗日情緒，較台灣人易於受到治安維持法的制裁，於 1928 至 1935 年之間，即有約 18,600 名朝鮮人涉嫌違反該法。[76]

73　Tipton, pp. 23-30; Richard H. Mitchell, *Thought Control in Prewar Japan*（Ithaca,1976），p.142, table 1.

74　關於台灣各個違反治維法案件之受理人數及處理情形，見《警沿誌》，頁 286-287。

75　於 1935 年，台灣與日本內地的人口比例為 1:13.3，台灣與朝鮮的人口比例則為 1:4.4。參見內閣統計局編，《日本帝國統計年鑑》，昭和 14 年度（1939），頁 6。假如在台灣觸犯治維法的人口比例與在日本內地及在朝鮮同等，則考慮到日、朝兩地的人口總數原本即較多，那麼同時期在日本內地觸犯治維法的人數應該是約 11,385 名（即 856×13.3），在朝鮮應該是約 3, 776 名（即 856×4.4）。然而事實上從 1931 年到 1940 年（即計算出 856 名之同一時段），在日本內地涉嫌違反治維法者有 50,617 名。見 Mitchell, p.142, table 1。此已遠超過上揭 11,385 名之預估數。

76　朝鮮人涉嫌違反治安維持法之人數，見金圭昇，頁 102。在朝鮮這 8 年

　　日本政府適用治安維持法的首要目標，在於改變政治思想
犯的政治信仰，而非加以嚴懲。在台灣涉及治維法的案件裡，
於全部的 856 名犯罪嫌疑人當中，有 203 名（23.7％）因證據
不足等理由不予起訴，另有 418 名（48.8％）被處以「便宜不起
訴」（日文稱「起訴猶豫」），亦即雖罪證已足，但因犯人的性
格、年齡和境遇以及犯罪之情狀與犯罪後情況，認為無訴追的
必要，故不提起公訴。結果僅有 235 名（27.5％）遭依治維法起
訴，且 213 名（24.9％）最後判處有罪。不過，並無任何一人於
被起訴後獲判無罪，倒有 22 名（2.6％）於起訴後因故終止訴追
程序（例如因被告死亡而為不受理判決）。[77] 一如日本內地的情
形，[78] 前述之約二分之一涉嫌人獲得便宜不起訴，以及最終僅約
四分之一涉嫌人遭起訴，正說明日本官方所強調的是涉嫌者對
其「危險思想」的「轉向」（放棄政治信仰）。[79] 也由於檢察官的
起訴處分幾乎就等於是有罪判決，因此實際主導這類治維法案

　　（1928-1935）中涉嫌違反該法者為 18,600 名，但倘若其觸法比例與在
　　台灣者相同，則以 10 年（1931-1940）計算之預估的涉嫌者人數也只不
　　過 3,766 名（參見同上註之說明），故事實上朝鮮人比台灣人更易受到
　　治安維持法的適用。

77　參見註 74；日本 1922 年刑事訴訟法，第 279、362-365 條。

78　在日本內地，涉及治安維持法的案件，亦有非常低的起訴率，及起訴
　　後極高的有罪率。依 1928 年至 1941 年的統計，該起訴率僅約 8％ 而
　　已，比台灣的 27.5％更低許多。參見 Mitchell. pp.140-41。但如前所
　　述，內地之涉嫌人數遠多於台灣，或許因為在內地，除治維法之外
　　較難有其他法律可用於拘禁政治異議分子，故警察從寬認定違反治維
　　法行為，致使檢察官為不起訴的機會增多。

79　參見 Mitchell, pp.127-147；Tipton, p.73.

件的是特高以及思想檢察官。[80]

　　對當時的政治異議分子而言，日本統治當局各種壓迫手段中最具實質威脅的，乃是警察的殘酷刑求。在日本內地及朝鮮殖民地，政治犯經常遭非法刑求，有些甚至在警察拘留期間被刑求致死。[81] 同樣情事也發生在台灣殖民地。涉嫌違反治安維持法的台灣人被告，常慘遭殘酷的刑求，其中不乏審判中或發送監獄後即告死亡者。[82]

四、戰時對政治犯的羅織入罪（1937-1945）

（一）台灣人抗日運動的沉寂

　　台灣島內的抗日運動於戰爭時期已呈現蕭條景象。經歷 10 餘年的民主運動之後，大部分台灣人異議分子已習於用非武力方式，表達對當權者的不滿。然而於 1937 年 7 月中日戰爭爆發至 1945 年 8 月日本戰敗為止的戰爭時期，進行這種民主的政治反對運動已成為不可能，許多原本在島內十分活躍的政治異議分子，也「共體時艱」地被納入日本統治體制內。[83] 另一方面，

---

80 實務運作上特高扮演著比思想檢察官更積極、主動的角色。參見 Mitchell, pp.173-174.

81 參見 Tipton, pp. 26, 31, 56；金圭昇，頁 79。

82 實例見《台灣省通志》，頁 53、57；向山寬夫，頁 1137、1191。

83 參見許世楷，頁 402；向山寬夫，頁 1267-1268。例如原台灣民眾黨的左派幹部盧丙丁及陳其昌，於 1937 年戰爭爆發前後赴中國，盧某成為日本軍特務機關之人員，陳某則長期在南京擔任日本「中支那派遣軍」的「報道部員」。林獻堂被長谷川總督任命為總督府評議會員，且就任皇民奉公會台中州大屯郡事務局長。林呈祿改名林貞六，成為皇

整個台灣社會，經過日本 30 多年（自 1902 年之後）相當穩定的統治之後，事實上已喪失清治及日治之初曾經擁有的像武力抗官的那種剽悍社會力。[84] 長期的日本統治，已使台灣人大多屈服於日本國家權威的嚴密控制，只有一部分台灣人為延續其抗日活動，而赴中國投靠與日本敵對的重慶政府或延安政府。[85]

民奉公會委員。羅萬俥也被安藤總督任命為總督府評議會員。蔡培火則自謂其願拋棄 20 年來所奔走之母國（指日本）與台灣的內政改革上的要求，改以致力日本與中國兩國之間的相互「提攜」，曾於中日戰爭時期訪問上海、廈門、福州、北京等日軍占領地，與日本的軍人、官吏及親日中國人交往。

84 但例外的亦有意圖武力抗日的政治反抗者存在。曾參與西來庵事件的江保成，視中日戰爭之爆發為契機，計畫襲擊警察官署以奪取槍械、據山抗日。但江保成及其跟隨者於 1940 年被捕，並被控以違反治安維持法。至 1942 年，計有 43 名被判有罪，江保成以始終否認罪狀遭刑求致死，其幹部數十名則分別被判處 12-15 年有期徒刑。日本官方對於江保成事件之不援引匪徒刑罰令，乃因惟恐台灣人回想起日治之初武裝抗日遍布全島的往事，以致對日本政府之掌控台灣局勢失去信心。參見向山寬夫，頁 1230-1231。

85 中日戰爭爆發之後，中國官民才敢公然支援住在中國之台灣人的抗日運動，這些台灣人也認為戰爭之爆發是台灣脫離日本統治的好機會，於是組成「中華台灣革命黨」、「東江義勇隊」、「台灣義勇隊」等抗日團體，諸團體且在 1940 年，於重慶統合為「台灣革命大同盟」（後改稱「台灣革命同盟會」），明確指出其目標為「反對日本帝國主義，擁護祖國抗戰，要求光復台灣，希望在民主中國的版圖之內，建設自由平等，進步康樂的新台灣」。其成員，除了任職主席的謝春木（謝南光）原係台灣民眾黨中央委員，曾在島內積極投入各項政治抗爭，以及其他類似出身的少數人外，大多是少壯時即赴中國發展的台灣人知識分子（包括黃朝琴、王民寧、黃國書、李萬居、連震東等等），很少實際參與日治下台灣本地的各項政治反對運動，這或許是後來這批精英被

　　由於台灣的反政府活動早已在總督府掌控中，故不必再像日本內地或朝鮮那樣須針對政治犯設計新的鎮壓手段。日本於戰爭時期，曾在內地及朝鮮等殖民地，實施兩項跟治安維持法相關的思想控制制度。其一為依 1936 年的「思想犯保護觀察法」，就違反治維法者，當其被處以便宜不起訴，或獲緩刑之宣告，或刑之執行終了或得以假釋之時，可依「保護觀察審查會」之決議將該人交付「保護觀察」2 年（可更新），其居住、交友，或通信因此受到官方極度的監視，以防止再犯。其二為 1941 年治安維持法改正後增訂的「預防拘禁」制度，其旨在於使「未轉向」的思想犯與社會徹底的隔離。亦即針對難以防止再犯，或再犯之虞顯著之刑執行已終了者、被宣告緩刑者、被保護觀察者，經法院裁判後收容於「預防拘禁所」2 年（可更新），施以令其改悛之必要措置。令人驚奇的是，這兩項措施並未施行於台灣。[86] 未在台灣實施的原因，可能是在台灣涉嫌違反治維法者，相較於內地與朝鮮而言尚屬不多，故該等措施在台灣可發揮的效用較有限。況且台灣原已存在著內地和朝鮮所無的保甲及浮浪者取締制度，若有需要時，即可用於監視及預先拘禁

　　一般台灣人稱為「半山」（意指非純然是台灣人乃半個唐山人）的原因之一。另外，在中國共產黨的延安政權地區，也有數十名台灣人青年在蔡孝乾指導下組成「台灣先鋒隊」，從事抗日活動。參見向山寬夫，頁 1234-1238。當然，那時也有一部分台灣人遠赴中國的動機，比較像是在於「援日」而非「抗日」。例如註 83 所提及之任職於駐中國日軍，或如黃際沐、林書鵠等之擔任中國汪精衛政府底下廈門地方法院檢察官，又如謝介石之擔任滿洲國外交部長。

86　參見拓務大臣官房文書課，《內外地法令對照表》（台北，1941），頁10；Tipton, pp. 29, 70；金圭昇，頁 100-104。

具有「危險思想」之潛在政治犯。

　　不實施前開兩項戰時特設的思想管制措施，絕不意味著日本統治當局對台灣人的思想控制較鬆弛。在戰爭時期，日本當局對台灣人的思想監視，事實上有過之而無不及。當一位台灣人知識分子赴中國旅行歸台後，台灣的特高立即將其納入嚴密的監視網中。[87]

（二）壓迫者的杯弓蛇影心態

　　相對於島內台灣人之已經大致上消極的接受日本國家權威，警察當局仍擔憂受二等國民對待的台灣人會「心懷不軌」。統治初期的全島性武裝反抗，早已使得日本統治當局，一直對被統治的台灣人心存疑懼和不信任；且當時跟日本人交戰的，又是與台灣人同屬漢族而具有血緣文化上密切關係的中國人，故更加深日本統治者的不安全感。[88]

　　在戰爭時期經法院判定有罪的政治犯案件，有很多極可能屬於警察捏造的假案，如 1937 年底的「台灣華僑抗日救國會事件」、1941 年「東港事件」、1944 年「瑞芳事件」、甚至包括1944 年「蘇澳漁民間諜事件」等。[89] 若不能逮到「政治犯」就好

87　其實例，見吳濁流，《無花果》（1970；重刊於 Monterey Park, Ca.,1984），頁 104-105。

88　最顯著的例子是，於 1944 年第十方面軍司令官（後來擔任台灣總督）安藤利吉所說的：「萬一台灣同胞與敵方的登陸部隊互相呼應疏通，而從我們皇軍的背後衝殺過來，那麼事態不就很嚴重了嗎？而且，據觀察所得，我實在沒有勇氣與自信對台灣同胞抱有絕對的信賴。」見黃昭堂，頁 191-192。

89　各事件發生經過及其應係冤案，參見向山寬夫，頁 1232-1234、1269-1272；許世楷，頁 402、405；《台灣省通志》，頁 57。同時期尚有一些

像失去存在意義的警察們（尤其是特高），以濫用酷刑取得被告犯罪自白的方式，羅織了上述冤案，許多被逮捕的犯罪嫌疑人，還來不及接受正式的審判，即已遭非法刑求致死。[90]其實類似情形在過去即有，只是處於人權保障全然被忽視的戰時，警察更加囂張妄為。某些檢察官或許有鑑於以往事例（例如前述1922年被捏造的彰化募兵事件），對於警方移送之政治犯案件的真實性，常有所懷疑，有時亦逕為不起訴處分。[91]不過，由於警察當局經常已妥善地「製造」出相關的「證據」，許多無辜的台灣人仍被法院以違反治安維持法等罪名科處重刑，且出現了在1920年代及1930年代前期所未有的無期徒刑之宣告。[92]

較小型，似屬「真實」的抗日事件，例如1941年李欽明等5、6名教員被控違反治維法的「三民主義台灣青年黨事件」，及1944年台北帝大學生蔡忠恕意圖呼應中國軍上陸之事件。參見向山寬夫，頁1234、1272。

90 參見向山寬夫，頁1232-1234、1269-1271。

91 其實例，見向山寬夫，頁1233；吳濁流，《台灣連翹》（鍾肇政中譯，台北，1987），頁145-146。

92 東港事件的被告歐清石及旗山事件的被告柯水發，皆被法院依治維法判處無期徒刑。之前法院依治維法最重只判處有期徒刑15年，例如1931年台灣共產黨事件，台共領導人潘欽信被判有期徒刑15年，另一領導人謝雪紅則被判13年。見向山寬夫，頁918、1270。

第二節　社會秩序與一般犯罪的懲治

一、自成一套的犯罪控制體系

（一）體系的形成（1903-1909）

　　在 1902 年抗日游擊隊被徹底消滅之前，台灣總督府尚不太關心社會上非政治性的一般犯罪。日治之初，因日本統治當局不願投入太多國家資源於訴追那些相對較輕微的非政治性的一般犯罪，故法院內刑案的數量並不多。[93] 於 1895 年 12 月，當時的法院長即明白表示，依台灣住民刑罰令之規定，凡該當日本刑法上犯罪構成要件者，係「得」予以處罰，亦即視「犯罪之性質、危害之輕重，及犯罪後之經過情形，或罰或置之不問，悉聽司法官依實際需要做適宜決定」，因此賭博及吸食鴉片雖屬不法，暫付之不問也無甚弊害。[94] 從 1898 年至 1902 年，隨著台灣總督府實際管轄區域的擴大，法院所受理的一般犯罪案件逐年遞增。[95] 此所以在 1902 年中期解決了「匪徒」問題之後，如何有效壓制台灣社會的一般犯罪，就成為總督府施政上的當務之急。

　　為遏止犯罪的蔓延，一些預防性的措施被用來處置浮浪

93　自 1895 年 11 月至 1896 年 3 月，台灣總督府法院受理的 346 件刑案中，涉及竊盜者最多（158 件），涉及強盜者居次（55 件），而僅有三案係涉及當時台灣社會頗為盛行的賭博。見《司法檔案》，頁 76-77。

94　同上，頁 17、21、49。

95　由本書表 3-9 可看出這幾年裡法院受理刑案之數量呈現遞增現象。雖該表之刑案涵蓋了政治犯案件，但參酌表 4-2 之關於匪徒案數量之統計可知，影響整個刑案數量多寡的是有關一般犯罪之案件。

者。當時所謂浮浪者，即清治時期的羅漢腳，他們向來是犯罪的高危險群而為台灣治安的潛在亂源，甚至是武力抗官時的重要人力資源，[96] 故台灣總督府首先拿浮浪者問題開刀，不但有社會治安的考量，亦意在確保「匪徒」消滅後已告穩定的政治秩序。1903 年，在無任何法條根據的情況下，警察當局要求其所指摘的浮浪者，須保證業已改過向善且立刻覓妥職業，若依然無業即須聽從政府的強制就業措施。同年有 40 餘名被認為難以遷善的「浮浪者」，被強制送往台東從事開墾。[97] 為了將此項強制措施明文化，台灣總督府於 1906 年以西方強權在其殖民地皆有強制勞動制度為由，[98] 制定了「台灣浮浪者取締規則」。依該規則，「無一定之住居所，且無固定職業，而有妨害公安、擾亂風俗之虞者」，將被「戒告」須有固定之住居所及就業；受戒告後仍「不改其行狀者」，則將被送往固定之住居所強制就業。[99] 強制就業之處所，即 1908 年設立於台東加路蘭的「浮浪者收容所」。此收容所雖名稱上不同於監禁罪犯的監獄（刑務所），但每日課以的作業殆無兩樣，且收容所的所員多從司獄官中選拔。[100] 此一強制就業的「保安處分」，實際上是對一位未犯罪之

96　參閱向山寬夫，頁 295。

97　鷲巢敦哉，《台灣警察四十年史話》（台北，1938），頁 200-205。

98　參見鷲巢敦哉，頁 205。西方強權在非洲殖民的強制勞動制度，是為了迫使當地人提供勞力以進行殖民地產業開發，而不是如日本當局般將其做為犯罪預防措施。參見矢內原忠雄，《植民及植民政策》（東京，1933），頁 432-437。

99　相關之條文，見李崇僖，〈日本時代台灣警察制度之研究〉，台大法研所碩士論文，1996 年 6 月，頁 138-139。

100　鷲巢敦哉，頁 209。

人，給予近似有期徒刑（自由刑）的制裁，但卻是由警察官以地方行政官廳首長的名義，經台灣總督認可，即可做成裁決。[101] 其整個流程，毫無司法救濟機制之存在。

　　為減少在監人犯的數目，台灣總督府於 1904 年恢復傳統中國的笞刑並強化罰金刑，俾取代短期自由刑。日本殖民統治當局辯稱：就受刑人而言，被課以笞刑即不必入獄一段時間，可免在獄中反而學習犯罪，且不致中斷家庭經濟收入，故較短期自由刑為佳。但他們從未回答既然笞刑這麼好，為什麼不施行於在台日本人？為什麼在日本內地笞刑已被廢止？因此，恢復清政府之笞刑的真正理由，乃是笞刑執行完畢後受刑人即自行返家，其被拘留時間至多不過是「待笞」的那幾天而已，故可以很快地將擁擠的牢房騰空以利拘禁其他刑期較長的罪犯。同樣的，日本當局較前強調罰金刑的使用，以節省花在獄政上的經費（如增建獄舍之費用），但其對於上述真正的動機僅輕描淡，倒是堂皇地託詞台灣人生活程度甚低，故被拘禁於現代化的獄舍中並無痛苦感覺，且對貪慾謀財之罪犯課以罰金較有效。[102]

　　依 1904 年的「罰金及笞刑處分例」，凡台灣人（及中國人，以下省略）（1）主刑應處以 3 個月以下重禁錮，或（2）主刑或從刑應科以 100 元以下罰金，且在台無一定住所或無資產者，或（3）應處以拘留或科料（金額較少之罰金），得將其宣告刑換成笞刑；在上述（1）之情形，亦得換刑為罰金（第 1 條至第 3 條）。[103] 當台灣人被處以罰金 100 元以下或科料，而於刑之執行

101　同上，頁 210。鷲巢敦哉認為此規則之強制就業是一種「保安處分」。

102　參見鷲巢敦哉，頁 269-273；《司法檔案》，頁 822-823。

103　例如法院宣告某被告應處以重禁錮 3 個月，但依本處分例改處以 91

時未繳清者，得易處笞刑，以補足未執行部分（第 4 條）。依本
例處以罰金、笞刑或以笞刑易科罰金時，乃以 1 日折算 1 元或
以 1 元折算 1 笞（第 5 條）。

　　為了進一步減少刑事法院的案件負荷並推廣罰金刑與笞刑
的使用，台灣總督府於 1904 年大舉強化實際上由警察官署執
行的犯罪即決制度。關於以犯罪即決制抑制法院刑案之成長，
已詳論於前章第五節。在此須進一步指出的是，1904 年以律令
第 4 號擴大可即決之犯罪的範圍，係有意搭配同年律令第 1 號
所公布的罰金及笞刑處分例。按 1904 年犯罪即決例中可即決之
罪，第一類就是：該當「拘留或科料」之刑之罪，第二類則是：
應科處主刑「3 個月以下重禁錮」之賭博罪（1909 年增列：應
科處「拘留或科料」之刑法上「暴行未至傷害」罪）。第三類又
是：應科處主刑「3 個月以下重禁錮或百元以下罰金」之違反行
政諸規則之罪。於是，犯罪即決官署（警察官署）依法得宣告的
拘留、科料、3 個月以下重禁錮、百元以下罰金，皆能依「罰金
及笞刑處分例」轉換成笞刑或罰金，罰金未繳部分又可易為笞
刑。且凡即決官署宣告之笞刑，可由該官署執行，不必再由監
獄執行（處分例第 11 條）。就算即決官所宣告之重禁錮因未換
刑為笞刑或罰金而應移送監獄執行，依當時實務作法，警察官
署的拘禁處所，以 1 個月為限（澎湖、台東、花蓮、恆春等地則
無此限制）得做為執行禁錮之代用監獄。[104]其結果，實際上較高
階警官擔任的犯罪即決官，可在犯罪即決例允許的範圍內，自
己定罪、自己執行（笞刑及罰金），縱令原應由監獄執行者有時

　　笞。見上內恆三郎，《台灣刑事司法政策論》（台北，1916），頁146。
104　參見《通志稿》，冊 2，頁 359。

亦可自己「代監執行」。[105]

　　一套針對台灣而設計的犯罪控制體系，因此於 1903 年至 1909 年之間建構完成（參見表 4-4）。

　　整個犯罪控制體系的偵查工作，皆由深入人民日常生活且掌控保甲長的警察系統負責發動。[106] 警察若認為某人有犯罪行為，則可依兩種方式處理，其一是移送法院的檢察局，由檢察官繼續偵查並決定是否提起公訴，一旦起訴則移由判官依刑事訴訟程序進行審判，若被判有罪確定則依檢察官之指揮在監獄執行刑罰。其二是移由同屬警察系統的犯罪即決官依犯罪即決程序審決，且犯罪即決官署通常（但不全然）逕自執行其所定之刑罰。終日治之世，警察在多數情形係採用第二種途徑，處理其所認定的犯罪嫌疑人（參見表 3-9）。

　　法院主要被用於處理應科處較重刑罰之犯罪。依表 4-5，第一審法院的刑案大多是涉及殺人、傷害、竊盜及強盜、侵占、詐欺及恐嚇、妨害風化婚姻及家庭等所謂的「刑法犯」（占八成以上）。法院也受理一些涉及違反特別刑法，亦即所謂「特別法犯」的案件。這些特別法犯包括違反台灣鴉片令、稅法、戰時經濟管制法令，及治警法或治維法等政治刑法。由法院所處理的刑法犯和特別法犯案件，通常係屬於應科處較重之刑罰的案

105　日治後期人們常提及「被警察拘留 29 天」，很可能就是因為笞刑已於 1921 年被廢止，故警察官以法律上即決官的身分，判處懲役（有期徒刑）29 日，再以未超過 1 個月為由，在警察官署附設的拘禁處所裡「代監執行」。

106　參見 Ching-chih Chen, "Police and Community Control Systems in the Empire," in *The Japanese Colonial Empire, 1895-1945*, ed. Ramon H. Myers and Mark R. Peattie（Princeton, N.J., 1984）, pp. 225, 227-235.

表 4-4：台灣在日治時期的犯罪控制體系（1909-1945）

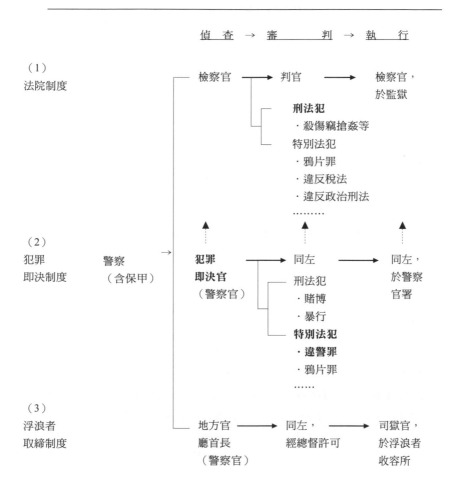

説明：用粗體字者，表示該項是同一類中最常發生者。以虛線表示此項移動，雖可能存在，但很少發生。由於《台灣總督府犯罪統計》就所有犯罪區分為刑法犯（觸犯刑法典者）及特別法犯（觸犯刑法典以外之特別刑法者），本表從之。

表 4-5：依所觸犯罪名計算之台灣第一審法院各種刑事案件
比例數（1910-1943）

年代	案件總數	刑　法　犯				特別法犯	
		小結	賭博	傷害	竊盜及強盜	小結	違價格統制令
1910	100.0%	92.3%	6.4%	13.9%	41.6%	7.7%	-
1915	100.0	89.6	2.8	13.3	42.6	10.4	-
1920	100.0	82.4	7.6	13.7	33.5	17.6	-
1925	100.0	82.7	7.4	11.9	34.2	17.3	-
1930	100.0	82.9	4.5	16.1	36.2	17.1	-
1935	100.0	80.5	6.2	9.6	37.5	19.5	-
1940	100.0	89.0	3.5	5.4	50.8	11.0	4.3%
1943	100.0	77.7	4.1	3.3	51.2	22.3	11.2

說明：本表欲列出涉及某種罪名之案件，在全部刑案中所占的比例數。在
「刑法犯」欄底下的「小結」表示刑法犯案件在全部刑案所占的比例數，
但並未列舉出所有屬刑法犯的罪名，僅摘取有討論價值的「賭博」、「傷
害」、「竊盜及強盜」等各罪案件在全部刑案所占的比例數。同樣的，「特
別犯法」欄下「小結」，表示特別法犯案件在全部刑案所占之比例數，亦
僅摘取其中案件數最多的「違價格統制令」為例示。各種類案件的件數，
見台灣省行政長官公署統計室編，《台灣省五十一年來統計提要》（台北，
1946），頁 447-451，表 165。各比例數則由筆者自行計算得出。

件，否則依下述的犯罪即決制度處理即可。

由犯罪即決官署審決的案件，絕大多數涉及違反特別刑法上之罪，尤其是違警罪。[107] 其實關於刑法犯，僅就賭博罪以及暴行未至傷害之罪且其宣告刑又相當輕微者，才可依犯罪即決程序處斷。此外，如上一章第五節所述，經警察移送犯罪即決官署的案件，仍有可能再被移送至法院的檢察官或判官手中，惟其發生機率極小。又，即決案件若科處超過1個月的禁錮，則可能須移送監獄執行，但此情況並不多見。

若警察認為某人雖無犯罪行為但將來有犯罪之虞，即可啟動第三種犯罪控制的機制，即浮浪者取締制度。在此制度下，一位台灣人，只因被警察官署認為係居無定所、無固定職業，而「有妨害公安、擾亂風俗之虞」，就必須被遣送至遙遠的他鄉強制工作1年或甚至2、3年。[108] 雖日本統治當局辯稱強制就業是一種刑罰之外、藉以培養其勞動習慣的保安處分，[109] 但如前所述，在浮浪者收容所內所受的待遇，與在執行刑罰的監獄內相差無幾，送收容所實際上相當於送監獄。由行政機關所決定的強制就業的期間（1-3年），事實上比大多數經法院判決有罪者被科處的刑期更長。[110]

（二）整個體系的持續存在

於日治時期相對較民主的1920年代，此犯罪控制體系當中某些嚴重違反人權的措施已招致批評。第一任文官總督因此於

---

107 參見上內恆三郎，頁136-137；《日本帝國統計年鑑》，大正10年度（1921），頁654-655。

108 參見向山寬夫，頁296。

109 參見鷲巢敦哉，頁205-207、210。

110 經法院判決有罪者被科處的刑期，大多數不超過1年。參見表4-8。

1921 年廢除笞刑，意圖塑造其開明仁慈的形象。然而浮浪者取締制度，不但未被廢止或改善，反而被濫用於對付台灣人政治異議分子，[111] 從原先的犯罪預防措施，轉變為政治鎮壓的工具。由統計數字可看到，1928 年被移送至浮浪者收容所者僅 9 名，但 1929 年突然巨增為 91 名，1930 年仍有 47 名，至 1931 年才降至 16 名。日本的殖民地官員曾坦承被移送的人數，係伴隨著台灣思想運動盛衰而增減，按總督府對台灣思想運動之取締採強硬政策，大約是從 1929 年開始，故移送人數上出現這般的起伏。[112]

於 1930 年代前期，本於內地法延長主義，一些日本的刑事法規被實施於台灣。例如台灣刑事令（律令）依用 1930 年日本制定的「關於盜犯等防止之件」（法律）；1933 年日本的刑事補償法（法律）亦經施行勅令之指定而直接在台灣生效。但台灣殖民地特有的這個犯罪控制體系，仍維持不變。

於戰爭時期，此犯罪控制體系繼續被用於處罰新興的各種違反戰時經濟及軍事管制法令之行為。1937 年中日戰爭爆發後，台灣有時也遭戰火波及，特別是進入太平洋戰爭（1941-1945）晚期之時，但是台灣島上從未因而宣布戒嚴，所以一直是由司法與警察機關，而非軍事機關，負責一般犯罪的懲治。較特別的是，法院除了審理過去已常見的犯罪外，亦審理各種違反戰時經濟管制法令（例如 1938 年的國家總動員法），或軍事管制法令（例如 1941 年的國防保安法）之行為，蓋此類犯罪

111　吳三連等，頁 397。

112　鷲巢敦哉，頁 212。日本統治當局於 1929 年即大力鎮壓台灣農民運動。

應科處之刑罰通常相當重,非犯罪即決官署所能審決(參見表4-5)。[113]

二、台灣社會的犯罪狀況

(一)晚清時期

　　從晚清北台灣的衙門檔案,可窺知當時台灣社會犯罪狀況之大概。清朝中國並未就其治台期間的犯罪狀況留下官方統計資料,所幸迄今仍有一份由19世紀北台灣地方衙門審案文書所構成的「淡新檔案」,可藉以推知當時台灣的犯罪狀態。依戴炎輝教授對該檔案的觀察,當中有365件可歸類為今日所稱的「刑事案件」。就其案件類型之分布,以竊盜案(39件)占最多,強盜案(30件)居次;涉及侵害人身自由者,以毆傷案(17件)較多;涉及所謂「風化」者,以賭博案(13件)為多;而涉及所謂「公共秩序」者,則「匪徒」案(9件)約占該類案件之半。[114]

　　不過,由於民間經常自行處理刑案,官府的檔案不一定能

---

113 參見向山寬夫,頁1240-1248;台灣總督府,《台灣統治概要》(台北,1945),頁1-2、109-115。

114 參見台北市文獻委員會編,《台北市志稿卷三政制志司法篇保安篇》(台北,1960),頁54-55(以下簡稱《台北市志稿》)。淡新檔案本身並未依大清律例而為分類,上述各案件類型,係由戴炎輝等學者,參酌歐陸式刑法分類所擬訂的。因之,某一具體個案究竟應納入何一案件類型,不免有異見,以致上述各案件總數僅可供大致上的參考。尤有甚者,本檔案僅記敘19世紀北台灣的情形,是否亦能說明當時屬於台灣政經中心的台南一帶之情形,恐不無疑問,所以嚴格來講,該檔案只能顯現當時整個台灣社會犯罪狀況的大概而已。

完全反映當時台灣社會真實的犯罪狀況。於清治台灣，官府只
對那些嚴重破壞社會秩序以致威脅到統治利益的「重罪」，才
會較主動積極地訴追並懲之以刑罰；而相對屬於「輕罪」者，
則經常讓諸民間的地方有力人士或家族自行裁決、課以各種處
罰；即令是淡新檔案內屬於已由官府受理的案件，也可發現
「輕罪」案件，經常最終是不了了之或由當事人和解息訟。[115]
因此「輕罪」案件的實際發生數目，必超過官府檔案所顯現的數
目；其罪愈「輕」，此差距愈大，愈多係由民間自行處罰了事。

　　由晚清台灣的犯罪概況，可知當時社會秩序的混亂。上揭
戴氏分類中所稱的「匪徒」案，通常是指聚眾數十或百餘以結幫
掠奪財物（非指發動民變）之案件；其為數不少，正顯示當時成
群打劫的盜匪集團相當猖獗，嚴重危害社會治安。數量頗多的
強盜案，意味著單獨或數人共同的強盜行為，在當時也十分普
遍。檔案中案件最多的竊盜案，應是當時最常見的犯罪類型之
一；復由於其被官府視為「輕罪」，可能有許多竊案被害人基於
「告也沒用」的心理，根本不向官府報案，以致未呈現於檔案
中。同樣的，亦屬「輕罪」的毆傷案，實際發生件數絕不止於依
檔案所為的統計，蓋當時台灣漢人移民社會裡打鬥之風甚盛。
賭博也盛行於這個富有冒險、逐利精神的移民社會，官府檔案
內已有不少該類案件，但實際情形應尤有甚之。[116]

（二）日治時期

　　依日本的殖民地法律，可謂為「重罪」者，係由法院依刑事
訴訟程序審理；而罪責較「輕」或經常發生之犯罪，則由警察官

115　參見《台北市志稿》，頁 5、53。
116　參見同上，頁 55。

署依犯罪即決程序處理。如前述犯罪控制體系所示，台灣總督府法院原則上僅處理罪行較嚴重的刑法犯，以及一部分屬於應宣告較重刑罰的特別法犯，其他的犯罪概由犯罪即決官署（警察官署）處置。賭博罪及刑法傷害罪章內的「暴行未至傷害」罪，雖屬於刑法犯，但係台灣社會最常發生（即賭錢、鬥毆之事）但罪責較輕之罪，故大多由警察官署即決之。[117] 違反台灣鴉片令，是另一個清治時期所遺留的台灣人經常觸犯之罪（在台灣屬特別法犯），這類犯罪亦大多依犯罪即決罰之。[118] 此外，為犯罪即決制主要適用對象的眾多「違警罪」，也屬於「輕犯罪」。因此於日治時期，犯罪已不分輕重，皆由國家權威，透過

---

117 台灣最常發生的犯罪係賭博罪。若總計由法院判決宣告及由警察官署即決宣告之刑案，則於1915年的台灣，觸犯「賭博之罪」者有5,835名，觸犯「竊盜及強盜之罪」者有2,076名，觸犯「傷害之罪」（含暴行未至傷害之罪）者有1,125名。見《日本帝國統計年鑑》，大正6年度（1917），頁734。按：其中以由警察官署即決宣告者，占大多數。於1909至1914年間，就賭博犯，由法院判決宣告者與由警察即決宣告者之比例為1:7.2，就傷害犯中觸犯「暴行未至傷害之罪」者，此項比例達1:39.8，但傷害犯中占多數（約占67.7%）之觸犯「傷害罪」者，則均由法院以判決宣告之。參見上內恆三郎，頁201-202，表37，頁208、249-252，表58及59。與日本時代其他時期相比，1909至1914年間之使用法院判決與使用警察即決的比例，並無較特殊之處。參見表3-9。

118 鴉片罪在台灣因有鴉片令之制定而屬於特別法犯，不同於日本內地之為刑法犯。依1914年台灣的犯罪統計（含經判決宣告與即決宣告者），所有人犯中固以前述的賭博犯居首，其次即是鴉片令犯（計3,699名），且其之由法院判決宣告者與由警察即決宣告者的比例為1:20.6。參見上內恆三郎，頁258，表60、263。

法院制度和犯罪即決制度，獨享刑事制裁的權力。[119]

　　日本統治當局相當致力於壓制那些自清治時期即存在之嚴重破壞社會秩序的犯罪。台灣總督府依殘酷無比的匪徒刑罰令所消滅的，不僅是從事武裝抗日的政治犯，也包括了自清末延續而來的真正盜匪（集團）。按匪徒刑罰令上所謂「匪徒」罪，係指「不問其目的為何，凡以暴行或脅迫為達成其目的而為多眾結合」（第1條），並未以具有政治目的為構成要件，故肆行結夥搶劫的非政治性盜匪亦該當本罪。[120] 自1916年之後，匪徒刑罰令即不曾再被適用，且涉及強盜罪之案件也很少；於1910年代後期，平均每1,000名刑法犯當中僅約3.4名強盜犯，至1930年代中期，平均每1,000名刑法犯當中竟不到1名（0.83名）是強盜犯。[121] 清治時期經常做為紛爭解決之「自力救濟」

---

119 至少於日治前期，仍有不少台灣人對加害者私自施以制裁，但可稱為「私刑」的這種私人的制裁行為不見容於國家法律，檢察官即以該制裁行為本身構成傷害罪等罪名，訴追其刑事責任。參見上內恆三郎，頁118-119。

120 任職檢察官的上內恆三郎即謂：「在台灣，多數結合從事強盜行為者稱為『匪徒』，特別依匪徒刑罰令之規定嚴罰之」，見上內恆三郎，頁176。其實例如明治34年（1901）控刑第29、30號判決所載：「以施加暴行脅迫而掠奪財物之目的、應首魁的勸誘結夥十數名，共同闖入人家縛其家人且灌石油後點火燒死，並掠奪其財物之行為，已構成匪徒罪（匪徒刑罰令第1條第3款、第2條第6、7兩款），不應以強盜罪（刑法第378、379條）問擬。」見台灣總督府覆審法院編，《覆審法院判例全集》（以下簡稱《覆院集》，台北，1920），頁374。換言之，不宜將所有違反匪徒刑罰令者皆視為「抗日英雄」。

121 於1915至1919年間，台灣的刑法犯平均每年有4,402名，其中屬強盜犯者平均每年僅有15名。亦即每1,000名刑法犯當中僅3.4名

手段的分類械鬥，於日治初期尚時有所聞，[122] 但嗣後即逐漸消失，蓋國家權威已嚴密監控整個社會秩序，不容分類械鬥破壞之，且原本賴以進行械鬥的私人性武力更是被禁止。另一個自清治時期即有的社會亂源——羅漢腳問題，台灣殖民地政府以犧牲人權為代價，運用浮浪者取締制度大幅減低其對社會治安的負面影響。於 1930 年代，僅有少數的台灣人被送往浮浪者收容所，至戰爭末期，設置於台東的收容所已無被收容者矣。[123] 雖然幾乎沒有人被移送至浮浪者收容所，並不即表示社會中確已毫無流氓存在，但在日本統治當局的長期壓制下，台灣的流氓人數確實已減少很多。[124]

　　不過，在日本統治下，刑責相對較輕的犯罪，事實上並未減少。竊盜罪是一種最基本的財產犯罪，所謂飢寒起盜心，其之發生與一般人民生活艱困的程度具有相當關係。[125] 所以當

　　強盜犯。各年度人犯數目，見《日本帝國統計年鑑》，大正 10 年度（1921），頁 666-667，表 655。於 1932 年至 1937 年的 5 年間，台灣的刑法犯平均每年有 34,754 名，強盜犯（含強盜、強盜殺人、強盜傷人、強盜強姦）平均每年僅有 29 名。亦即每 1,000 名刑法犯當中僅 0.83 名（不到 1 名）強盜犯。各年度人犯數目請參見《台北市志稿》，頁 66-67。

122　其實例，見翁佳音，頁 160。

123　參見鷲巢敦哉，頁 211；向山寬夫，頁 1264。

124　被移送至收容所者減少，可能因為浮浪者取締已非日人之施政重點，故寬緩其執行。據云，1945 年日本因戰敗而失去對台統治權威之後，有一些流氓即開始在社會上活躍了。參見吳濁流，《無花果》，頁 147。

125　任職檢察官的上內恆三郎，認為台灣人因貪利心旺盛，有盜癖者多。然而於 1909 至 1914 年間，在台日本人平均每 10,000 人即有近 9

1920 年代台灣整體經濟狀況有所改善時，竊盜案件數目即有下降跡象；而日治末期一般人民生活的困苦，又使得竊盜案增多（參見表 4-5）。同時，傷害案件也是直到 1930 年代前期才明顯的減少（參見表 4-5）。[126] 這說明台灣漢人移民社會的鬥毆傳統，於進入日治時期後仍持續一段時間才漸趨改善。至於台灣人最容易觸犯的賭博罪，於日治時期也無遞減現象。[127] 殖民統治當局並未盡全力抑止台灣人的吸食鴉片，且除了戰爭時期外，違反鴉片令之人數仍不少。[128] 值得特別注意的是，當時違反基於行政權所發布之各種規則者，亦可能被科以刑罰，此類案件大

　　名（8.69 名）竊盜犯；相對的，台灣人平均每 10,000 人僅約 6 名（6.35）名竊盜犯。上內恆三郎認為在台日本人之較高竊盜犯率，係由來於生活艱難；那麼為什麼上內檢察官不以同樣的理由來解釋台灣人的竊盜犯率呢？參見上內恆三郎，頁 155、158-159，表 12、161，表 13、162。此例亦說明出身外來統治者所屬族群的司法官僚，可能基於族群優越感而歧視屬於一般台灣人的犯罪嫌疑者，這樣的司法者如何做得到「我心如秤」呢？

126　按表 4-5 僅統計經法院判決之案件，而日本刑法傷害罪章中的「暴行未至傷害」罪，在台灣可能係由犯罪即決官署裁決。就即決案件中「傷害案件」（即涉及上述暴行罪者）之件數，見《台灣省五十一年來統計提要》，頁 1362-1363。

127　若僅觀察表 4-5，好像賭博案件於 1930 年代後期已遞減。但該表僅統計經法院宣告之案件，而賭博罪在台灣更多是依犯罪即決程序宣告者。事實上自 1930 年代後期，犯罪即決程序被使用於刑案的頻率較以前為高（參見表 3-9），故法院方面的賭博案雖減少，但即決官署方面的賭博案不減反增。即決案件中「賭博案件」之件數，見《台灣省五十一年來統計提要》，頁 1360-1361。

128　參見上內恆三郎，頁 269；吳三連等，頁 399-415。關於違反鴉片令案件之數目，見《台灣省五十一年來統計提要》，頁 450。

多依犯罪即決例處置且件數非常之多，[129] 其處罰雖不重，但仍被視為構成犯罪。

　　也因此，就整個日治時期而言，台灣人的犯罪率（包含受法院宣告及犯罪即決宣告，以下同）是不降反升。參照根據官方犯罪統計資料所做成的表 4-6 可得知，台灣於 1905 至 1910 年間，平均每 1 萬名台灣人中有 41.6 人犯罪，然而平均每 1 萬名在台日本人中卻有 98.5 人犯罪；換言之，在台日本人的犯罪率為台灣人的兩倍多。這一方面反映出早期來台的日本人，頗多想撈一筆即走之素行不良者，且離鄉在外地者較無牽掛故易於犯罪。但如表 4-6 及圖 4-1 所示，到了 1920 年代，台灣人的犯罪率節節上升；相反的，已定居在台灣的日本人的犯罪率，於 1923 年首度低於台灣人的犯罪率，且此後持續走低、不曾再高過台灣人的犯罪率。於 1925 至 1929 年間，是整個日治時期的犯罪高峰期，平均每 1 萬名台灣人中即有將近 100 人（95.4 人）犯罪。這可能是因為 1920 年代日本統治當局對台灣人的監控較往昔放鬆，致發生長期遭束縛後被解脫剎那的一時失序現象，事實上當時同在台灣法域內的日本人並無犯罪率上升之情事。自 1930 年以後，台灣人犯罪率已呈現穩定狀態，但比起 1920 年代以前的日治前期，平均的犯罪率仍舊偏高。[130] 按 1930 至 1942 年間，平均每 1 萬名台灣人中有將近 80 人（77.9 人）犯罪。

　　此外，在台中國人（清國人或中華民國人）的犯罪率，一直

129　參見《台灣五十一年來統計提要》，頁 1364-1365。

130　但日治初期日本官方的執法能力較弱，有許多犯罪未被舉發，亦即「犯罪黑數」較高，故當時由官方所統計出的犯罪者人數（犯罪率）可能比真實的犯罪人數少。

是台灣人或在台日本人的數倍且居高不下。此或因來台的中國人大多為知識水準不高的勞工，加上離開鄉里後原有的社會拘束力消失，較易於為越軌之事。相比之下，台灣人是在 1920 年代初期之後，才較在台日本人常受到國家刑罰權的制裁（構成犯罪），之前則不然。至於在台中國人則最常受到國家刑罰的制裁。

　　話說回來，台灣人犯罪率在日治後期之較前期為多，不一定表示後期的社會治安較差。由於日治時期 90％以上的台灣居民是台灣人，故決定整個台灣社會犯罪率的是台灣人的犯罪率，其他兩類人的影響有限（參見表 4-6 之「台灣居民」欄）。當然台灣社會的犯罪率在日治後期平均而言較前期為高，但犯罪人數的多寡（犯罪率的高低）跟多少不法行為態樣被「犯罪化」為犯罪行為有關，故日治後期可能因為許多無涉於社會治安的「行政規則」紛紛被制定，以致違反這些規則者皆在法律上成為「犯罪者」，而提升了整個社會的犯罪率，然社會治安並未因之變差。

第三節　西方式刑事法制度的引進

　　以下將探討在日本國家權威透過刑事法之實施而改造台灣社會的過程中，哪些近代西方法要素扮演著重要的角色？同時也將追問：台灣人於日治時期是否已因而學到某些源自近代西方的刑事司法概念？

表 4-6：台灣的犯罪受刑人以每一萬人計算之平均人數
（1905-1942）

年　度	台灣人	日本人	中國人	台灣居民
1905	31.9	112.7	356.3	—
1906	37.7	96.6	355.7	—
1907	49.1	109.3	318.5	—
1908	43.5	91.7	272.3	—
1909	41.0	100.9	314.2	43.9
1910	46.5	79.8	356.8	48.8
1911	53.0	77.1	325.0	55.1
1912	—	—	—	—
1913	61.9	82.7	362.7	64.4
1914	59.7	83.2	285.5	62.0
1915	54.9	72.6	486.7	57.9
1916	58.5	78.1	571.9	62.0
1917	63.1	78.4	563.7	66.4
1918	62.7	78.5	640.2	66.8
1919	68.7	87.8	466.2	72.1
1920	59.8	84.5	433.6	63.4
1921	67.7	89.3	609.9	72.8
1922	73.4	83.8	618.7	78.1
1923	78.9	70.5	585.9	82.5
1924	84.2	76.9	627.7	88.1

1925	93.9	70.7	591.7	96.8
1926	102.4	76.0	599.1	105.4
1927	106.7	65.4	555.4	108.7
1928	85.7	33.8	448.2	86.6
1929	88.5	42.0	468.5	89.8
1930	76.1	38.1	339.9	76.9
1931	76.9	38.5	424.2	78.3
1932	82.4	36.2	419.3	83.0
1933	82.7	33.8	385.7	82.8
1934	77.4	33.2	365.4	77.9
1935	79.3	35.6	331.1	79.6
1936	85.1	34.9	379.5	85.7
1937	76.9	28.0	443.6	77.4
1938	78.8	27.8	376.0	78.3
1939	78.5	26.1	357.8	77.7
1940	62.7	17.9	385.9	62.6
1941	82.9	26.2	462.7	82.5
1942	72.6	15.9	404.3	71.8

說明：表內數據來自台灣總督府，《台灣總督府犯罪統計》，明治 42 年度（1969）至昭和 17 年度（1942）（台北，1911-1944）。該項統計排除了觸犯違警罪者以及被宣告不滿 10 日之拘留或不滿 2 元之科料者。原統計資料列有「外國人」一欄，惟其雖不完全但幾乎等於「清國人」及「中華民國人」，故本表一律改為「中國人」。

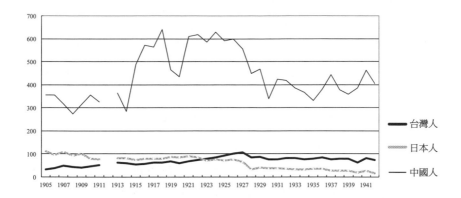

圖 4-1：日治台灣各族群犯罪率

繪圖：吳俊瑩

資料來源：表 4-6

一、罪刑法定原則

　　於中華帝國法底下，固然司法官員「斷罪皆須具引律令」，但此項具體援引法條的要求，是為了便於上官考核下官所為裁決是否遵從皇帝頒行的律令，以確保皇帝意志之被貫徹。[131] 若人民有律令無處罰明文之行為，執法者仍得「比附援引」其他法條來定其罪，只須最後獲皇帝批准即可。其實，皇帝原本就不需根據任何法律條文，即可逕對某人科以刑罰。相反的，近代西方法上有所謂「罪刑法定」原則，即行為時法律若無處罰之明文，則不得對該行為人科以刑罰，藉以保護一般人民免受國家權威恣意的侵害。亦深受傳統中國法影響的日本，須至領台之

131　參閱滋賀秀三，《清代中國の法と裁判》（東京，1984），頁 74-79。

前的明治維新初期，才知悉這項西方的刑事司法原則。

　　罪刑法定原則，至少在形式上逐漸為在台灣的日本統治當局所遵守，而一般台灣人也已略知其梗概。起初，日本統治者根本不理會這項源自近代西方法的「罪刑法定」原則；最明顯的事例，即 1898 年匪徒刑罰令之規定：行為發生於該令施行前者仍依該令處斷。惟隨著殖民地統治秩序的建立，這項業已被日本刑法典繼受的原則，開始為台灣當局所尊重。事實上，這對殖民地統治不致造成太大的干擾，因台灣總督可運用其相當廣泛的立法、行政上權力，制定眾多帶有刑罰效果的法令來規制人民日常生活，故各式各樣的犯罪類型，在形式上早已預先為法律所「明定」。日治時期，台灣人作家賴和曾將這種到處都有取締規定的情形，描述為：「他覺得他的身邊不時有法律的眼睛在注視著他」。[132] 又為了法律規定能夠盡可能的適用於各種具體生活事實，統治當局偏好使用一些涵義模糊的語句做為法律構成要件，例如治安警察法中「為保持安寧秩序之必要」（第 8 條）、「有紊亂安寧秩序或違害風俗之虞」（第 10 及 16 條）。但倘若連這些模糊的構成要件都不符合，那統治當局是否即無視於自己所制定的法律呢？答案似乎是否定的。賴和以 1920 年代為背景的自傳式小說，曾寫道：雖然警察認為演講者「有冒瀆他的威嚴，但在法的範圍裡又不能平白加以罪名，得任他處理」。[133] 因此，雖然日本統治者制定的法律，仍未完全落實這項

---

132 李南衡編，頁 333。賴和提倡以白話文反映庶民生活，且其本業是醫生，未受過專業的法學訓練，故其文章內所表達的法律觀可相當程度代表當時一般台灣人的看法。

133 同上，頁 335。另外賴和亦寫道：「支配階級……顧慮著法的尊嚴，不敢無理由把講演團解散」。同上，頁 335。不過賴和在小說裡也強

原則之保障人民的基本精神（例如構成要件不明確），但被統治的台灣人已認知到「無法律，官府即不可加以處罰」。

二、處罰須經正當法律程序

　　近代西方法認為遵守正當法律程序，是確保法官能夠正確為裁判所不可或缺者。因此，國家若未遵從正當法律程序，即不得處罰任何人民；人民有權拒絕國家權威當局不依法定程序的傳喚、逮捕、拘禁，及審判。相反的，傳統中國法認為一位有能力的司法官員，可基於其對人情世故的了解，不拘形式地運用各種可能的手段（刑求、竊聽、裝鬼嚇唬被告等等），探求出事實真相，故一定程序之被遵守並非做為確保個案正義的手段。[134] 由於兩者在基本認知上的差異，雖中華帝國律典中亦有若干指示司法者應如何審案的規定，但其不等同於近代西方法上若不遵循即不得判刑的「正當法律程序」。其實中華帝國的律典係頒行於官吏之間，一般老百姓通常對這些審案程序規定並不清楚；就算知悉，老百姓也無「權利」要求司法官吏須遵從審案程序規定。[135]

　　一般而言，來自西方的刑事訴訟程序，自 19 世紀末即施行

　　調當時的法律是偏惠於統治者的，例如他寫到：「法院是有路用 !? 法是伊創的」、「因為全民眾所須遵守的法律，任一部分人去制訂，才生出這遺憾來」。同上，頁 313、334。

134　參見滋賀秀三，頁 71-72、78-79；William P. Alford, "Of Arsenic and Old Laws: Looking Anew at Criminal Justice in Late Imperial China," *California Law Review*, vol.72（1984）, pp.1192, 1196.

135　參見 Alford, pp.1194-1195.

於台灣。[136] 早在 1905 年，台灣總督府法院即明白指出，軍事法院不同於普通法院，前者自從軍政時期於 1896 年 3 月底終止後，即對一般平民的犯罪無審判權。[137] 在此宣示了近代西方式刑事訴訟程序上一項基本原則，即非軍人的一般平民，不受軍事審判。因此台灣於日治時期，除了犯罪即決案件係由屬行政機關的警察官署審決外，一般平民（含政治犯）的犯罪案件幾乎均由屬司法機關的法院（含臨時法院）審判。[138]

為了保護人民免於受到國家突襲性的犯罪制裁，近代西方法要求法院不得逕對未經起訴的犯罪為裁判，以使人民對於其被控訴的犯罪皆有辯解機會。台灣總督府法院曾肯定這項原則而判稱：「判官於根據起訴之罪名及公訴事實之陳述為審判之外，不得漫無邊際地引伸擴張公訴之旨趣而就請求以外的事項為審理判決。」[139] 但法院同時認為，就檢察官起訴之事實，判官可逕予變更檢察官起訴法條而為裁判。例如檢察官以恐嚇取財罪起訴被告，判官得以被告私擅監禁的行為已包含於被起訴的恐嚇取財之犯罪事實中，逕判決被告構成原未經起訴的私擅監

136　參見明治32年（1899）律令第8號；台灣刑事令（律令），第1、7條，有關施行於台灣之法律的特例（勅令），第 28-41 條。

137　明治 38 年（1905）控刑第 63 號判決及同年控刑第 80 號判決。見《覆院集》，頁 356、360。

138　軍事法院對於非軍人的一般平民觸犯陸軍刑法、海軍刑法，及軍機保護法或其他因軍事必要而設之法令之罪，亦有審判權。參見陸軍軍法會議法第 4 條，海軍軍法會議法第 4 條。引自現代法制資料編纂會，《戰時‧軍事法令集》（東京，1984），頁 94、131。1944 年的「蘇澳漁夫間諜」事件，即以違反軍機保護法第 4 條第 2 項為由，被交付軍事審判。見向山寬夫，頁 1272。

139　明治 38 年（1905）控刑第 127 號判決，見《覆院集》，頁 359。

禁罪。[140] 而且倘若數項犯行構成「法律上一罪」，則法院就未被起訴的犯行亦可一併審判。例如被告基於「連續犯」之意圖在甲、乙、丙等 3 地為盜林行為，雖檢察官起訴之事實僅及於在乙丙 2 地的盜林，判官仍得以被告在甲地之盜林與在乙丙 2 地之盜林係構成連續犯，為法律上一罪，而將其納入法院審理的範圍。[141] 若從程序上應充分保障被告人民之辯護權的立場，上述實務見解似乎有過度擴張法院審理範圍之嫌。

為避免對犯罪嫌疑人有先入為主的成見，西方式刑事訴訟程序要求起訴者與審判者應分由不同的人擔任。若國家與個人之間地位平等被進一步強調，則在刑事訴訟上代表國家擔當原告的檢察官，亦應與身為被告的一般人民，處於對等狀態。在台灣，刑事訴訟程序上出現「審檢分立」，係始於日本甫領台的 1895 年年底。[142] 且的確有一些遭檢察官起訴的案件，嗣後經判官宣告為無罪，並非虛有其表。不過，台灣殖民地的刑事訴訟法，卻將原來在日本內地屬於預審判事的搜索扣押權及拘提、羈押非現行犯之權，賦予檢察官乃至警察官（但羈押權僅檢察官有之）。[143] 在 1924 年某項判決中，法院甚至認為檢察官或警察

---

140 明治 32 年（1899）控刑第 119 號判決，見《覆院集》，頁 356-357。

141 大正 12 年（1923）上刑第 49 號判決，見《高院集》，頁 239-241。

142 參見台灣住民治罪令，第 2-8 條。

143 參見明治 34 年（1901）律令第 4 號，第 1-3 條；明治 38 年（1905）律令第 10 號；第 1、5、6 條；有關施行於台灣之法律的特例，第 28-32 條。其實例，見大正 12 年（1923）上刑第 41 號判決，《高院集》，頁 229-232。在戰前日本內地，檢事依刑事訴訟法 123、129 條之規定，僅能於特定情形下因不能及時請求判事發拘票或押票而為緊急拘提或緊急羈押，但實務上預審判事大多應檢事的要求為對人的拘提、

官遂行拘提被告，乃行使其職權，可自行認定該個案之具體事實是否符合法定要件，亦即（1）被告無固定住所，或被告有湮滅證據之虞，或被告逃亡或有逃亡之虞，且（2）須為急速處分而不及請求判官簽發拘票，故對於被告辯護人所指摘之警察官所為拘提不符合法定要件乙事，置之不問。[144] 此無異於承認將來成為「原告」的檢警可依其自己的意思拘提「被告」。另外，於 1898 至 1919 年之間，有所謂上訴預納金制度，當被告以貧困為由聲請免除預納金時，覆審法院竟然需先聽取檢察官的意見，始決定是否准予免除。[145] 這再次凸顯檢察官在整個程序中的地位遠高於被告。

　　惟無論如何，在台灣殖民地對於西方式刑事司法程序的最大傷害，來自警察之以刑求等非法手段偵查犯罪。[146] 按司法警察官職司犯罪之偵查，且在台灣幾乎擁有與檢察官相同的人身自由拘束權，然其經常濫用如此廣泛的職權。早在 1897 年，當

<hr>

　　羈拘或對物的搜索扣押，且警察及檢事，已發展出許多方法來拘禁嫌疑人一段時間，以利辦案，例如先以違警罪拘留之，或先以證據明確的某輕罪起訴再續辦有待查證的某重罪。參見白井正明，〈戰前の司法〉，載於東京弁護士會編，《司法改革の展望》（東京，1982），頁 34；Daniel H. Foote, "Confession and the Right to Silence in Japan," *Georgia Jouranl of International and Comparative Law*, vol. 21（1991), pp. 423-424. 在台灣殖民地，日本政府較不必留意西方人對刑事司法的批評及在地人的反應，故直接把預審判官的強制處分權授與檢察官及警察官。

144　大正 13 年（1924）上刑第 37 號判決，見《高院集》，頁 454-456。

145　參見明治 31 年（1898）律令第 25 號，於大正 8 年（1919）廢止；東鄉實，頁 85。

146　在日本內地亦然，刑訊在戰前日本絕非少見。參見 Foote, p.424.

時的高等法院長高野孟矩，即曾指出日本警察任意地公然逮捕
拷訊一般台灣人。[147] 於日治初期，則有低階警察官員或其所使
用之線民（密偵），或於偵查得知較輕微之犯罪時向犯罪人要求
賄金，或以移送法辦恐嚇良民交付錢財，[148] 顯然當時警察的操
守頗有問題。惟覆審法院仍於 1900 年判認警察官對非現行犯為
強制搜查，雖違背刑事訴訟法（按當時法律上尚未賦予警察強
制搜索權），但搜查時經關係人簽名所做成的筆錄，並非絕對不
得做為斷罪依據，是否採為證據應由裁判官自由裁量。[149] 由非
法程序所獲得之筆錄既可做為有罪判決之證據，直等於默許警
方以非法手段蒐證。以致如 1921 年某位台灣人辯護士所指出
的，司法警察官於訊問犯罪嫌疑人時，必施加以暴行凌虐。[150]
在屬於台灣民主運動萌芽期的 1925 年，警察刑求之事終於被正
式證實，某巡查刑求台灣人犯罪嫌疑者致死，經法院判處有期
徒刑 4 年。[151] 至 1935 年，由於台南州新營郡警察當局蠻橫地拘
禁許多無辜農民，引發台灣辯護士協會主張警察於刑訴偵查階
段所擁有的強制處分權應予廢除。[152] 但進入戰爭時期之後，情

147　參見許世楷，頁 89。

148　參見上內恆三郎，頁 182；其實例如明治 36 年（1903）控刑第 45-49
　　號判決，見《台灣總督府法院判決錄》，第 1 輯第 3 卷，刑事部分，頁
　　67-73。

149　明治 33 年（1900）控刑第 2 號，見同上，第 1 輯第 2 卷，刑事部分，
　　頁 40-43。

150　鄭松筠（雪嶺），〈警察行政と警官の態度〉，《台灣青年》，3 卷 3 號
　　（1921,9），日文之部，頁 19。

151　參見向山寬夫，頁 651。

152　參見同上，頁 1178-1179；《法政公論》，第 8 號（台灣弁護士協會發
　　行，1935,3），頁 2、9-10、19-23、26-27；第 9 號（1935,4），頁 6-9、27。

況可能更糟，警察官員既敢於無視法定程序上之形式要求而逕行拘禁人民，[153] 則已長期存在的刑求惡行恐不減反增。

在這同時，台灣人知識分子卻已獲知西方法上「以正當法律程序確保刑事司法品質」的觀念。台灣民眾黨於 1927 至 1931 年間，曾要求引進許多西方的刑事司法程序，例如陪審制、冤獄賠償制；其同時反對延長審判程序中的預審期間，且表示絕對反對未經審判所為的處罰、逮捕、監禁、侵入家宅。[154] 許多台灣人確實已知道警察應遵守法定程序，但現實上卻不敢拒絕警察未依法所為之拘禁。再以賴和為例，由其小說內容顯示賴和知悉警察為搜索、拘提等強制處分行為時須持有令狀（搜索票、拘票等），但於戰爭時期，當他接到警察的「通知」（非刑事訴訟法上的「傳喚」）時，懾於警察淫威，即自動到警局報到，且隨後遭長期留置於警局內，亦未主張此項留置之程序不合法。[155] 1945 年日本因戰敗而喪失對台灣的統治權，台灣人知識分子很自然的會認為日本人的壓迫已成過去，日本統治者曾

153　司法警察官逮捕現行犯或依拘票而拘得犯罪嫌疑人時，依法應即時訊問以決定是否有留置（以移請羈押）之必要（參照日本刑事訴訟法 127 條，有關施行於台灣之法律的特例，第 29 條）。但某些案例顯示，警察對犯罪嫌疑人根本未先為訊問即長期留置。參見吳濁流，《台灣連翹》，頁 75；李南衡編，頁 268。

154　參見向山寬夫，頁 692、718、720、732。

155　賴和在某篇小說曾寫道：「沒有提示檢察的搜索令狀，……便將家宅搜索起來」，見李南衡編，頁 336。但當戰時賴和被警察不依任何令狀加以拘禁時，他並未質疑法律程序上的瑕疵。參見李南衡編，頁 268。警察以這種法定程序以外的「通知」，達到刑事訴訟法上「傳喚」的效果，在戰前日本內地亦頗為普遍。參見 Tippton, p. 67.

犯的「惡行」，包括不遵守刑事司法上正當程序，都不應該再次
發生。此所以當日治結束一年餘爆發二二八事件時，台灣人方
面的代表向中國國民政府所提出的「三十二條處理大綱」當中，
即有「除警察機關之外不得逮捕人犯」、「憲兵除軍隊之犯人外
不得逮捕人犯」等有關法律程序的要求。[156] 這項事實也說明台
灣人，特別是知識分子，業已在日治時期學得了西方法上「程
序正義」的觀念，雖然日本當局事實上是不太尊重這些觀念。

三、處罰的平等性

　　相較於傳統中國刑法之依犯罪者在社會或家族內身分地位
的不同，課以相異的處罰，[157] 近代西方刑法著重於處罰之具有
平等性。某些殖民地法律的確使得台灣人與在台日本人之間，
在刑事制裁上存有不平等的待遇。例如，日本統治者雖對台灣
人實施保甲制度，令其因鄰人之為犯罪行為而連帶負刑事責
任，但此制不及於在台的日本內地人；這跟清朝中國在台灣施
行保甲時，排除在台之滿人、中國內地人、蒙古旗人等，如出
一轍。[158] 又 1908 年擬在台實施日本新修正的刑法典時，日本統
治當局認為對台灣人不宜輕易給予新制上的「緩刑」，故於台
灣刑事令中規定必須有檢察官之請求，法院始可為緩刑之宣告
（第 4 條），再由檢察官於實務上極少對台灣人被告請求為緩

156　有關二二八事件將於第六章討論。參閱吳濁流，《台灣連翹》，頁215。

157　參見 Derk Bodde and Clarence Morris, *Law in Imperial China*（Philadelphia, 1973）, pp. 33-35.

158　參見 Ching-Chin Chen, *The Japanese Adaption of the Pao-Chia System in Taiwan*, p. 396.

刑宣告，以致 1908 至 1915 年間，有 62 名日本人被告被宣告緩刑，卻僅 4 名台灣人被告獲得緩刑之宣告；這項導致台灣人與在台日本人存有不平等待遇的條文，至 1920 年才廢止。[159]

　　日本統治當局逐漸朝向無種族差別地施行刑法。某日本檢察官於 1910 年代檢討台灣人聚眾傷害在台日本人之案件的成因時，曾坦言台灣人與在台日本人之間，因發生紛爭而請求派出所警察官解決時，警察官常庇護日本人而對台灣人加以制裁。[160] 但若從日治前期在台日本人之犯罪人數頗多來看，在台日本人倘有犯罪行為，恐亦難逃刑事制裁。同時每年都有一些日本官員被法院判以瀆職罪，其中大多數為收受賄賂的巡查或巡查補（皆屬較低階警官），[161] 似乎法院並不包庇日本官員。其實，處罰上的一視同仁，有助於殖民統治之順遂。一位經歷日本時代的台灣人於受訪時曾說：「我印象非常深刻的是，並不是只有台灣人違法才會被處罰，日本人若違法照樣被處罰。」[162] 這種處罰的平等性，使得台灣人較能忍受日常生活中多如牛毛之各式各樣的處罰規定。[163]

159　參見上內恆三郎，頁 542-543；《警沿誌》，頁 155-156。該條文經大正 9 年（1920）律令第 14 號予以廢止。

160　上內恆三郎，頁 204-205。

161　《台灣省五十一年來統計提要》，頁 447；上內恆三郎，頁 322。

162　參見 E. Patricia Tsurumi, *Japanese Colonial Education in Taiwan, 1895-1945*（Cambridge, Mass., 1977），p.159.

163　好比若每個人都必須排隊才能購得食物，則雖對排隊之苦頗有怨言，仍可較心平氣和地接受等待；惟一旦有些人不需排隊即可購得，則排隊者即會不滿地抗議為何自己就必須忍受排隊之苦，甚至拒絕再遵守排隊的秩序。

四、處罰規定的徹底執行

　　日治時期台灣安定的社會秩序，不宜全然歸因於嚴厲的刑事處罰。許多論者於談及日治時期刑事司法時，總是強調其刑事制裁極為嚴酷。[164] 就日本治台的前 20 年間對政治犯的處置，這項敘述的確屬實；但於 1920 年代至 1930 年代前期，大多數的台灣人政治犯已不再遭到嚴厲的刑罰。就社會大眾所涉及之一般生活上的犯罪而言，「重刑主義」固然能在某種程度上描述 1920 年以前的情形。[165] 但參照表 4-7，所判之刑應較即決官署為重的法院，大多對犯罪者科以罰金及科料（較小額的罰金）等財產刑，且被法院判處死刑或無期徒刑者甚少（1915 年死刑人數暴增係因該年發生西來庵事件所致）。再參照表 4-8，則自 1910 年起，超過一半的有期徒刑受刑人，其刑期為半年以下，屬短期自由刑。於 1920 年代，當笞刑（身體刑）被廢止後，實際上取代笞刑的是罰金或科料的處罰（參見表 4-7），而且大部分的有期徒刑仍刑期相當短（參見表 4-8）。1930 年代中期以後進入戰爭時期，有期徒刑的刑期有增長的趨勢，但被處死刑或無期徒刑的人數仍未大幅增多（參見表 4-7 和 4-8）。

　　台灣的社會秩序之所以在日治時期能維持良好狀態，主要依靠的是對處罰規定的徹底執行，而非處罰的嚴厲。真正做到任何違反刑罰規定之人，必定會受到處罰，才能嚇阻犯罪者的

164　例如郭嘉雄，〈日據時期台灣法制之演變歷程及其性質〉，載於《司法檔案》，頁 1162。

165　上內恆三郎，頁 357。上內在這本 1916 年出版的書中，認為日本司法當局對台灣人之科以刑罰，大體上是遵從「重刑主義」。

表 4-7：台灣第一審法院刑事判決被告之刑名（1912-1940）

年　度	死刑	無期徒刑	有期徒刑	罰金	科料	笞刑
1912	6	9	2,157	1,133	306	2,440
1915	879	6	2,437	1,064	360	2,101
1920	4	2	2,131	10,720	7,417	2,994
1925	5	2	3,925	14,572	20,780	0
1930	0	2	3,182	14,242	17,827	0
1935	1	2	3,156	17,770	20,637	0
1940	*1	*7	*3,271	-	-	0

說明：被宣告「禁錮」或「拘留」者，因人數甚少不列入表內，也因此表上「有期徒刑」一欄專指當時的「懲役」，不含「禁錮」。本表併計刑法犯與特別法犯，但不含警察官署依犯罪即決程序所為之處罰。各類別下被告人數，引自內閣統計局編，《日本帝國統計年鑑》，大正 10 年度（1921），頁 660；昭和 3 年度（1928），頁 313、315；昭和 8 年度（1933），頁 324、327；昭和 12 年度（1937），頁 334、337；昭和 14 年度（1939），頁 317、319。數字之前附加 * 號者，指該年監獄新受刑人（已決犯），此數目雖不完全等同於第一審法院判決之被告（未決犯）數目，但應非常接近，其引自《台灣省五十一年來統計提要》，頁 500-501。

表 4-8：台灣監獄內新受刑人被判有期徒刑者之刑期
（1910-1942）

年　　度	總計	超過十年	十年以下 不少於三年	三年以下 不少於一年	一年以下 不少於半年	半年以下
1910	2,812	21	139	399	453	1,800
（％）	100.0	0.7	5.0	14.2	16.1	64.0
1915	3,186	87	509	367	522	1,701
（％）	100.0	2.7	16.0	11.5	16.4	53.4
1920	2,109	13	148	530	599	819
（％）	100.0	0.6	7.0	25.2	28.4	38.8
1925	3,398	12	116	352	626	2,292
（％）	100.0	0.3	3.4	10.4	18.4	67.5
1930	2,872	18	143	445	801	1,465
（％）	100.0	0.6	5.0	15.5	27.9	51.0
1935	2,933	20	207	646	1,080	980
（％）	100.0	0.7	7.1	22.0	36.8	33.4
1940	3,271	28	199	1,185	1,395	464
（％）	100.0	0.9	6.1	36.2	42.6	14.2
1942	3,275	8	248	1,139	1,390	490
（％）	100.0	0.2	7.6	34.8	42.4	15.0

資料來源：《台灣省五十一年來統計提要》，頁 500-501。

再犯或一般人的起而效尤。日本當局一方面由法院集中心力追究人數較少之觸犯「重罪」者，俾能及時有效的處罰該犯罪人，另一方面則除日治之初外，從未放鬆對人數較多之觸犯「輕罪」者的懲罰。如第三章所述，幾乎所有進入犯罪即決程序者都被判處有罪，故觸犯輕微犯罪者大概皆難逃即決官署的制裁，甚至可能連實際上未犯罪者亦被處罰。換言之，日本當局所撒出的「法網」似流刺網般，完全逮住想要抓的魚，但原不該抓的小魚也因觸網而被犧牲了。

但在法院裡，所謂「犯罪者必定受處罰」並不等於每位進入司法程序者必被判刑，蓋嫌疑人或被告不一定就是犯罪者。台灣總督府檢察機關就其受理案件的不起訴處分率，從 1910 年起即一直是超過 50％，在 1930 年甚至接近 80％（參見表 4-9）。雖大部分的不起訴案件是由於罪證不足，仍有許多案件係因檢察官認為無起訴必要故便宜上不起訴（「起訴猶豫」）。[166] 犯罪嫌疑人遭起訴後，尚有一部分於預審程序獲得免訴判決。[167] 既經這兩層的過濾，刑案於一般審判程序中獲判無罪者已很少。於 1910 至 1935 年間，因不起訴處分率的提升（表示起訴更為慎重），法院刑案的無罪率，降至約 2.5％。不過，於人權比較不受重視的戰爭時期，不但不起訴處分率下降（亦即對起訴所需的證據強度或罪責程度降低），無罪率也跟著下降（參見表4-9），使得冤獄可能性較前為高。

---

166 參見上內恆三郎，頁 533，表 117。

167 關於預審中免訴判決之效力，見日本 1890 年舊刑事訴訟法，第 175 條；日本 1922 年刑事訴訟法，第 317 條。

表 4-9：台灣司法機關為不起訴處分、預審免訴判決，以及第一
　　　　審無罪判決之比例數（1897-1942）

年　度	不起訴處分	預審免訴判決	第一審無罪判決
1897	13.4%	20.6%	5.3%
1900	28.2	26.5	5.7
1905	42.4	48.4	5.2
1910	50.0	53.1	3.6
1915	55.8	44.1	2.8
1920	66.1	19.2	1.7
1925	69.4	15.0	1.6
1930	79.1	7.5	2.2
1935	70.3	0.0	3.7
1940	59.2	6.3	1.0
1942	50.0	2.7	1.9

說明：司法機關受理案件的總數及各類案件的數目，見《台灣五十一年來
統計提要》，頁 436-437、440-443。比例數係由筆者自行計算得出。

五、監獄與更生

　　傳統中國法體制內，並無西方式的監獄。中華帝國律典內

有所謂的「五刑」，但其中沒有一種是將已決犯拘禁於當地的「監獄」一段歲月以做為處罰者；傳統中國的牢獄，僅拘禁未決犯，或等待執行死刑或流放至遠地而暫時留置犯人。[168] 日本領有台灣的第一年，即 1895 年，就已引進西方式刑法的處罰方式，包括當時稱為「懲役」的有期徒刑，[169] 但由於尚未設有監獄，乃以拘禁於憲兵隊或警察官署內的留置場，執行法院所宣告的有期徒刑。[170] 從 1899 到 1903 年，台灣總督府投入大筆資金建造巨大且設施完備的新式監獄。[171] 台灣總督府之所以恢復傳統的笞刑，主要原因即是建造這些監獄所費不貲。而 1921 年為因應笞刑的廢止，總督府於該年度預算編有「監獄擴張費」，以新築或擴建各地監獄。[172] 於日治結束時，台灣共有 8 座

---

168 「五刑」為死、流、徒、杖、笞。已決的死、杖、笞可即刻執行，流及徒則係以遠離家鄉為懲罰之重心，非以拘禁於斗室剝奪其自由為必要。清治台灣的牢獄，依今日法制觀之，只不過是拘禁未決犯的「看守所」。參見《通志稿》，冊 1，頁 128-140。

169 台灣住民刑罰令第 4 條規定刑罰方式為：死刑、懲役、罰金、沒收，其第 6 條進一步規定：「懲役者自一日起至十五年為止，留在懲役場應役。」

170 台灣總督府警務局，《台灣總督府警察沿革誌，第一編：警察機關的構成》，頁 48。

171 參見台灣總督府，《台灣總督府統計書》，第 8 號（1904），頁 785，表 391。於 1900 年，法院年度總經費為 283,038,863 元，相較之下該年度建造監獄之經費 164,503,610 元，的確是一大筆支出。亦參見 Yosaburo Takekoshi, *Japanese Rule in Formosa*, trans. George Braithwaite（London, 1907），pp. 194-195.

172 參見鷲巢敦哉，頁 275。

監獄，[173]足以搭配全台的8個地方法院或其分院。在台灣殖民地的人們，即使不曾入獄，只要行經雄偉的監獄，就可感受到其所代表的國家權威之威風凜凜不可侵犯。

在僅強調處罰與報復的中華帝國法當中，亦欠缺協助受刑人出獄後重新融入社會的機制。[174]日本自從向西方學習法制後，已注意到對監獄受刑人的教誨感化工作，其在台灣亦然。且基於少年犯應有異於成人犯之教誨感化措施，台灣總督府特設少年監獄於新竹。為延續獄中感化教育的成效，復在全台各市郡街庄廣設半官方的司法保護機構，以救助出獄人，使能謀得正當的職業，維持生活而免重蹈法網，直接保護出獄人，間接安定社會。[175]這種「協助犯罪者重新適應社會」的非報復主義式觀念，因而開始為台灣人所知悉，某些台灣人更積極的贊助各地司法保護機構的設立。[176]

六、非西方式的刑事措施

日本殖民主義者於打造台灣的刑事制度時，仍保留若干中華帝國慣用的法律措施，以排除近代西方法上相關的刑事法原則。首先就是中華帝國法中的肉刑，亦即前述的笞刑。日本統

173　參見台灣總督府，《台灣統治概要》，頁28。從1924年起，台灣總督府將「監獄」改稱為「刑務所」。

174　參見 Bodde & Morris, p. 99。在傳統中國，官府的法律僅是一種制裁不法、報復惡行的工具，並未被期待擔負起促使個人與社會和諧相處的工作，那毋寧是屬於「禮」規範的任務。

175　參見《通志稿》，冊2，頁213-244。

176　參見同上，頁216、218。

治當局只做了些較「人道」的改革。依罰金及笞刑處分例及其施行細則等之規定，執行笞刑（鞭打臀部）前，每次須囑醫師先行診察受刑人身體，如認為無法承當笞刑者，應予暫緩執行；且至多 4 次，每次的笞數不得超過鞭打 25 下。[177]

其次是要求人民對鄰佑之犯罪連帶地負刑事責任的做法。日本在台的殖民地政府仿效中華帝國的保甲連坐制，令台灣人須為其之未舉發鄰佑犯罪而受刑事制裁；這跟近代西方刑法裡每個人基本上只為自己行為負責的精神，大不相同。就日治時期保甲連坐制的實際運作，依台灣總督府的統計，因對於甲內住民中被處重罪之刑者事前未為舉發，或明知戶內有犯罪者卻未呈報而負連坐責任，致受一定罰金之處罰者（依保甲條例第 2 條），於 1919 年計有 18 件，翌年為 7 件，1924 年只剩 1 件，其後就不曾再發生。[178] 雖此類型案件於 1919 年之前的統計數字尚未知，但以當時之盛行殖民地特別法主義推想，其數目應該是多於 1919 年的 18 件。且於 1920 年代，另一種因違反保甲規約而被處過怠金以負其連坐責任的案件，仍為數相當多，於 1920 年即有 246 件；迨 1936 年以後，始無此類案件。[179] 但保甲制度仍繼續存在，直到 1945 年才被廢止。[180]

第三個也是當中影響最大的，就是沿襲中國帝國行政司法合一的犯罪即決制度。嚴重地牴觸了西方式的正當法律程序的要求。於近代西方式刑事司法體系，刑案應由中立且超然於兩

177　參見《司法檔案》，頁 821、823、833-837。
178　台灣總督府，《台灣統治概要》，頁 84-85；亦參見向山寬夫，頁 234、237-239。
179　台灣總督府，《台灣統治概要》，頁 84-85。
180　向山寬夫，頁 1264。

造當事人——由檢察官代表的國家以及被控告的人民——之外的法官審斷。但依台灣總督府的犯罪即決制度，由地方行政機關（實際上為警察官署）代表的國家，對屬於一般人民的犯罪嫌疑人，既舉發其犯罪，又審決其有罪與否，乃「球員兼裁判」。這項違背西方法上程序正義的制度，不但一直被維持，甚至到了日治晚期，被使用的頻率更高。

第四節　遵法服從與法律的繼受

日治時期台灣人之遵守法律且重服從，為許多不同背景的評論者所一致肯定。除了西方及台灣的學者外，連向來不願對日本治台持正面評價的中國的國民政府，也曾在 1947 年的「全國司法行政檢討會議」中，特別指出台灣人經日本統治後都能「自知要守法」。[181] 日治台灣令人有這種大家普遍都守法的印象，是十分合理的。如前已述，比起在日本或在朝鮮，在台灣從事挑戰政府權威的政治犯相對的較少；比起清治時期，日本統治下的台灣人確實堪稱「遵法」。雖然台灣人的平均犯罪率其

---

181 西方的學者，例如 Tsurumi, p.156; Thomas B. Gold, *State and Society in the Taiwan Miracle*（Armonk, N.Y., 1986），p. 44. 未經歷日本統治之台灣學者，例如展恆舉，《中國近代法制史》（台北，1973），頁 477。曾經歷日本統治的台灣學者，例如 P'eng Ming-min, *A Taste of Freedom*（New York, 1972），pp. 61-62. 就國民政府，見司法行政部，《戰時司法紀要》（南京，1948），第 26 章，頁 3；語出當時的行政院院長。反國民黨政府者，例如 Joshua Liao, "Formosa Speaks," in *Formosa under Chinese Nationalist Rule*, by Fred W. Riggs（New York, 1950），app., p.191.

實在日治後期較前期高些，但一般人民並不覺得安定的社會秩序受到犯罪的威脅。其原因可能是除日治初期之外，如強盜等重大犯罪已減少很多，而官方資料上犯罪人數的增加，主要是由於一些民眾觸犯違反行政諸規則之罪，這些行為以一般台灣人的眼光來看或許根本不認為是犯罪。究竟是什麼因素，使 50 年前還是一個充滿混亂且普遍不遵守官府法律的社會，改變得如此迅速？

　　台灣人服從國家及其法律的權威，實根源於最終對外來統治者的屈從。戰前日本帝國統治下的台灣人，被日本視為「中國人」，卻又被中國人視為「日本人」，實際上是不折不扣的「亞細亞孤兒」。不像抗日的朝鮮人還有一些外援，當台灣人起初誓死反抗日本外來侵略者時，其完全被孤立在台灣島上，毫無外在的援助或關切。[182] 面對人命無謂的犧牲，務實的台灣人只好選擇成為服從的日本臣民。一般的台灣人對政治非常冷漠，只願為自己及家族的生活努力工作。[183] 因此，為了自身的安全，他們傾向於遵守任何日本國家權威所頒行的法律。

　　另一方面，日本人所帶來的現代型國家法治體制，對人民而言也非全屬負面的。如第一章第一節所敘述，清帝國並沒有在台灣這個「邊陲」地區建立有能力、有效率的政府，當台灣人民發生私人之力所難以解決的紛擾（例如盜賊猖獗或某些田產糾紛）時，它並不能提供有效的司法解決途徑，來滿足人民

182　參見 Edward I-te Chen , "Japan: Oppressor or Modernizer？A Comparison of the Effects of Colonial Control in Korea and Formosa," in *Korea under Japanese Colonial Rule*, ed. Andrew C. Nahm（1973）, pp. 252-255.

183　亦參見吳濁流，《台灣連翹》，頁 226。

對官府的期待。而日本統治者，以西方式政府體制為準，帶來一個有組織有效率的司法機制，解決刑事犯罪、民事爭端等問題。所以乍看之下，台灣人似乎完全是被迫服從國家權威，但其何嘗不也是基於實際利益的考量，認為新的法政制度較為有利，故予以接受，「接受」的另一個面向就是「服從」。

　　基於對國家法律的服從，一般台灣人僅接受了那些業已為殖民地實證法所採納的西方式刑事制度。當台灣人剛接觸日本的殖民地化、西方式實證法（參見第二章）時，並不了解各種西方式刑事法之所以如此規範的理由（justification），但「人在屋簷下不得不低頭」，只好服從這些國家法律的規定。不過，這些西方式刑事法經國家長時期的有效施行後，一般人民逐漸視其為當然。一些源自西方的法律概念，因而被台灣人不自覺地接受了。簡言之，就像明治維新之藉著日本人重服從的傳統來推行新的西方式國家法律（參見第一章第二節），日本政府以犧牲無數的台灣人生命財產為代價，「創造」了台灣人對國家權威的服從，並藉以在台灣實施西方式刑事法律。

　　當時一般台灣人繼受近代西方刑事法律，因此不能不受到殖民地法律改革之以統治者利益為取向（參見第二章）的框框所限制。西方刑事訴訟程序中有關人權保障的規定，經常在事實上為殖民統治當局所忽視。對「匪徒」的非法屠殺、對「浮浪者」的強制處置、對一般人民的濫行刑訊等等，都充分的說明這一點。是以一般台灣人從這項殖民地法律改革的經驗中所學習得到的，是近代西方式刑事制度的外形，而非其「以保障個人權利為取向」的實質內涵。

　　但宜同時注意的是，一部分台灣人知識分子，亦已接受了一些尚未被殖民地實證法採納之具有民主意涵的西方刑事司法

觀念。許多對殖民地實證法採批判立場的台灣人知識分子，對
「法律」有著與統治者不同的理解與期待。他們認為國家的法
律應依從西方個人自由主義法制的精神，重視對於個人權益的
保護；且本於其所認知的「法律應有內容」，公開要求殖民地政
府改革台灣的刑事司法實況。這些台灣人知識分子所要求的法
律改革，業已超過日本統治者所準備給一般台灣人的！

第五節　小結

　　起初，對於日本在台灣殖民地建立現代式國家統治秩序的
最大威脅，來自台灣人基於武力抗官傳統所進行的武裝抗日。
於 1895 至 1902 年間，日本主要仗恃軍事力量，消弭這些武裝
抗日活動。接著於 1907 至 1916 年間，臨時法院成為審判台灣
人武裝反抗者的主要場所。直到 1920 年代，當台灣人改採國
家法律體制內非武力的現代式政治運動，來對抗日本人的壓迫
時，普通法院才取得對政治犯專屬的司法裁判管轄權。於 1920
年代至 1930 年代中期，法院對政治異議分子的制裁，已不似
往昔那般嚴厲；但殘暴的警察則從未放鬆其對政治異議者的
控制。於戰爭時期，台灣人的政治犯案件又遭到較為殘酷的對
待，但其實在島上之絕大多數台灣人，已不再積極反抗日本國
家權威。

　　日本為了運用國家權威壓制台灣社會的一般犯罪，於 1903
至 1909 年間建立了一套犯罪控制體系，其被沿用至日治結束的
1945 年。在此項體系底下，法院謹慎地處理所有刑案中占少數
的重罪案件，實際上以警察官擔當的犯罪即決官署，則較輕率
地處理占多數的輕罪案件。此外浮浪者取締制度，又允許警察

官署專斷地將一般人民送往特定場所強制勞動 1 年以上。由於國家權威強力的介入關於犯罪的懲治，日治下台灣社會的犯罪狀況已異於清治時期。一般而言，威脅公共秩序的重大犯罪已大幅減少，但相對危害性較輕的犯罪仍時常發生，甚至從國家實證法的觀點，台灣人的一般犯罪率並未下降。

在台灣刑事司法的轉型過程中，許多近代西方式刑事制度扮演著重要的角色。罪刑法定原則及處罰須經正當法律程序之原則，在形式上已為日本統治當局所尊重，且因此使台灣人對於這些原則已具有基本的認識。於日治後期，日本統治者大致上已能做到刑事處罰，不分種族、社會地位等等，一律平等。同樣的，1920 年代以後，日本當局較不是強調東方式的「重罰主義」，而是重視刑罰規定的徹底執行，以使犯罪者必定受到處罰。再者，西方的監獄制度以及鼓勵犯罪者更生的措施，亦被導入台灣。不過日本統治當局，仍鍾情於某些中華帝國慣用的刑事處置，故其在台灣並未完全施行近代西方式刑事司法。

台灣人由於無力反抗日本國家權威，終致表現出遵法服從。也因此一般台灣人接受了已為國家實證法採納的西方式刑事制度，但受限於殖民地法律改革之以統治者利益為依歸，其所能繼受到的近代西方刑事法概念仍有其局限性。

第五章

民 事 法 的 西 方 化

　　本章將進一步討論日本統治者是否如前述刑事司法般，透過實證法，以國家權威立即且直接的改造台灣人的民事法律生活？而台灣人對相較於刑事法而言，較不涉及新統治者政治壓迫的日本西方式民事法，是否會有不一樣的反應呢？這兩項問題決定了台灣人在日治下繼受西方民事法的程度。故以下將首先觀察日本將西方式民事法導入台灣的基本路徑，接著即探索西方法對當時台灣人有關田園土地、商業組織與活動以及親屬繼承等法律關係的影響。

第一節　民事法西方化的過程

一、台灣民事習慣法的形成與內涵

（一）依用舊慣

　　日本併吞台灣以後，舊有的台灣習慣規範，即被採用為有關台灣人之民事事項的法律。早在 1895 年底，施行軍政的台灣總督府就已規定：「審判官準任地方之慣例及法理審斷訴訟」。[1] 這項措施嗣後為 1898 年發布的律令所延續。其規定凡涉及日本人（或中國人以外的外國人）之民商事項，須依用日本民商法，但僅涉及台灣人（及中國人）者，則依舊慣及法理，除非對台灣地域或台灣人另有特別規定。於 1908 年的律令，再次確認此項「依舊慣」的原則。[2] 因此雖然自 1899 年日本的西方式

1　台灣住民民事訴訟令，第 2 條。

2　有關民事商事及刑事之律令（1898），第 1 條；台灣民事令（1908），

民事程序法，已被依用於台灣人間的民事案件，但日本西方式民事實體法，卻絕大多數未被援用於確定台灣人的民事法律關係，此情形直到 1923 年方有改變。總之，在所謂「律令民法時期」（1898-1922），即民事實證法係依「律令」（非依日本「法律」）的形式所構成的時期，台灣人的民事實體法事項，以依從其沿襲自清治時期的「舊慣」為原則。

依上述律令民法的規定，台灣人就其民事事項原則上不能不受所謂「舊慣」的規範。1923 年之前，在法律上台灣人的民事事項，幾乎僅於同時涉及日本人（或中國人以外的外國人）且非屬有關土地之物權事項時，始能依用日本民商法。此因一旦涉及日本人（或中國人以外的外國人），則不符合「僅涉及台灣人（及中國人）」之依用舊慣的要件；且依法關於台灣土地的權利，一律依舊慣，而不依用日本民法物權編之規定，姑不論關係人為日本人或台灣人。[3] 理論上，當一位台灣人的「族籍別」有所改變，例如變成「內地人」，則其民事事項的準據法即隨之改變。但是在台灣稱為內地人者，係指依日本戶籍法在日本內地有本籍而居住於台灣者。由於該戶籍法始終未施行於台灣，原依「台灣戶口規則」（府令）登錄於戶口簿的本島人，根本無從依日本戶籍法為登記進而取得「內地人」身分。雖然自 1933 年 3 月 1 日起，內地人與本島人相互間，可由婚姻、收養、認領等身分法上行為而由某一家進入他家，倘若係由本島人之家

第 3 條。1898 年該律令之條文係規定：「依現行之例」，意指依照 1895 年以來之例，即依照「地方之慣例及法理」。此外，台灣民事令亦規定極少數的日本民法上條文，應依用於僅涉及台灣人之民事事項。

3　見明治 31 年（1898）律令第 9 號「有關民事商事及刑事之律令之施行規則」，第 1 條。

進入內地人之家，則將因此籍屬內地人。惟一旦該身分法上關
係終止（例如離婚）致離去內地人之家，其族籍即回復本島人。
故內地人與本島人之間，仍不得為永久性的轉籍。[4] 其結果，台
灣人事實上很難經由轉籍而就其民事事項改依日本西方式民商
法。此外，依當時的律令民法，台灣人亦無權就其民事事項自
由選擇欲受舊慣或日本民商法規範；換句話說，台灣人關於民
事事項之依用舊慣，係屬強行規定。[5]

（二）西方式民法上的「習慣法」

　　律令民法上「舊慣」的內容，係參考（但非全然依照）台灣
在清治時期有效被施行的法律規範。按清治時期台灣的法律可
分為兩類，其一為以「大清律例」為主的官府成文規定，另一
類為民間習慣規範。在官府成文規定中確實有一些關於「戶婚
田土錢債」者，涉及今日所稱的「民事事項」，雖其在所有官府
規定中所占比例相當小。這些以「條」或「例」等形式出現的
規定，主要是處理應如何處罰犯罪行為。且由於清律的制定形
式，原本就是出於皇帝對司法官僚的指示，受條文規範者係官

4　日本於明治維新初期將全國人民依戶籍法登載於戶籍簿。參見細川龜
　　市，《日本近代法制史》（東京，1961），頁 69、169、238-239。關於
　　內地人及本島人的定義及其相互轉籍可能性的法律分析，參見姊齒松
　　平，《本島人ノミニ關スル親族法竝相續法ノ大要》（台北，1938），
　　頁 7、20-22（以下簡稱《大要》）；黃靜嘉，《日據時期之台灣殖民地
　　法制與殖民統治》（台北，1960），頁 111、113。

5　學者岡松參太郎曾認為，有關財產法事項之依用舊慣，除了關於土地
　　之權利者外，僅屬任意法，故台灣人就此可依用日本民商法，但有關
　　身分法事項之依用舊慣，則屬強行法矣。見岡松參太郎，〈台灣現時の
　　法律〉，《台灣慣習記事》，3 卷 2 號（1903,2），頁 6。惟筆者尚未發現
　　有總督府法院採取此項見解之例。

員而非一般百姓，故上述有關戶婚田土錢債之條文，並非如西方民事法那般係針對各個人民彼此間法律關係所為的規定。[6] 例如清律中戶律錢債門「違禁取利」條規定，凡「負欠私債違約不還者」，依欠債時間的長短及數額多寡，分別課以笞杖的刑罰。雖該條文同時規定了「並追本利給主」等非刑名處分，亦即指示司法官員須向欠債人追討並將之交付於債主。但此項規範的性質猶如今日政府機關內部對執法官員的指示性規定（例如「法院辦理某某應行注意事項」），而非規定債主這個「人」得在什麼範圍內、以什麼方式向欠債的那個「人」請求還債，或反之欠債人應如何償還債主。

　　清治時期的民間習慣，則存在著關於各個人彼此間應有何等作為的規範。例如俗語謂「父債子還」，即指兒子這個「人」負有今日所稱的「義務」向其父親之債主那個「人」償還父之欠債。不過，就規範之內容能否貫徹執行而言，這些民間習慣規範通常須靠當事人自願的遵從，或經由非官方的紛爭解決機制（例如村庄或家族內的調處），始能獲得實現。僅在有限的案例中，民間習慣規範才能透過官府的介入與裁決而獲致實現。尤有甚者，某些民間習慣規範的貫徹執行，可能為了顧及村庄或家族內部和諧的道德性考量而被犧牲。[7] 例如雖然欠債不還之

6　參見 William C. Jones, "Studying the Ch'ing Code-The Ta Ch'ing LüLi," *The American Journal of Comparative Law*, 22:2（Spring, 1974）, pp. 338-339, 348. 傳統中國原不存在西方法上「民事」的概念，故在此毋寧是以今日有關民事的概念描述傳統中國法律的內容，俾能與後述西方法傳入台灣後的法律內容相比較。

7　參見 Philip C.C. Huang, "Between Informal Mediation and Formal Adjudication-The Third Realm of Qing Civil Justice," *Modern China*,

事實並無爭議，但只因為欠債人窮苦，債主即被認為僅得取回債額的一部分。[8]在此例中，「欠債還債」的習慣規範，未被貫徹執行。

　　台灣民間習慣規範上各種義務之如何及能否被完全履行，與西方式民事法上的義務不盡相同。清治台灣法律中有關「民事」之規定，不論係在大清律例等官府規定或在民間習慣規範，皆無近代西方法的「權利」概念。依近代西方法上的「權利」，有請求權人得發動並控制整個實施具有實質內涵之法律規範的過程。[9]易言之，權利是法律為使特定人享有一定的利益，所賦予該特定人可透過法律上之制度，得以貫徹實施之力或地位。當一項義務未被履行時，將因這項義務之履行而得到利益之「人」，被賦予法律上的權利，決定是否要求負有義務之「人」履行其義務（或當履行不能時要求其賠償）。若權利人已為此種要求但義務人仍未履行，權利人得請求法院強制義務人履行其義務，而非僅課予刑事制裁而已。在法律是唯一的判準的前提下，只要法院認定該項義務確實存在，即須完全依照權利人的主張實現該等利益，除非法律另有規定，故法院不能任意裁決義務人僅須部分履行。

　　總之，在西方式民事法底下，一個做為「權利擁有者」的人民，對於法律上各種義務之能否完全被履行，扮演主控者的角色。相對的，在欠缺上述「權利」概念的傳統中國法裡，各種義

19:3（July, 1993），pp. 269, 287.

8　參見台灣省文獻委員會，《台灣省通志稿卷三政事志司法篇》（台北，1955），冊1，頁99。

9　John Owen Haley, *Authority without Power*（New York, 1991），pp. 20-21.

務能否完全被履行，端視負有義務者的自動履行及司法官員或村庄家族調處者的裁決，將因義務之履行而得到利益者顯得十分被動甚至無奈。

當這些沿襲自傳統中國法的台灣原有習慣內容，被吸納入日本殖民地法制時，即需要進行若干調整或轉化，以適應整個帝國已西方化的法律體制，始能成為律令民法上的「舊慣」。日本領有台灣時，其本身業已繼受近代歐陸法而建構一套以個人之權利為中心的私法體制。由大清律例等官府規定和民間習慣所構成的台灣原有「舊慣」的內容，因此必須以西方的權利概念加以表述，使其得以在日本的近代西方式法律體制中運作。日本治台後不久即成立一個專責機構，職司這項可謂為「權利化」的工作，此即 1901 年正式設立之由法學博士岡松參太郎主其事的「臨時台灣舊慣調查會」（以下簡稱「調查會」）。[10] 調查會首先確定台灣人對於那些慣行，具有「法之確信」，亦即認為其應該普遍地被遵守。事實上某些大清律例上的規定，在台灣並未普遍地被遵行，這部分將因此被排除於「舊慣」之外；相對的某些清治時期台灣習慣規範，雖違反大清律例等官府規定，但只要在台灣確係被普遍遵行，仍在日治時期被認為屬「舊慣」之內容。[11] 接著，日本學者即採行德國人以羅馬法概念及理論詮釋日耳曼固有法之例，運用同樣淵源自羅馬法之近代歐陸法概念，說明這些稱為台灣「舊慣」的法律規範的內涵。[12] 調

10　參見東鄉實，《台灣植民發達史》（台北，1916），頁 95。

11　岡松參太郎，〈台灣現時の法律〉，頁 7-8。

12　參見岡松參太郎，〈大租權の法律上の性質〉，《台灣慣習記事》1 卷 1 號（1901,1），頁 7-8。

查會所提出的報告書中，將台灣「舊慣」分別歸入「不動產」、「人事」、「動產」、「商事及債權」等四編，並就各個特定法律關係，列出相關的權利義務之內容，及其得喪變更的要件、效果等等。[13]包含權利在內的這些法律概念原本不存在於清治時期台灣法律當中，故日本政府此舉或許可稱為「台灣固有法的羅馬法化」，足以比擬德國之日耳曼固有法的羅馬法化。在法概念轉化的過程中，實不免因勉強套用羅馬（歐陸）法之概念，導致若干失真，但調查會的工作目標仍在於「發現」由於反覆的慣行及社會上具有遵從共識，而存在的各種習慣規範。

在近代西方式國家體制裡，民間的習慣規範必須經由特定機關依一定程序予以承認，始能成為國家的法律，直接自國家政治權威機構取得其法的正當性，不必再仗恃反覆慣行及社會遵從的共識。[14]在日治時期的台灣，係由台灣總督府法院及有關的行政官署進行習慣規範的國家法化，其於處理案件之際，為適用「依舊慣」之律令上規定，須透過解釋說明系爭案件涉及台灣舊慣中何種法律關係，及當事人因而應擁有何等權利、負擔何種義務，並依這些具普遍適用性的規則，對該案件做出裁決。換言之，國家實證法上的「舊慣」，是指經法院（在多數情形）或某些須「依舊慣」辦事的行政官署所承認的習慣規範；其可稱為「習慣法」，以有別於單純的民間習慣規範。眾多台灣漢人傳統上的習慣規範，已因法院或行政官署等國家機關的「造法」與「執法」活動，而被改造成近代西方式法律體制中的習慣法。

---

13 詳見台灣臨時舊慣調查會，《台灣私法》第1-3卷（台北，1910-1911）。

14 參見 Haley, pp. 5-9.

　　就同一民事事項，由調查會所報告的舊慣內容，可能與法院等所認定的習慣法內容，不相一致。調查會報告旨在發現舊慣，但此項報告僅供法院等認定舊慣內容時之參考，不能拘束法院等。一位殖民地判官即表示，調查會只須盡可能的發現舊慣並出以法律的形式即可，但法院的判例尚有「改進舊慣」的使命。[15]於國家法律中被援引的習慣，應不可違反「公共秩序善良風俗」。由於台灣乃日本帝國內之特別法域，故在此所謂公序良俗應指台灣的而非日本的公序良俗。[16]惟日本人於決定代表日本國家權威的法院應否承認某個台灣習慣規範時，不可避免地會受到已西化的日本法之影響，須適用舊慣的行政官員亦不例外。以致日治時期的習慣法，實異於清治時期的民間習慣。

　　日治時期的台灣習慣法，已經相對的較接近西方式民事法。殖民地法院的判官比從事舊慣調查的學者，更喜歡使用日本西方式法律的術語，而較不願使用台灣習慣上用語，故經常以日本民商法上相類似法律關係來解釋台灣舊慣的內容。經由這般解釋，某些台灣人習慣的實質內容已遭改變（詳見後述）。日本統治當局藉此或蓄意或無心的，將台灣的習慣法統合於日本已西化的國家法律體系內。[17]台灣殖民地的司法或行政機關甚至可能以「依法理」為由，準據日本民商法上規定來裁斷台灣人的民商事件。由於日本民商法典係繼受自歐陸，這種「日本

15　參見姉齒松平，《祭祀公業與台灣特殊法律之研究》（原日文版刊行於1937年；中譯版，台北，1991），頁380，註（以下簡稱《特殊法律》）。

16　山田示元，〈國法下舊慣の地位〉，《台法月報》9卷8期（1915,8），頁30。

17　參見石坂音四郎，〈台灣に於ける土人法制定の必要（下）〉，《台法月報》（原稱《法院月報》），4卷2號（1910,2），頁40-41。

化」的努力，就結果而言，倒促成了台灣人民事法規範的「西方化」。

（三）制定法上對舊慣的限制

　　某些由總督府制頒的律令，則直接改變台灣人原有習慣規範的內容。按台灣人習慣之所以能被法院等援用於台灣人民商事項，係因為律令的條文中有「依舊慣」的規定。倘若另有律令已就台灣人特定的民商事項為不同的規定，則由於「特別法優先於普通法」，該項規定將取代原本「依舊慣」之規定而適用於個案。譬如，原依台灣習慣法，某些土地上權利（如業主權）之移轉僅須雙方意思表示合致即告生效。但是當 1905 年台灣土地登記規則（律令）頒行後，就已登載於土地台帳上土地之該項權利的移轉，必須再經登記始生法律上效力。顯然這號律令已改變原先「依舊慣」所得出之有關權利變動要件的法規範。換言之，台灣人原有的習慣規範縱令已為法院或行政官署等執法機關所承認，仍可能因另有特別立法而遭排斥。[18]

（四）類似「判例法」體制的建立

　　日治時期的台灣法院，因而發展出一套類似「判例法」形式的民事法體制。就台灣人的民事法律關係（含財產法及身分法），日治台灣於 1922 年年底以前，成文法條僅概括的規定應依舊慣及法理（1923 年以後就身分法關係亦然，詳見後述），而未具體的表示特定法律關係所涉及之舊慣或法理的內容究竟是什麼。因此適用該條文判案的法院，必須決定相關的舊慣上規範是否存在、其權利義務關係的內容為何、是否違反公序良俗、若無相關的舊慣則應依據什麼樣的法理為裁判等問題，並

18　參見姉齒松平，《特殊法律》，頁 142-143。本文稍後就此點將會詳述。

將其見解表達於判決內。惟不同審級或不同庭的判官可能會有相異的見解，故須由在台灣的最終審法院，即高等法院（1896-1898）、覆審法院（1898-1919）、高等法院上告部（1919-1945）負責統一法律見解，其於裁判時就上述與舊慣之適用相關的法律問題所表示的意見，拘束在台灣的其他下級法院。[19]台灣的最終審法院亦傾向於遵從其既有的判決先例（以下僅稱「判決」，因仿效歐陸的日本法制上並無今日中華民國法制所稱的「判例」），但並不排除為了因應台灣社會變遷而修改其見解。[20]因此，台灣總督府各級法院於依用舊慣為裁判時，必須參考最終審法院既有關於舊慣的判決，並受到該等見解的拘束，除非最終審法院本身考慮到社會情事已變遷，而重新解釋舊慣的內容。

這種不依賴成文法條文上規定而仰仗大量既有判決先例的法律適用方式，相當類似英美法系國家「判例法」（case law，亦即普通法〔common law〕）運作的核心原則──「判決先例遵循原則」（stare decisis）。依美國法，法院為判決時應遵守該法院所屬法域內最高法院於先前既有判決內所確立的法規範；只須那些從先例所歸結出的原則（principle），對於法院所

19　參見「台灣總督府法院條例」，第8之5條，這項條文係於大正8年（1919）改正該條例時增設的，原因是覆審法院將設置兩個獨立的裁判部，有統一其法律見解的必要，故規定「高等法院上告部」的法律見解具有羈束其他法院之效力。由此可見原本是由覆審法院擔任統一法律見解的工作。參見台灣總督府，《台灣總督府警察沿革誌第二編：領台以後の治安狀況（下卷）》（台北，1942），頁31。

20　參見石井常英，〈本島爭訟の特色〉，《台法月報》（原稱《法院月報》），2卷10號（1908,10），頁28；姊齒松平，《特殊法律》，頁379。

擬做成的判決，邏輯上是必要的（essential），事理上為合理的（reasonable），且適合於當時的環境，即應受其拘束。[21]甚至台灣總督府法院於適用關於特定民商事項所為的律令（性質上屬於制定法）時，就條文上所涉及舊慣上權利的內涵，亦須參考相關的舊慣判決先例。例如前舉「台灣土地登記規則」中，有所謂「業主權」、「典權」、「胎權」、「贌耕權」，其意義及權利內容皆須參考當時覆審法院與此相關之判決。這跟英美法系於適用制定法（statute）時，就其文義之解釋仍須受法院的判例法所拘束，頗為相似。

　　但與英美法系國家不同的是，日治時期台灣舊慣之所以能被法院據以判案，仍根源於制定法上存在著「依舊慣」的成文規定。英美法法官於適用判例法時，必須援引法院判決先例以做為裁判的法律上依據（法源）。而日治時期台灣法官於依用「舊慣」時，固然經常援引相關的法院判決，但倘若其認為自己足堪知悉舊慣上權利之內容，或參考調查會的調查報告（其非司法機關的判決）即可，且所持見解並不違背既有的最終審法院判決，則不必於判決理由中援引相關的判決；因為此項判決的法源基礎，係表示「依舊慣」的律令（1923 年以後為特例勅令）上規定，而非法院透過判決先例所形成的制例法。試舉三例說明之。在某案件中，法院引用覆審法院兩則相關的判決，肯定舊慣上子先父而死時，可由過房子或螟蛉子掌其祭祀且繼承其（房）財產，但以本案事實中未經選定過房子或螟蛉子為由拒絕適用該項舊慣，亦即該項舊慣在邏輯上與本案事實不相干

---

21 參見 Frederick G. Kempin, Jr., *Histotical Introduction to Anglo-American Law*（ 2nd. ed., St. Paul, Minn., 1973), pp.12-14.

（似英美法上 distinguish 的觀念）。[22] 在另一案裡，法院未引用任何資料，即於判決理由中陳明，於進行買賣時習慣上建築基地與其上房屋視為一體，除非特別地具有將其分別為兩項權利的意思。[23] 又有一案，法院於判決中引用調查會的報告內容，指出習慣法上允許收養孫輩之人為養孫且由其繼承財產。[24]

　　台灣總督府法院判官，對於台灣人民事習慣法的「造法」工作，有時候似乎已逾越司法者角色而類似立法機關。1907 年制定的日本刑法典經過律令的依用而實施於台灣後，關於刑之加重減輕，有時涉及親屬關係的有無及範圍，就此刑法典表示應依日本民法親屬編相關規定，惟日本民法典中的這一部分並未施行於台灣人之間，以致制定法上欠缺有關台灣人刑事事項中親屬範圍的規定。於是，由覆審法院長召集判官會議，做成「於刑法適用上台灣人間親屬範圍」之「解釋」。這項解釋雖以台灣舊慣為本，但有些部分是與慣例背道而馳，例如依舊慣招夫與前夫之子不發生繼父子關係，但其卻認為繼父母與繼子發生與親生子間同一的親屬關係；該解釋當然亦有參酌日本民法之規定，但其絕不等同於日本民法上親屬範圍。[25] 這般既非依舊

22　參見大正 10 年（1921）上民 16、17 號判決，台灣總督府高等法院編，《高等法院判例全集，大正十、十一年》（台北，1923），頁 12-13（以下不問原書名及相關年度，一律稱為《高院集》）。

23　參見大正 10 年（1921）上民 2 號判決，同上，頁 7。

24　參見大正 10 年（1921）上民 32 號判決，同上，頁 58-59。

25　參見台灣省文獻委員會收藏，《台灣總督府檔案》（尚未出版，以下簡稱《檔案》），明治 43 年（1910），永久保存第 49 卷，第 6 門：司法，六、刑法之適用與舊慣。至 1922 年勅令第 407 號，才以第 14 條就此事項為明文規定。

慣又非依日本民法典的「法律解釋」，事實上已接近「立法」活
動。

二、台灣民事習慣法的法典化

　　日本治台當局並不想維持前述類似判例法的法律適用方
式，故有制定台灣民事成文法典之舉。由於日本內地即是以法
典規範人民的民商事項，在台灣殖民地之應依法典處理台灣人
的民商法律關係，似已被視為當然。問題是台灣究竟應施行什
麼樣的民事法典？是一部特別為台灣而制定的法典呢？還是
以既有的日本內地法典即可？ 1908 年初，岡松參太郎為文力
主採用前者，且認為這部為台灣特別制定的民事法典應該包含
台灣的舊慣及日本的西方式民事法。[26]在同一年，台灣總督府決
定對台灣民事習慣法進行法典化工作。[27]

　　總督府花費 5 年時間完成台灣民事法典的草案。由岡松等
負責起草條文的法案審查會，從 1909 至 1914 年，計完成下列
數種律令案：台灣民事令、台灣親族相續令（含施行令）、台灣
不動產登記令、台灣競賣令、台灣非訟事件手續令、台灣人事
訴訟手續令、台灣祭祀公業令、台灣合股令等。這些法案的內
容，基本上係依照日本民商法典的編制體例，將原以類似判例
法形式存在的台灣民事習慣法予以法典化，當然在法規範內容
上亦相當程度修改原有習慣法的內容，使其更接近日本的西方

26　參見岡松參太郎，〈台灣の立法〉，《台法月報》（原稱《法院月報》），
　　2 卷 2 號（1908,2），頁 1-7。

27　參見東鄉實，頁 96-97。

式民法典。[28]耐人尋味的是，在討論法案內容時，學者出身者一般而言似乎較支持沿用台灣原有習慣，或許誠如岡松所云，為少數的日本內地人而破壞 300 萬台灣人的習慣是不適當的；[29]但某些出身司法官僚者，則經常主張應將日本西式民事法的內容納入。[30]但無論如何，這是台灣史上首次依據台灣本身的法社會事實（雖然係出於日本人的觀察），揉合近代西方法律概念及法學理論，制定出適用於台灣的民事法典草案。

　　日本中央政府之決定採內地延長主義的殖民地統治政策，使得台灣民事習慣法的法典化注定胎死腹中。台灣獨特的民事法典的制定施行，將某程度強化台灣在整個帝國中的特殊法律地位，意圖在「獨立的台灣」擁有廣泛權力的台灣總督府，因而在 1914 年將上述台灣民事法典以律令案方式送至中央政府，請求准予勅裁。惟日本中央政府，遲遲不願批准該律令案。迨 1919 年，於原有的殖民統治政策在日本招致嚴厲批判之後，日本非藩閥的政黨勢力決定在殖民地改採積極的同化政策。在所謂的內地延長主義底下，台灣於法律上的獨特性已相對被削弱許多，像台灣民事法典這類彰顯台灣獨特性格的法案，已「不合時宜」，故其始終未獲日本中央政府的首肯。

28　參見臨時台灣舊慣調查會，《法案審查會第一回會議議事錄》（台北，無日期），頁 5-6。共計有五回會議之議事錄。

29　岡松參太郎，〈台灣の立法〉，頁 3。

30　例如見《法案審查會第一回會議議事錄》，頁 8-9、25、70-78。

三、以適用日本民商法典為原則

　　取而代之的是，日本民商法典的施行於台灣。1922年勅令第406號，規定日本的民法、商法、民事訴訟法、商法施行條例、家資分散法、民法施行法、人事訴訟手續法、非訟事件手續法、競賣法、不動產登記法、商法施行法及若干民商事法律，自1923年1月1日起施行於台灣。惟1922年勅令第407號卻針對前述將施行於台灣的法律，設定許多特別規定以排除原規定在台灣之施行，其中包括僅涉及台灣人的親屬繼承事項，不適用日本民法親屬繼承兩編之規定，而係「依習慣」，台灣人的祭祀公業不准新設但既存者亦「依習慣」。[31] 換言之，僅涉及台灣人的財產法事項，從此改依日本民商法典，但其身分法事項，仍依類似判例法的台灣習慣法。而業已依台灣習慣法所發生的各類財產法上權利，須轉化為日本西方式民商法上相對應的權利種類。日本民商法典的取代台灣民事法典，使得台灣人必須去適應一套原本是為了其他社會而制定的西方式民事法典。

　　為同化台灣人以根除台灣人自決的觀念，台灣在地政府試圖將日本民法親屬繼承兩編亦施行於台灣人之間。按日本民法總則、物權、債權等三編及商法典雖已施行於台灣，但特例勅令將其若干不適合台灣實情的規定予以排除。[32] 於1929至1930年間，台灣總督府欲仿效上揭立法體例，建議將日本民法親屬繼承兩編施行於台灣人之間，只需另設特別規定排除一些可能

31　大正11年（1922）勅令第407號，第5、15條。
32　大正12年（1922）勅令第407號，第6-19條。

對台灣人衝擊較大的條文即可。但是日本中央拓務省，並不採
納此項提議。於 1930 年代後期，台灣總督府為積極推動皇民化
運動，再度研議以設特例方式將親屬繼承編適用於台灣人，惟
仍無成果。[33] 直到 1945 年的 3 月，為了「改善台灣人的待遇」，
台灣總督府於帝國議會宣稱，除設有極少數特例外，日本民法
親屬繼承兩編將適用於台灣人；惟同年的 8 月間日本已戰敗，
旋即退出台灣，故這項計畫終未實現。[34]

第二節　田園土地法律關係的歐陸法化

　　日治時期台灣人以從事農業者占多數，[35] 故有關田園土地的
法律關係，勢必深深影響一般人民的生活。吾人可注意到日本
統治當局欲進行舊慣調查時，首先著手的調查對象即是這類舊
慣。[36] 以下將討論台灣在日治時期有關田園土地的法律關係，如

---

33 參見近藤正己，〈「創氏改名」研究の檢討と「改姓名」〉，《日據時期
　　台灣史國際學術研討會論文集》（台北，1993），頁 226-227；姉齒松
　　平，《特殊法律》，頁 136。

34 參見向山寬夫，《日本統治下における台灣民族運動史》（東京，
　　1987），頁 1264。

35 日治當時台灣人約有 70% 於農業部門工作，另 30% 於非農業部門。參
　　見 Samuel P.S. Ho, *Economic Development of Taiwan, 1960-1970*（New
　　Haven, 1978），p. 28.

36 調查會的報告書分為 4 編，第一編即關於不動產。且早在 1900 年，
　　台灣總督府的臨時台灣土地調查局即編有《清賦一斑》、《土地調查提
　　要》、《台灣舊慣制度調查一斑》等書。在此「不動產」一詞，非台灣
　　人原有的法律用語，但係日本人引進的歐陸法概念，故仍以之描述日

何從以依用沿襲自清治時期法律的「舊慣」為主，一直發展到全面適用日本西式民事法。這些討論將使前述有關台灣民事法西方化歷程的一般性考察，更加具體而清晰。

一、舊慣上各項權利

（一）業主及其權利化

　　依台灣人原有的習慣規範或法律觀念，老百姓對於土地不能享有近代西方法意義下的「所有權」，僅能擁有稱為「業主」的法律上地位。由於受到傳統中國「普天之下莫非王土」概念的影響，清治下台灣漢人，尤其是曾受過教育的階層，認為土地是屬於皇帝的。因此做為臣民的老百姓，對於土地所能掌握的最大權力（power），就是成為業主以經營該地（按「業」一字有「經營」之意）。[37] 業主在此意義底下為擁有土地之人，亦即地主。但業主以「主人」身分對土地所擁有的排他性權力，不僅有來自「王土」等概念上的約束，有時也可能存在實質上的限制。大租戶與小租戶間的關係，正足以說明身為業主仍可能受到某些實質的限制。於清治晚期，原本是大清律例上業主的大租戶，經常逐漸喪失其對於土地的實際控制力；相對的這些土地上的小租戶，已被台灣社會認定為是業主，但小租戶仍應向大租戶繳納租穀。換言之，如下一段所闡釋的，身為業主的小租戶就該土地仍須對其他人負擔西方法上所謂的「私法上義務」。

　　以日本民法繼受自歐陸的「所有權」概念，並不能準確表

治時期的法律。

37 參見《台灣私法》，卷 1 上，頁 229、234-235。

達在台灣稱為業主者所能擁有的權利內涵,故日本人在依用「舊慣」時創造了「業主權」一詞指稱之。依台灣人原有的習慣規範,業主可占有使用收益或處分其土地。依沿襲自西方法的「權利」概念,法律為使業主能享有前述的利益,已賦予其可透過法律上制度加以貫徹執行之力或地位,此稱為「業主權」。當擁有業主權之人的占有使用收益等利益受到侵害時,其得發動並控制整個排除侵害的過程,包括要求法院以國家公權力為其排除侵害。因此進入日治時期後,在「業主」一詞後面加上「權」字,是具有實質意義的。惟台灣約有一半的田園土地存有大小租關係,這些土地上的小租戶雖為業主,但因擁有土地而須向大租戶繳租,故其做為業主所得享受的法律上利益,不同於歐陸法上所有權人之可絕對排他的不向任何人負擔私法上義務。於是在大小租關係下,小租戶所得享受之利益被權利化為「小租權」,而且其被認為是舊慣下擁有業主權之人,是以不久後即不再使用「小租權」而直接以「業主權」稱之;另一方面大租戶可向小租戶收租的這項利益則權利化為「大租權」。[38]

(二)地基關係及其權利化

依台灣人原有的民間習慣,地基(或稱「厝地」)關係之成立,係由於欲建造房屋者(厝主)向房屋擬坐落之地的業主(地基主)給付相當的對價(地基租),以承給該塊土地供建屋之用。於地基關係成立後,就該厝地究竟孰為業主,端視地基關係的實際內容而定,此大致可分為 3 類:(1)地基主已全然對

38　參見同上,頁 286-289、303-314、329-336。《台灣私法》作者認為若以歐陸法學概念觀察,小租權可說是一種「附有負擔的所有權」。同上,頁 335。

厝地喪失實質控制力，故由厝主成為該厝地的業主，但厝主基於地基關係仍須向地基主繳納一定的租額。（2）地基主仍為厝地之業主，但厝主可長期使用該厝地築屋直到房屋倒塌為止。（3）通常發生於在郊外或村落建造茅屋一類簡單房屋的地基關係，地基主為厝地之業主且厝主僅得短期的使用。

　　日治時期依權利化以後的舊慣內容，上述（1）情形下地基主的權利，與大租戶的大租權類似，僅享有向厝主請求交付一定租額的權利。在（2）的情形，厝主使用該厝地的權利被稱為「地基權」，地基主當然亦有地基租請求權。在（3）的情形，地基主與厝主的關係被解釋為近似於法律上的租賃關係，厝主對該厝地有稱為「贌權」的使用權，但必須交付類似租金的對價。[39]

（三）佃關係及其權利化

　　佃關係之成立，係由土地的業主（包括上述小租戶）將其通常已墾成農田的土地及田寮等附屬物交由佃人耕種，佃人則須繳納租穀或租銀予業主。此項關係亦有稱「贌耕」者。佃關係存續期間通常約定 3 至 6 年，約定期間 10 年以上者很少且大多是關於荒地的贌佃（已屬於下述的「永佃」）。至於不約定佃之期間，則表示 1 年之後業主得隨時換佃，稱為「現年贌耕」，此大多僅以口頭約定而不立契字。

　　日治以後，依用舊慣的結果，佃人在此關係底下得占有、使用、收益該土地的權利，被稱為「佃權」，但其負有向業主繳租之義務。且佃權人若未獲得業主的同意，不得讓渡佃權予他人或有轉分租的行為。此外，佃權人不得以其佃權對抗第三人

（例如土地的新業主），故佃權於近代歐陸式民法體系中僅屬土地租賃的「債權」關係，不具有「物權」性質。[40]

（四）永佃關係及其權利化

依台灣清治時期習慣，在贌耕關係底下，當佃人需投入工本改良田地時，通常與業主所約定之使用耕種期限會長達 10 以上，或甚至永遠。日治後日本法學者特別將此類長期間的贌耕關係稱為「永佃」。由於依清治台灣習慣，此類永佃之佃人對土地之占有使用收益，不因業主之更易而受影響（當然仍須向新業主納租），且可將此等利益典賣給他人，故其所擁有的「永佃權」，被認為是對該土地的物權關係，而非對某特定業主的債權關係。[41]

（五）典關係及其權利化

「典」制度淵源自古代中國，依清治時期台灣習慣，某位需要用錢者，可將其土地本身或對土地可享有的某種利益（例如可收取大租），出典給另一位願支付一筆金錢（即典價）以占有、使用、收益該土地或利益之人（即典主或銀主），而出典之人則可無息地使用該筆金錢，雙方成立典關係；於約定的典關係期限（即典期）屆滿後，出典人得以原典價贖回原交付於典主的土地或利益，但亦可選擇不贖回。倘若出典人不願贖回，典主通常無法變賣該出典的土地或利益以回收原典價，只能繼續維持原有典之關係，故典期之約定其實僅關係著出典人至何時始能贖回，與典主何時能夠取回典價不一定相關。[42] 從這一點來

40　參見同上，頁 577-593。

41　參見同上，頁 595-611。

42　參見同上，頁 659-663、673-674。依清朝戶部則例之規定，出典人在

講，典關係毋寧說類似附有買回條款的買賣關係（但典主不同於買主之已成為業主）。

也因此，將典主在典關係中所得享有的利益權利化後所稱之「典權」，並不等於日本歐陸式民法上的「質權」。日本民法上不動產質權人可占有使用收益質權標的物，固然與台灣舊慣上的典權人相似。惟不動產質權屬「擔保物權」，當其所擔保之債權屆期未獲完全清償時，質權人得就該質權標的物加以變價以受償債務人所欠債務，而典權人做為銀主卻不能為同樣的保全債權的行為。[43]

（六）胎關係及其權利化

依清治時期台灣習慣，借款人常向銀主提出有價值之物以做為如期還款的信用憑物，此即「胎借」。為胎關係客體的有價值之物，大多是記載著出胎人取得土地、房屋或其上利益的契字，僅少數為土地或房屋本身。以該等契字為胎之客體時，承胎人（銀主）對於契字上所載土地、房屋或相關之利益，並不能像承典人般直接占有使用收益，但得向出胎人（借款人）收取利息。若該借款屆期不清償，承胎人亦無從變賣該契字所載之土地、房屋或利益以抵償，只能繼續占有該等契字，藉此迫使出胎人為了能取回契字以處分土地等（契字為交易時必要文件）而儘速返還借款本金及利息。

日治後國家法律就承胎人所能享有的上述利益，賦予「胎

典期屆滿不贖回時，典主雖不得強制出典人回贖，但可向出典人補足差額後買收典物，或將典物轉賣給他人以充典價，惟依《台灣私法》所載，台灣人習慣上很少如此做，而大多仍舊維持原有之關係或為轉典。
43　參見同上，頁 161、692。

權」的保障,然其做為一種債之擔保,仍相當薄弱。不過,為強
化胎關係之擔保效力,可利用原本已存在於台灣習慣的某些有
關胎的特約條款。例如約定借期屆滿不還時,承胎人得使用收
益,甚或取得做為胎之客體的不動產或不動產上權利;或約定
「對佃胎借」,即承胎人不僅占有不動產字據且得向該不動產
之佃耕人或贌厝人收取相當於利息的租穀或租銀;或約定「起
耕胎借」,即承胎人除占有不動產字據外尚可占有使用收益該
不動產,並以收益充做利息,惟超過利息額的收益須還給出胎
人(就此點與承典人不同)。總之,舊慣上的胎權人,相較於一
般金錢貸與人,在債權獲得清償的保障上,僅略勝一籌而已,
除非另訂有特約。[44]

(七)地的役權

　　台灣原存有約定土地須提供給某特定土地為一定使用,或
給某特定人為一定使用之習慣,但對此並無總括性的稱呼,日
本法學者於是命名為「役權」。按台灣習慣上,土地的業主或
典主可能透過約定,表示願以其土地提供給他人土地排水、引
水、汲水或通行之便,甚至允諾在其土地不至於栽種足以遮蓋
他人土地上墳墓之樹木。日本人於進行台灣舊慣的權利化時,
有鑒於上述法律關係皆是使該地對特定的「土地」提供一定的服
務,乃參考日本歐陸式民法中與其相近的「地役權」制度,稱之
為「地的役權」。另外將台灣習慣上約定某地所生產之收益應提
供給某特定人享用的法律關係(例如養贍租、酬勞租、隨盒、育
才租),稱為「人的役權」,蓋該地係對特定的「人」提供一定的
服務也。惟依台灣舊慣,該存在著「地的役權」之土地的新業主

44　參見同上,頁 710-714。

或典主，並不必然須承受此項役權關係，這跟日本民法上地役權屬於物權故可對抗任何第三人，迴然不同。[45]

（八）土地調查與業主權人的確定

日治時期對田園法律關係的權利化，不單是在概念上引進權利的觀念，更具體的確定究竟誰擁有權利，尤其是最根本的業主權。日治初期的土地調查事業，除具有整理地籍以增加政府地租收入的目的外，亦有促使人民之間土地法律關係具體明確的功能。依 1898 年律令第 14 號「台灣土地調查規則」，業主（或典主）須檢附證據書類向政府申報其持有之土地及附隨的法律關係如大租或典，經地方調查委員會查定後，將各該土地之業主權人登載於土地台帳上，對前項查定不服者得聲請高等土地調查委員會裁決。日本統治當局因此必須面對台灣自清治以來相當混亂且不明確的土地使用關係，依舊慣逐筆確定業主誰屬。在某些情形（例如出典人已失蹤且典關係於典限經過後仍持續），甚至逕以典主為業主；而就大小租關係，則以對於土地具有實質控制力的小租戶做為業主。總之，隨著土地調查工作的完成，各筆土地之業主權歸屬亦告明確化。[46]

然而某些不幸的台灣人業主，卻可能在上述查定業主權的過程中被犧牲了。若台灣人業主於日本政府為土地調查之際，未申報其土地，依土地調查規則第 7 條之規定，其業主權將歸屬於（登載為）國庫。且依總督府法院之見解，高等土地調查委

---

45 參見同上，頁 556-570。

46 參見魏家弘，〈台灣土地所有權概念的形成經過──從業到所有權〉，台大法研所碩士論文，1996 年 6 月，頁 112-135。未經土地調查之地，須待 1910 年的林野調查才確定業主權的歸屬及載入土地台帳。

員會的裁決與地方土地調查會的查定，對於土地業主之歸屬具有創設且絕對的效力，不得以查定前之事由爭執其效力。[47] 雖然在 1932 年法院曾有較緩和的見解，認為未依台灣土地調查規則申告致未受查定之土地，乃土地台帳未登錄地，其仍為從前該所有者之所有土地，並不喪失所有權（即日治前期的業主權）。[48] 但是該項判決僅係針對業主未申報其土地且未被登錄為其他人民所有而發，認為在此情形下，當年未為申告的土地不當然即屬國有。若於土地調查之時，原屬自己的土地，係遭查定為他人之土地，則就該土地在私法上已確定喪失業主權。此所以 1924 年時法院為求衡平，判認在這種情形底下，原業主之在土地上擁有家屋，應依法理解釋為已對該土地取得地基權或地上權（若原業主仍對該土地擁有業主權則根本不需地基權或地上權）。[49] 按此項土地調查工作進行之時，即約 1898 至 1904 年之間，依舊慣台灣人之移轉土地業主權，僅以雙方意思合致為已足，本不以向政府申報為必要。[50] 何況台灣人民於清治時期，即有為逃稅不向政府申報土地之「隱田」習慣。如今於政權轉替之際，竟可能因疏於向新政府申報而致喪失土地，實在過於殘酷。

47　例如見大正 10 年（1921）上民 70 號判決，《高院集》，頁 71-74。亦參見魏家弘，頁 135-138。

48　昭和 7 年（1932）上民 31 號判決，《高院集》，頁 45-58。

49　大正 12 年（1923）上民 127 號判決，《高院集》，頁 312-315。

50　姉齒松平，《特殊法律》，頁 326-327。

二、舊慣內涵的歐陸法化

（一）存續期間的限制

　　有關土地的權利，原本在舊慣並無限制其存續期間，但台灣總督府卻制定律令限制之。出於為禁止外國人對土地永遠借用，而不能不對內國人為同等限制之動機，日本統治當局順便對台灣舊慣上相類似的權利加以規制。1900 年律令第 2 號規定：「土地借貸之期間，賃貸借不得超過二十年，其他者不得超過一百年。如所定期間長於前項期間時，縮短為前項期間。」於是，原本沒有期間限制的前述地基權、永佃權、地的役權等舊慣上權利，都不得超過 100 年；而佃權之存續期間亦不得超過 20 年。超過上揭 100 年或 20 年之部分無效，這項期間自該律令施行後開始起算。[51]此號律令已變更舊慣原有權利內容，使其朝向歐陸式民事法規範發展，並開啟此類律令之先河。

（二）大租權的廢止

　　隨著前述業主權的確定，日本在台殖民地政府亦進行確定大租權的工作。1903 年台灣總督府以律令第 9 號公布「關於大租權確定之件」，其第 1 條規定：「本令所稱大租權，係指對於

---

51 參見谷野格，《台灣新民事法》（台北，1923），頁 15；姉齒松平，《特殊法律》，頁 143、177。期間的長短，可能有參考日本法上相關規定，按日本民法第 278 條第 1 項規定：永小作權之存續期間為 20 年以上 50 年以下，永小作權之設定超過 50 年時，縮短為 50 年。第 604 條第 1 項規定：賃貸借之存續期間不得超過 20 年，賃貸借之設定超過 20 年者，其期間縮短為 20 年。關於立法動機，參見王泰升，〈從日本公文書館史料探究日治台灣立法權運作實況〉，載於同作者，《台灣法的斷裂與連續》（台北，2002），頁 287。

業主權之大租權」，說明了此律令欲處理者，乃是小租權被吸納成為業主權之後，仍附隨於這項業主權上面的大租權。該令因此擬先確定各筆土地上有無存在大租權人，若有，則其姓名住所及租額為何；且規定本令施行後，不得設定大租權或增加其租額。[52] 清治台灣兩百餘年來藉民間習慣而發展形成的大租關係，至此已告凍結，等待日本統治當局的進一步處置。

俟大租權自 1904 年被廢止後，舊慣上業主權的實質內涵已轉變為等同於歐陸法上所有權。1904 年台灣總督府再以律令第 6 號公布「關於大租權整理之件」，將該已確定的大租權自同年 6 月 1 日起加以廢止，並由政府發放大租補償金給予被消滅之大租權的享有者。[53] 對於那些原本附有大租義務的業主權人（小租戶）而言，其業主權本身已不再附有任何私法上義務，而與原本未附有大租義務的業主權人一樣，享有如同歐陸法上所有權人之絕對排他性權利。當源自大小租關係的「一田兩業主」被日本人解釋為「一業主權人一大租權人」時，尚可謂其未背離台灣原有習慣內容，但一旦大租權被消滅以致形成絕對的「一田一業主權人」時，則不能不說舊慣原有內涵業已變更。這項改變無疑的是使其趨向於日本歐陸式民法上「一地一所有權人」的原則。

（三）土地登記規則對舊慣的改造

日本治台當局於 1905 年，建立一套關於土地（不含建物）私法上權利的登記法制。[54] 依 1905 年「台灣土地登記規則」（律

52　參見魏家弘，頁 155-159。

53　參見同上，頁 159-162。

54　台灣人有關建物之私權登記法制，須至 1923 年 1 月 1 日適用日本民商

令），關於已登錄於土地台帳的土地之業主權、典權、胎權、贌耕權（指以耕作、畜牧與其他農業為目的之土地借貸，相當於前述佃權與永佃權）等 4 種權利，須登記於以記載土地法律關係為主旨的土地登記簿上。至於上揭 4 種權利以外的地基權或地的役權，或關於「土地台帳未登錄地」的各種權利，則不必登記，不在本規則之規範範圍內。尤要者，關於土地台帳已登錄地之上揭 4 種權利的設定、移轉、變更、處分之限制，或消滅除由繼承或遺囑而發生者外，非依本規則登記不生效力；但其由繼承或遺囑而發生者，非經登記仍不得對抗第三人。此外，本規則施行（1905 年 7 月 1 日）前已發生之典權、胎權與贌耕權，須於本規則施行日起 1 年內為登記，否則不得對抗第三人。僅施行前已發生之業主權，不因未登記而致其法律效力受影響，但於施行後欲為處分行為時，仍需先為登記以符合「非登記不生效力」的要求。[55] 簡言之，台灣土地登記規則就土地台帳已登錄地之業主權、典權、胎權、贌耕權等權利的得喪變更係採取「登記生效主義」。然而台灣總督府法院，原先依舊慣認為上揭權利的得喪變更，以當事人間意思合致即為生效，毋需任何手續即可得對抗第三人。[56] 故本項規則雖名為登記規則，但實則已創設了原本舊慣所無的民事實體法內容。

　　日本政府在台灣，比在日本內地，更強調私權登記之效力。日本內地的不動產登記法規定，不動產物權因法律行為變

法以後始具備。參見谷野格，頁 66。

55　姉齒松平，《特殊法律》，頁 144-146、150、154-155；台灣土地登記規則，第 1 條。

56　例如見明治 39 年控第 190 號判決，《覆審法院判例全集，明治二十九年至大正八年》（台北，1920），頁 83（以下簡稱《覆院集》）。

動時，僅需當事人意思表示即生效力，無須以登記為其生效要件，但辦理登記後得對抗第三人，故稱為「登記對抗主義」。惟依台灣土地登記規則的「登記生效主義」，未辦理登記的結果，不但不得對抗第三人，在法律行為當事人之間亦絕對無效。尤其是贌耕權當中的佃權，性質上根本不屬於物權，卻仍被要求須登記始生效力。[57]日本統治當局似乎並不在意台灣殖民地人民能否於旦夕之間，從舊慣上以意思合致為生效及對抗要件，轉為適應移植自德國法之以登記為生效要件。台灣總督較關切的，可能是如何有效率地在土地登記簿上顯示出土地法律關係，以使土地交易能迅速且安全地進行，故寧捨日本內地的法國式登記對抗主義，而採取最重視登記之法律效果的德國式登記生效主義。

　　台灣土地登記規則雖未改變舊慣上權利之名稱，但已變更其權利的實質內涵。本規則第 2 條規定：「具有經登記之典權或胎權者，就該提供債務擔保之土地，得先於其他債權人受自己債權之清償。競賣法中關於質權的規定，準用於典權；關於抵當權的規定，準用於胎權。」這已實質改造台灣原有典、胎習慣的內涵。如前所述，擁有典權的典主，於典期屆至後出典人不回贖時，依台灣舊慣通常不得變賣該出典之土地或利益以回收典價；擁有胎權的承胎人，於借期屆滿未獲清償時，依舊慣亦原則上僅得繼續持有關於該土地之契字，藉以迫使出胎的借款人儘速返還借款本利。但由於本規則上揭規定，典主或承胎人，得分別準用日本歐陸式民法關於不動產質權、抵當權之規定，於期限屆至後將標的物拍賣並優先受償。此項法律效

57《台灣私法》，卷 1 上，頁 580。

果，係僅將台灣原有習慣內容加以權利化後的典權或胎權，所未具備者。故 1905 年本規則生效後，就土地台帳已登錄地所成立的典權、胎權，雖名稱依舊，但實質的權利內容已分別趨近歐陸式民法上的不動產質權、抵當權（今日法律用語稱「抵押權」）。再由同規則第 5 條：「依前條規定準用不動產登記法之場合，業主權依所有權，⋯⋯」，可知在 1904 年廢止大租權之後的業主權，雖然名稱依舊，但性質上已被視同日本歐陸式民法上的所有權。顯然日本人是以「舊瓶」──典權、胎權、業主權，「裝新酒」──已改造為日本民法上類似的權利。[58]

三、完全轉化為歐陸式民法上權利

由於日本民事財產法自 1923 年以後適用於台灣人之間，台灣人既有之關於不動產的舊慣上權利，皆需轉換成日本歐陸式民法上權利，依 1922 年勅令第 407 號「有關施行於台灣之法律的特例」第 6 條，在「依舊慣」時期所發生的權利，須自本令施行日即 1923 年 1 月 1 日起，依下列各款規定適用有關日本民法

---

58 台灣總督府法院在有關舊慣的裁判上，亦經常以「法理」為依據，將日本歐陸式民法物權編當中許多法律概念引進舊慣。這也是以「舊瓶」──舊慣，「裝新酒」──納入日本民法物權編之法律概念。參見魏家弘，頁 207-208。甚至一直是適用舊慣的台灣人親屬事項，法院亦以「法理」之名導入日本民法的觀念。例如以法理為由將日本民法的裁判離婚事由，適用於有關台灣人的離婚案件，實質上變更了原本不允許妻向官府請求離婚的舊習慣。參見陳昭如，〈離婚的權利史──台灣女性離婚權的建立及其意義〉，台大法研所碩士論文，1997 年 1 月，頁 135-136、166。

之規定：（1）業主權，適用所有權之規定。（2）地基權與為擁有
工作物或竹木之存續期間 20 年以上的贌耕權及其他永佃權（例
如存在於土地台帳未登錄地的永佃權），適用地上權之規定。
（3）為耕作或畜牧之存續期間 20 年以上的贌耕權及其他永佃
權，適用永小作權之規定。（4）典權及起耕胎權（「起耕」表示
約定該承胎人與承典人同樣可占有使用收益標的土地），適用
質權之規定。（5）胎權（除起耕胎權），適用抵當權之規定。（6）
不該當於上揭（2）（3）兩款（例如期限為 15 年）的贌耕權或其
他永佃權及佃權利，適用賃借權之規定。同時關於不動產物權
之變動，已由原來台灣土地登記規則底下的登記生效主義，改
換成日本民法底下的登記對抗主義。

　　此外，除了原依土地登記規則所為之登記，已視為依日本
不動產登記法所為之登記，法律上另設有具過渡性的辦理物權
登記的猶豫期間。依前揭勅令第 407 號，原本未登記而仍生對
抗第三人效力的地基權、土地台帳登錄地之非農業為目的之佃
權或永佃權（其不屬於土地登記規則所稱之贌耕權），以及土地
台帳未登錄地之業主權等各項舊慣上權利，須自該勅令施行日
起 1 年內，依規定登記為日本法上各項物權。若超過此一期限
未登記者，則於辦理登記以前，喪失對抗第三人的物權效力。
再者，原未依土登規則為登記的存續期間 20 年以上的贌耕權，
若未依規定於 1 年期限前辦理登記者，則僅能適用日本民法債
編賃貸借有關賃借權之規定，如已辦理登記即可視為地上權或
永小作權等物權。[59]

59　參見姉齒松平，《特殊法律》，頁 171-173、181-182；谷野格，頁
　　126；魏家弘，頁 210-211。

　　從依用舊慣到適用日本民法的法制上轉換，實非一時之間急遽進行的，而是自日治初期即開始逐漸醞釀、發酵（尤其是關於土地台帳已登錄地），至此刻始名實相副地完成轉化。（1）業主權早在 1904 年即大體上被改造為近代歐陸法上所有權。（2）地基權雖至 1923 年才轉化為日本民法的地上權，但原未限制存續期間的地基權，於 1900 年即被限制為不得超過 100 年。（3）佃權與永佃權（或合稱為贌耕權）則大體上依其存續期間是否 20 年以上，而劃分為屬物權者及屬債權（賃借權）者。就屬於債權者，在 1900 年即已有期間不超過 20 年之限制。屬於物權者，再依權利創設的目的區別為地上權或永小作權。屬於地上權者，在 1900 年已有存續期間不得超過 100 年的限制；屬於永小作權者，其存續期間在 1900 年以後有不超過 100 年之限制，在 1923 年以後則有日本民法所規定之不超過 50 年的限制。（4）典權係在 1905 年被實質上改造為質權，且在 1923 年直接適用日本民法之後，被轉化為質權之原本的典權及起耕胎權，即有日本民法上有關質權存續期間不得超過 10 年之限制。（5）胎權亦在 1905 年被實質上改造為抵當權。（6）被日本人命名為「地的役權」的台灣舊慣上法律關係，自 1923 年以後則可以適用日本民法上有關地役權之規定。（參見表 5-1）

　　總之，在 1920 年代初期的「內地法延長主義」底下，日本統治當局已改用「新瓶」——日本民法而非台灣舊慣的語彙，以裝載已醸成的「新酒」——日本民法上各項權利。不過台灣人對於這些「新酒」的「味道」，大致上自 1905 年甚至更早，即已開始品嘗，從 1905 年一直「喝」到 1922 年，其實已相當熟悉了，故 1923 年的轉變毋寧僅是換個「瓶子」而已。

表 5-1：日治時期田園土地權利轉化過程（1895-1945）

台灣舊慣上權利	1900 年的轉變	1905 年的轉變	1923 年的轉變
大租權	無	1904 年廢止	無
小租權	無	業主權≒所有權，R	所有權，R
地基權	≦100 年	無	地上權，R
佃權	≦20 年	贌耕權，R	賃借權（≦20 年）
永佃權	≦100 年	贌耕權，R	地上權，R 或永小作權（≦50 年），R 或賃借權（≦20 年）
典權	無	典權≒質權，R	質權（≦10 年），R
胎權	無	胎權≒抵當權，R	抵當權，R
地的役權	≦100 年	無	地役權，R

說明：表中所謂「1905 年的轉變」，僅指關於土地台帳已登錄地之舊慣上權利，且就佃權與永佃權，亦僅指以農業目的而設立故成為台灣土地登記規則上贌耕權者。"R"表示該項權利須經登記始發生法律上效力（1905 至 1922 年）或始可對抗第三人（1923 至 1945 年）。

四、對台灣社會的影響

日本治台當局花費四分之一個世紀的時間（1898-1922），逐步將台灣的土地法律關係從傳統中國式的，過渡到近代歐陸式的；接著在另一個四分之一世紀裡（1923-1945），在台灣有效地實施這套歐陸式的民事法律制度。因為日治當時絕大多數台灣人或為佃農或為地主，故其不可避免的受到這項關於田園土地法律關係變革的影響。今天，台灣人有時候仍使用沿襲自清治時期舊有習慣的法律詞彙，然而似乎已遺忘該詞彙原有的意義，而僅知由日本人所引進且強制施行的歐陸式民事法上概念。

例如，以「過戶」指稱有關「所有權移轉」的變更登記。100餘年前清治末期台灣社會所稱的「過戶」，即大清律例所規定的「過割」，意指典賣田宅時，於官府地籍登記簿（魚鱗冊）上變更所載業主名義，以移轉納稅義務。而所謂「戶」即是「業戶」或劉銘傳清賦以後的「小租戶」，其將田園典賣予他人時須辦理過戶手續，由買受人取得「過戶單」。[60] 今天曾經歷日治時期或為其後裔的台灣人，繼續使用該詞彙指稱關於不動產或動產之所有權的移轉，但全然不知所謂「戶」者，原指「業戶」或「小租戶」。原因在於，業戶或小租戶對土地所享有的利益，已在日治初期被轉化為具有歐陸法上「所有權」實質內涵的「業主權」，1920年代前期以後，在涉及官方的法律活動（例如向政府聲請登記）中，更是以「所有權」取代原先「業主權」的名稱。「過戶」的涵義因此從變更業戶或小租戶名義，變成變更業

---

60 參見《台灣私法》，卷1上，頁224-227。

主權人名義,再演變為變更所有權人名義。且不僅對土地房屋之買賣,須辦理過戶,連日治時期始引進台灣的汽車等買賣,亦須辦理過戶。以後「過戶」一詞所指稱者,已是經日本人改造後關於「所有權」的移轉,迄今亦然。

　　今天有關「胎權」的用法,更是一個明顯的例證。在今之台灣有關民間借貸的廣告,或一般人的口語中,常提及:就土地或房屋設定「胎權」後即可獲得貸款,且不拘「一胎」或「二胎」,或甚至「一、二、三胎皆可」,有些銀行為了爭取客源,也推出「二胎貸款」。於台灣現行的中華民國民法典中,根本沒有所謂「胎」或「胎權」的法律名詞或制度,其應係淵源自台灣清治時期民間習慣中的胎借。但是今天台灣人所使用的胎或胎權,並非依從清治時期習慣的內涵,而是依從於日治時期 1905 年被改造成為歐陸法上抵押權(抵當權)的那個「胎權」。蓋一胎、二胎、三胎當中的「一、二、三」,係指當貸款期限屆滿未獲償還時,得將權利標的物(土地或房屋)拍賣後優先受償的次序,即現行民法所稱的第一順位、第二順位、第三順位抵押權人之意;而如前所述,依清治時期的胎習慣,承胎人原則上不能將契字(胎之客體)所指土地予以變賣後受償,根本沒有優先受償的問題。換言之,日本治台當局在 20 世紀初對胎舊慣之權利內涵的改變,已相當為那時的台灣人所接受。雖然當台灣人欲到法院提起訴訟或聲請為登記時,於 1923 年之後須改稱為「抵當權」,於 1945 年中華民國民法施行台灣之後須再改稱為「抵押權」;但台灣民間仍一直沿用著看似固有但其實已被日本人改造過的「胎權」,「醉」至今朝,猶未知「舊瓶」內所裝盛者早已是「新酒」。

第三節　商事法律關係的西方化

一、關於一般交易活動的法律

　　清治時期台灣的民間習慣，存在著許多有關交易活動的規
範。清朝官方的律例等成文規定，對於由交易活動所產生的債
主與欠債人之間法律關係，很少加以規範，但由於台灣的商品
經濟向來頗為發達，民間已由頻繁的交易活動中發展出許多習
慣規範。不論是債之發生、擔保、讓渡、消滅，或是利息的利
率、支付方法，乃至各種交易類型，例如：贈送、買賣、交換、
借、來往交關（即交互計算之意）、稅（或稱「租」）、寄、倩
（即僱用）、包（有時稱「定做」，即承攬）、倩運送、調處、交
代（即委任）、仲、行（即行紀）、會（即合會）等法律關係，在
台灣漢人社會皆存有一定的規矩。[61]惟如前已述，當時民間習慣
規範之執行並不徹底。依習慣規範而成為債主者，對於欠債人
不履行債務所能採取的救濟方法的有限性，常使得債主依債之
關係原本應得的利益，不能獲得十足的實現。[62]

　　經由日治時期對台灣舊慣的權利化，台灣人已逐漸習於歐
陸式民商法上有關一般交易活動的法律規範。日本統治當局於
律令民法時代，將上述有關交易之台灣舊慣的內容加以權利化

61　詳見《台灣私法》，卷 3 上，頁 281-517，卷 3 下，頁 1-74。

62　參見註 7 與註 8 及其正文。同見解，參見《台灣私法》，卷 3 上，
　　頁 323-324；Rosser H. Brockman, "Commercial Contract Law in Late
　　Nineteenth-Century Taiwan," in *Essays on China's Legal Tradition*,
　　ed. Jerome Alan Cohen, R. Randle Edwards, and Fu-mei Chang Chen
　　（Princeton,N.J.,1980）, p.129.

之後，適用於台灣人的民商事項。由於「權利」概念的引進，台灣人債主得以「債權人」的身分，自主地請求法院強制做為「債務人」的欠債人履行其未盡的義務。雖然法院依歐陸法律概念所認定的「習慣法」內容，未必與台灣人依傳統法律概念所認知的習慣內涵完全相符，但為了能夠取得法院的強制執行力，以彌補過去在債之履行上欠缺保障的遺憾，台灣人債主仍願意接受業經西方歐陸法洗禮過的「台灣習慣法」。況且日本人宰制著當時台灣的經濟活動，台灣商人於島內接觸日本人的同時，可能也會受到彼等所適用之日本西方式民商法的影響。在 1920 年代初期，台灣總督府已向日本中央政府表示，台灣人就民事事項雖是依舊慣，但是基於舊慣上原因而發生之債權，就發生原因如贈與、買賣、消費借貸等等，大致上已準照日本民法對此等關係所為之規定。[63]

因此當日本仿效自歐陸的民法債權編自 1923 年 1 月 1 日起適用於台灣人的民事事項之後，台灣人能夠順利的適應這套西方式的債權法。其實債權法大多僅涉及對等的利益交換，不像親屬繼承法那般牽涉到各民族固有的倫理價值觀，而台灣人既有之關於交易活動的習慣規範，就實質的內涵而言，原來就跟歐陸式民法上的相關規範相去不遠。這當然有助於歐陸式債權法在台灣的推展。

63　參見《檔案》，大正 11 年（1922），永久保存第 140 卷，第 6 門：司法，四、勅令第 407 號。

二、近代西方的資本主義商法

　　對一個深受傳統中國法律文化影響的東亞社會而言，商事
法西方化的核心問題是：如何移植那些原本是為因應近代西方
資本主義經濟之發展而產生的商法。日本於繼受近代歐陸法之
初，曾在 1890 年代初期擱置歐陸式民商法典的實施，但是有關
公司、票據、破產的法律規定，卻例外地先行實施以應急需。[64]
這個例子充分說明這些法律，對於一個想要發展出如近代西方
般資本主義經濟的社會是多麼的重要。同樣的，清代中國於 20
世紀初決定學習西方法後，亦趕在完整的民商法典實施之前，
先頒行公司律（1903）及破產律（1906）。[65]以下將探討這些源自
近代西方的資本主義商法，是否亦為日治下的台灣法律改革所
採取並發揮其效用。

（一）近代西方式公司法

　　台灣人固有習慣中，最接近西方公司（company）企業組織
型態的是，透過「合股」契約所構成的企業組織體。合股係數
人出資以依共同的店號經營特定事業為目的的一種契約；通常
會製作「合股字」（契約書）以記載目的事業、店號、各股東姓
名、資本總額、各股東出資額，經各股東署名捺印；並由「當
事」（或稱「家長」）運用由股東出資所組成的合股財產，於一
定處所對外營業。[66]台灣被併入日本帝國之後，某些台灣人的

64　Ryosuke Ishii, ed., *Japanese Legislation in the Meiji Era*, trans. William J. Chambliss（Tokyo, 1958）, p. 596.

65　參見楊鴻烈，《中國法律發達史，下冊》（上海，1930），頁 899-900。

66　參見大正 7 年（1918）控 326 號判決，《覆院集》，頁 292-293。

合股企業，尤其所營事業屬製造業（如製糖）或土地開墾者，於組織及運作上已受到日本關於西方式公司（日本法稱「會社」）之法律的影響。例如以「會社」稱呼其合股企業，或合股內設有「株主總會」的機制。這已超越漢人傳統上有關合股的習慣內涵，故可稱其為「新式合股」。[67]

　　日本近代西方式商法中的會社，法律上係屬「法人」之一，但依台灣習慣法組成的合股企業，則未擁有此項資格。依台灣習慣法，合股企業並非法人，合股財產係屬於合股構成員（股東）「分別共有」，當事之對外執行合股業務，乃代理所有的各個股東而非代表某一個合股企業，也因此合股業務涉訟時僅能以全體股東為訴訟當事人。[68]不過合股組織仍具有濃厚的團體性格，各股東的個人特質，對於整個合股企業的發展關係重大。依法院所認定的合股習慣法，股東欲轉讓其對合股財產所擁有的持分時，必須得到其他股東全體同意始可；[69]且就合股債務，尤其是以營利為目的（未必為日本商法上所謂「商行為」）而發生之合股債務，須由股東連帶負其責任。[70]

67　參見《台灣私法》，卷 3 下，頁 255-256。這些新式合股因純由台灣人組成，不能依日本商法設立會社，亦不受商法上有關會社規定的規制。但合股本身是一種契約關係，於契約自由的原則下，合股成員可訂定某些仿效自會社組織形態的約款，例如「株主總會」。

68　參見姉齒松平，《特殊法律》，頁 339-341。

69　大正 7 年（1918）控 230 號判決，《覆院集》，頁 292。

70　參見明治 44 年（1911）控 247 號判決，《覆院集》，頁 290；大正 13 年（1924）上民 105、106 號判決，《高院集》，頁 420。惟大正 11 年（1922）控民 181 號判決則明確表示「商事合股」之股東負連帶責任，見《高院集》，頁 230。

於日本民商法尚未適用於台灣人之時，台灣總督府法院雖經常依據歐陸式民法上合夥（日本法稱「組合」）的法理，解釋合股的各種法律關係，惟並未將合股全然等同於合夥。例如「商事合股」之股東須對合股債務負連帶責任，然日本民法上合夥人則不必對合夥債務負連帶責任（除非因從事商行為而依商法之規定）；合股的股東死亡時，由其繼承人承受合股之股東的資格，然於合夥人死亡時，則應以退夥終結原有合夥關係。[71]可見合股組織在日治前期的國家實證法上，是一個有異於日本法上合夥或公司之由習慣法所構成的獨特企業類型。

惟日治前期的法律並不能完全阻斷台灣人之使用近代西方式公司組織型態。依律令民法的規定，只要民商事項涉及一個日本人，即須依用日本民商法典而非台灣習慣法，故台灣人只需引進任何一位日本人至其企業組織內，即可準據日本商法成立時稱「會社」的西方式公司。此所以當時法院的判官總會決議曾表示，台灣人與日本人依日本商法設立合名會社，嗣後該等日本人全部退社，則法人資格亦隨之喪失。[72]至於純由台灣人

---

71 參見谷野格，頁144。姉齒松平亦認為合股股東對於合股債務之責任，原則上是「分配責任」，但若是「商事合股」，亦即以日本商法第263、264條所謂商行為為目的之合股，則因適用日本商法第273條之故，應負「連帶責任」。見姉齒松平，《特殊法律》，頁344-345、351。惟日治前期的法院判決，並未指明係於商事合股的情形下才令股東負連帶之責，且上註所引大正13年上民105及106號判決，也未限於須從事商法上商行為之合股始令股東負連帶責任。另外，依當時日本民法第675條之規定，各合夥人（稱「組合員」）對合夥（「組合」）之債務，係依損失分擔的比例負其責任，而未負連帶之責任。

72 明治44年（1911）9月8日判官總會決議，《覆院集》，頁299。

所組成之習慣法上合股企業，則因法律上非屬日本法稱為「會社」的西方式公司，故不准於其名稱中使用「會社」字樣。[73]

迨 1923 年以後，僅由台灣人組成的企業，就其法律上的組織型態，可選擇採用繼受自西方法的公司（稱「會社」）或合夥。自 1923 年 1 月 1 日起，僅涉及台灣人的民商事項，既然已改為適用日本民商法，成員全部係台灣人的企業，當然可適用日本商法設立各種西方式的公司。惟在這同時，合股習慣法亦不再為國家實證法所承認，故台灣人事實上根據固有習慣所組成的傳統或新式合股企業，於法律上皆被認定為屬於日本法上的合夥組織，須依日本法上有關合夥之規定處理其法律關係。

面對上述實證法的變遷，台灣人實際上已十分廣泛地操作這種西方式公司企業型態來經營商業。按西方式的公司在法律上擁有合股組織所無的法人資格，其企業經營者可直接代表公司這個「人」對外為商業交易行為，股份有限公司（日本法稱「株式會社」）的股東更可享有就公司債務僅以出資額為限負其責任的所謂「有限責任」。由於利用近代西方式公司型態經營商業有這些好處，不少台灣人當然會想辦法組設這類公司。於律令民法時代為了排除法律上的障礙，乃不惜藉著引入一位日本人擔任（人頭）股東的方式，達到依商法設立西方式公司的目的，這種事例在當時台灣人商界似乎相當普遍。[74] 且 1923 年以後，台灣人組設公司的法律上障礙業已全部撤除。

---

73 參見明治 45 年（1912）府令第 16 號。限制台灣人組設西方式公司的法律根據，是律令民法而非此號府令。

74 參見拙著，〈台灣企業組織法之初探與省思──以合股之變遷為中心〉，載於《商法專論──賴英照教授五十歲生日祝賀論文集》（台北，1995），頁 77。

　　曾有論者以台灣總督府阻礙純由台灣人股東在 1926 年所組成的「大東信託株式會社」推展業務為例，批判總督府壓迫台灣人的公司。[75] 但總督府究竟是針對其「純由台灣人」，抑或「政治異議分子」的特性而予以打壓，本有待深思，且該事例不正顯現出在當時任何一位台灣人皆可依法組設日本商法上的公司，總督府於法不能禁止，故只得運用行政機關的事實上影響力干擾該會社的營運。其實，於日治後期，雖然日本人資本掌控台灣的大型企業，但在一般中小型企業，仍由台灣人資本占優勢。[76] 並無證據顯示台灣總督府欲阻礙純由台灣人組成的中小企業設立西方式公司。且 1940 年，當日本法上專為中小企業而制定的「有限會社法」施行於台灣時，日本統治當局特別以特例勅令規定台灣人組設的有限會社，若因繼承造成有限會社社員之人數增加時，可超過原本法定的 50 人的限額，但如超過 100 名且於一年內未自動減至 100 名以內時，除有特別事由經法院批准外，即須解散。這項特例規定表示日本當局不但預見台灣人將可能組設這類公司，且顧慮到台灣人係採取與日本人不同之諸子共同繼承制，故而設有配合性的法律措施。[77]

---

75 例如參見王曉波編，《台灣的殖民地傷痕》（台北，1985），頁 151。

76 參見吳密察，《台灣近代史研究》（台北，1990），頁 214。在 1936 年已有在台日本人向總督抱怨，謂近年來日本人的中小工商業者，多受台灣人的「壓迫」，多不能與彼等對抗。參見《檔案》，昭和 11 年（1936），永久保存第 9 卷，第 2 門，第 2 類，二。

77 關於有限會社法之條文，參見黃靜嘉《日據時期之台灣殖民地法制與殖民統治》（台北，1960），頁 108-109。關於在台施行有限會社之理由，參見《檔案》，昭和 14 年（1939），永久保存第 5 卷，第 6 門司法，第 3 類商事，三。

　　日本關於西方式公司之法律因此對台灣社會具有相當大的
影響，雖然此項影響也不宜過度的誇張。於日治時期的台灣，
就投入公司企業的資金而言，固然大多數是屬於日本人擁有，[78]
但是就參與公司企業運作（成為股東、董監事、從事業務者）
的人數而言，則台灣人可能多過於在台日本人。這是因為在台
灣的日本人資本係由極少數的大股東所掌握，且日本人最多僅
占全台總人口的 6％而已，故當 1930 年代至 1940 年代初期台
灣的公司數目激增時，[79]這些在法律上新設立之公司的股東，極
可能大多數是此時可依法自由組設西方式公司的台灣人。不過
日本統治當局，基本上並不樂見由台灣人組設的公司，已興盛
到足以威脅日本人在殖民地的經濟利益。況且，台灣人有關合
股企業組織的習慣規範，於日治後期仍相當程度可經由日本歐
陸式民商法上合夥或公司的組織型態，落實於企業的實際運作
過程，亦即以近代西方法上的公司或合夥之外觀，而為合股經
營之實。[80]現今台灣許多依西方式公司法組設的公司，於實際運
作時仍不能免於合股習慣規範的指導，[81]則之前的日治時期更是

78　依 1929 年的統計，台灣所有的公司企業中，日本人資本占 76.5％。
　　Ho, p. 87. 惟 1929 年距離 1923 年之法律上全面開放台灣人組設公司僅
　　6 年而已，故此項比率尚不足以代表 1930 及 40 年代，台灣人資本與日
　　本人資本，在台灣的公司企業總資本額中，所占的比率。

79　台灣的公司總數，從 1932 年的 444 家提高到 1942 年的 1,131 家。台
　　灣總督府，《台灣統治概要》（台北，1954），頁 335。

80　例如參見拙著，〈台灣企業組織法之初探與省思──以合股之變遷為中
　　心〉，頁 91。

81　參見同上，頁 87-88。例如有些股份有限公司的股東欲脫離該公司企業
　　時，係要求如合股習慣般，取回其在「公司財產」中依持分比率計算之
　　財產，而無視公司在法律形式上為一獨立於股東之外的法人，且公司

如此，不宜認為日治時期的台灣人，業已因得組設西方式的公司，而完全捨棄關於合股的習慣。這跟前述關於土地上權利之透過登記制度及物權法定主義等法律強制措施，徹底改變台灣人習慣的內涵，有所不同。

（二）近代西方式票據法

於台灣舊慣中，雖有幾種於形式與作用類似近代西方法上票據的證券，但幾乎皆不能僅靠「背書」或交付即可移轉該證券所記載的利益。清治時期台灣與中國大陸之間的貿易活動，經常使用「匯票」來避免現金之需跨海輸送。例如當住在此岸（台南）的債主欲向住在彼岸（廈門）的欠債人收取一筆金錢之債時，該債主可自任「匯票」之發票人，於票上指定欠債人為支理人（即付款人），由其於見票後一定期限內，將票載金額交付於由匯銀人（住台南）所指定之支取人（住廈門）收受。該債主因簽發此票而先自同住台南的匯銀人處領取該筆金錢，匯銀人嗣後再透過其所指定之在廈門的支取人，向同地的支理人取回同等金額，亦即以「匯票」做為異地交易時的付款工具。此外，在台灣本地的商業活動或一般人之間的交易，亦有所謂「憑單」或「見單」的使用。前者記載支取人（記名或不記名）憑該票可在付款日期，向立票人領取一定的金錢或物品；後者則是立票人委託支理人憑票將一定的金錢或物品交付於支取人。上述的「匯票」、「憑單」、「見單」，在形式與作用上，分別類似近代西方式商法上的匯票（日本法稱「為替手形」）、本票（日本法稱「約束手形」，及支票（日本法稱「小切手」）等 3 種票據（日

已成為公司資本的所有權人，股東依法只得轉讓其持有的公司股份而已。

本法稱「手形」）。但是除了無記名的「憑單」外，台灣舊慣上的
那 3 種單據，都不能將票載利益僅經由「背書」或交付即可完全
轉讓於他人，亦即欠缺西方式票據法上「流通證券」的性質，充
其量只是載明特定人之間債之關係，且須提示始得要求履行。[82]

　　同樣的，至 1923 年以後，台灣人已更普遍地使用西方式
的票據。在律令民法時代，當民商法律關係涉及日本人時，台
灣人始可使用日本商法上票據；由於不少台灣人，與在台或島
外的日本人發生商業往來，故已有機會接觸西方式的票據。迨
1923 年以後，任何台灣人皆可依日本商法使用西方式票據。[83]
從「手形」一詞被使用於日治時期台灣人所寫的小說當中，[84] 應
可窺知當時台灣的一般人民，已習於以日本商法上的票據做為
付款工具。且迄今一些曾經歷日本統治的台灣人，有時仍會用
福佬話來唸「手形」兩字，並以此指稱票據。由西方式的票據早
在日本時代即以「手形」之名進入台灣人的日常語言中，亦可推
知當時台灣人已相當熟悉來自西方的票據制度。

（三）近代西方式破產法

　　台灣民間習慣已有所謂「倒號」的機制。於清治時期，當商
人發生資金週轉失靈時，通常由該商人自己或其債主召開債主
會議，會中該商人須向債主們說明週轉失靈的原因及目前財務

82　詳見《台灣私法》，卷 3 下，頁 305-335。

83　大正 11 年（1922）年勅令第 406 號。後來日本分別制定「手形法」（昭
　　和 7 年〔1932〕法律第 20 號）、「小切手法」（昭和 8 年〔1933〕法律
　　第 57 號）。此兩項法律之效力被延長至台灣地域，見昭和 8 年（1933）
　　12 月 28 日勅令第 331 號。

84　見李南衡編，《日據下台灣新文學明集 1：賴和先生全集》（台北，
　　1979），頁 115。

情形，並得請求延長付款期限或僅償還一部分債務。若債主們不同意其請求，或雖同意但嗣後該商人未依約履行，則債主們可能就會決議「倒號」，而改由債主們共同管理處分該商號的財產，以便將這些「倒號財產」變價後，依債額比例攤還給債主。惟倒號商人仍未償還部分之債務，亦隨倒號程序的結束而消滅。[85]

日本繼受自西方的破產法，亦自 1923 年 1 月 1 日起，適用於台灣人。與傳統的倒號程序相比，西方式的破產程序係由法院所主導。然而在法院進行破產程序所支出的必要費用，須先從破產財團中扣除，其數額愈多，破產債權人實際上可分配得到的金額愈少；且由於破產人財產變價後的總值，攸關債權人實際上可受償的程度，債權人可能寧願相信自己的管理與處分能力，而較不喜歡依法院程序為查封拍賣。對破產債務人而言，西方式的法院破產程序也不具有特別的吸引力，因為經由該程序所能給予之免除未償債務的好處，在傳統的倒號習慣中亦有之。此所以在日治時期，似乎台灣人很少利用西方式的法院破產程序，而較多使用堪稱雙贏的倒號程序。即令在今日台灣，大多數的商人仍傾向於使用傳統的倒號習慣，處理往來商號之出現「破產」情事。

第四節　親屬繼承法西方化的有限性

可能因為日本治台 50 年間，於制定法上一直規定台灣人

---

85 參見《台灣私法》，卷 3 下，頁 431-450。

的親屬繼承事項依「舊慣」或「習慣」決之，一般以為日本政府
並未改革台灣人的親屬繼承法（或稱「身分法」）。[86]論者甚至進
一步認為，由於殖民地法院積極地將富有封建色彩之日本親屬
繼承法引進台灣人習慣法當中，使當時台灣人的身分法呈現了
「開倒車的趨向」。[87]不過，如第一節所述，以類似「判例法」之
形式而存在的親屬繼承習慣法，其實質內涵有待法院於判決中
為具體的認定，因此在對整個日治時期台灣人身分法下任何評
語之前，必須先詳盡地閱讀所有相關的法院判決。按日本身分
法上若干封建的觀念，固然可能透過日本人判官的裁判，影響
了台灣人身分法的內涵；但是同樣經由裁判，日本身分法中業
已採取近代西方法理念的部分，亦可能被帶進台灣人身分法之
內。以下將僅針對幾個較為重要的主題，根據台灣總督府法院
已出版的判決，探討日治時期台灣人身分法的發展。

一、家制

（一）日本式戶主

　　依台灣人習慣，一家之中的領導者包括家長及尊長。家長
的權力與尊長的權力，於概念上應加區別。家長是為因應實際
共同生活之需而設，其對內處理家務（特別是家產），對外代表
家與官府或其他家往來。尊長則是基於倫常觀念而生，尊長有
監督、保護卑幼身體及財產的責任。實際上，家長通常是由家

86　例如參見戴炎輝，〈日本統治時期的台灣法制〉，《近代中國》，第 19
　　期（1980,10），頁 82。

87　參見黃靜嘉，頁 112。

中最尊長的男性擔任，但並不必然如此，亦有由非最尊長出任家長者。[88] 於日治初期，上述家長與尊長的概念及其權力，皆為台灣總督府法院所承認。[89]

　　1906 年的「台灣戶口規則」，首次把日本法上特有的「戶主」概念帶進台灣社會。[90] 此項戶口規則性質上屬於行政法，不能規範關於親屬繼承的民事事項，蓋依民事制定法（前述有關身分事項的律令及特例勅令）的規定，台灣人的身分事項須準據台灣人的習慣。換言之，在台灣有關戶口登記的法制中，確存在著所謂「戶主」的概念，此應相當於日本民法上的戶主；依日本民法，戶主有權同意戶內成員之進入或離去該戶，或強制某成員離戶，或同意戶內成員之婚姻或收養，或允許戶內成員創立新戶等等。[91] 然而，除非日本民法內有關戶主權利義務之規定，已被法院認為係屬於台灣人的「習慣」，否則日本民法上那些規定尚非當時台灣民事法的一部分。

　　惟殖民地法院已逐漸將原本僅規定於「台灣戶口規則」中的日本法上戶主概念，導入台灣人有關身分事項的民事習慣法當中。[92] 於 1911 年，法院已在某涉及台灣人親屬事項的案件

88　參見《台灣私法》，卷 2 下，頁 179-182、211-227。

89　參見明治 36 年（1903）控 172 號判決，明治 37 年（1904）控 139 號判決，明治 44 年（1911）控 200 號判決。引自戴炎輝（田井輝雄），〈台灣の家族制度と祖先祭祀團體〉，載於《台灣文化論叢、第二輯》（台北，1945），頁 202-203（以下簡稱為〈家族制度〉）。

90　明治 39 年（1906）府令第 93 號。

91　參見萬年宜重編，《民法對照台灣人事公業慣習研究》（台北，1931），頁 104；參照 1898 年日本民法第 735-736、741、743 條。

92　亦參見姉齒松平，《大要》，頁 43。

中，使用了戶主的概念。亦即依照台灣人舊有習慣，父母基於其尊長權，原本就得將其子逐出家門，以斷絕親子關係（大清律例內並無此項規定），但法院在判決理由上卻認為將子逐出家門，係戶主本於所謂「戶主權」的作用，基於其意思，令不服從戶主權而擅橫行事的家屬離戶。[93] 接著在 1920 年的另一判決中，法院判曰：「於本島戶主係一位稱為家長或家主且主宰一家之人」，且「一家中之最尊族親且最年長者（稱為尊長），不問是否為先祖的嫡子或庶子，以之做為戶主即家長」。[94] 台灣舊慣上的家長權與尊長權因而被歸於同一人，其稱為戶主。[95]1920年的另一號判決進一步說明，戶主乃由戶口規則所新設者，故關於其權利義務不能準據舊慣，而應於不牴觸舊慣的範圍內，依法理判定之。[96] 此處所謂「法理」，不外是指日本民法上有關戶主權利義務之規定。

　　1923 年之後，雖然未直接透過延長日本民法親屬繼承編之效力，而將日本的戶主制度施行於台灣人之間，但殖民地法院卻認為戶主的概念，業已因為長期以來戶口規則的實施，漸成為「台灣人習慣」的一部分。日本判官甚至企圖盡可能地使用日本親屬法來規範台灣人有關家長之事項。一位深具影響力之專研台灣身分法的日本人判官，曾於 1938 年表示：「於今除少數例外，本島人關於家的習慣，大體上不妨準據（日本）民法親屬

93　參見明治 44 年（1911）控 202 號，《覆院集》，頁 242。亦參見後揭註 106 引用之判決。

94　大正 9 年（1920）上民 92 號判決，《高院集》，頁 116-118。

95　亦即戶主、尊長、家長成為同義詞。見戴炎輝，〈家族制度〉，頁212。

96　大正 9 年（1920）控民 125 號判決，《高院集》，頁 211。

法所定的法則及依從（日本）戶籍法的精神而為斷定。」[97] 因此在台灣的「戶主繼承」（有別於下述的「財產繼承」）係採單獨繼承主義，於一家中僅以一人為戶主。一家有二以上戶主或二家有同一戶主，皆違反戶主統率及代表一家的固有性質。故原戶主死亡時，參照日本民法家督繼承的法理，由其男性的直系卑親屬中之一人做為法定戶主繼承人（若欠缺則須產生指定或選定的戶主繼承人），以承受原戶主的「戶主權」。[98]

　　然而台灣民事習慣法底下的台灣人戶主所享有的權利，終究與日本民法底下的日本人戶主有所不同。最主要的差異在於財產繼承方面，台灣人因戶主之死亡而為戶主繼承者，並不能像日本人戶主那般單獨繼承原戶主的財產，而須與其兄弟共同繼承。[99] 況且，依台灣民事習慣法戶主究竟有什麼樣內容的權利，仍不是很明確，不像日本人戶主之可依民法明文規定行使其戶主權。[100] 事實上正因如此，台灣總督府才會認為有必要就台灣人的身分事項改從日本民法親屬繼承編。故如前已述，曾一再請求日本中央政府延長該兩編之效力於台灣。

　　其實，就實質內容觀之，日治時期台灣人戶主依法所擁有的戶主權，基本上仍是來自於深受傳統中國法律文化影響的舊慣中的家長權與尊長權，日本統治當局若有所加工，亦僅是將此兩項權力集中於同一人手中，但這不也是清治台灣所習見的情形嗎？

97　姉齒松平，《大要》，頁 43。

98　參見同上，頁 359-360。

99　參見同上，頁 43-44；戴炎輝，〈家族制度〉，頁 212。

100 參見萬年宜重，頁 105。

（二）分家

　　家，在台灣人的習慣裡，是一個營共同生活的經濟性團體。家做為一個生產與消費的單位，係以家產做為家之成立及維持的基礎。例如在一個由父母、未婚子女、已婚兒子與媳婦及其子女等所組成的家，所有家之成員勤勞所得，原則上皆歸入由家長管理支配之共有的家產當中，但未來該等家產，除一部分提供女兒嫁妝外，將分配給由兒子所組成的各「房」，而建立其各自新的一家，發生所謂的「分家」。家是否已分立，端視屬於各房的家屬，是否已完全自原來的共同生活團體分離以形成獨立的生活團體而定；亦即具備已分割（鬮分）家產及分居兩條件，則視為家已分立。不過，依據清治時期的官府律典和民間習慣，當父母仍在世時，不准分割家產及分居，除非已得到父母的同意。在清治台灣社會，一直未分家而由家長統率數個世代同財共居的情形，實不多見。[101]

　　於日治前期，殖民地法院大致上遵循這項台灣舊慣，處理台灣人有關家之分立。法院首先維持了父母（特別是父）仍生存時不得分割家產的原則。[102] 且經濟生活上家產之分割，被認為與家之分立息息相關。1909 年的一項判決認為：既已分割一家

101　參見《台灣私法》，卷 2 下，頁 201-205。有關台灣人家制及其分家，亦可參閱 Arthur P. Wolf and Chieh-shan Huang, *Marriage and Adoption in China, 1895-1945*（Stanford, Ca., 1980），pp. 58-59, 66-67; Myron L. Cohen, *House United, House Divided: The Chinese Family in Taiwan*（New York, 1976），pp. 57-69, 193-225.

102　例如見明治 38 年（1905）控 294 號判決，明治 41 年（1908）控 544 號判決，《覆院集》，頁 276-277。

共有之家產，當然業已分家且分居。[103] 在 1915 年，法院更進一步闡示，於已分割家產且分居的情形下，已依舊慣發生一家分立之民事法上效力，雖漏未辦行政法上分戶手續，不影響民事法上之業已分家，但戶主仍應協同辦理戶口簿上分戶手續。[104] 至 1920 年代，法院仍認為分家伴隨著對共有之家產的分割，並因而認為若子於父仍生存時，已依協議別籍異財，而新創立一家，此子嗣後即不得繼承原來的家產及父之其他權利義務。[105]

　　日治晚期，於民事法上台灣人之家是否分立，主要已取決於戶主之是否同意，惟此與清治時期之須取得父母同意始得分家，實無大異。早自日治前期戶主權概念即已被導入台灣人身分法，故當時的法院即認為基於戶主權的作用，欲脫離戶主支配而定居於他處的家屬須取得戶主的同意；[106] 一家之家屬因家產的分割而獨立自營時，雖得以在獲取家主的同意後別立一戶，但家主不負有非同意不可的義務。[107] 於 1930 年做成的一項判決中，法院不採分家者必已分割家產的立場，而認為直系卑親屬之男子雖未參與家產的鬮分，但如已得到被繼承人（即戶

103　參見明治 42 年（1909）控 371 號判決，《覆院集》，頁 232。

104　參見大正 4 年（1915）控 577 號判決，《覆院集》，頁 242；曾文亮，〈全新的「舊慣」：總督府法院對台灣人家族習慣的改造（1898-1943）〉，《台灣史研究》，17 卷 1 期（2010,3），頁 145。於 1918 年所為的另一項判決，法院認為在分割家產之前，只要戶主同意家屬分戶，即得分戶。參見曾文亮，同上註，頁 146。然而依戶口規則辦理分戶，尚不等於民事法上已為分家。

105　參見大正 13 年（1924）上民 36 號判決，《高院集》，頁 341-342。同見解者如昭和 4 年（1929）上民 19 號判決，《高院集》，頁 261。

106　參見明治 44 年（1911）控 56 號判決，《覆院集》，頁 233。

107　明治 43 年（1910）控 563 號判決，《覆院集》，頁 233。

主）的同意而分戶，並在經濟上另立獨立之生計者，即具有所謂別籍異財之實而構成分家。[108] 法院於 1936 年的判決中再次強調：「台灣習慣上的分家，應出於欲行分家之家屬的意志，並經戶主的同意後為之」；[109] 且「台灣人之間習慣上的分家，因家屬得戶主之同意新設立一家而完成，不以（依戶口規則）申報為必要」。[110] 於同一年，高等法院長在其對法務課長的答覆中亦表示，分家係依家屬的發意及戶主的同意而成立，戶口簿上分家的記載、或已分炊或別籍異財之事實，僅可做為推定已分家之資料而已。[111] 可見習慣法上分家與否的關鍵，已由原本的分割家產及分居，移向戶主的同意。這使得台灣人之家，於日本統治下，從一個基本上屬於經濟性的共同生活團體，轉變為一個由戶主宰制諸多身分行為的民事法上團體。

　　總之，上述關於日本式戶主及分家概念的法律變遷，倘若已對台灣人的身分法增添任何「封建」要素，其程度亦屬相當有限。但可確定的是，近代西方式身分法並未影響日治時期台灣

108　參見昭和 5 年（1930）上民 69 號判決，引自姉齒松平，《特殊法律》，頁 355。宜注意的是，法院於此項判決中仍認為已分戶的該男子業已喪失對原戶主財產的繼承權。惟若從原戶主名義上所擁有之財產，實為家之成員所共有的家產且各房對之具有潛在應有部分以觀，則既然家產尚未因鬮分而將應有部分交與已分戶的這一房，其應該仍有權「繼承」歸於原戶主名義下的家產，故筆者認為法院就此似有忽視台灣人固有的家產鬮分觀念之嫌。

109　昭和 11 年（1936）上民 25 號判決，《高院集》，頁 144。

110　昭和 11 年（1936）上民 146 號判決，《高院集》，頁 210。

111　參見姉齒松平，《大要》，頁 50，註 3。姉齒判官認為分家於法律上是由從前之家與新設之家構成各別之家，與事實上的分開生活有間。同上，頁 50。

人的家制。按尊長卑幼之間的服從關係、男尊女卑等觀念，原
已普遍存在於台灣人有關家制的舊慣內，其實質內容與日本以
戶主權為核心的家制相當類似。故日本的殖民地法院所做的，
只不過是以日本親屬法上的概念或詞彙，維持台灣人原即具有
保守性格的家制。由近代西方所發展出之較強調家內各成員平
等性的身分法，因而未被導引入台灣，恰如戰前的日本內地一
般。

二、婚姻與收養

　　關於台灣人之間的婚姻及收養，日治時期的判官，一方面
繼續維持台灣人舊有的習慣，但另方面有時也會以來自近代西
方的個人自由平等觀念，改變舊慣的內容。

（一）婚姻之要件

　　依台灣人舊慣，某項婚姻是否被締結，是取決於即將為夫
或為婦者之父母。台灣總督府法院因此於 1908 年判稱：「依據
舊慣，婚姻或離婚非僅依當事人之意思即可成立，尚須遵從尊
親屬之意思。」[112] 惟法院業已視即將為夫或為婦者為婚姻契約
之當事人，此所以於 1919 年法院認為：婚姻之預約與一般契約
同樣須本於當事人意思之合致，故向來傳統中國法所承認之尊
親屬為無意思能力的卑親屬幼者，或不理會有意思能力之卑親
屬的意思所為的婚約，由於與該項法律觀念背道相馳而不生效

112　明治 40 年（1907）控 228 號、明治 41 年（1908）4 月 29 日判決，《覆
　　院集》，頁 243。

力。[113] 這跟台灣人舊慣之以兩個「家」而非以兩個「人」做為婚姻當事者，實有相當大的差距。

　　在台灣人的習慣裡，金錢是婚姻能否締結的一項重要因素。依台灣民間習慣，某男子欲娶某女子時，需交付一筆稱為「聘金」的金錢予女家；婚姻在此情況下或多或少已變質為「買賣」，而以聘金彰顯女子之「身價」。[114] 台灣總督府法院對此習慣採有限度承認的立場，其認為「於台灣人之間，向來為婚姻或妾契約時有聘金之授受，此雖非應鼓勵的習慣，但係習慣上做為婚姻或妾契約成立之儀禮，若以之為人身買賣的價金則非得當。」[115] 因此「將聘金之一部保留於日後支付，且倘若婚姻後不再支付該部分即應離婚之特約」，被法院認為「違反公共秩序善良風俗而無效」。[116]（關於離婚後聘金應否返還之問題詳見另處討論）蓋若非將聘金視同「買賣價金」，豈會有類似「一部付款」的做法。至於明白地將婦女當作金錢交易之客體的所謂「賣斷出嫁」、「女子的典胎」、「妻的贈與或買賣」等習慣，法院亦以其為人身買賣有違公序良俗而認係無效。[117]

（二）婚姻之種類

　　依台灣人習慣，除了普通的婚姻之外，尚有一些屬於「特殊」的婚姻。為養老或生計，或為獲得男性子嗣以繼祀，或為使疼愛的家女留於本家，有女子之家可能以婚姻方式將某男子

113　參見大正 8 年（1919）控民 332 號判決，引自谷野格，頁 80。
114　參見《台灣私法》，卷 2 下，頁 297-298。
115　大正 13 年（1924）控民 356 號判決，引自萬年宜重，頁 39。
116　大正 5 年（1916）控 720 號判決，《覆院集》，頁 244。
117　參見大正 9 年（1920）控民 473 號判決、明治 43 年（1910）控民 50 號判決、明治 42 年（1909）控 567 號判決，引自谷野格，頁 105。

招入其家，此種婚姻稱為「招入婚」；入招家為家女之夫者稱為「招婿」，入招家為寡婦之夫者稱為「招夫」。不論招婿或招夫，皆不改其本姓，且不得繼承招家的財產。[118] 因此台灣人的招婿或招夫不同於日本人所謂的「婿養子」，婿養子不但為家女之夫且係妻之父母的養子，故可繼承妻家財產；亦不同於日本人的「入夫婚姻」，按入夫成為妻家之戶主且因而享有強大的戶主權。[119] 但就身為男性的婿養子或入夫之須進入妻家，與招婿或招夫當無二致。難怪日本人判官，並不認為台灣人的招入婚有違公序良俗。[120]

　　童養媳為另一種盛行於台灣的特殊婚姻。依台灣人舊慣，為了節省大筆的聘金等等原因，經常收養年幼之女，以俟其達適婚年齡後，與養親之特定或不特定的兒子結婚，此女稱為「童養媳」。台灣總督府法院亦承認這種童養媳關係，且認為縱使將來為夫者未待結婚即已死亡，童養媳仍不得以此為由要求離戶，但夫家卻得將其轉由他家收養。[121] 值得注意的是，法院在1931年時曾允許被指定為須與童養媳結婚之男子，拒絕為該項婚姻，逕與其他女子結婚，且因此導致原有的童養媳關係已喪失其主要目的而可予以終止。[122] 惟似乎從未看到法院判認身

---

118 招婿或招夫所生之做為招家繼嗣的兒子，則可繼承招家財產。

119 參見《台灣私法》，卷2下，頁387-395。

120 大正9年（1920）控民504號判決稱：「招婿及招夫制度為向來行之於台灣的習慣，並不違反公序良俗。」見萬年宜重，頁57。

121 參見大正2年（1913）控765號、大正4年（1915）控354號判決，《覆院集》，頁259。

122 參見昭和5年（1930）上民254號、昭和6年（1931）3月11日判決，《高院集》，頁354。

為童養媳的女子，亦得拒絕與被指定為其夫者結婚。

　　還有一種在日治時期頗富爭議性的特殊婚姻——妾婚姻。於清治時期的台灣，夫為了獲得繼嗣或為了擁有一個以上的女人，常會在正妻之外另娶女為妾。進入日治時期，法院面對妾婚姻合法性之被質疑，早在1906年即表達其支持的立場，認為「妾在本島係一般公認的身分關係，不得謂其違背善良風俗。」[123] 但法院於1922年業已本於「法理」稍稍修改了有關妾之習慣，其認為「習慣上夫之離去妾極為容易，幾乎沒任何限制，反之妾對其夫卻無絕對的請求離緣的權利，此項習慣無視妾的人格、束縛其天賦的自由，違反公序良俗」，故於妾請求離去其夫時，「於法理上」應享有與夫同等的對待，亦即得不受任何限制地離去其夫。[124] 不過，夫妾關係在台灣之具有合法性，仍然是日治時期法院一貫的見解。

（三）離婚

　　依清治時期民間習慣，妻於面對不幸的婚姻時，非常無力。在形式上雖有「協議離婚」存在，但其必須經夫與妻雙方尊長（父母）的同意。於離婚時，妻家須將原收取聘金之全部或一部返還於夫家。且妻根本無從基於其單方的意思主動請求離婚。[125]

　　日治時期的法院，礙於制定法上「依舊慣」的規定，不能大幅度的改變關於台灣人的身分法，但確已否定許多不利於妻之

---

123 明治39年（1906）控294號判決，《覆院集》，頁250。

124 參見大正11年（1922）控民774號判決，引自萬年宜重，頁64。此判決等於是就妾之請求離去其夫，予以「權利化」，但如後所述，其實際上對妾制度的衝擊相當有限。

125 參見《台灣私法》，卷2下，頁370-384。

舊慣在法律上的效力。台灣總督府法院於 1908 年曾本於尊重舊慣，而認為協議離婚之成立，不能僅基於夫婦雙方意思，尚須遵從其尊親屬的意思。[126] 於 1912 年，又支持夫死後寡妻不得基於其自己單方的意思復歸生家的舊慣，故判認欲復歸者須得到夫家尊親屬的同意始可。[127] 且在 1909 年的某項判決中，尚認為應依舊慣於離婚時由女家返還聘金，除非原本有特別之約定。[128] 但是法院在 1917 年所為的判決中，已載明理由，否定了離婚時夫的聘金返還請求權；其認為由於依舊慣夫得任意與妻妾離婚，夫經常先與妻妾之生家交涉，要求其須返還以聘金為標準的相當金額，此無異於將婚姻當成買賣而以聘金做為身價金，故不得僅因離婚即要求返還聘金。[129] 其實，於較早的 1916 年，法院曾簡明的判稱：「單純的以是否支付金錢做為條件的離婚約定，違反公共秩序善良風俗」，[130] 即已對台灣舊慣上婚姻之具有買賣婚性質表達不滿。

　　更重要的是，日治時期的台灣婦女，得基於特定事由，依其自主的意願，向法院請求以裁判解消其與不貞或有責之夫之間的婚姻關係。台灣總督府法院已較為保障妻在法律上的地位，其認為妻係具有人格的權利義務主體，故否定了放逐妻、

126　參見註 112 及其正文。
127　參見明治 45 年（1912）控 233 號判決，《覆院集》，頁 335。
128　參見明治41年（1908）控654號、明治42年（1909）3月1日判決，《覆院集》，頁 246。
129　參見大正 6 年（1917）控 90 號判決，《覆院集》，頁 249。
130　參見大正 4 年（1915）控 677 號判決（於大正 5 年 1 月 26 日宣判），《覆院集》，頁 248。

賣妻、依親屬協議革逐寡婦等舊慣之法律上效力。[131] 尤其是法院承認台灣婦女擁有為過去舊慣所無、屬於西方式民法所特有的「裁判離婚請求權」。[132] 雖然法院仍認為例如「夫之迎妾」等尚不足以構成裁判離婚之事由，但是倘若存在著諸如夫犯不名譽之罪、夫拒絕與妻同居，或夫有正妻仍與他女為婚姻同居等事由時，法院即以裁判解消該婚姻。[133] 當時某位深具影響力的日本判官即認為，台灣習慣法上所承認的裁判離婚之事由，大體上已與日本民法上所承認者相同。[134] 於法律上裁判離婚雖可由夫或妻一方為請求，然事實上於日治時期，裁判離婚之訴通常是由妻方提起。[135] 這反映出在當時的婚姻關係中，妻大多處於弱勢地位，難以取得夫之同意離婚，故不得不尋求國家權威（法院）的介入與救濟。

　　與裁判離婚之須由於夫或妻一方請求始介入不同，但同樣會發生婚姻解消效果的婚姻無效或撤銷之制度，亦為當時法院所承認。台灣總督府法院所認為之婚姻無效事由，例如當事人

---

131 參見明治42年（1909）控231號、明治43年（1910）控418號、大正2年（1913）控587號判決，《覆院集》，頁246-247。

132 關於清治時期台灣婦女之未具有向官方請求離婚的「權利」（即可自主的決定主張或不主張某項法律上保障措施），參見陳昭如，頁61-68。

133 參見大正12年（1923）上民132號、大正13年（1924）2月14日判決，及大正11年（1922）控27號判決、大正11年（1922）上民61號判決、大正11年（1922）控民816號判決。引自萬年宜重，頁50-51。

134 參見姉齒松平，《大要》，頁121。法院於判決例中所承認之裁判離婚事由，詳見陳昭如，頁117-131、146-151、158-166。

135 參見台灣省行政長官公署統計處，《台灣省五十一年來統計提要》（台北，1946），頁199。

間無婚姻之合意；此時任何利害關係人，皆可提起婚姻無效確認之訴。雖然台灣舊慣中根本沒有「撤銷」的概念，殖民地法院仍把日本民法上婚姻撤銷制度視為「法理」，而將之納入台灣人身分法中。[136]

（四）收養

收養關係在台灣漢人移民社會裡頗為盛行。台灣人依習慣經常為了繼嗣、或增加人手以幫助家計等等原因而收養男子。這類養子實不限於其生家須與養家同姓或同宗，但可分為仍未與生家斷絕關係的「過房子」，以及業已跟生家斷絕關係的「螟蛉子」。於實際上，以屬於異姓養子的螟蛉子較多，且養家通常會交付「身價銀」予螟蛉子之生家，以彌補其之喪失與該螟蛉子原有的身分關係。在台灣習慣上亦有出於種種因素，而收養同姓或異姓、與生家斷絕或不斷絕身分關係之養女，其中不乏以身價銀之交付做為收養養女的對價。[137]

台灣總督府法院對於既存的收養關係舊慣，並非全然不加干預。由 1908 年法院仍判稱：「螟蛉子在本島習慣上於成立買斷契約之同時，已與其生家斷絕身分關係」以觀，[138] 似乎依舊承認可以金錢「買斷」螟蛉子。惟至 1920 年，法院已明確的表示：「於本島非無因賣斷出家而與生家斷絕親族關係之習慣，但此習慣為人身買賣之遺風，違反善良風俗，難認其有效。」[139] 此外，於 1929 年某案件，法院雖明白承認舊時台灣人間收養關係

136 參見姉齒松平，《大要》，頁 99-106；法務部，《台灣民事習慣調查報告》（台北，1992），頁 81-82。
137 參見《台灣私法》，卷 2 下，頁 456-461。
138 明治 41 年（1908）控 315 號判決，《覆院集》，頁 257。
139 大正 9 年（1920）控民 473 號判決，《高院集》，頁 241-242。

之成立，存有僅以生父與養父之合意為已足、不問養子女自身
與生母之意願的習慣，但認為「上述習慣，隨著時勢的變化、
文化的發達，已自為改善」，故依現今的習慣，收養係養父母
（倘養父母之一方已亡故則由尚生存之一方）與養子之間的「契
約」，若養子年齡未滿十五，則由其本生父母（倘本生父母之一
方已亡故則由尚生存之一方）代養子為收養之承諾。[140] 可見法
院以習慣內涵已與時俱進為由（事實上是否如此為另一問題），
改變了台灣人有關收養之習慣法。

三、繼承制度

　　台灣人舊慣中關於「財產繼承」的基本原則，一直為日本
統治當局所維持。不同於日本人之由戶主單獨繼承家產，台灣
人係由諸子（房）共同繼承家產。殖民地法院雖然把日本的「戶
主繼承」觀念導入關於台灣人的民事法當中，但始終未改變台
灣人有關「家產由諸子繼承」之民事習慣法上原則。在日治末
期最終並未實現的那個將日本民法親屬繼承兩編施行於台灣
的方案裡，台灣人的這項繼承制度很可能即被劃定為屬於不適
用日本民法的極少數特例。[141] 也因此總督府法院依循台灣人舊
慣，判認女兒僅於別無兒子且其他親屬無異議時，始得繼承父

---

140 昭和 4 年（1929）上民 81 號判決，《高院集》，頁 322。

141 參見陳昭如，頁 156-157。是否確實已將台灣人的繼承制度做為特例而
　　排除，尚待查閱當時台灣總督府官員所擬定之方案。宜注意的是，在
　　此係針對「家產」之繼承而發，至於依台灣習慣屬於「私產」的財產，
　　則不僅男子且包括女子皆可共同繼承。

之遺產。[142] 惟習慣上女子於出嫁時經常能獲得嫁妝，這某程度表示其已取去於家產中應得的部分。台灣人有關繼承之民事習慣法，若與不問男子女子皆可繼承其父遺產的近代西方民法相比，當然顯露出男女不平等的特性，但若與當時的日本繼承法相比，則至少就諸男子之能平等繼承這點而言，是較接近近代西方法的。

　　不過，關於台灣人繼承事項的民事習慣法，亦非全然不受西方法的影響。由於日本民法繼承編不適用於台灣人，已為該法所採取之若干繼受自歐陸的繼承制度，因而不能直接以制定法之姿，規範僅涉及台灣人的繼承事項。但是台灣總督府法院於處理台灣人的民事案件時，仍可能以「法理」為名，將日本民法內仿效自西方的繼承規定，納入台灣人的民事法當中。[143] 例如日本民法規定對於繼承可為「限定承認」，即繼承人得表示僅於因繼承所得財產的限度內承認被繼承人之債務；以及「繼承之拋棄」，即繼承人得表示不承受被繼承人之財產及債務。[144] 這兩項制度係沿襲自較重視個人人格與意願的近代歐陸民法，並不存在於以「家」做為一個經濟生活基本單位，故強調「父債子還」的台灣舊慣內。然 1936 年「高等法院上告部及同覆審部判官聯合總會議」，卻以決議認為日本民法上有關限定繼承及拋

142　參見大正 11 年（1922）上民 71 號判決，《高院集》，頁 103。

143　法院以「法理」為名所引進的日本民法內西方式身分法規範，當然不以繼承法為限，尚包括親屬法在內，「親權」制度即是一例，見大正 8 年（1919）上民 8 號、大正 9 年（1920）1 月 28 日判決。究竟多少日本民法上規定因法院視其為法理而被納入台灣民事法之內，有待未來以此為專題進行全面性的搜尋。

144　參見日本舊民法，第 1025、1038 條。

棄繼承的規定，可當作「法理」而適用於台灣人之案件。[145]

四、身分法的社會效應

　　對國家權威而言，欲立即改變人民關於親屬繼承之習慣，
確非易事。早在1917年，法院即判認舊慣上所謂「查某嫺」（即
女婢）之約定，違反公序良俗應無效。[146] 惟1931年的某官方出
版品，仍坦承在台灣有名為養女實為婢女之情事。[147] 換言之，
台灣人關於女婢的習慣，事實上並未因法院判決的否定而立刻
從社會當中消失。

　　法院所為有關身分法西方化的判決，對於社會實況的影響
其實相當有限。假如人民不願將親屬繼承方面的紛爭交由法
院處理，則基於不告不理原則，法院即無從對該類紛爭表示意
見，進而影響或改變人們的行為規範。於日治時期，雖國家法
律已承認人民可向法院請求依裁判而為離婚，但依1930年統計
數字，僅53件係經由裁判離婚，而有4,237件是依當事人合意
離婚，於1940年亦僅61件裁判離婚，卻有3,186件合意離婚。[148]
因此法律上承認女子有裁判離婚請求權的社會效應，不宜被過
度的誇大。且既然當時台灣人有關親屬繼承之國家法律的西方
化程度，仍屬有限，則整個社會對近代西方法的繼受程度，應
該更低。例如妾之存在，正反映社會上的男尊女卑，然殖民地

---

145 參見姊齒松平，頁424，註。姊齒松平認為繼承之承認或拋棄已成為
　　當時台灣人習慣的一部分。
146 參見大正6年（1917）控557號判決，《覆院集》，頁261。
147 參見萬年宜重，頁128。
148 《台灣省五十一年來統計提要》，頁199。

法院並未發動國家權威來全面消滅妾關係，僅自 1922 年以後承認妾擁有原為舊慣所無的任意離去其夫之權。但這項法律變革，能對當時的台灣社會發揮多少影響力呢？頗值得深思。台灣在 1930 年代，為人妾者之數字，事實上是較以前為多。[149] 可見法院雖然做成一個有助於夫妾關係解消的判決，但台灣社會的夫妾婚姻卻興盛依舊，或至少未因之減少。

第五節　小結

　　西方歐陸式民法在日治時期已逐漸施行於台灣社會。台灣人在傳統中國法制底下各種習慣規範的內容，首先被日本統治當局以近代歐陸法概念重新詮釋，且賦予西方的「權利」概念。經日本國家機關承認之稱為「舊慣」的習慣法，其實質已某程度異於台灣原本在清治時期存在的民間習慣。一些殖民地的制定法，更進一步直接修改台灣既有習慣的內涵，使其益發接近西方法制。雖然一套針對台灣社會情事而設計、揉合台灣舊慣與西方民事法規範的法典，終未被制定；但 1923 年以後，另一套原為日本社會設計、但已大量採取歐陸法規範的日本民事法

---

149 目前沒有直接以妾之數目為對象所做的統計資料，但是由妾所生之「庶子」的數目，或許能反向推論出具有妾關係者的數目。依各年度統計資料，屬於庶子者在所有子女（即嫡出子加上庶子）中所占之比率，於 1910、1920、1930 年皆為 1％，但於 1940 年則提升為 1.7％，到了 1943 年更升高至 2.1％。據此似可推論：妾婚姻之數目在 1930 年代業已增多，以致妾所生之庶子的數目，在 1940 及 1943 年有增加的現象。參見《台灣五十一年來統計提要》，頁 216。

典，除親屬繼承編之外，仍施行於台灣。至此，於國家實證法
上，台灣人的民事事項已大多依照來自西方的歐陸式民法規定。

　　台灣有關田園土地法律關係演變，即具體而微的說明民事
財產法西化的歷程。首先台灣漢人原有習慣中關於土地的各
種法律關係，分別被納入以「權利」為核心的歐陸式法概念中。
接著，一部分與土地相關的舊慣，經由權利存續期間的限制、
承認小租權人為業主權人且最終廢除大租權、採取登記生效主
義，以及典權人胎權人之享有屆期未受清償時得拍賣標的物以
優先受償的權利等作為，其實質已幾乎等同於歐陸式民事財產
法上的權利關係。迨 1923 年 1 月 1 日以後，一切關於田園土地
的民事法律關係，已全部須改從日本歐陸式民法的規定。再 20
餘年後，當日治結束之時，台灣社會已相當程度接受了這些源
自歐陸法的不動產相關物權或債權的規定。

　　由於台灣民間在清治時期已就一般交易活動發展出頗為成
熟的習慣規範，進入日治時期後，關於這方面的台灣習慣法，
得以順利地被納入近代歐陸民商法體制之內。不過台灣人原本
對於因應近代西方資本主義經濟而發展出的公司法、票據法，
及破產法，十分陌生。經日治 50 年之後，台灣一般民眾已對當
時稱為「手形」的近代西方式票據相當熟悉，也獲得一些關於經
營「會社」——即近代西方式公司——的知識，惟對於需要法院
介入的破產程序仍鮮少利用。

　　若與財產法事項相比，台灣人關於親屬繼承的身分法事項
於日治時期僅受到近代西方法有限的影響。若說日本當局從
未以近代西方法律理念改變台灣人身分法，實昧於事實。基於
「公共秩序善良風俗」的要求，殖民地法院將一些有關台灣人
身分法事項的固有習慣判定為無效；另一方面，法院再以「法

理」之名，將日本民法內繼受自西方的若干親屬繼承法規定適
用於台灣人之案件。惟無論如何，當時日本的身分法，大體上
是跟台灣舊有的習慣規範同樣具有保守封建性格。也因此跟前
述關於土地法律關係之演變不同，日本人並未努力地大幅改變
台灣人關於親屬繼承事項的舊慣。不過話說回來，親屬繼承事
項原本就不容易為國家法律所改造。

第六章

歷史評價及其對後世的影響

　　對於日本在台殖民統治的結果進行評價，是一件頗富爭議
的事。就殖民地經濟而言，一部分學者集中於攻訐那些可用
「剝削」兩字加以形容的日本帝國主義經濟活動，但另一部分
學者則強調殖民地的現代化經濟基礎設施（infrastructures）已
被建立了；不過大多數人大概都能同意：其係混合著「發展」與
「剝削」的經濟模式。[1] 類似的情況，也發生在對日本之殖民地
法律的評價上。此一法律，有時候被描述為殘酷的鎮壓工具，
有時候卻被讚揚為確立了具現代性的法律秩序。學者不可避免
地傾向於尋找他們所想要找的事證，既然了解到殖民統治的結
果多半是夾雜著酸甜苦辣的「混合式」，則宜盡量同時觀察日本
在台法律改革的正、負兩面的效果。對於這項法律改革正、負
兩面影響的掌握，有助於法律史學者明瞭台灣法律因何而來，
現狀是什麼，及未來應往何處去。

第一節　　對日本主導的法律改革的評價

　　日本於治台的 50 年間，姑不論其動機為何，的確在台灣進
行了一場法律改革。該項改革的核心，就是法律的西方化，亦
即所謂的「現代化」，這也是許多非西方國家在當時所經歷的變
革。日本對台灣法律加以西方化的歷程及其效果，特別是民刑
法方面，已詳述於前幾章。在此，筆者擬從兩個角度來評價日

1　Mark R. Peattie, "Introduction," in *The Japanese Colonial Empire, 1895-
　　1945*, ed. Ramon H. Myers & Mark R. Peattie（Princeton, N.J., 1984）, p.
　　36.

本在台的法律改革，即（1）由日本來扮演台灣法律的改革者，其功過如何？倘若由其他政權擔當法律改革者的角色，會較日本為佳嗎？（2）台灣社會本身，已具備那些利於或不利於法律西方化的條件呢？

一、由日本擔當改革者角色

（一）優點方面

　　日本與台灣之間的文化近似性，有利於日本這個非西方殖民強權了解台灣既有的法律習慣，進而將其改造為近代西方式的法律規範。法國人在中南半島殖民統治之初，就翻譯越南法典，以及為越南人重建由於越南官員逃離以致真空的法律體系時，曾遭遇極大的困難。[2] 相較之下，日本人由於與台灣人同受傳統中國文化薰陶，故領有台灣後不久，即很容易地掌握台灣人法律習慣的內涵，且很快地建立起法院，以處理關於台灣人的司法案件。尤其，日本領台前在內地已經歷了 20 餘年的學習近代西方法，已經擁有一方面受到傳統中國思想觀念的影響、另方面卻又精通近代西方法的日本法學者。誠如在第五章有關殖民地民事法之變遷所示，這些日本法學者很有技巧地先將台灣舊慣內容加以西方化（權利化），再逐步的將其全面改造為西方式民法上權利。

　　其實日本人擁有一個當時其他政治強權所沒有的獨特資產，那就是明治法律改革經驗（參見第一章第二節）。明治維

2　Milton E. Osborne, *The French Presence in Cochinchina and Cambodia: Rule and Response*（*1859-1905*）（Ithaca, 1969）, pp. 75-76, 82.

新的法律改革，本質上是一個將近代西方法實施於受傳統中國法文化影響之東亞社會的過程。日本之戰勝清朝中國而受讓台灣，證明其不單已獲得西方的軍事技術，且已成功地仿效近代西方制度，建立一個仍保留若干傳統要素（例如服從權威）的現代化國家。日本因此基於其自身利益考量，擬援用這個模式，「現代化」（即「西方化」）在台灣島上的另一個傳統東亞社會。日本人於建立台灣殖民地法制時，起初大多依照其在明治初期所採用的方法。1898 年之後，雖有許多西方殖民地法及傳統中國法為台灣殖民地立法所採行，但明治改革經驗仍主導著日本在台的法律改革，例如參考日本內地改革經驗，在台灣進行土地調查並確定權利人之歸屬。

尤要者，經由明治改革，日本已培養出大批能運用近代西方式法律的專業人員，包括一群具有審判獨立理念的法官，足以在台灣執行繼受自近代西方的實證法上各種規範。明治初期嚴重欠缺受西方法訓練之法律專業人員的窘境，在台灣的法律西方化已不復見。

此外，日本因明治維新而建立了一個強而有力的現代型政府，其同樣也在台灣殖民地複製一個有效率的中央集權政府。大致上自 1902 年以後，台灣的公共秩序已在殖民地政府的監控下，趨向穩定；這大約 40 年的安定歲月，使日本在台頒行的近代西方式法律，得以漸次為台灣社會一般人所接受。可相對比的是，當時的中國亦試圖繼受西方法，但是在其「清末民初」之時，偌大的疆域內並無一個有力的中央集權政府。由於不斷的戰亂，中國事實上難以建立一個可以有效管理整個國家之包括法院在內的政府體系；以致中國的西方式法典，徒有其名，僅能在一部分地區實際運作。

（二）缺點方面

　　另一方面，日本政權就實施近代西方法而言，其實還不夠格。戰前的日本，自己也只能做到形式上的「依法統治」（rule-by-law），亦即僅承諾將依據法律施政，但法律不能規範立法權力及干預行政機關的政策決定權力（除非行政處分違反法律規定）；而未能做到「法的統治」（rule-of-law），其進一步要求凡政府機關的裁決及政策的形成，皆必須受到為保障基本人權和民選程序而存在的法律之限制。[3] 日本當然不會把連它自己都沒有的（例如法的統治），給予台灣人；但日本有的，卻可能仍不給台灣人，例如日本已實施繼受自西方的普通選舉制度、行政訴訟制度等等，卻未將其引進台灣殖民地。

　　問題是，假如擔當改革者角色的，是在母國已遵行「法的統治」的西方殖民強權，則其是否也會在台灣實施這項原則呢？答案很可能是否定的，因為歷史顯示西方強權在母國所施行的制度，不必然會給予殖民地人民。以宣稱有將「文明」傳播至殖民地之「白種人負擔」的法國而言，當其非洲殖民地知識分子所要求的殖民地政治民主化，已威脅到殖民地統治利益時，法國殖民主義者即悍然拒絕。[4] 而原本是殖民地嗣後才成為獨立國家的美國，在 1916 年還同意菲律賓殖民地人民建立自己的獨立國家，但 1921 年即撤銷此項允諾，仍舊維持殖民地統治制

3　參見 Dan Fenno Henderson, "Law and political Modernization in Japan," in *political Development in Modern Japan*, ed. Robert E. Ward（Princeton, 1968）, pp. 415-416.

4　參見 William B. Cohen, *Rulers of Empire: The French Colonial Service in Africa*（Stanford, Ca., 1971）, p.140.

度。[5]

　　其實，不應該僅因日本人未實施近代西方法，即予以非難。就像大多數西方強權在其殖民地所做的一樣，日本未將其西方式法典全然施行於台灣，特別是日治的前半期。但要求日本統治者於 1895 年剛來到台灣時，即刻全面實施西方式法典，根本不切實際，甚至不合理。日本內地係經過至少 20 餘年的準備期，才過渡到全面施行近代西方法；欠缺這段準備期的台灣社會，是否有足夠的條件立刻直接施行日本的西方式法典，實令人懷疑。假如這些法典遽然全面施行於台灣，其可能因窒礙難行而形同具文，或成為台灣人怨恨政府的根源（若強力執行之）。站在價值相對主義的立場，某些具有現代性的西方法是否就一定比較「好」，而應該取代台灣舊慣，實在沒有絕對的答案。即令肯定地認為某種舊慣應該被取代，則究竟應採用制定成文法條的立竿見影方式，或透過判例法的和緩漸進方式？當新法決定以某種方式施行之後，是否應該讓舊法猶存續一段時間始消滅，或即刻加以消滅？也都難有絕對的答案。如本書第二章第四節所敘述的，日治時期的台灣法律人本身對於這些問題，亦有不同意見。若單從日本統治當局採行或不採行西方式法律的結果，來評斷其功過，可能會發生依當時一部分台灣人的意見為「功」，但在另一部分人看來卻是「過」之情事。

　　日本人對台灣之繼受西方法真正的「過」，在於近代西方法究竟應否及如何施行於台灣，如前面數章所述，係全然由日本統治當局基於殖民者利益而為決定。正是這種擁護殖民利益的態度，使得台灣與日本內地之實施近代西方法的程度有別。

5　參見矢內原忠雄，《植民及植民政策》（東京，1933），頁 340-341。

事實上，不論是殖民統治政權或君主專制政權，以統治者（集團）之利益，做為政策決定時最重要的考量因素，已是司空見慣的事。由台灣歷史觀之，日本政權也許並不比其他政權壞。如荷蘭、西班牙這樣來自西方的殖民地政府（1624-1662），如鄭氏王國這樣對外獨立的漢人政府（1661-1683），如清朝在台政府這樣中華帝國內的地方政府（1683-1895），皆以追求統治者利益的態度，在台灣施行法律（參見第一章第一節）。假設1895 年由前清官吏等組成的台灣民主國，果真成功地在台灣建立其政權，那些長期習於君主專制統治的領導階層，恐怕也不願或不能為台灣人民現代化台灣的法律體系。然而，這些都不能豁免日本政權做為壓迫者的責任！簡言之，這個由日本主導的法律改革，最大的「過」，在於改革的「程序」，亦即台灣人無權經由多數決選擇其自己所想要的，以致其整體利益，終歸是從屬於統治者的利益。

二、台灣固有的改革條件

19 世紀的台灣，已顯露出對於接受法律改革的極大潛力。基本上台灣人社會係由移居台灣才一兩個世紀的漢人移民所組成，其比較不像中國大陸人民或朝鮮人民那樣，被長久以來的政治、社會傳統所束縛。[6] 同時在 19 世紀末，台灣也不像中國

6　在台灣曾受儒學教育的士紳階級，與中國大陸上的士紳階級或朝鮮社會的兩班階級，不能相提並論，其並不能掌控台灣移民社會。於1810 年時，台灣漢人社會的儒生階級僅占其全部人口的不到 0.5%，其比率遠少於在中國大陸者。參見 Romon H. Myers, "Taiwan under Ch'ing Imperial Rule, 1684-1895: The Traditional Order," *Journal of*

內陸或朝鮮，倒比較像日本那般，發展出商品式農業，且與西方有著繁榮的國際貿易往來。[7]

　　當時台灣法律未能現代化的一大障礙，就是欠缺一個有能力推動法律改革且勢力遍及全台的中央權威。清治時期的台灣，似乎沒有這樣的一個政治權威存在，[8] 人民普遍不遵守官府法律，混亂的社會秩序充斥於島上。當時台灣居民區分為漳州、泉州、客家、原住民等四個族群，彼此互不信任；更遑論有共同一體的「台灣人」認同，足以激勵人們為整個台灣的法律謀求改善之道（參見第一章第一節）。

　　日本挾其成功的改革經驗，剛好在 1895 年填補了台灣這項空缺。此一新興的亞洲強權，專制但有效率地現代化台灣法律體系。幾乎沒有選擇餘地的台灣人，起初被迫不得不服從日本的領導。不過，不久之後，務實機靈的台灣人，知道了這些近代西方式法律制度所能帶給他們的好處，也就較能接納了，並

---

the Institute of Chinese Studies of the Chinese University of Hong Kong, 4:2（Dec. 1971），p. 509; Pyong-Choon Hahm, *The Korean Political Tradition and Law*（2nd ed., Seoul, 1971），p. 62.

7　參見 Bruce Cumings, "The Legacy of Japanese Colonialism in Korea," in *The Japanese Colonial Empire, 1895-1945*, ed. Ramon H. Myers & Mark R. Peattie（Princeton, 1984），p. 490.

8　例如以勇猛著稱又有朝廷中央為奧援的劉銘傳，於清丈時，就台灣土地中具有大小租關係者，原擬以小租戶為業主，廢止大租戶，但遭反對後只能改採「減四留六」政策，即大租戶仍可收大租，不過租額減四成，但其亦不必負擔田賦。縱令如此，減四留六之制仍難以在台灣南部推行。參見臨時台灣舊慣調查會，《台灣私法》（台北，1910），卷 1 上，頁 275-286。官府於執行清丈之際，更曾引起彰化施九緞以清丈不當為由發動民變，最後才被官兵所鎮壓。參見同上，頁 430。

使日本人的法律改革得以展現初步的成果。

　　朝鮮是另一個很好的對照組。台灣社會所擁有的上述條件，幾乎都不存在於朝鮮。朝鮮社經背景之不同於台灣，固無庸贅言；朝鮮人與台灣人相比，最大的差異在於，當日本征服者到來時，朝鮮人已經有自己的政府且正努力於繼受近代西方法，但台灣人則皆無。按朝鮮人民於 1910 年遭合併入日本帝國之前，業已統合成為一個主權獨立的國家，具有強烈我族意識，且自認其文化較日本為進步。朝鮮人原本即已從事法律改革並繼受某些西方法，但日本粗暴地占領其國、接收其政府。[9]結果，朝鮮人對於所有由日本所帶進來的法律改革，皆存有戒心而傾向於排斥。

　　但這絕不意味著台灣人需感謝日本殖民統治者。台灣人誠然從日本主導的法律改革中獲得利益，但卻也付出極大的代價。台灣人做為二等國民，必須忍受日本人在政治權利、官員任用、教育機會等等諸多方面的差別待遇。[10]於日治 20 餘年後的 1920 年代，當新生一代的台灣人，欲取回法律改革的主導權，以形塑台灣人自己的社會模式時，日本殖民統治者悍然拒絕這項要求（參見第二章第四節）。其原因很簡單，因為由日本主導的法律改革，始能確保日本可以從中獲取較大的利益。所以台灣人，就像受到威脅而不得不購買某物一樣，被迫去「購買」「日本製」的法律改革，雖然由於使用該「產品」而獲益，

9　參見 Pyong-Choon Hahm, "Korea's Initial Encounter with the Western Law: 1866-1910 A.D.," in *Introduction to the Law and Legal System of Korea*, ed. Sang Hyun Song（Seoul, 1983）, p.183.

10　參見黃昭堂，《台灣總督府》（黃英哲中譯，台北，1989），頁 239-246。

但已為此付出「超過原值」的價金。那有被脅迫購物之人，需感謝脅迫者的道理？

第二節　對戰後法律發展的影響

　　一個社會關於法律體系（含法律文化及法律生活）的轉變，不同於政權的交替，是不可能在旦夕之間完成的。就像日本政權必須面對清帝國治台兩世紀後的遺留（legacy），日本治台 50 年後的遺留——不論是好是壞，也是 1945 年接續統治台灣的新政權所不可忽視。以下將僅在為了理解日治經驗對戰後台灣法律發展之影響的必要範圍內，簡述這個接續日人治台的新政權本身的法律發展經過。

　　1945 年，台灣做為戰敗國日本的殖民地，依所謂「開羅宣言」移交至中國（中華民國）政權手中。姑且不論關於台灣在國際法上地位的種種爭議，[11] 事實上，台灣自 1945 年以後，係由中華民國的國民政府（或行憲以後的國民黨政府，以下簡稱：「國府」）所統治。於 1949 年，中國共產黨政府擊敗國府軍隊，建立中華人民共和國，成為中國的統治者。同年年底，國府的中央機關遷至其僅剩的避難處所，亦即甫自日人手中接收到的台灣（原屬中國福建的金門馬祖因未經日人統治 50 年，故不列入本書討論範圍內）。於是，自 1949 年年底之後，國府在台灣的統治機構為一個「對外獨立、對內最高」的主權政府，異

11　相關論述，參見彭明敏、黃昭堂，《台灣の法的地位》（東京，1976）。

於 1945 至 1949 年間國府在台統治機構之僅為中國地方政府。[12]

由來自中國的蔣中正及其子蔣經國所掌控的國府，從原先被日本統治的「原台灣人」（即本書所稱之「台灣人」）的觀點，實際上是一個外來的漢人政權。其與日本統治者不同之處，在於國民黨政權自 1949 年以後，已無「母國」可繼續支援其外來統治。因此在國府治台 40 餘年後的 1990 年代，雖國家法律體制仍殘存著外來性格，但由係屬原台灣人的李登輝所領導的國民黨政權，已異於往昔之鄭氏政權，而在地化成為一個由原台灣人、高山族原住民、外省人等所組成的「本土政權」。2000 年國民黨政權因總統選舉失利，將中央政府執政權交給非自中國移入而係在台灣產生的民主進步黨。國府在台灣 55 年的一黨專政，終告結束。該次政黨輪替後，在台灣的主權政府依舊稱「中華民國政府」，其至 2008 年 5 月 19 日為止由民進黨的陳水扁、嗣後由國民黨的馬英九分別主政。

一、立法上的延續

（一）類似的歐陸式法典

明治法律改革的模式，不僅影響殖民統治下的台灣人，亦影響及中國人民。日本成功地透過國家實證法的西方化而廢除領事裁判權之例，引起同受領事裁判權之苦的中國的注意。中國於清末派遣許多留學生至日本學習業經「日本化」的近代西方法（至少形式上法律條文已被譯成日文），且有許多日本的法學

---

12 參見王泰升，〈台灣歷史上的主權問題〉，《月旦法學雜誌》，第 9 期（1996,1），頁 4、11。

者至中國（清帝國）講授法律。故中國在清末的近代西方式法典的編纂，深受日本的法學者及法律資料所影響，不足為奇。有3位日本法學者：岡田朝太郎、松岡義正，和志田鉀太郎，分別實際負責起草中國（清帝國）的刑法典、民法典，及商法典。[13]這些繼受西方法的民刑事法典草案，因此大多是仿效日本相關的歐陸式法典而來，只做部分修改以容納某些中國的傳統與較新的歐陸法理論；然而，於1912年清朝覆亡時，這些草案尚未成為國家法律的一部分。[14]新建立的中華民國，在北洋政府時期（1912-1928），除了刑法典之外，皆未將其付諸施行。惟日本的法律，繼續影響著這個時期的中國法。許多日本明治時期的刑事特別法，都可在中國北洋政府的法律中找到相對應者。以日本於1900年（明治33年）制定，嗣後於1923年將效力延長至台灣，且一再被提及的「治安警察法」為例，中國北洋政府即於1914年（民國3年），以同樣的漢字——治安警察法——為名，制定相類似的法律條文，以限制政治結社與集會。[15]

13　參見 Dan Fenno Henderson, "Japanese Influence on Communist Chinese Legal Language," in *Contemporary Chinese Law: Research Problems and Perspectives*, ed. Jerome Alan Cohen（Cambridge, Mass., 1970）pp. 59-63,173,177-178.

14　參見同上，頁179-180；楊鴻烈，《中國法律發達史》（上海，1930），頁893-916。刑法典草案，雖經附加旨在維傳統中國禮教的「暫行章程五條」後，已由資政院議決，並於1910年宣布，但尚未及施行清朝已滅亡，故其仍非有效的國家法律。

15　參見楊鴻烈，頁1032、1054-1056；井ケ田良治、山中永之佑、石川一三夫，《日本近代法史》（京都，1982），頁119-124、240-243。換言之，當1923年台灣發生俗稱「治警事件」的台灣議會事件時，中國也存在著類似之箝制政治結社集會自由的法律。

　　直到 1928 年由國民黨領導的國民政府取代北洋政府統治中國之後，大多數的上揭歐陸式法典草案才陸續被施行。[16]國府對於自清末即有的歐陸式法典草案，的確已做若干修改後才公布施行，尤其是仿效 1900 年才施行的德國新民法典。但是日本法典原亦根源自德國法典，且自清末法典草案已採取之沿襲日本以德國法為本的法律名詞（例如法人、法律行為等）及法學理論，仍大多為國府的法典所維持。因此國府所公布施行的中華民國法典，仍保有濃厚的日本法色彩；惟究其實質，不如說是仿效近代西方法，或說是歐陸法，甚至更具體的說，幾乎就是德國法。[17]國府法律亦經常以日本法為範本。就戰時經濟管制法令，日本的「國家總動員法」於 1938 年制定且同時施行於台灣；而當時正與日本作戰的國府，則於 1942 年制定同樣以「國家總動員法」為名的法律，在第 1 條規定了與日本國家總動員法相似的立法目的，其他有關「總動員物資」、「總動員業務」項目之規定，於排列次序容有差異，但其實質大致相同，甚至管制的方式及違反管制時的處罰，都頗為類似。是以，整體而言，由國府頒行的中華民國法典，與戰前日本法典非常相似。

　　大部分的戰前日本法典，自 1923 年以後已將其法律效力延長至台灣，且在 1945 年國府治台之前，業已在台灣被有效執行20 餘年，故與之相類似的國府的中華民國法典，對於經歷日本統治的原台灣人而言，實際上並不陌生。1945 年 10 月 25 日，

16　參見展恆舉，《中國近代法制史》（台北，1973），頁 169-170、175-176、178、182-183、191、195、202。

17　同說，參見 Roy M. Lockenour, "The Chinese Court System," *Temple Law Quarterly*, vol. 5（1931），p. 256.

做為中國（中華民國）地方政府的台灣省行政長官公署宣稱，中華民國法令自是日起，均適用於台灣，至於原有的日治時期法令，則「除與我國（中華民國，筆者註）法令及三民主義牴觸以及壓榨箝制台民者外，其餘法令，如係保護社會一般安寧秩序，確保民眾權益，及純屬事務性質者，業經布告周知，暫仍有效。」[18] 自 1 年後的 1946 年 10 月 25 日起，日本原施行於台灣的 2,600 餘種法令已遭廢止，僅剩暫行保留的 236 種法令；爾後台灣所有的公私法事項均須依中華民國法，除非某事項為中華民國法所未規定，才准於原日治時期法令許可之範圍內，暫依慣例辦理。[19] 迨 1949 年年底中華民國中央政府移至台灣，在台灣的中華民國事實上已形成一個有別於中國（中華人民共和國）的主權國家，且繼續實施自 1945 年 10 月 25 日起即施行於台灣的中華民國法，一直延續至今。

從表面上看，施行於台灣的國家法律，自 1945 年起已絕大多數或全部是中華民國法；但實質上原有的日本法仍大多被保存。這是因為制定這部「新來」的中華民國法典的國府，偶然地於其尚未統治台灣之前，即以台灣「舊有」的戰前日本法為仿效對象，而不是因為新來的國民黨政權，有意於過渡時期先採用本地於舊政權時代的法律，故迥異於日本於統治前 20 餘年的援引「舊慣」。惟無論如何，經日本統治的台灣人，因此能透過深受日本影響的中華民國法，繼續繼受近代西方法，不因政權之

18　台灣省行政長官公署布告，署法字第 36 號。《台灣省行政長官公署公報》，1 卷 6 期（1945,12），頁 1（以下簡稱《公報》）。

19　參見台灣省行政長官公署，《台灣省行政長官公署施政報告──台灣省參議會第一屆第二次大會──》（台北，1946），頁 285。

轉替而受干擾；雖不容諱言的，日本法典或中華民國法典其實都具「外來」的性格，皆非自始係為台灣社會而量身打造的。

（二）台灣人的欠缺立法權力

　　新來的國民黨政權，卻是有意地維持日本殖民統治者在台灣所遺留的政治結構。國府於準備接收台灣時，遇到一個日本50年前就曾面對過的困擾：如何將台灣統合於整個國家之內？究竟應視台灣為一個施行特別法制的地域，或視同一般普通行政區域即可（參見第二章第一節）？[20] 國府最後跟1896年時的日本一樣，偏向於採取前者，亦即由中華民國中央政府以「委託行使」的方式，賦予台灣在地政府「較大之權力」。[21] 台灣因而大幅逆轉回50年前政權鼎革之際，所曾出現的政治情勢，不一樣的是進行統合工作的國家，已由日本轉變為中國，中央政府所在地是南京而非東京。就一如日治時期般，台灣被定位為一國之內的某個特別地域，成為新的「台灣總督」的台灣省行政長官，由中央任命。國府亦與日本於1896年制定六三法時所辯解的理由一樣，表示台灣之做為特別地域，僅是過渡性的措施。[22]

20　參見 Lai Tse-han, Ramon H. Myers, and Wei Wou, *A Tragic Beginning, The Taiwan Uprising of February 28, 1947*（Stanford, Ca., 1991）, pp. 56-57.

21　引自中華民國重慶政府於接收台灣之前，所制定的「台灣接管計畫綱要」第12條。 見台灣省行政長官公署民政處，《台灣民政第一輯》（台北，1946），頁93。

22　Lai, Myers, and Wei, p. 57. 不過值得注意的是，日本的六三法畢竟還以僅三年的有效期間，表現其僅做為過渡的性格，國府的台灣省行政長官公署條例，並未設有「限時法」的條文，若非後來發生二二八事件，為收拾人心，改行一般的省政府體制，不知何時才會過渡完成？或者是國府本不重視法治，故不認為有將暫時性訂入法律之必要。

恰似日治初期就明治憲法應否施行於台灣之議論紛紛，國府曾
宣稱新制定的中華民國憲法，將不立刻施行於台灣。[23]雖然後來
可能因有二二八事件的發生，為避免再刺激台灣人民，故仍將
新憲法施行範圍涵蓋台灣，但也充分說明台灣之為中國（中華
民國）的一部分，是具有特殊性格的，以致中國的憲法並不當
然須施行於該地。

　　做為這項特殊性的表徵之一，國府在台的統治機構，相
當近似於日本在台的統治機構——台灣總督府。1945 年國府
制定的「台灣省行政長官公署組織條例」（以下簡稱：「公署條
例」），若與同年日本的「台灣總督府官制」相比，可發現兩者
在內容上有許多類似之處。[24]跟台灣總督一樣，台灣省行政長官
在中央政府的派任及監督底下，綜理全台灣的政務（參照公署
條例第 1 條，總督府官制第 1-3 條），且同時被任命為在台最高
軍事長官。[25] 行政長官因而得指揮監督所有在台灣的政府官員
（參照公署條例第 3 條第 2 項，總督府官制第 11 條）。[26] 行政

23 參見江慕雲，《為台灣說話》（上海，1948），頁 173。
24 台灣省行政長官公署條例公布於 1945 年 9 月 20 日，全文見《公報》，
　 1 卷 1 期，頁 1-2。在此與之相對比的是日本於 1945 年以勒令第 209
　 號修改後的「台灣總督府官制」，其前身係於 1896 年依勒令第 88 號公
　 布施行的「台灣總督府條例」，爾後改名為「台灣總督府官制」，並經
　 數次修改，直到 1945 年這次修改為止。參見條約局法規課，《日本統
　 治下五十年の台灣（「外地法制誌」第三部　三）》（東京，1964），頁
　 148-177。
25 首任台灣省行政長官陳儀，兼任「台灣省警備總司令」，1945 年 8 月
　 29 日及 9 月 7 日國民政府令，見《公報》，1 卷 1 期，頁 1。
26 關於在台的司法人員，由於公署條例第 3 條第 2 項規定：「台灣省行政
　 長官，對於在台灣省之中央各機關有指揮監督之權。」故依條文字面

長官公署與總督府的組織架構十分相似,「祕書長」之輔佐行政長官,大概可比擬為「總務長官」之輔佐總督(參照公署條例第4、6條,總督府官制第17、20條)。

　日治時期總督與戰後初期行政長官,在法制上所擁有的職權,仍有差異。行政長官公署雖於其職權範圍內得發布「署令」,並得制定台灣省單行規章(參照公署條例第2條),但署令僅相當於總督府的「府令」,且省單行規章不得牴觸中央法規,以致行政長官不像總督之擁有制定具有法律效力之命令(稱「律令」)的權力。[27] 不過行政長官可將其治台所需的法律案,交由在南京的中央政府公布施行,[28] 似乎跟日治後期總督將

解釋,在台灣的高等法院及各地方法院,雖屬中央之機關,而非如台灣總督府法院之為獨立於日本中央司法機關之外的法院體系,但是其人員(含檢察官、法官)似乎亦受台灣省行政長官之「指揮監督」。惟在台法院的人事任命及升遷調職等,係由在南京的中央政府決定,若有法律適用上的疑問亦向中央政府請示,故行政長官公署內並無總督府時代法務部(課)之設置。

27 按府令係指台灣總督依其職權或特別委任所發布的命令。參見王泰升,〈日治時期台灣特別法域之形成與內涵──台、日的「一國兩制」〉,載於《台灣法制一百年論文集》(台北,1996),頁151。署令係行政機關於其職權範圍內所發布的「命令」,且沒有任何法律規定其具有與中央「法律」同一效力,故僅相當於上述的府令。至於台灣省單行規章,依中華民國訓政時期約法第60條之規定,各地方於其事權範圍內所制定的地方法規,不得牴觸中央法規,故其異於總督所制定之具有與帝國議會法律同等效力的「律令」,例如總督可制定內容與日本中央的民法典迥異的台灣民事令(律令),行政長官則不能以省單行法規,制定違反中華民國民法典的規定。

28 因為行政長官沒有如同總督的律令制定權,公署內的法制委員會,為解決民刑事案件之屬於接收前發生者如何適用法律的問題,經兩個多

勅令案，轉交由在東京的中央政府公布施行，實際上相去不遠
（參見第二章第一節）。此外，總督府在形式上絲毫不受在地民
意機構的監督，其所設置的「評議會」，僅不定期的應總督的諮
詢而已；縱令評議員當中約有三分之一為台灣人，但係由總督
遴選產生。國府則依中國地方制度，設有「台灣省參議會」，所
有參議員均依間接民選產生；惟其開議期間甚短，且主要的職
權，僅在於對行政長官為建議及詢問爾。[29]

　　總督與行政長官兩者的相似性，因實際上的外來統治，而
被凸顯出來。國民黨政權的行政長官公署內的高階官位，幾乎
都由來自中國內地者（僅一小部分原是台灣人）所掌握，宛如日
本政權治下內地人之壟斷總督府內高層人事。[30]

　　不論法律上或實際上，絕大多數的原台灣人，都沒機會參
與制定那些施行於台灣的法律。前述「日本製」法律改革當中對
台灣人最大的傷害與痛苦，亦即被排除於立法過程之外，竟然
在口口聲聲「親愛的同胞」的中國政權手中又出現了。從原台灣
人的觀點，1945 年之後與之前，不一樣的只是「中國內地人」

月的研究後，擬訂出「台灣省民刑案件適用法律條例草案」，再呈請中
央審核後頒布施行。這類涉及中央的民刑法、訴訟法等的事項，不能
以署令或省單行規章頒行之。參見台灣省行政長官公署編，《台灣省
行政長官公署施政報告——台灣省參議會第一屆第一次大會——》（台
北，1946），頁 270、274。

29　參見黃昭堂，頁 140-141；鄭梓，《戰後台灣議會運動史之研究》（台
北，1988），頁 22、96、127-128。省參議會每六個月開會一次，每次
會期原則上 10 至 15 日；其雖得「議決有關人民權利義務的省單行規
章」，但是否關係人民之權利義務的認定權在於長官公署，參議會只能
被動地接受這類議案。

30　參見吳濁流，《台灣連翹》（台北，1987），頁 174-177。

取代了「日本內地人」。[31] 如同其於 1920 年代及 30 年代前期所
要求的，原台灣人再次爭取自主的法律改革。曾遭受日本差別
待遇的台灣人知識分子，很難接受一個號稱「主權屬於國民全
體」（「中華民國訓政時期約法」第 2 條）的中國政權，竟然會跟
日本帝國主義者同樣的對待他們。當原台灣人隱忍的憤怒爆發
為 1947 年的「二二八事件」時，這些知識分子即要求台灣應做
為一個政治單元，成為中華民國主權底下的一個自治體。[32] 這
項請求的實質意義，與 1934 年才在日本軍國主義壓迫下中止的
「台灣議會設置請願運動」的訴求，即台灣在日本帝國主權底
下成為自治殖民地，並無不同。

　　做為新外來統治者的國府，其「答覆」是無情的軍事屠殺以
及嗣後的恐怖整肅。類似的殘酷鎮壓，曾經為日本殖民統治者
所採用，尤其是在日治初期，且因而遏止了台灣人原有的武力
抗官傳統。日治時期那段悲慘歲月的經驗，再度浮現於原台灣
人腦海中，告訴他們：當「寒冬」來臨，如 1920 年代般的和平
改革已無望，孤立無援底下的流血抗暴又徒勞無功，只好努力
賺錢、不管政治，以求得自己身家性命的安全。[33]

　　於是，藏於內心深處之源自日本殖民統治的夢魘，使得原
台灣人不敢為自己爭取法律改革。中華民國的法律，形式上是
由經人民選舉產生的立法院所制定的。自 1949 年以後，國府實
際統治的地域，幾乎僅有台灣一地，但其卻宣稱法律上主權及

---

31 例如參見同上，頁 174、239-240。

32 關於本事件中原台灣人的政治要求，見 Lai, Myers, and Wei, p.120,
app. A.

33 參見吳濁流，頁 226。

於包括外蒙古在內的中國大陸，且基於此，主張其大部分「人民」暫時不能行使選舉權，故立法院成員之改選必須停止。其結果是，原台灣人的代表，在立法院中只占有極少數的席位，因為「台灣只是中國三十五省中的一省」。然而，所謂的「中華民國法」僅能在台灣發生實質的規範效力，在台灣受到該法規範者，絕大多數是原台灣人，但是依國府上述的說辭，[34] 原台灣人幾乎不能決定「中華民國法」的內容。這彷彿就像日本官方宣稱明治憲法在法律上已完全適用於台灣，但台灣人實際上可享受的法律上權利卻十分有限。不過，被二二八事件的屠殺所勾起的日本時代歷史經驗，令大多數的原台灣人，怯於挑戰這個由「中華民國主權及於大陸」之神話所造成的實質不公平。直到國府需要更多原台灣人的支持者，且隨著時間的經過，那些不必改選的立法委員逐漸凋零，才使得「全面改選」成為可能。[35]

　　直到 1992 年，做為台灣立法機關的立法院，始因不改選立委已「退職」，而全部由經台灣人民選舉產生的代表組成。台灣社會花了將近半個世紀的時間（1945-1992），才走出日本人離開時遺留給新統治者的政治結構。事實上，這個嶄新的立法院，正是台灣知識分子從 70 年前就開始爭取的「台灣議會」的實現！[36]

---

34 特別是在 1950 及 60 年代，這項由於大部分「人民」不能參與選舉故停辦改選的論點，有助於國府繼續以少數的外省人統治集團，控制人口占多數的原台灣人。

35 亦參見 John K. Fairbank, Edwin O. Reischauer, and Albert M. Craig, *East Asia: Tradition & Transformation*（rev. ed., Boston, 1989），pp. 900-907.

36 在此所實現的是，由在地人選出代議士組成在地議會的理念。惟日治中期出現的「台灣議會」構想，在選民資格上排除高山族原住民及女

　　因為日本在台灣的法律改革並未引進西方「法的統治」
（rule-of-law）的觀念，許多接受日本教育的台灣人，仍受傳統
中華帝國法的影響，認為法律只不過是統治者的工具。若想使
台灣人民對於法律的基本定位，調整為係人類生活秩序的最高
準繩，則還需進行比以往更深層的法律觀的革新。且由於台灣
一般人民從日治時期起，即欠缺決定法律改革方向的經驗與認
知，故能否透過選舉及公民社會的運作，監督民選立法院做好
維護人民最大利益的法律現代化工作，尚未可知。

二、司法文化的中斷

（一）司法設施

　　日本人在 1945 年離去時，為台灣的司法留下足夠的法院建
築。於 1947 年，當時尚統治著中國的國府曾表示：「普設法院
使全國縣司法完全脫離行政而獨立，又屬司法建設中最艱鉅之
工作」，蓋「全國之尚未設有第一審法院者，凡 1,354 縣」。[37] 然
而國府在台灣需要做的，只是將高等法院、已普遍分布全台的
地方法院及其分院和監獄等建築物的招牌換一換，且在法院內
為必要的改組（例如廢除原有的單獨部、合議部、覆審部和上
告部），以配合中華民國司法制度。[38] 今天，在中華民國司法制

　　性，且似乎未主張不限財產額均有投票權，故在民主開放程度上，不
　　如 1990 年代的立法院全面改選。

37　司法行政部，《戰時司法紀要》（南京，1948），主題二，頁 1（以下僅
　　稱《戰時司法紀要》）。

38　詳見楊鵬，《台灣司法接收報告書》（出版地不明，1946），頁 27-53。
　　國府司法行政部，於 1944 年擬訂「司法復員工作計畫」時，曾坦承

度中為最高權威機關的司法院，正坐落於原台灣總督府高等法院——日治時期台灣的最終審法院——的建築（今稱「司法大廈」）內。今天的台灣高等法院，也同樣使用著原台灣總督府台北地方法院的辦公處所（今司法大廈的一、二層樓）。這些由日本遺留的司法設施，當然有助於中華民國歐陸式法典在戰後台灣的推行。

（二）司法人員

然而，日本卻沒有為台灣留下足夠繼續運作這些法院的司法人員。其實，新的外來統治者，原本就不打算讓原台灣人自己管理台灣的法院。國府計畫從中國內地派員填補日籍司法人員遺留的空缺，於尚未接收台灣之前，國府已遴派在台法院之院長及首席檢察官；但戰後之初，自中國內地來台之司法人員僅數人。[39] 為了辦妥法院接收工作，國府指派各地方法院原有之台灣人判官為各該法院法官兼代行院長職，但接收完畢後即免去首長的兼職。此外，來台接收人員也遴選幾位台灣人辯護士，擔任司法官之職。[40] 由於日本人的差別待遇，台灣人習法

「台灣原有法院數字尚無資料可稽」，但預測在台灣「應設高等法院一所、高等分院三所、地方法院三十一所」。見《戰時司法紀要》，主題二十五，頁 12。國府接收台灣後，當然沒有按照此計畫增設地方法院，因為這項預測只凸顯出國府在接收台灣的前一年，似乎還不甚清楚台灣總面積有多少，在全國普遍欠缺地方法院的情形下，以台灣的面積，何需 31 所地方法院？即令到 70 年後的今天，台灣也沒有這麼多所地方法院。不過，國府曾於 1949 年年底，籌設屏東、澎湖、台東等三所地方法院，使地方法院的網絡更加綿密。

39 參見《戰時司法紀要》，主題二十五，頁 41；楊鵬，頁 27。

40 楊鵬，頁 30-31、43。這些由台灣高等法院遴選派任為推事（即法官）的日治時期辯護士，很多人出於不適應國民黨帶入台灣的司法文化等

者雖為數頗多，但任職司法官者相對的較少（參見第三章第四節），受日本法學教育的原台灣人，因此僅有少數得直接以曾任日本司法官的資歷，成為新政權的司法官。國府在其對二二八事件的鎮壓行動中，又逮捕甚至殺害許多於日治時期曾擔任法官或律師的原台灣人法界精英。[41]這使得受日本影響的原台灣人法律專家，於人數上更為減少。

　　最關鍵的是，1949 年之後，有大批中國內地司法人員，隨中華民國中央政府移居台灣，填補了原有空缺。且外來的國民黨政權，於經歷二二八事件後，益發對原台灣人心存戒心。就如同日本統治者，對於台灣人能否以「天皇的忠實臣民」的態度執行國家法律，仍存疑慮，國民黨統治集團，也不太放心讓對「黨國」忠貞度尚不明的原台灣人出任司法高層（特別是當司法被視為是有力的統治工具）。根據一份 1965 年的報告，在國府治台 20 年之後，台灣司法人員中，具有最高階文官資格的「簡任」者，計 16 人，當中竟沒有一位是原台灣人，全部皆屬甫自中國內地來台的外省族群，但基層的司法官倒不乏原台灣人。[42]因此，雖然許多日本統治時代的法規範，於戰後並未做實質的

種種因素，不久後即辭去司法官之職。參見劉恆妏，〈日治與國治政權交替前後台籍法律人之研究〉，載於林山田教授退休祝賀論文集編輯委員會編，《戰鬥的法律人──林山田教授退休祝賀論文集》（台北，2004），頁 605、612-619。

41　其實例，參見向山寬夫，《日本統治に於ける台灣民族運動史》（東京，1987），頁 1300-1301；Lai, Myers, and Wei, pp.162-163.

42　參見台灣高等法院，《台灣司法二十年》（台北，1965），頁 68。原台灣人的家庭受日治時期經驗影響，相當鼓勵子弟習法，而國民黨政權來到台灣後，亦以國家考試的方式招募司法新血，故在基層司法官中

改變，但執行這些法規範之人，已很少是受戰前台灣司法文化影響者。

　　不一樣的執法官員，使相類似的法典產生不一樣的法律適用結果。一位於戰前日本任職法官、戰後返台擔任國府檢察官的原台灣人，曾在其回憶錄中提到，由於中華民國法典與日本法的近似性，使得他在對中華民國法律的了解上，沒有遭遇到什麼太大的困難，較不習慣的只有須改用中文寫司法文書，其某位朋友甚至先以日文寫妥判決書，再將之譯成中文。[43]真正令他震驚的是，面對基本上並無不同的法典，成長於不同社會的法律實務家，竟然對考慮事情、處理事物的觀點，大相逕庭。身為檢察官，當他認為證據不足以證明犯罪嫌疑人有罪，或雖足以證明有罪但其僅是微罪，即予以不起訴處分；然而，來自中國內地的首席檢察官卻告諭他：太多的不起訴處分，會招致別人懷疑他是不是收紅包或被關說。在承辦某案件時，他本於未有足夠證據證明某局長涉案而拒絕將其羈押，但首席檢察官緣於同鄉出身之市長的要求，竟自己簽發押票羈押該局長。[44]以其所受的日本司法官養成教育，很難忍受這種須以法律以外的要素決定法律適用結果的運作方式，但是他也無能為力，因為法院的首長，是來自已經習於這般做法的中國內地社會。[45]

　　屬原台灣人者不少。不過，根據 1965 年對全台司法人員所做的統計，來自中國內地的外省人係屬多數（計 2,445 人），反而在台灣總人口中約占 86％的本省人是屬於少數（計 1,063 人）。參見王泰升，《台灣法律史概論》（台北，2012），頁 228-229。

43　參見張有忠，《外地人・外國人と日本人》（大阪，1985），頁 55。

44　參見同上，頁 56-58。

45　參見同上，頁 57-58；楊鴻烈，頁 1032。

　　中國的司法傳統因而主導了戰後台灣的司法。在第三章所探討的日治時期台灣司法的審判獨立、廉潔不貪，及司法體系的其他種種現象，幾乎都未延續至戰後台灣。就司法文化這方面而言，日本在台灣的遺留，接近於零。

　　不過，今天台灣的司法，非全然免於戰前日本的影響。於1947年，受國府邀請擔任司法行政部顧問的美國法學家龐德（Roscoe Pound），曾指出大部分的國府法官受日本影響，間接受德國影響。[46]今天中華民國法院的判決書寫作模式，依然跟隨著日本法院。[47]但必須了解的是，這項日本的影響，就像今天的台灣仍施行歐陸式法典一樣，係由來於現行中華民國法制本身原已深具日本法色彩，而非出於日本在台殖民統治的遺留。

三、刑事司法的影響

（一）政治犯的處置

　　一般而言，當外來的日本政權剛統治台灣時，其並未依法律處置台灣人政治犯。只要某一個「人」威脅及政權的穩固，不問其是否真的有構成犯罪的行為，皆施以嚴厲的處罰。但自1920年代以後，除戰爭時期不乏冤案或重罰外，大體上日本統治當局，是依法律制裁台灣人政治犯的各個特定犯罪「行為」，所科處之制裁，亦不若前期那般殘酷。

46　龐德著，張企泰譯，〈司法行政部顧問龐德法律教育第一次報告書〉，《中華法學雜誌》，5卷8期（1947,4），頁74。

47　參見楊惠欽，〈中日裁判風格之比較研究〉，政治大學法研所碩士論文，1985，頁93-94。

　　然而，日治後期日本人依法律處置台灣人政治犯的做法，似乎未為國民黨政權所承繼。當 1945 年另一個新的外來政權，又君臨台灣，類似日治時期之從不依法的鎮壓到依法為壓制，再次重演。在 1947 年的二二八事件裡，國民黨政權不依法律程序逮捕及殺害許多台灣人；當中有些人之所以被處死，不是因為有什麼「犯罪行為」，而是為了達到殺雞儆猴、威嚇政治異議者的目的。[48]對原台灣人而言，連日治後期尚有的「依法統治」（rule-by-law）原則，都不復存在了。於是，國治時期對政治犯的處置，就從日治初期的「原點」，亦即軍事鎮壓，開始再出發，台灣法律發展一下子倒退 40 餘年。直到 1980 年代，才又到達「法律壓制」的境界。惟進入 1990 年代後，政治異議人士，除採取暴力手段者外，不再因政治主張而遭法律制裁，這已超越日治時期的水準。

（二）一般犯罪的懲治

　　某些關於犯罪控制的日本式制度，仍留存於台灣。台灣殖民地犯罪控制體系中重要一環的警察官署犯罪即決制，雖未直接為國府所承接，不過中華民國法制內早已存在原仿效自日本的「違警罰法」，亦即對於輕微的違法行為（「違警行為」），不經司法繁重的程序，而由警察官署以即決之手續迅予處分，科以拘留、罰鍰、罰役、申誡等處罰。[49]1980 年大法官會議釋字第

48　參見張有忠，《私の愛する台灣と中國と日本》（大阪，1987），頁201、206-207。該書作者曾參與審判涉及二二八事件之被告，在此所敘述者為湯德章一案。

49　參見錢定宇，《中國違警罰法總論》（南京，1947），頁 5、17、72-73、100。中華民國的「違警罰法」相當於日本內地的「違警罪即決例」，而台灣殖民地的「犯罪即決例」，係在日本內地的違警罪之外再

166 號解釋，認為違警罰法之規定得由警察官署為拘留、罰役的裁決，已違反憲法第 8 條所規定的人民身體之自由，非由法院依法定程序不得審問處罰。然而，國府繼續實施違警罰法，台灣人民也依舊服從違警裁決。其中一個重要的原因就是，原台灣人自日治時期已習於這種不經法院逕由警察機關拘束人身自由的制度。另一個由日本在台統治當局發展出的特殊的犯罪控制手段——浮浪者取締制度，則為國民黨政權所繼續援用，僅更名為「檢肅流氓辦法」，且執行管訓的處所亦沿襲自日治時期。

　　另一方面，某些在日治時期出現的刑事司法運作方式，並未持續影響及戰後台灣。茲舉一例說明之，日治時期對處罰規定的貫徹執行，於今不一定被維持，反倒是處罰的嚴厲性一再被強調，而殖民地檢察官極高的不起訴處分率也不得見。國府陷於傳統中國「治亂世用重典」的迷思中，一旦犯罪率提升，通常制式的反應，就是增加判處死刑的人數，卻不想從其他結構性因素著手解決問題。[50]

（三）遵法服從

　　日本留給新政權「最有價值」的資產，是台灣人遵法服從的性格。經日本 50 年的統治，昔日被稱為「好叛亂的」台灣人，

　　擴充可即決之犯罪的範圍（參見第三章第五節二、），故其可即決之違法行為的範圍，亦較「違警罰法」來得大。

50 在 1988 年，於歸類為「重大犯罪案件」當中的被告，計有 66 名被判處死刑；迨 1989 年，同類案件當中的被告，計有 138 名被判處死刑，比上一年增加一倍。司法院對此現象的解釋是，由於重大犯罪較以前為多，必須使用最嚴厲的制裁才能嚇阻這些犯行的發生。參見司法院，《司法案件分析》（台北，1990），頁 246-247、350。

竟成為普遍遵守統治者法律（即統治者意旨）之具有高度服從性的臣民。國民黨政權正是憑藉著這項日本遺產，而能輕易地「掌控一個其原本欠缺權力基礎的社會」。[51] 惟經過國民黨政權數十年的統治後，隨著 1980 年代起，政治反對運動及社會運動的逐漸興盛，台灣人民已不再延續日治時期的遵法服從，故可謂已告別該日治遺風。

四、民事法的影響

（一）財產法

日治時期有關台灣人的民商事項的西方法化，確實有助於中華民國民商法在台灣的施行。如第五章所言，近代歐陸有關不動產及商事組織與交易的法律，在台灣殖民地已被人們廣泛使用，尤其是 1923 年日本民商法直接在台灣生效之後。而中華民國法典中有關民商事項的規定，又十分近似日本法。從這個角度，我們可以說中華民國民法中財產法部分及商法之大多數法規範，於國民黨政權尚未來到台灣之前，業已在台灣被有效地執行至少超過 20 年，其始點甚至比中華民國民法典之於 1929 年才公布施行更早，姑且不論其公布施行之後在中國的未能貫徹執行。

特別是日本人所遺留之完整的全台不動產權利登記，對於中華民國民法物權編的順利實施，貢獻良多。依中華民國民法及土地法之規定，不動產物權的得喪變更，原則上必須經過向

---

51 Thomas B. Gold, *State and Society in the Taiwan Miracle*（Armonk, N. Y., 1986）, p. 20.

官府辦理登記始發生法律效力，且任何人相信官府土地登記簿
上之記載，而與登記簿上權利人進行交易時，將可受到法律的
保障。倘若政府根本未進行土地調查及辦理登記，則這套登記
生效、登記具有公信力的法制度，如何付諸實行呢？又倘若政
府土地登記簿上記載殘缺、過時，則這樣的登記制度不知會引
發多少因形式與實質不符所生的民事紛爭。當國府來統治台灣
時，其絲毫不必擔心上述問題，因為日本人在台灣早已做好詳
實的不動產權利登記，自己用完之後，還留給國民黨用。

（二）身分法

　　大體而言，中華民國民法典親屬繼承編之規定，較戰前日
本民法典內相關規定，接近近代西方法，但很少能夠在中國貫
徹執行。[52] 日本統治當局恰巧不在台灣施行較少西方化的日本
民法親屬繼承編，其所適用的台灣人親屬繼承習慣法，固然仍
以傳統中國法律觀為本，但如上一章所述，亦已引進不少西方
個人自由、平等的法律觀念。待國府至台灣統治時，其原本較
弱的執法能力問題，正好可藉日本已遺留相當普及的法院，使
人們更易於提起身分訴訟，頗利於中華民國民法內既有的西方
式身分法觀念（例如承認女子繼承權）的推行。

52　參見 David C. Buxbaum, "Some Aspects of Substantive Family Law and
　　Society Change in Rural China（1896-1967）:With a Case Study of a
　　North Taiwan Village"（Ph.D. diss., University of Washington, 1968），
　　p.187.

第三節　小結

　　由於日本人擁有與台灣人相當近似的文化背景，又經由明治維新成功地建立一個有強而有力的現代型政府，且進而在台灣複製這般有效率的政府，日本在台政權稱得上是一個有能力的台灣法律改革者。其或許跟台灣歷來政權「一樣差」，但至少不會比其他政權「更壞」。這個由日本主導的法律改革，真正「差」的地方在於：改革的過程中，全聽任日本依其自身利益考量，決定是否改革及改革的幅度。另一方面，台灣社會本身也傾向於接受新的變革，這使得日本殖民統治者，能較順利地在台灣推展法律的現代化，亦即近代西方化，不像在其他殖民地之須面對重重阻礙。

　　日本殖民政權的遺留，對戰後台灣法律的發展影響深遠。由於新來的國民黨政權所帶至台灣的中華民國法制，原即大多以日本法為典範，故日本在台灣 50 年來努力實施日本的西方式法典，正好為中華民國西方式法典之實施於台灣，奠定堅固的基礎。但也因日本政權全面的壓制台灣人的政治參與，使得外來的國民黨政權，能輕易的取代日本成為台灣的新統治者，且可長期阻止台灣人民為自己追求法律改革。不同於民刑事法典之具有實質的延續性，僅極少數具有日治時期司法經驗的台灣法律人，能繼續運作那些由日本政權遺留下來的法院等司法設施，因之許多日治時期的司法優良文化，例如司法人員的廉潔性，未影響至戰後台灣。同樣的，以日治初期無數人命的犧牲為代價，所換得的日治後期統治者對政治犯相對較容忍的態度，也因另一個新外來統治者的到來，且欲樹立其絕對的權威，而告落空。日本統治者所設計的犯罪控制體系，則某程度

為國府所承繼，不過就刑事司法的實際運作情形，這兩個政權仍存有差異。

對台灣人民而言，日本政權最好的遺留，應該是促成台灣民商法，特別是財產法的近代西方化，使得台灣可與全球法律發展主流相銜接。

結　論

　　本書從台灣的觀點，探索日本殖民統治下的台灣人，究竟在何等範圍內，已接受來自西方的法律概念或制度，以取代原有之承襲自傳統中國的法律觀念？

　　首先必須對這項問題的歷史背景有所了解，故有必要觀察台灣在即將接觸近代西方法的 19 世紀末的法律實況，以及檢討嗣後將影響日治下台灣的日本明治維新法律改革經驗。當時台灣社會的多數構成員，是自中國移入的漢人及已受漢人同化的平埔族人；這些漢人移民將其在原鄉的習慣規範移植至台灣，在此新天地創建新家園。中國官府對此一移民社會的政治控制力不強，社會秩序也不安定，惟經貿活動倒是十分發達。位於台灣北方的日本，則自 1870 年代早期即在西方強權的壓力下，逐步採行近代西方式法律，亦即所謂的「繼受西方法」。當 1895 年日本領有台灣時，其已即將完成整套的日本西方式法典（六法體系）。日本的這些西方式法典，實乃出於政府的需要而制定的，但大多數日本人民，基於沿襲自封建時代服從權威的傳統，仍被動地接受這套新的官府法律的規制。

　　關於日治下台灣的繼受西方法，第一個需要回答的問題是：究竟有多少近代西方式法律已為殖民地立法所採取，因為通常「立法」是包括台灣在內的東亞社會導入近代西方法的首要手段。按大多數的日本法係仿效（繼受）自西方法，故殖民地

立法上有多少日本法之效力延伸至台灣，就幾乎等同於有多少
西方法已施行於台灣。於 1895 至 1922 年間，僅數量有限的日
本法在台灣生效，當時盛行的是殖民地特別法；但 1923 年以
後，大部分的日本西方式法律已將其效力延長至台灣。由於在
台灣並無如同明治初期那般有西方強權要求實施西方法的外在
壓力，故日本統治當局非自始即計畫在台灣殖民地實施近代西
方式法律。日治前期的殖民地立法，經常是參考中華帝國法、
台灣舊慣、殖民地法制等而制定的。直到日治後期，才為了加
速台灣人的同化，採行內地法延長主義，使西方法得大量的披
著「日本內地法」的外衣進入台灣。其實就跟日本內地的明治法
律改革一樣，這些近代西方式法律只是台灣殖民統治者的工具
而已。許多對此不滿的台灣人知識分子，因此希望在整個台灣
法律現代化的改革過程中扮演主導的角色，但他們的努力終歸
失敗。

　　在立法上已被繼受的近代西方式法律，仍須靠西方式法院
的援用，始能付諸實現。自 1896 年起，在台灣已樹立了歐陸式
法院制度；經 1919 年的改革後，台灣的法院制度已幾乎跟日本
的法院制度一致。同樣的，在 1919 年司法改革之後，審判獨立
也有大幅的進展。台灣的殖民地法院（台灣總督府法院），基本
上擁有充分的硬體設備以及既有能力又廉潔的法律專業人員，
足以執行西方式法律。不過地方行政機關的民事爭訟調停權及
警察機關的犯罪即決權，已某程度阻礙法院發揮其將西方式法
律逐漸滲透入社會的功能。惟自 1920 年代以後，當台灣人訴諸
官方的紛爭解決機制時，已較偏好於使用法院而非地方政府調
停部門。

　　在刑事法方面，日本政權起初係以軍事鎮壓，而非刑法體

制內的制裁，來處置台灣人反抗者。但 1902 年以後，對政治反抗者之施以刑事制裁，已取代早期殘暴的軍事鎮壓。接著在 1920 年代以後，由於大多數台灣人異議分子，改採在國家法律體制內從事現代意義的政治反對運動，殖民地政府一般而言係仰賴各式各樣近代西方式刑事法規，制裁異議分子的不法行為。自 1930 年代後期，台灣人政治異議分子事實上在島內已逐漸消寂。日本為維持台灣的社會秩序，建構一套結合法院制度、犯罪即決制度、浮浪者取締制度的「犯罪控制體系」。就以犧牲人權為代價，日本政權成功的壓制了自清治時期以來既存的重大危害社會秩序的犯罪，但屬於較輕微的犯罪，其實仍不少。在這項刑事司法轉變過程中，台灣一般人民已或多或少接觸某些近代西方刑事法基本概念。不過，那些具有近代西方法外觀但在內涵上已減低人權保障成分的殖民地刑事法制度，之所以相當普遍地為一般人民所遵守，是因為它代表著不能抗拒的國家權威，而非因為它被認為是合乎正義。

　　在民事法方面，在台灣的殖民地政府未立即實施西方式法律，而以深受傳統中國法影響的台灣「舊慣」處理台灣人的民商事項，但在此所謂「舊慣」的內容，已某程度受近代西方法的改造。迨 1923 年以後，日本的西方式民商法典，除親屬繼承法部分外，已直接適用於台灣人之間，以致台灣人的民商事項已由依用舊慣，轉變為適用西方式民商法。台灣有關田園土地的法規範的演變，正足以顯現台灣民事法律關係歐陸法化的整個歷程。而有關一般交易的法規範，由於台灣人原本即擁有堪稱發達的契約習慣，故相當易於接受更加精密的近代西方式法律。同樣的，相當習於營利活動的台灣人，也頗能運用屬於西方資本主義法制的公司法與票據法。相對而言最少受到近代西方法

影響的是台灣人的親屬繼承事項，但藉由法院判決，當時台灣人的身分法，仍在有限的範圍內受到西方法化。

　　最後，擬對日本在台灣 50 年的作為加以評價，並指出其所遺留者對爾後台灣法律發展的影響。必須承認日本政權的確是一個有能力的改革推動者，且在台灣獨特的條件下進行法律的現代化，亦即近代西方化。但我們也不能忘記：這項法律改革的最終目標是追求日本帝國的利益。台灣人固然得以享受若干由改革所附隨的好處，但同時卻已付出極大的成本（代價），故何需感謝日本人呢？日本統治者將台灣人排除於法律改革決策過程之外的做法，竟在 1945 年之後，被來自中國的國民黨政權承繼了將近半個世紀。只因為出於歷史的偶然，國府所施行的中華民國法制恰巧近似戰前日本歐陸式法律，使原台灣人的繼受近代西方法不因政權轉替而告中斷或更換為英美法系，不過兩個政權之執法人員所具有的不同文化背景，終究還是產生不太一樣的法律實際運作模式。

　　總之，仍囿於法律為統治工具之傳統東亞法律觀的日本帝國主義者，基於積極同化殖民地人民的政治考量，最後終於將日本西方式法律的效力延伸至台灣。由於日本統治當局有效地執行這些已西方化的殖民地法律，台灣人逐漸熟悉近代西方式的刑事，尤其是民事的法律制度。但是通過這個由日本所主導的法律改革，一般民眾僅能接觸到經殖民地政府「篩選」過的西方法。因此，用以保護人民免於受到政府恣意侵犯，且以實現社會正義做為法律首要任務的近代西方法基本精神，恐怕尚未為當時一般台灣人所知悉。

參考文獻
（依編著者姓氏筆劃或字母次序排列）

一、中文部分

丁日健編，《治臺必告錄》，台北：臺灣銀行，1959。

王世慶，〈介紹日據時期臺灣總督府檔案〉，《臺灣文獻》，17 卷 4 期（1966,12），頁 157-192。

王育德，《台灣：苦悶的歷史》，東京，1979。

王泰升，〈台灣企業組織法之初探與省思──以合股之變遷為中心〉，載《商法專論》，台北：月旦出版社，1995，頁 41-105。

──，〈台灣歷史上的主權問題〉，《月旦法學雜誌》，第 9 期（1996,1），頁 4-13。

──，〈日治時期台灣特別法域之形成與內涵──台、日的「一國兩制」〉，載《台灣法制一百年論文集》，台北：台灣法學會，1996，頁 129-171。

──，〈導論〉，載《台灣法律史的建立》，台北：自刊，1997，頁 1-31。

──，〈從日本公文書館史料探究日治台灣立法權運作實況〉，載《台灣法的斷裂與連續》，台北：元照出版有限公司，2002，頁 261-291。

──，《國立臺灣大學法律學院院史（1928-2000）：臺大法學教育的回顧》，台北：國立臺灣大學法律學院，2002。

──，《台灣法律史概論》，台北：元照出版社，第四版，2012。

──，〈日本統治下臺灣人關於國籍的法律經驗：以臺灣與中國之間跨界的人口流動為中心〉，《臺灣史研究》，20 卷 3 期（2013.9），頁 43-123。

王泰升、曾文亮，《二十世紀台北律師公會會史》，台北：台北律師公會，2005。

王澤鑑，〈民法五十年〉，載《民法學說與判例研究，第五冊》，台北：自刊，1990。

王曉波編，《臺灣的殖民地傷痕》，台北：帕米爾出版社，1985。

司法行政部，《戰時司法提要》，南京：自刊，1948。

司法院，《司法院史實記要》，台北：自刊，1982。

司法院，《司法案件分析》，台北：自刊，1990。

矢內原忠雄，《日本帝國主義下之臺灣》，周憲文譯，台北：臺灣銀行，1956。

史明，《台灣人四百年史》，San Jose, Ca.:Paradise Culture Associations, 1980.

行政院主計處，《中華民國統計年鑑》，台北：自刊，1990。

江慕雲，《為臺灣說話》，上海：三五記者聯誼會，1948。

宋錦秀，〈日本中京大學社會科學研究所臺灣史料研究會〉，《臺灣史田野研究通訊》，第 13 期（1989,12），頁 30-33。

李生瀁，《戰時司法》，長沙：商務印書館，1939。

李南衡編，《日據下臺灣新文學明集 1 ──賴和先生全集》，台北：明潭出版社，1979。

──編，《日據下臺灣新文學明集 2 ──小說選集一》，台北：明潭出版社，1979。

李崇僖，《日本時代臺灣警察制度之研究》，國立臺灣大學法律

學研究所碩士論文，1996。

林呈祿（慈舟），〈六三問題之運命〉，《臺灣青年》，1 卷 5 號（1920,12），漢文部，頁 16-29。

——，〈改正臺灣統治基本法與殖民地統治方針〉，《臺灣青年》，3 卷 1 號（1921,7），漢文部，頁 1-13。

——（署名「記者」），〈施行民法商法宜置例外例〉，《臺灣青年》，3 卷 4 號（1921,10），漢文部，頁 21-26。

林美容，《人類學與臺灣》，台北，1989。

林偉盛，《羅漢腳——清代臺灣社會與分類械鬥》，台北：自立晚報社，1993。

林滿紅，〈貿易與清末臺灣的經濟社會變遷〉，載黃富三、曹永和主編，《臺灣史論叢》，台北：眾文出版社，1980。

吳三連等，《臺灣民族運動史》，台北：自立晚報社，1971。

吳文星，〈日據時期臺灣的放足斷髮運動〉，載瞿海源、章英華主編，《臺灣社會與文化變遷》，台北：中央研究院民族學研究所，1986。

——，〈日據時期台灣社會領導階層之研究〉，國立臺灣師範大學歷史學研究所博士論文，1986。

吳密察，《台灣近代史研究》，台北：稻鄉出版社，1990。

吳濁流，《台灣連翹》，鍾肇政譯，台北：南方叢書出版社，1987。

——，《無花果》，1970，重刊於 Monterey Park, Ca.:Taiwan Publishing Co.（台灣出版社），1984。

法務部，《臺灣民事習慣調查報告》，台北：法務通訊雜誌社，1992。

周婉窈，《日據時代的臺灣議會設置請願運動》，台北：自立晚

報社，1989。

——，《台灣歷史圖說》，台北：中央研究院臺灣史研究所籌備處，1997。

姚雨薌：胡仰山編，《大清律例會通新纂》，計 10 冊，重刊，台北：文海出版社，未載出版時間。

姉齒松平，《祭祀公業與臺灣特殊法律之研究》，未載譯者，台北：眾文出版社，1991。

展恆舉，《中國近代法制史》，台北：臺灣商務印書館，1973。

翁佳音，〈台灣漢人武裝抗日之研究〉，台北：臺灣大學，1986。

——，〈被遺忘的台灣原住民—— Quata（大肚番王）初考〉，《臺灣風物》，42 卷 4 期（1992,12），頁 145-188。

章子惠，《臺灣時人誌》，台北：國光出版社，1947。

陳孔立，〈清代台灣社會發展的模式問題〉，《當代》，第 30 期（1988,10），頁 61-75。

陳其南，〈臺灣本土意識的形成及其含義〉，載《近代臺灣的社會發展與民族意識》，香港：香港大學，1987。

陳秋坤，〈台灣土地的開發〉，載黃富三、曹永和主編，《台灣史論叢》，台北：眾文出版社，1980。

陳昭如，〈離婚的權利史——台灣女性離婚權的建立及其意義〉，國立臺灣大學法律學研究所碩士論文，1997。

陳紹馨，《臺灣的人口變遷與社會變遷》，台北：聯經出版事業公司，1979。

莊永明，〈臺灣第一位法學博士——葉清耀〉，載張炎憲等編，《臺灣近代名人誌》，台北：自立晚報社，1987。

許雪姬，《北京的辮子——清代臺灣的官僚體系》，台北：自立晚報社，1993。

──，《滿大人最後的二十年──洋務運動與建省》，台北：自立晚報社，1993。

──等編，《現藏台灣總督府檔案總目錄》，台北：中央研究院近代史研究所，1988。

郭廷以，《臺灣史事概說》，台北：正中書局，1954。

郭嘉雄，〈日據時期臺灣法制之演變歷程及其性質〉，載台灣省文獻委員會編，《日據初期司法制度檔案》，台中：臺灣省文獻委員會，1982。

曹永和，〈明鄭時期以前之臺灣〉，載黃富三、曹永和主編，《臺灣史論叢》，台北：眾文出版社，1980。

曾文亮，〈全新的「舊慣」：總督府法院對臺灣人家族習慣的改造（1898-1943）〉，《臺灣史研究》，17 卷 1 期（2010,3），頁 125-174。

曾文亮、王泰升，〈被併吞的滋味：戰後初期臺灣在地法律人才的處境與遭遇〉，《臺灣史研究》，14 卷 2 期（2007,6），頁 89-160。

張世賢，〈清代治臺政策的發展〉，載黃富三、曹永和主編，《臺灣史論叢》，台北：眾文出版社，1980。

張有忠，1991 年 4 月 5 日給筆者之信函。

張炎憲，〈對台灣史研究的期待〉，《臺灣史田野研究通訊》，第 12 期（1989,9），頁 4-5。

張勝彥，《臺灣史研究》，台北：華世出版社，1981。

──，《臺灣開發史》，台北：國立空中大學，1997。

張偉仁，《清代法制研究》，計 3 冊，台北：中央研究院歷史語言研究所，1983。

張隆志，《族群關係與鄉村台灣──個清代台灣平埔族群史的重

建和理解》，台北：國立臺灣大學，1991。

黃天橫，〈日據時期臺灣籍人考中日本高等考試行政科名錄〉，
　　《臺灣文獻》，44 卷 2、3 期（1993,9），頁 133-138。

黃有興，〈日據時期臺灣考詮制度述略（補篇）〉，《臺灣文獻》，
　　39 卷 1 期（1988,3），頁 203-225。

黃昭堂，《台灣總督府》，黃英哲譯，台北：自由時代出版社，
　　1989。

黃富三，〈清代臺灣漢人之耕地取得問題〉，載黃富三、曹永和
　　主編，《臺灣史論叢》，台北：眾文出版社，1980。

——，《霧峰林家的中挫（1864-1885 年）》，台北；自立晚報
　　社，1992。

黃靜嘉，《日據時期之臺灣殖民地法制與殖民統治》，台北：自
　　刊，1960。

費德廉，〈美國學術界的台灣史研究〉，《當代》，第 30 期
　　（1988,10），頁 55-60。

楊惠欽，〈中日裁判風格之比較研究〉，政治大學法律學研究所
　　碩士論文，1985。

楊鴻烈，《中國法律發達史》，上海：商務印書館，1930。

楊鵬，《臺灣司法接收報告書》，未載出版者，1946。

臺北市文獻委員會，《臺北市志稿卷三政制志司法篇保安篇》，
　　台北：自刊，1960。

臺灣省文獻委員會，《臺灣省通志稿卷三政事志司法篇》，計二
　　冊，台北：自刊，1955、1960。

——，《臺灣省通志卷九革命志抗日篇》，台中：自刊，1971。

——，《日據初期司法制度檔案》，台中：自刊，1982。

臺灣省行政長官公署，《臺灣省行政長官公署公報》，台北：自

刊，1945-1947。

——編，《臺灣省行政長官公署施政報告——臺灣省參議會第一屆第一次大會》，台北：自刊，1946。

——編，《臺灣省行政長官公署施政報告——臺灣省參議會第一屆第二次大會》，台北：自刊，1946。

臺灣省行政長官公署民政處，《臺灣民政第一輯》，台北：自刊，1946。

臺灣省行政長官公署統計處編，《臺灣省五十一年來統計提要》，台北：自刊，1946。

臺灣高等法院，《臺灣司法二十年》，台北：自刊，1965。

劉恆妏，〈日治與國治政權交替前後台籍法律人之研究〉，載林山田教授退休祝賀論文集編輯委員會編，《戰鬥的法律人——林山田教授退休祝賀論文集》，台北：同編者，2004，頁587-637。

鄭松筠（雪嶺），〈就民商法施行而言〉，《臺灣青年》，3卷4號（1921,10），漢文部，頁17-21。

鄭梓，《戰後台灣議會運動史之研究——本土菁英與議會政治（1946-1951）》，台北：華世出版社，1988。

盧修一，《日據時代台灣共產黨史》，台北：前衛出版社，1989。

蔡淑鈴，〈社會地位取得：山地、閩客及外省之比較〉，載楊國樞、瞿海源主編，《變遷中的臺灣社會》，台北：中央研究院民族學研究所，1988。

蔡墩銘，〈貴賓致詞〉，載《戰後中日法學之變遷與展望》，台北：中國比較法學會，1987。

錢定宇，《中國違警罰法總論》，南京：正中書局，1947。

魏家弘,〈台灣土地所有權概念的形成經過──從業到所有權〉,台灣大學法律學研究所碩士論文,1996。

二、日文部分

上內恆三郎,《臺灣刑事司法政策論》,台北:臺灣日日新報社,1916。

上杉慎吉,〈帝國憲法〉,東京:有斐閣,1923。

小林里平,〈清國統治時代に於ける臺灣司法制度〉,《台灣慣習記事》,3卷2號(1903,3),頁10-25。

小林勝民,《臺灣經營論》,東京,1902。

山田示元,〈國法上舊慣の地位〉,《臺法月報》,9卷8號(1915,8),頁23-30。

山崎丹照,《外地統治機構の研究》,東京:高山書院,1943。

山霞紫甫,〈臺灣華僑(二)〉,《臺法月報》,37卷6號(1943,6),頁54-76。

山邊健太郎編,《現代史資料:台灣I》,東京:みすず書房,1971。

井上正弘,〈臺灣民事調停雜考〉,《臺法月報》,37卷4號(1943,4),頁1-10。

井ケ田良治、山中永之佑、石川一三夫,《日本近代法史》,京都:法律文化社,1982。

內閣記錄課編,《臺灣ニ施行スヘキ法令キ法令ニ關スル法律其ノ沿革竝現行律令》,東京:自刊,1915。

內閣統計局編,《日本帝國統計年鑑》,東京:自刊,1903-40。

《內地及臺灣司法共通ニ關スル意見書》,未載出版地,

　　　1909　？（作者不詳，依書名筆劃排列）。

中村吉三郎，〈刑法〉，載鵜飼信成等編，《講座日本近代法發達史》，卷9，東京：勁草書房，1958-1961。

中村英郎，〈司法制度と日本の近代化〉，《比較法學》，7卷1號（1971,9），頁7-17。

中村哲，《殖民地統治法の基本問題》，東京：日本評論社，1943。

──，〈植民地法〉，載鵜飼信成等編，《講座日本近代法發達史》，卷5，東京：勁草書房，1958-1961。

中村泰忠等編，《臺灣總督府法院判決錄》，台北，1903-1904。

仁井田陞，〈中國舊社會の構造と刑罰權──國家的・非國家的とは何か〉，載法制史學會編，《刑罰と國家權力》，東京，創文社，1960。

手島兵次郎，《殖民法制著書目次集》，東京：法院月報發行所，1910。

水田義雄，〈外國法の影響とはにか〉，《比較法學》，6卷2期（1971,3），頁17-52。

外務省條約局法規課，《台灣の委任立法制度（「外地法制誌」第三部の一）》，東京：自刊，1959。

──，《律令總覽（「外地法制誌」第三部の二）》，東京：自刊，1960。

──，《制令（「外地法制誌」第四部の一）前編》，東京：自刊，1960。

──，《日本統治下五十年の台灣（「外地法制誌」第三部の三）》，東京：自刊，1964。

市村光惠，《帝國憲法》，東京：有斐閣，1927。

石井常英,〈本島爭訟の特色〉,《臺法月報》,2卷10號
　　（1908,10）,頁21-28。

石田浩,〈台灣研究と中國研究——台灣研究の現狀と課題〉,
　　《台灣史研究》（關西大學）,第8期（1990,8）,頁1-11。

石坂音四郎,〈臺灣に於ける土人法制定の必要（下）〉,《臺法
　　月報》,4卷2號（1910,2）,頁31-41。

白井正明,〈戰前の司法〉,載東京辯護士會編,《司法改革の
　　展望》,東京：有斐閣,1982。

矢內原忠雄,《植民及植民政策》,東京：有斐閣,1933。

田畑忍,《帝國憲法逐條要義》,京都：政經書院,1934。

伊藤博文編,《臺灣資料》,東京：秘書類纂刊行會,1936。

向山寬夫,〈日本統治下における台灣の法と政治〉,《國學院
　　法學》,21卷2號（1983,9）,頁61-106。

——,《日本統治下における台灣民族運動史》,東京：中央經
　　濟研究所,1987。

向井健,〈民法典の編纂〉,載福島正夫編,《日本近代法體制
　　の形成》,下卷,東京：日本評論社,1982。

佐佐木忠藏、高橋武一郎,《臺灣行政法論》,台北：活文社,
　　1915。

佐佐木惣一,《日本憲法要論》,東京：金刺芳流堂,1932。

沢木敬郎,〈法の繼受〉,載伊藤正己編,《岩波講座：現代法
　　14——外國法と日本法》,東京：岩波書店,1966。

谷野格,《臺灣新民事法》,台北：臺灣時報發行所,1923。

拓務大臣官房文書課,《內外地法令對照表》,東京：自刊,
　　1941。

青柳綱太郎,《總督政治史論》,京城：京城新聞社,1928。

東嘉生，《臺灣經濟史研究》，台北：東都書籍株式會社台北支店，1944。

東鄉實，《臺灣殖民發達史》，台北：晃文館，1916。

秀湖生，〈臺灣議會と無產階級解放〉，《臺灣青年》，第4年7號（1923,7），和文部，頁43-48。

金圭昇，《日本の植民地法制の研究》，東京：日本評論社，1987。

金哲，《韓國の人口と經濟》，東京：岩波書店，1965。

近藤正己，〈「創氏改名」研究の檢討と「改姓名」〉，載臺灣大學歷史學系編，《日據時期臺灣史國際學術研討會論文集》，台北，1993。

近藤釖一，《太平洋戰下の朝鮮及び台灣》，東京：巖南堂書店，1961。

松井芳郎，〈條約改正〉，載福島正夫編，《日本近代法體制の形成》，下卷，東京：日本評論社，1982。

林呈祿，〈民法の親族規定を臺灣人に適用する法案の疑義〉，《臺灣青年》，第3年6號（1922,9），和文部，頁21-35。

長尾景德，《臺灣刑事法大意》，台北：文明堂書店，1926。

──、大田修吉，《新稿臺灣行政法大意》，台北：杉田書店，1934。

岡松參太郎，〈大租權の法律上の性質〉，《臺灣慣習記事》，1卷1號（1901,1），頁4-14。

──，〈臺灣現時の法律〉，《臺灣慣習記事》，3卷2號（1903,2），頁1-9。

──，〈臺灣の立法〉，《臺法月報》，2卷2號（1908,2），頁1-7。

姉齒松平，《本島人ノミニ關スル親族法竝相續法ノ大要》，台

北：臺法月報發行所，1938。

若林正丈，《台灣抗日運動史研究》，東京：研文出版，1983。

若林榮次郎譯，《殖民及殖民法制原論》，Arthur Girault 著，台
　　北：臨時臺灣舊慣調查會，1918。

後藤新平，《臺灣經營上舊慣制度の調查を必要とする意見》，
　　1901，重刊，東京：東亞研究所，1940。

春山明哲，〈近代日本の殖民地統治と原敬〉，載春山明哲、若林
　　正丈，《日本殖民地主義の政治的展開》，東京：アジア政
　　經學會，1980。

──編，《台灣島內情報・本島人の動向》，東京：不二出版，
　　1990。

泉哲，《植民地統治論》，東京：有斐閣，1924。

美濃部達吉，《逐條憲法精義》，東京：有斐閣，1927。

持地六三郎，《臺灣殖民政策》，東京：富山房，1912。

染野義信，〈司法制度〉，載鵜飼信成等編，《講座日本近代法
　　發達史》，卷 2，東京：勁草書房，1958-1961。

涂照彥，《日本帝國主義下の台灣》，東京：東京大學出版會，
　　1975。

現代法制資料編纂會，《明治舊法集》，東京：國書刊行會，
　　1983。

──，《戰時・軍事法令集》，東京：國書刊行會，1984。

細川龜市，《日本近代法制史》，東京：有斐閣，1961。

許世楷，《日本統治下の台灣》，東京：東京大學出版會，1972。

野田良之等，〈日本における外國法の攝取〉，載伊藤正己編，
　　《岩波講座：現代法 14 ──外國法と日本法》，東京：岩波
　　書店，1966。

清水澄，《逐條帝國憲法講義》，東京：松華堂書店，1940。

張有忠，《外地人・外國人と日本人》，大阪，1985。

──，《私の愛する台灣と中國と日本》，大阪，1987。

朝鮮總督府法務局，《高等法院大審院異趣旨判例要旨》，京城：自刊，1943。

朝鮮總督府法務局法務課，《朝鮮の司法制度》，京城：自刊，1935。

彭明敏、黃昭堂，《台灣の法的地位》，東京：東京大學出版會，1976。

滋賀秀三，《清代中國の法と裁判》，東京：創文社，1984。

渡邊洋三，〈日本ファシズム法制度・總論〉，載東京大學社會科學研究所編《戰時日本の法體制》，東京：東京大學出版會，1979。

福島正夫，〈法の繼受と社會＝經濟の近代化（一）、（三）〉，《比較法學》，4卷1號（1967,2），頁1-27，6卷1號（1970,5），頁1-50。

楠精一郎，《明治立憲制と司法官》，東京：慶應通信，1989。

萬年宜重編，《民法對照臺灣人事公業慣習研究》，台北：臺灣月報發行所，1931。

臺灣月報發行所，《臺法月報》（1911年1月之前，稱《法院月報》），台北，1907-1943。

台（臺）灣近現代史研究會編，〈戰後日本における台灣近現代史研究文獻目錄〉，《台灣近現代史研究》，第3號（1981,1），頁152-204。

臺灣青年雜誌社，《臺灣青年》（1922年4月之後，改稱《台灣》），東京，1920-1924，重刊，台北：東華文化書局，

1973。

臺灣慣習研究會，《臺灣慣習記事》，台北：1901-1907，重刊，台
　　北：古亭書局，1969。

臺灣辯護士協會，《法政公論》，第 8、9 號（1935.3、1935.4）。

臺灣總督府，《臺灣總督府公文類纂》，台北，1895-1945。

──，《臺灣總督府統計書》，台北：自刊，1899-1944。

──，《臺灣總督府犯罪統計》，台北：自刊，1911-1944。

──，《臺灣總督府及所屬官署職員錄》，台北：自刊，1943，
　　1945。

──，《臺灣統治概要》，台北：自刊，1945。

臺灣總督府外事部，《南支方面司法事務視察報告書》，台北：
　　自刊，1944。

臺灣總督府法務部編，《臺灣司法制度沿革誌》，台北：自刊，
　　1917。

臺灣總督府法務局編，《臺灣司法一覽》，台北：自刊，1941。

臺灣總督府官房審議室，《律令制度ノ沿革》，台北：自刊，
　　1940。

臺灣總督府高等法院編，《高等法院判例全集》，（或稱：《高
　　等法院判例集》、《臺灣總督府高等法院上告部判例
　　集》），台北：自刊，1921-1941。

臺灣總督府覆審法院編，《覆審法院判例全集》，台北：自刊，
　　1920。

臺灣總督府警務局，《臺灣の警察》，台北：自刊，1932。

──，《臺灣總督府警察沿革誌，第一編：警察機關の構成》，台
　　北：自刊，1933。

──，《臺灣總督府警察沿革誌，第二編：領臺以後の治安狀況

（下卷）》，台北：自刊，1942。

鄭松筠，〈警察行政と警官の態度〉，《臺灣青年》，3卷3號（1921,9），和文部，頁12-20。

橫山晃一郎，〈刑罰・治安機構の整備〉，載福島正夫編，《日本近代法制の形成》，上卷，東京：日本評論社，1981。

興南新聞社，《臺灣人士鑑》，台北：自刊，1943。

穗積八束，《憲法提要》，上卷，東京：有斐閣，1911。

穗積陳重，《五人組制度論》，東京：有斐閣，1921。

戴炎輝（田井輝雄），〈臺灣の家族制度と祖先祭祀團體〉，載《臺灣文化論叢，第二輯》，台北：清水書店，1945。

臨時臺灣舊慣調查會，《臺灣私法》，計3卷（每卷分上下冊），台北：自刊，1910-1911。

──，《法案審查會會議議事錄》，計5回，台北：自刊，未載出版日期。

鷲巢敦哉，《臺灣警察四十年史話》，台北：自刊，1938。

三、英文部分

Ahern, Emily. *The Cult of the Dead in a Chinese Village*. Stanford, Ca.: Stanford University Press, 1973.

── . and Hill Gates, ed. *The Anthropology of Taiwanese Society*. Stanford, Ca.: Stanford University Press, 1981.

Allee, Mark Anton. *Law and Local Society in Late Imperial China: Northern Taiwan in the Nineteenth Century*. Stanford, Ca.: Stanford University Press, 1994.

Alford, William P. "Of Arsenic and Old Laws: Looking Anew at

Criminal Justice in Late Imperial China," *California Law Review*, vol.72（1984）, pp.1180-1256.

Angelino, De Kat. *Colonial Policy*. 2 vols. Trans. G.J. Renier. Hague: Martinus Nijhoff, 1931.

Baker, Edward J. "The Role of Legal Reforms in the Japanese Annexation and Rule of Korea, 1905-1919." In *Introduction to Law and Legal System of Korea*, ed. Sang Hyun Song.

Barclay, George W. *Colonial Development and Population in Taiwan*. Princeton, N.J.: Princeton University Press, 1954.

Beckmann, George. "Brief Episodes-Dutch and Spanish Rule," In *Taiwan in Modern Times*, ed. Paul K.T. Sih.

Betts, Raymond F. *Assimilation and Association in French Colonial Theory, 1890-1914*. New York: Columbia University Press, 1961.

Bodde, Derk, and Clarence Morris. *Law in Imperial China*. Philadelphia: University of Pennsylvania Press, 1973.

Brockman, Rosser H. "Commercial Contract Law in Late Nineteenth-Century Taiwan." In *Essays on China's Legal Tradition*, ed. Jerome Alan Cohen, R. Randle Edwards, and Fu-mei Chang Chen. Princeton, N.J.: Princeton University Press, 1980.

Buxbaum, Devid C. "Some Aspects of Substantive Family Law and Society Change in Rural China（1896-1967）: With a Case Study of a North Taiwan Village." Ph.D. diss., University of Washington, 1968.

Campbell, William, ed. *Formosa under the Dutch*. London: Kegan,

Paul, Trench, Trubner, 1903.

Chang, Han-yu, and Ramon H. Myers. "Japanese Colonial Development Policy in Taiwan, 1895-1906: A Case of Bureaucratic Entrepreneurship." *Journal of Asian Studies*, 22:4（Aug. 1963）, pp.433-449.

Chen, Ch'ing-chih, "Japanese Socio-Political Control in Taiwan: 1895-1945." Ph.D. diss., Harvard University, 1973.

——. "The Japanese Adaptation of the Pao-Chia System in Taiwan, 1895-1945." *Journal of Asian Studies*, 34:2（Feb. 1975）, pp. 391-416.

——. "Police and Community Control Systems in the Empire." In *The Japanese Colonial Empire, 1895-1945*, ed. Ramon H. Myers and Mark R. Peattie.

Chen, Edward I-te. "Japanese Colonialisn in Korea and Formosa: A Comparison of Its Effects upon the Development of Nationalism." Ph.D. diss., University of Pennsylvania, 1968.

——. "Japanese Colonialism in Korea and Formpsa: A Comparison of the Systems of Political Control." *Harvard Journal of Asiatic Studies*, no.30（1970）, pp. 126-158.

——. "Formosa Political Movements under Japanese Colonial Rule, 1914-1937." *Journal of Asian Studies*, 31:3（May 1972）, pp. 477-497.

——. "Japan: Oppressor or Modernizer?" In *Korea Under Japanese Colonial Rule-Studies of the Policy and Techniques of Japanese Colonialism-*, ed. Andrew C. Nahm. The Center for Korean Studies, Institute of International and Area Studies, Western Michigan University, 1973.

——. "Japan's Decision to Annex Taiwan: A Study of Ito-Mutsu Diplomacy, 1894-95." *Journal of Asian Studies*, 37:1（Nov. 1977）, pp. 61-72.

——. "The Attempt to Integrate the Empire: Legal Perspectives." In The *Japanese Colonial Empire, 1895-1945*, ed. Roman H. Myers and Mark R. Peattie.

Chiba, Masaji. *Legal Pluralism: Toward a General Theory through Japanese Legal Culture*. Tokyo: Tokai University Press, 1989.

Cohen, Myron L. *House United, House Divided: The Chinese Family in Taiwan*. New York: Columbia University Press, 1976.

Cohen, William B. *Rulers of Empire: The French Colonial Service in Africa*. Stanford, Ca.: Stanford University Press, 1971.

Chu, Samuel C. "Liu Ming-ch'uan and Modernization of Taiwan." *Journal of Asian Studies*, 23:1（Nov. 1963）, pp. 37-53.

Ch'u, T'ung-tsu. *Local Government in China under the Ch'ing*. Cambridge, Mass. : Harvard University Press, 1988.

Cumings, Bruce. "The Legacy of Japanese Colonialism in Korea." In *The Japanese Colonial Empire, 1895-1945*, ed. Ramon H. Myers and Mark R. Peattie.

Epp, Robert Charles. "Threat to Tradition: The Reaction to Japan's 1890 Civil Code." Ph.D. diss., Harvard University, 1964.

Fairbank, John K.; Reischauer, Edwin O.; and Craig, Albert M. *East Asia: Tradition and Transformation*. Rev. ed. Boston: Houghton Mifflin, 1989.

Foote, Daniel H. "Confessions and the Rights to Silence in Japan." *Georgia Journal of International and Comparative Law*, vol. 21（1991）, pp. 415-488.

Freedman, Maurice, ed. *Family and Kinship in Chinese Society*. Stanford, Ca.: Stanford University Press, 1970.

Friedman, Lawrence M. *Law and Society: An Introduction*. Englewood Cliffs, N.J.: Prentice-Hall, Inc., 1977.

Gallin, Bernard. *Hsin Hsing, Taiwan: A Chinese Village in Change*. Berkeley: University of California Press, 1966.

Gann, Levis H. "Western and Japanese Colonialism: Some Preliminary Comparisons." In *The Japanese Colonial Empire*, ed. Ramon H. Myers and Mark R. Peattie.

Gates, Hill. "Introduction" In *The Anthropology of Taiwanese Society*, ed. Emily Martin Ahern and Hill Gates.

Goddard, W.G. *The Makers of Taiwan*. Taipei: China Publishing Co., 1963.

Gold, Thomas B. *State and Society in the Taiwan Miracle*. Armonk, N.Y.: M.E. Sharpe, 1986.

Gordon, Leonard H.D., ed. *Taiwan: Studies in Chinese Local History*. New York: Columbia University Press, 1970.

Grajdanzev, A.J. "Formosa（Taiwan）under Japanese Rule." *Pacific Affairs*（1942）, pp. 311-324.

Hahm, Pyong-Choon. *The Korean Political Tradition and Law*.

2nd ed. Seoul: Seoul Computer Press, 1971.

——. "Korea's Initial Encounter with the Western Law: 1866-1910 A.D.." In *Introduction to the Law and Legal System of Korea*, ed. Sang Hyun Song.

Haley, John Owen. "The Myth of the Reluctant Litigation." *Journal of Japanese Studies*, 4:2（1978）, pp. 359-389.

——. *Authority without Power: Law and the Japanese Paradox*. New York: Oxford University Press, 1991.

Harrell, Stevan. "From Xiedou to Yijun, the Decline of Ethnicity in Northern Taiwan, 1885-1895." *Late Imperial China*, 11:1（June. 1990）, pp. 99-127.

Hattori, Takaaki. "The Legal Profession in Japan: Its Historical Development and Present State." In *Law in Japan: The Legal Order in a Changing Society*, ed. Arthur Taylor von Mehren.

Henderson, Dan Fenno. "Law and Political Modernization in Japan." In *Political Development in Modern Japan*, ed. Robert E. Ward. Princenton, N.J.: Princenton University Press. 1968.

——. "Japanese Influence on Communist Chinese Legal Language." In *Contemporary Chinese Law: Research Problems and Perspectives*, ed. Jerome Alan Cohen. Cambridge, Mass.: Harvard University Press, 1970.

Henderson, George. "Human Rights in South Korea, 1945-1953." In *Human Rights in Korea: Historical and Political Perspective*, ed. William Shaw.

Ho, Samuel P.S. "Economic Development of Colonial Taiwan:

Evidence and Interpretation." *Journal of Asian Studies*, 34:2 （Feb. 1975）, pp. 417-439.

——. *Economic Development of Taiwan, 1860-1970*. New Haven: Yale University Press, 1978.

Hooker, M.B. *Legal Pluralism: An Introduction to Colonial and Neo-colonial Laws*. Oxford: Clarendon Press, 1975.

Hsu, Wen-hsiung. "Chinese Colonization of Taiwan." Ph.D. diss., University of Chicago, 1975.

Hsieh, Chiao-min. "The Physical Setting of Taiwan." in *Taiwan in Modern Times*, ed. Paul K.T. Sih.

Huang, Philip C.C. "Between Informal Mediation and Formal Adjudication: The Third Realm of Qing Civil Justice." *Modern China*, 19:3 （July. 1993）, pp. 251-298.

——. "Codified Law and Magisterial Adjudication in the Qing." In *Civil Law in Qing and Republican China*, ed. Kathryn Bernhardt & Philip C.C. Huang. Stanford, Ca.: Stanford University Press, 1994.

Hung, Chien-chao. "Taiwan under the Cheng Family 1662-1683: Sinicization after Dutch Rule." Ph.D. diss., Georgetown University, 1981.

Ishii, Ryosuke, ed. *Japanese Legislation in the Meili Era*. Trans. William J. Chambliss. Tokyo: Kasai Publishing & Printing Co., 1958.

Jansen, Marius B. "Japanese Imperialism: Late Meiji Perspectives." In *The Japanese Colonial Empire, 1895-1945*, ed. Ramon H. Myers and Mark R. Peattie.

Jones, William C. "Studying the Ch'ing Code-The Ta Ch'ing Lü Li." *The American Journal of Comparative Law*, 22:2 (Spring. 1974), pp. 330-364.

Kempin, Frederick G., Jr. *Historical Introduction to Anglo-American Law*. 2nd ed. St. Paul, Minn.: West Publishing Co., 1973.

Kerr, George H. *Formosa, Licensed Revolution and the Home Rule Movement, 1895-1945*. Honolulu: The University Press of Hawaii, 1974.

Kirk, William. "Social Change in Formosa," *Sociology and Social Research*, 24:1 (Sept. 1941), pp.10-26.

Kuo, Ting-yee. "Early Stages of the Sinicization of Taiwan, 230-1683." In *Taiwan in Modern Time*, ed. Paul K.T. Sih.

Kuroki, Saburo. "Modernization on the Law." *Hikaku hogaku*, 6:2 (March. 1971), English version pp. 4-5.

Lai, Tse-han; Myers, Ramon H.; and Wei, Wou. *A Tragic Beginning, The Taiwan Uprising of February 28, 1947*. Stanford, Ca.: Stanford University Press, 1991.

Liao, Joshua. "Formosa Speaks." In the appendix of *Formosa under Chinese Nationalist Rule*, by Fred W. Riggs. New York: The Macmillan Co., 1952.

Liu, Chang Bin. "Chinese Commercial Law in the Late Ch'ing (1842-1911): Jurisprudence and the Disputes Resolution Process in Taiwan." Ph.D. diss., University of Washington, 1983.

Lockenour, Roy M. "The Chinese Court System." *Temple Law*

Quarterly, vol.5（1931）, pp. 253-259.

Mitchell, Richard H. *Thought Conrtol in Prewar Japan*. Ithaca: Cornell University Press, 1976.

Moser, Michael J. *Law and Social Change in a Chinese Community: A Case Study from Rural Taiwan*. Dobbs Ferry, N.Y.: Oceana Publication, 1982.

Mukai, Ken, and Toshitani, Nobuyoshi. "The Progress and Problems of Compiling the Civil Code in the Early Meiji Era." Trans. Dan Fenno Henderson. *Law in Japan*, vol.1 （1967）, pp. 25-59.

Myers, Ramon H. "Taiwan under Ch'ing Imperial Rule, 1684-1895: The Traditional Order." *Journal of the Institute of Chinese Studies of the Chinese University of Hong Kong,* 4:2 （Dec. 1971）, pp. 495-522.

———. "Taiwan under Ch'ing Imperial Rule, 1684-1895: The Traditional Economy." *Journal of the Institute of Chinese Studies of the Chinese University of Hong Kong*, 5:2（Dec. 1972）, pp. 373-411.

———. and Mark R. Peattie, ed. *The Japanese Colonial Empire, 1895-1945*. Princeton, N.J.: Princeton University Press, 1984.

Noda, Yosiyuki. *Introduction to Japanese Law*. Trans. Anthony H. Angelo. Toyko: University of Tokyo Press, 1976.

Nakano, Tomio. *The Ordinance Power of the Japanese Emperor*. Baltimore: John Hopkins Press, 1923.

Okamatsu, Santaro, comp. *Provisional Report on Investigation of*

Laws and Customs in the Island of Formosa. Kobe, 1900. Reprint. Taipei: Ch'eng-wen Publishing Co., 1971.

Osborne, Milton E. *The French Presence in Cochinchina and Cambodia: Rule and Response（1859-1905）*. Ithace: Cornell University Press, 1969.

Pasternak, Burton. *Kinship & Community in Two Chinese Villages*. Stanford, Ca.: Stanford University Press, 1972.

Peattie, Mark R. "Japanese Attitudes Toward Colonialism, 1895-1945." In *The Japanese Colonial Empire, 1895-1945*, ed. Ramon H. Myers and Mark R. Peattie.

P'eng, Ming-min. *A Taste of Freedom: Memoirs of a Formosan Independecne Leader*. New York: Holt, Rinehart and Winston, 1972.

Rice, Joseph W. "Notes on International Law." *American Law Review*, vol. 42（1908）, pp. 891-896.

Robinson, Michael E. "Nationalism and Human-Rights Thought in Korea under Colonial Rule." In *Human Rights in Korea: Historical and Political Perspective*, ed. William Shaw.

Shaw, William, ed. *Human Rights in Korea: Historical and Political Perspective*. Cambridge, Mass.: Harvard University Press, 1991.

Sih, Paul K.T., ed. *Taiwan in Modern Times*. New York: St. John's University, 1973.

Song, Sang Hyun, ed. *Introduction to the Law and Leagl System of Korea*. Seoul: Kyung Mun Sa Publishing Co., 1983.

Stead, Alfred, ed. *Japan by the Japanese: A Survey by its Highest*

Authorities. New York: Dodd, Mead, & Company, 1904.

Takayanagi, Kenzo. "A Century of Innovation: The Development of Japanese Law. 1868-1961." In *Law in Japan: The Legal Order in A Changing Society*, ed. Arthur Taylor von Mehren.

Takekoshi, Yosaburo. *Japanese Rule in Formosa*. Trans. George Braithwaite. London: Longmans, Green, and Co., 1907.

——. "Japan's Colonial Policy." In *Japan to America*, ed. Naoichi Masaoka. New York: G.P. Putnam's Sons, 1914.

Tipton, Elise K. *The Japanese Police State: The Tokko in Interwar Japan*. Honolulu: University of Hawaii Press, 1990.

Tsurumi, E. Patricia. *Japanese Colonial Education in Taiwan 1895-1945*. Cambrigde, Mass.: Harvard University Press, 1977.

Turk, Austin T. *Political Criminality: The Defiance and Defense of Authority*. Beverly Hills, Ca.: Sage Publications, 1982.

U.S. Department of Navy, Office of the Chief of Naval Opertions, *Civil Affairs Handbook: Taiwan（Formosa）, Taichu Province, OPNAV 13-26*. Washington, D.C., 1944.

——. *Civil Affairs Handbook: Taiwan（Formosa）, Taihoku Province, OPNAV 13-27*. Washington, D.C., 1944.

——. *Civil Affairs Handbook: Taiwan（Formosa）, OPNAV 50E-12*. Washington, D.C., 1944.

von Mehren, Arthur Taylor, ed. *Law in Japan: The Legal Order in a Changing Society*. Cambridge, Mass.: Harvard University Press, 1963.

Walz, W.E. "A Constitutional Struggle in Japan." *American Law*

Review, vol.32（1898）, pp. 31-33.

Wolf, Arthur P. and Chieh-shan Huang. *Marriage and Adoption in China,1895-1945*. Stanford, Ca.: Stanford University Press, 1980.

Wolf, Margery. *Women and the Family in Rural Taiwan*. Stanford, Ca.: Stanford University Press, 1972.

索引

（索引頁碼後加註 n 者，表示在該頁註腳內）

六劃

臺灣研究叢刊

台灣日治時期的法律改革（修訂二版）

2014年9月修訂二版   定價：新臺幣580元

有著作權・翻印必究

Printed in Taiwan.

著　　者	王　泰　升
發行人	林　載　爵

出　版　者	聯經出版事業股份有限公司	叢書主編	沙　淑　芬
地　　　址	台北市基隆路一段180號4樓	校　　對	吳　美　滿
編輯部地址	台北市基隆路一段180號4樓	封面設計	盧　亮　光
叢書主編電話	(02)87876242轉212	內文組版	劉　克　韋
台北聯經書房	台北市新生南路三段94號		
電　　　話	(02)23620308		
台中分公司	台中市北區崇德路一段198號		
暨門市電話	(04)22312023		
台中電子信箱	e-mail：linking2@ms42.hinet.net		
郵政劃撥帳戶第0100559-3號			
郵撥電話	(02)23620308		
印　刷　者	世和印製企業有限公司		
總　經　銷	聯合發行股份有限公司		
發　行　所	新北市新店區寶橋路235巷6弄6號2樓		
電　　　話	(02)29178022		

行政院新聞局出版事業登記證局版臺業字第0130號

國家圖書館出版品預行編目資料

台灣日治時期的法律改革（修訂二版）/
王泰升著 . 修訂二版 . 臺北市 . 聯經 . 2014年9月（
民103年）. 468面 . 14.8×21公分（臺灣研究叢刊）
ISBN　978-957-08-4437-5（精裝）

1.法制史　2.日據時期　3.台灣

580.933　　　　　　　　　　　1030140137